"十二五"普通高等教育本科国家级规划教材

21世纪经济与管理精编教材·国际经济与贸易系列

国际电子商务

(第三版)

International Electronic Business

3rd edition

纪尚安 周升起 ◎ 主编

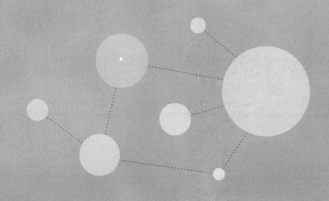

北京大学出版社
PEKING UNIVERSITY PRESS

图书在版编目(CIP)数据

国际电子商务/纪尚安,周升起主编.—3 版.—北京:北京大学出版社,2020.8
21 世纪经济与管理精编教材·国际经济与贸易系列
ISBN 978-7-301-31489-0

Ⅰ.①国… Ⅱ.①纪… ②周… Ⅲ.①国际贸易—电子商务—高等学校—教材 Ⅳ.①F713.36

中国版本图书馆 CIP 数据核字(2020)第 139204 号

书　　名	国际电子商务(第三版)
	GUOJI DIANZI SHANGWU(DI-SAN BAN)
著作责任者	纪尚安　周升起　主编
责任编辑	周　莹
标准书号	ISBN 978-7-301-31489-0
出版发行	北京大学出版社
地　　址	北京市海淀区成府路 205 号　100871
网　　址	http://www.pup.cn
微信公众号	北京大学经管书苑(pupembook)
电子信箱	em@pup.cn
电　　话	邮购部 010-62752015　发行部 010-62750672　编辑部 010-62752926
印　刷　者	河北滦县鑫华书刊印刷厂
经　销　者	新华书店
	787 毫米×1092 毫米　16 开本　21 印张　485 千字
	2006 年 11 月第 1 版　2016 年 1 月第 2 版
	2020 年 8 月第 3 版　2020 年 8 月第 1 次印刷
印　　数	0001—3000 册
定　　价	49.00 元

未经许可,不得以任何方式复制或抄袭本书之部分或全部内容。
版权所有,侵权必究
举报电话: 010-62752024　电子信箱: fd@pup.pku.edu.cn
图书如有印装质量问题,请与出版部联系,电话: 010-62756370

主　编

纪尚安　周升起

编　委

孙　婧　冯雷音　张鹏刚

第三版序言

自《国际电子商务》(第二版)2016年1月由北京大学出版社出版以来,我国国际(跨境)电子商务领域出现一系列新变化:技术上,移动互联网、云计算和大数据技术得到普及应用;交易模式上,跨境B2C交易增长势头超越B2B;物流与金融服务上,海外仓和第三方跨境支付迅速推广;贸易便利化措施上,"单一窗口"在全国上线运行且功能不断完善。所有这些变化,导致国际电子商务交易规模迅速扩大,成为推动我国对外贸易发展的"新亮点"和"新动能"。据电子商务研究中心(100ec.cn)发布的监测数据:我国国际电子商务交易规模由2015年的5.4万亿元增长到2017年的8.06万亿元,年均增速超过24%,明显高于同期2.1%的我国货物贸易平均增速。国际电子商务交易额占我国货物贸易比重,由2015年的22%提升到2017年的29%。另据国家商务部发布《中国电子商务报告(2017)》,经海关验放的跨境电商进出口额,2015年为360.2亿元,2017年猛增到902.4亿元,扩大了1.5倍,更是远远超过同期我国货物贸易整体增速。

国际(跨境)电子商务的快速发展,不仅对高校培养国际电子商务人才数量,更是对培养质量提出新的期望。这也就进一步要求学生学习所使用的教材,在内容和体系上必须进行及时更新,以满足培养更多、更高质量国际电子商务发展所需人才的需要。为此,编写组决定在第二版的基础上,对本教材进行修订。

综合考虑近年来国际(跨境)电子商务领域的新发展、新变化和新趋势,尤其是采用本教材开展教学的几十所高校,对教材修订和完善提出的宝贵意见和建议,《国际电子商务》(第三版),重点从以下几个方面进行了修订:

1. 在体系结构上,将原来的基础篇、技术篇和实务篇,调整合并为两篇:基础与技术篇、实务与操作篇,以突出教材的"实用性"。

2. 在章节安排上,除对第二版章节内容进行删减、合并或更新外,补充"国际电子商务法律规范"(第三章)、"国际电子商务大数据分析"(第五章)和"国际电子商务客户服务"(第十章)等三章新的内容,以突出教材的"前沿性"。

3. 在"导学案例"上,对第二版各章的"导学案例"进行了全部更换,以突出教材的"时代性"。

此外,本次修订还对各章节所涉及的统计数据、图表、网页、示例、课后复习思考题及参考书目等进行了全面更新。总体而言,与第二版相比,第三版教材的内容更新率接近70%。

《国际电子商务》(第三版),由纪尚安和周升起共同担任主编,并负责教材的统稿和文字校对。各章节执笔撰写具体分工如下:纪尚安撰写第四、第五和第九章;周升起撰写第六、第七和第十一章;孙婧撰写第三、第八章;冯雷音撰写第一、第二章;张鹏刚撰写第十章。

第三版教材修订编写过程中,参考了大量近年来新出版的国内外相同或相近教材、专著、研究报告及代表性的国际电子商务网站。对此,编写组表示由衷的感谢。

作为快速发展的新型国际商务模式,国际(跨境)电子商务领域几乎每天都会给我们带来新思想、新知识和新发现,任何教材和论著恐都无法将这些新成果全部收入其中。加上我们的研究视野和编写能力有限,教材中难免有纰漏或不当之处,敬请各位同人提出批评指正。

最后,衷心感谢北京大学出版社,尤其是出版社经管事业部周莹编辑对本教材顺利出版所给予的细心指导和帮助。当然,本教材编写内容上的任何错误、疏漏或不当责任,均由编者承担。

本书适用于高等院校国际经济与贸易、国际(跨境)电子商务、世界经济、国际商务、商务英语和国际企业管理等涉外专业本、专科学生的课堂理论教学,也可作为上述专业跨境电子商务实验课程的辅助和参考教材,以及国际商务领域在职人员培训和学习用书。

编　者

2020年1月

基础与技术篇

第一章　国际电子商务概述 ········ 003
　　第一节　国际电子商务的含义与特征 ········ 004
　　第二节　国际电子商务交易模式 ········ 011
　　第三节　国际电子商务发展现状 ········ 025

第二章　国际电子商务下的市场竞争与网络营销 ········ 035
　　第一节　国际电子商务环境下的市场竞争 ········ 036
　　第二节　国际电子商务环境下的网络营销 ········ 044
　　第三节　国际电子商务网络营销管理 ········ 051

第三章　国际电子商务法律规范 ········ 064
　　第一节　国际电子商务交易法律规范 ········ 065
　　第二节　国际电子商务监管法律规范 ········ 080

第四章　国际电子商务安全技术 ········ 091
　　第一节　国际电子商务的安全概述 ········ 092
　　第二节　国际电子商务的安全技术 ········ 097
　　第三节　国际电子商务的安全保护 ········ 105

第五章　国际电子商务大数据分析 ········ 114
　　第一节　国际电子商务大数据概述 ········ 115
　　第二节　国际电子商务数据的采集与预处理 ········ 124
　　第三节　国际电子商务大数据分析 ········ 131

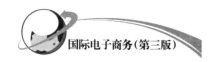

实务与操作篇

第六章　国际电子商务交易前准备 …… 141
　第一节　交易平台建设与发展战略制定 …… 142
　第二节　网上信息搜索、发布与风险防范 …… 153

第七章　国际电子商务交易程序 …… 176
　第一节　国际电子商务交易流程 …… 177
　第二节　国际电子商务交易磋商与合同签订 …… 179
　第三节　国际电子商务合同履行 …… 191

第八章　国际电子商务下的物流服务 …… 208
　第一节　国际电子商务与国际物流 …… 209
　第二节　国际物流管理信息系统 …… 225
　第三节　国际电子商务环境下的供应链管理 …… 232

第九章　国际电子商务环境下的金融服务 …… 239
　第一节　国际电子支付 …… 241
　第二节　网上银行与国际结算 …… 258
　第三节　国际电子商务环境下的保险服务 …… 268

第十章　国际电子商务客户服务 …… 273
　第一节　客户服务的职能与特点 …… 274
　第二节　售后常见纠纷及其解决 …… 281
　第三节　国际电子商务客户关系管理 …… 290

第十一章　国际电子商务管理 …… 298
　第一节　国际电子商务环境下的贸易管理体制变革 …… 300
　第二节　国际电子商务管理的全球合作 …… 304
　第三节　中国国际贸易"单一窗口" …… 320

基础与技术篇

第一章　国际电子商务概述

学习目标

掌握：国际电子商务的含义与特征，国际电子商务与传统国际贸易的差异
理解：国际电子商务的交易方式，国际电子商务的发展现状
了解：中国电子商务的发展现状，国际电子商务的发展障碍

导学案例

DECONOVO：一家代工为主的中国企业的逆袭

巴黎 11 区的一栋三层公寓里，一个法国人枕着舒适的枕头酣然入梦，而在地球另一端的纽约布鲁克林，刚下班不久的年轻职员怀抱抱枕，一边看电视一边品尝着刚煮好的醇香咖啡。两人并无交集，枕套却是相同款式——最简单鲜艳的红色，优良的做工使普通的纤维材质摸上去光滑柔软。

这种"巧合"在今天并不罕见：两个枕套都生产自中国浙江省的一家工厂，该厂生产的包括家居类的诸多小商品以高性价比走红世界。但两个相同款式的枕套也有不同之处：法国人使用的枕套上面印着一个在当地拥有多年历史的品牌标志，而美国人使用的则印着一个新生的中国品牌标志——DECONOVO。

对外贸易是浙江省最为庞大的产业之一，沐家公司正是外贸大军中的一员。经过十多年的积淀，沐家公司的家居产品在欧洲多国建立了稳定的货源供应，在国内市场也崭露头角。做生意的过程并不复杂：出国考察、参加展览会和贸洽会、谈判、拿到生产订单，再交给百人规模的工厂生产，这家成熟的贴牌生产（OEM）企业不断循环这一过程。

但是沐家公司的总经理郭君也感到不小的压力：一是产品规格比较单一，二是行业竞争愈演愈烈。2012 年，资本市场降温给外贸企业造成了不小的冲击。郭君决定开拓另一条渠道——电子商务。这个决定当时在管理层几乎没有遇到任何阻力，毕竟大家对网购连年的增长势头都了然于心，与此同时，沐家公司的家居产品在几家实体店的销售都鲜有增长。

而对没什么电商经验的沐家公司来说,一开始并不容易。郭君起初想把反响较好的产品放到旗舰网店,主攻国内市场,结果"相当困难"。于是"跨境电商"成了摆在他面前的新命题。想把商品直接推向海外市场,需要探寻新的目标市场和客户、选择符合需求的产品及定价,还要熟悉当地的经商环境。

沐家公司又一次从零做起,搜集国外市场的需求走向、政策等信息,先在一家国内平台开起了外贸网店,之后又上线亚马逊。不过,美国店铺上线的头一个月却没有一单生意。开店第二个月的一天,郭君接到了亚马逊卖家团队经理的电话,对他提出了一些建议。进行调整之后,沐家公司美国店铺的销量开始大幅上升。之后,沐家公司启动了站外引流——Facebook和Twitter成为沐家公司产品的宣传阵地。在立足美国市场之后,沐家公司开始进一步向全球扩张。到了2017年,沐家公司在新三板挂牌上市。而最新的2018年半年报显示,截至2018年6月30日,沐家公司实现营业收入9 619.03万元;归属于挂牌公司股东的净利润为88.8万元。

资料来源:根据搜狐网发布信息(http://www.sohu.com/a/25299591_115514)编写。

案例思考题:该公司跨境电商的成功实践给我们带来哪些启示?

第一节　国际电子商务的含义与特征

一、国际电子商务的含义

网络经济的兴起与发展给国际贸易和经营全球化赋予了新的含义。从理论上讲,只要企业在互联网上建立起自己的网站,那么该企业将立刻变成一家跨国公司。因为网络本身是超越国界的,更重要的是它消除了在真实世界中的时空障碍,使得在任何国家的任何网络用户都可以轻松地访问企业的网站,并与企业进行网上交易。因而在国际贸易中采用电子商务是一种趋势。

目前,人们对于国际电子商务与电子商务的含义有不同的认识和表述。一种观点认为,电子商务从产生那天开始,其应用就是以全球网络为背景、以全球市场为目标的,而国际电子商务是电子商务在国际贸易中的具体应用,它与一般电子商务的含义完全相同。从这个角度分析,没有必要区分与定义电子商务和国际电子商务。

另一种观点认为,国际电子商务是相对于一般的电子商务的应用而言的,它特指电子商务手段在国际贸易这一特定领域的应用,国际电子商务与一般电子商务存在明显的区别,进行国际电子商务要比进行一般的电子商务复杂得多。还有的文献和专门的应用系统使用"国际贸易电子商务"概念,来表示电子商务在国际贸易领域的应用,以避免人们对国际电子商务产生歧义。本书比较赞同第二种观点,即国际电子商务特指电子商务在国际贸易这一特定领域的应用。

近年来,随着我国消费者个人跨境网上购物活动的日趋流行,以及专门为个人跨境购物提供服务的专业电子商务网站的逐渐增多(如"跨境通""跨境购""海外通""海外 e 购"等),我国在开展国际电子商务时,也越来越多地使用"跨境电子商务"这一术语。

具体来说,国际(跨境)电子商务是指利用现代通信技术、计算机技术和网络技术,以电子数据传输方式完成从建立贸易关系、商业谈判、电子合同签订到租船、订舱、保险、商检、报关、申领许可证、配额、产地证及货款结算全过程的交易方式。

简单地讲,国际(跨境)电子商务,是指分属不同关境的交易主体,通过电子商务平台达成交易、进行支付结算,并通过跨境物流送达货物或服务、完成交易的一种国际商业活动。

在国际电子商务交易中,首先,参与交易的各方应是来源于不同的国家(或地区),即交易本身是跨越"关境"的。其次,交易各方抛开传统的交易方式,利用现代网络信息技术和通信手段进行交易,从推广、洽谈、签约、付款乃至交货整个交易过程的部分或全部以电子化、网络化的手段完成。再次,从参与国际电子商务的交易各方来看,除了贸易企业之间的大宗交易(即 B2B),企业和消费者之间的 B2C 交易,甚至不同国家个人之间的 C2C 交易,也在快速增长。[①] 最后,从国际电子商务的交易标的来看,一类是有形商品即货物的贸易。对此类商品的贸易而言,通过国际电子商务可以完成推广、洽谈、订货、租船订舱、投保、商检、报关以及货款收付等交易环节,但商品的配送仍需以传统方式进行;另一类是无形商品的贸易,这包括电脑软件、影视产品、电子图书等数字化产品及各种服务类产品。对于无形商品的贸易而言,利用国际电子商务可以完成包括商品配送在内的所有国际贸易交易环节。另外,从电子商务的广义定义来看,国际电子商务也应该包括电子数据交换(EDI)等基于非互联网的电子交易手段。

随着国际电子商务的发展,人们也从不同的角度和层次来理解国际电子商务:

(1) 从覆盖的交易范围分析,可以从狭义和广义两个方面来理解国际电子商务。狭义的国际电子商务是指进出口交易双方之间通过网络进行的交易活动,也就是指国际贸易企业利用电子商务运作的各种手段部分或全部地完成进出口交易过程。广义的国际电子商务则是指利用网络完成进出口交易、进出口贸易管理和与相关的服务活动,它不仅包括进出口买卖双方的交易活动,还包括与进出口有关的贸易中介机构提供的服务活动,以及各国政府贸易管理机构的网络化管理活动。

(2) 从参与主体的角度分析,国际电子商务因参与交易和管理的主体不同,以及提供网络贸易的网站性质不同,可以区分为三种不同的模式,即企业国际电子商务、中介机构国际电子商务及政府管理机构国际电子商务。

(3) 从信息传递手段的不同分析,由于国际贸易信息可以通过多种不同的电子或数字通信手段来传递,因此,国际电子商务根据交易信息传递方式或信息传递技术的不同,

---

① B2B 是 Business-to-Business 的缩写,是指面向企业销售产品和服务的商业模式;B2C 是 Business-to-Consumer 的缩写,是指直接面向消费者销售产品和服务的商业模式;C2C 是 Consumer-to-Consumer 的缩写,是消费者个体对消费者个体提供商品和服务的商业模式。

可以区分为基于 EDI 技术的国际电子商务、基于互联网(Internet)技术的国际电子商务，以及基于 Internet EDI 的国际电子商务等。严格说来，传统的通过电话、传真、电传等方式进行的国际贸易活动，也是国际电子商务的一种形式。

二、国际电子商务与传统国际贸易模式

(一) 国际电子商务与传统国际贸易模式的区别

国际电子商务相比传统国际贸易模式，有难以比拟的优势，如突破了传统地理范围的限制、受贸易保护影响较小、涉及中间商少、价格低廉和利润率高等。但同时也存在明显的通关、结汇和退税的障碍，贸易争端处理不完善等劣势。表 1-1 列示了国际电子商务与传统贸易模式的区别。

表 1-1　国际电子商务与传统贸易模式的区别

	传统贸易模式	国际电子商务
接触消费者方式	面对面，直接接触	通过互联网平台，间接接触
业务模式	基于商务合同	需借助互联网电子商务平台
交易环节	复杂（生产商—贸易商—进口商—批发商—零售商—消费者），涉及中间商众多	简单（生产商—零售商—消费者或生产商—消费者），涉及中间商较少
价格和利润率	价格高，利润率相对低	价格实惠，利润率高
订单类型	大批量、少批次、订单集中、周期长	小批量、多批次、订单分散、周期相对较短
产品类目	产品类目少，更新速度慢	产品类目多，更新速度快
规模和速度	仅面向与本国缔结贸易协定的国家或地区，受贸易保护的影响较大，市场规模大但受地域限制，增长速度相对缓慢	面向全球市场，基本不受贸易保护的限制，市场规模大，增长速度快
支付手段和争端处理	正常贸易支付，具备健全的争端处理机制	需借助第三方支付，争端处理不畅、效率低
对物流的要求	多通过空运、集装箱海运完成，物流因素对交易主体的影响不明显	通常借助第三方物流企业，一般以航空小包的形式完成，物流因素对交易主体的影响明显
交易、结汇方式	按传统国际贸易程序，可以正常享受通关、结汇和退税政策	通关缓慢或有一定限制，无法享受退税和结汇政策（个别城市已尝试解决）
企业规模	企业规模大，受资金约束程度高，变化困难	企业规模小，受资金约束程度低，变化灵活

资料来源：鄂立彬，黄永稳.国际贸易新方式：跨境电子商务的最新研究[J].东北财经大学学报，2014 年 3 月：22-31。

1. 交易环节上的差异

传统国际贸易的信息流、资金流和物流是分离的,而借助电子商务平台,可实现信息流、资金流和物流的有机统一。传统国际贸易发生在企业与企业之间,过度依赖传统销售、买家需求封闭、订单周期长、汇率风险高、利润空间低等问题长期存在。而在国际电子商务模式下,传统外贸中间商的环节被延伸到了零售环节,打破了原来的国外渠道如进口商、批发商、分销商甚至零售商的垄断,企业面对的客户群不单是消费者,还有个体批发商、零售商,有效减少了贸易环节,价值链缩短,交易渠道更加扁平化,从而降低了渠道成本,让企业获得更多的利润、消费者享受更多的实惠。

2. 产业链条上的差异

我国传统贸易企业大都从事加工贸易,处于代工地位,产品设计和市场营销等功能明显偏弱,产品附加值低。而在国际电子商务模式下,企业掌控完整的产业链条。由于信息集聚带来的外部经济性,企业在利用跨境电子商务平台过程中可以获得最新的行业资讯、竞争对手的情况及国外消费者的消费习惯、地区分布等信息,通过平台向成功者学习经验和教训,并从市场数据方面为产品研发、市场营销和售后服务提供支撑。

3. 运营成本上的差异

国际电子商务避免了传统贸易模式下人员的大量外出谈判和参展活动,也减少了各国的分支机构,从而减少了海外办公支出(交通费和住宿费);突破了地理位置的局限,有利于在更广阔的市场空间寻找商业伙伴;利用网络开展网络营销,可以显著提高营销成本的投入-产出效率,跨越利用传统电视、广播、报纸和杂志进行国际市场营销的巨额开支门槛,从而从根本上扭转我国企业长期不敢在国际市场投放广告的被动局面;通过大规模生产前的预售活动,帮助品牌扩大总需求和测试市场反应,进而帮助企业降低库存风险,提高运营资金的周转效率;采用智能化管理模式,将客户需求与企业产品研发、生产和库存管理有机结合起来,从而缩短产品开发周期,降低生产采购成本和物流仓储成本,提高供应链的效率和准确性。

4. 产品差异化上的差异

国际电子商务比传统贸易模式下的产品类目多、更新速度快,具有海量商品信息库、个性化广告推送、口碑聚集消费需求、支付方式简便多样等优势,并且面对的是全球消费者,市场潜力巨大。企业可以通过电子邮件、论坛、社区网络等在线调研及沟通获得大量的产品和消费者信息,并综合运用网站优化策略、差异化服务策略、关系营销策略和搜寻引擎营销策略开展全方位的售前、售中和售后服务。由于掌握了更多的客户数据,国际电子商务企业更能使用计算机辅助设计(CAD)和计算机辅助制造(CAM)技术来设计和生产出差异化、定制化产品。此外,通过企业产品网站的音频、视频和图像来介绍企业产品,并提供在线咨询、网上订购、订单查询和售后服务等增值服务,从而更好地为客户提供技术支持,展示自身与众不同的企业形象,在虚拟的网络环境中塑造自己的品牌形象。

5. 与时代变化融合上的差异

移动电子商务有望在未来发挥更大的作用。截至2017年年底,全球有约16.6亿的消费者使用移动端进行网购,使用移动端进行支付的消费者占比已达12%。根据PayPal发布的《全球跨境电子商务报告》数据显示,随着智能手机和平板电脑的普及,国际电子商务中移动电子商务和移动支付方式发展迅速。2013—2018年整体移动跨境电子商务的复合年均增长率达到22%,人们更加愿意通过移动终端设备完成国际网上购物。

(二)国际电子商务推动国际贸易转型升级

1. 促进多边贸易发展,优化配置多边资源

国际电子商务拥有不断更新的产品和服务信息,具有快速、高效的信息传递方式,几乎不受时间和地理范围的限制,因此,全球消费者通过互联网可以随时查看和购买来自国外的产品和服务。在国际电子商务中,国内外供需双方直接接触,流通环节减少,市场进入壁垒降低,企业由此可以直接面向更加广泛的国际市场,从而促进多边贸易的发展。通过跨境电子商务、社交网络和物流服务等平台,国际贸易中的商流、物流、资金流和信息流有机融合,促进国内外生产者、零售商、物流企业、其他相关服务机构和消费者形成一个整体,以信息流为重点,融商品生产、物流配送、海外仓储、电子支付和信息服务等于一体,以消费者为中心重构价值链,促进了多边资源的优化配置。

2. 推动对外贸易转向差异化竞争

跨境电子商务平台及其他服务平台积聚了大量的国外消费者信息,云计算和大数据技术的应用为收集、整合和处理分散、孤立、动态、高维、复杂的消费者数据提供了支撑,而全面的消费者数据为分析消费者偏好提供了依据。因此,国际电子商务能够根据消费者的需求,提供个性化和高度差异化的产品和服务,促进对外贸易产品和服务的价值提升。基于国际电子商务中大量的数据,还能够预测市场的消费规律,创造与消费者潜在需求相适应的差异化产品和服务,实现新的价值创造,提升贸易质量。因此,发展国际电子商务能够加快外贸增长方式转型,推动对外贸易从数量扩张向质量提升转变,提升对外贸易企业的价值创造能力和竞争优势。

3. 促进新型服务贸易发展

目前,国际互联网零售的物流方式主要采用快递和邮件。云计算、物联网等新一代信息技术在国际电子商务中的应用将会推动海外物流仓储和配送中心的快速发展,提升物流配送的信息化水平,提高物流配送效率,降低物流成本。随着国际电子商务的发展,跨境第三方支付的市场需求越来越大。目前,我国的跨境第三方支付市场主要由PayPal等境外支付公司垄断,随着国际电子商务的深入发展和国家相关政策的支持,我国的跨境第三方支付将会迅速发展。国际电子商务也将带动软件、影视、音乐、电子期刊、游戏等数字内容产品贸易的快速发展。数字内容产品是一类特殊的数字化信息产品,与传统的物质产品有很大差异:第一,数字内容产品存储方便,内容具有可变性和易复制性;第二,数字内容产品具有使用价值的非排他性,可以反复销售,从而形成规模经济降低交易成本;第三,数字内容产品的技术含量高,附加值较高;第四,数字内容产品的数字化特征使其非常适合网络传递。国际电子商务为数字内容产品提供了对外贸易的运营平台,消费者可以在极短的时间内从平台上获取所需的产品。

4. 提升外贸企业的国际化营销水平

传统贸易渠道由于受制于营销水平较低且成本很高,即使产品和服务质量优良,其在国际市场的知名度也很难为国外用户所熟悉。跨境电子商务平台使生产者和消费者及其两者之间直接沟通和交流,为企业提升产品品牌的知名度提供了有效途径。企业能通过电子商务平台获取的大量数据,对消费者的偏好和需求变化做出快速预测和反应,实现精准营销。

三、国际电子商务与国内电子商务

(一) 国际电子商务与国内电子商务的共性

由于国际电子商务是国内电子商务技术和手段在国际贸易这一特殊领域的应用,因此二者之间具有很多共性。主要表现在以下五个方面:

(1) 普遍性。(国际)电子商务作为一种新型的交易手段,将生产企业、流通企业及消费者和政府管理机构带入了一个无所不包的网络经济、数字化生存的新天地。

(2) 方便性。在(国际)电子商务环境中,人们不再受地域和时间的限制,企业、消费者和政府管理部门,能以非常简捷的方式完成过去较为繁杂的商务活动。

(3) 整体性。(国际)电子商务能够规范事务处理的工作流程,将人工操作和电子信息处理集成为一个不可分割的整体,这样不仅能提高工作效率、降低工作强度,也可以提高系统运行的严密性。

(4) 安全性。在(国际)电子商务中,安全性是一个至关重要的核心问题,它要求网络能提供一种端到端的安全解决方案,如加密机制、签名机制、安全管理、存取控制、防火墙、防病毒保护等,这与传统的商务活动有着很大的不同。

(5) 协调性。在(国际)电子商务方式下,生产企业、物流企业、金融服务企业、通信企业、网络运营商、消费者和政府管理部门之间,所采用的计算机设备、网络通信技术、信息传输标准及操作软件系统等,必须统一或相互兼容,才能保证交易信息传输的准确性、安全性,实现整个网上交易过程的连续性。

(二) 国际电子商务与国内电子商务的差异

由于国际电子商务的交易各方来自不同的国家(地区)、涉及更多的中间环节和政府管理部门,因此与国内电子商务相比,它也有自身的特殊性,主要表现在以下六个方面:

(1) 语言不同。由于交易双方来自不同的国家(地区),因而在通常情况下他们的母语是不同的。这一点对于 B2B 国际电子商务而言影响不大;但对于 B2C、C2C 国际电子商务而言,处于不同国家(地区)的企业与个人、个人与个人之间如何有效地沟通成为一个不可忽视的问题。因此,对于贸易企业和专业国际电子商务运营商而言,就要开发建立多语种的电子商务平台和交易系统。

(2) 文化习俗、消费习惯不同。分处不同国家(地区)的交易各方由于历史、宗教、文化传统等方面的差异,反映在消费习惯方面也会有很大的不同。这就要求开展国际电子商务的企业,要针对不同的国家(地区)市场的消费偏好,采取差异化的网上产品推广和营销方式。

(3)法律不同。虽然世界贸易组织(WTO)为其成员方之间的贸易制定了系统而详细的规则框架,但各成员方在电子商务方面的法律、法规存在诸多差异,国际电子商务交易过程中相关的协调工作更加困难。

(4)货币及电子支付系统不同。国际电子商务涉及货币换算、结算货币的选定、外汇管理等方面的因素。而且,基于安全考虑,各国(地区)的电子支付系统及其安全标准存在较大差异。

(5)国际电子商务技术与标准不同。由于不同国家(地区)采用的国际电子商务系统开发技术、安全技术、数据传输标准及采取的相应的政策、法规存在差异,因此造成国际电子商务迄今还难以实现全过程的网络化、电子化。

(6)国际电子商务参与的主体多。不仅有进出口贸易企业,还有银行、物流运输、保险、报关行等中介服务机构,以及贸易、海关、海事、检验检疫、外汇、税务等政府监管机构。它们在国际电子商务的交易过程中都发挥着不可或缺的作用。

(三)国际电子商务与传统商务模式的不同

1. 对于已经从事国际贸易与跨国经营的公司而言,国际电子商务为它们提供了一种全新的跨国营销模式

例如,戴尔计算机公司(Dell Computer Corp.)原先就因以邮购方式直销计算机而业绩非凡,且自1996年开始网上销售以来更是成绩斐然。目前,戴尔公司已经在全球范围内建立了160多个采用目标市场国(地区)本地语言显示的"国家专一网站"(Country-specific Sites),通过这些本土化网站销售其产品。客户只要访问该公司的网站(http://www.dell.com),选好国别,网站便切换成客户所在国(地区)的语言显示(见图1-1)。然后,选择好需要的计算机型号并网上付款,其所订购的计算机在几天之内便可送上门。

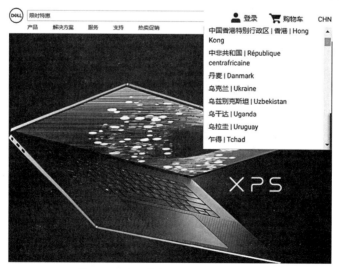

图1-1 美国戴尔公司的多语种网站

2. 对于众多的中小微企业而言,国际电子商务为它们提供了打开海外市场的捷径

在国际电子商务尚未出现的时期,这些企业的生产营销业务多数只能局限于本国市场,而有了互联网,它们则可以直接将自己的产品"上网"推销,直接推向国际市场。

3. 国际电子商务还表现在产品销售渠道的变化上

传统的国际商务模式只能采取批量销售的方式,将出口商品批发给国外的进口商,再由它们通过其国内的分销渠道,最终由零售商销售给消费者。而国际电子商务方式下的网上销售则不然,出口商除了可以进行B2B营销模式,还可以撇开中间商,直接与最终用户进行B2C营销,前文提到的"跨境通""跨境购""海外通""海外e购"和戴尔公司,我国的"联想""华为""海尔"等越来越多的跨国公司,均采取这种营销模式。国际电子商务的这种"去中"效用省去了传统分销渠道中的层层中间环节,从而大大提高了效率、降低了成本,有着传统的国际商务营销模式不可比拟的优势。

4. 从具体操作程序上讲,国际电子商务使得国际贸易中各种信息的传递变得更为便捷、成本更为低廉

传统的国际贸易交易磋商一般要经过询盘、发盘、还盘和接受等环节,双方对交易条件达成一致后,再签订书面合同,之后进入合同履行环节。在整个交易过程中,信息的传递是影响交易成本和效率的核心。传统国际商务模式下通常采用的邮寄、电话、传真等手段,都有各自的缺陷。邮寄费时费力,电话虽然能实现信息的即时传递,但不能实现单证信息的传递,而传真的安全和保密性则不足。于是,在传统国际商务模式下,重要贸易文件和单证信息的传递主要靠邮寄,这也就大大制约了传统国际商务模式下交易效率的提高和交易成本的降低。

而国际电子商务交易方式,能够抛开这些传统的信息传输手段,有效地节约时间、降低成本,因为整个交易磋商、合同签订及履行过程可以完全在网络上以数字信息流的方式实现。传统国际商务模式下的交易磋商条件、合同内容、单证的交换过程,在国际电子商务中演变成标准化电子数据、电子表格、电子报文在网络中的传递过程。各种各样的国际电子商务系统和专用的数据交换协议将交易数据和信息以加密的形式传输,保证了其准确性与安全性。各类贸易单证如价目表、报价单、提单、保险单、发票、汇票等,在国际电子商务环境下都变成了标准的报文形式,从而提高了交易信息传递的速度,减少了错误和遗漏,大大降低了交易成本。

第二节　国际电子商务交易模式

同国内电子商务的发展历程一样,国际电子商务最初的应用主体是贸易企业,因此B2B是主要交易模式,但随着消费者个人跨境网上购物的快速崛起,B2C及C2C交易模式日益受到青睐。同时,由于进出口贸易必须办理检验、通关、原产地证申领,部分货物的进出口还需办理配额、许可证申领等行政手续,因此,G2B（Government to Business,政府

与企业之间的电子政务）模式（本质上属于"电子政务"）也成为国际电子商务交易完成必不可少的部分。

一、B2B 模式

（一）B2B 模式概述

B2B 模式是指进行国际电子商务交易的供需双方都是商家（或企业、公司），它们之间通过各种电子商务平台，完成进出口贸易交易的全部或部分流程。

B2B 模式包括买卖、合作与服务等基本内容。买卖是指提供 B2B 交易的国际电子商务平台，为供求双方提供交易信息、交易磋商及签订合同、履行合同的技术工具，同时促使更多的商家成为交易平台会员。合作是指通过 B2B 交易平台，建立与国内外生产、销售、物流、保险、银行等相关企业的密切合作，为网上合同履行提供便利。服务是指 B2B 交易平台为买卖双方提供完成交易的全流程服务。

B2B 模式的成本主要分为四大类：第一类为技术成本，包括软硬件成本、学习成本和维护成本；第二类为安全成本；第三类为物流成本；第四类为客户成本。

（二）B2B 模式的类型

按照国际电子商务交易网站（平台）面向的服务对象不同，B2B 模式还可以分为水平 B2B 模式、垂直 B2B 模式、自建 B2B 模式三种类型。

1. 水平 B2B 模式

水平 B2B（Horizontal B2B）也被称为综合 B2B，是面向中间交易市场的 B2B。它是将各个行业中相近的交易集中到一个网站，为商品采购商和供应商提供一个集中的交易场所，这类交易平台既不是生产产品的企业，也不是经营商品的商家，它只提供一个便利供求双方交易的服务平台，在网上将销售商和采购商汇集在一起，采购商可以在其网上查到销售商及其商品的详细信息。

水平 B2B 模式的优势在于，一个网站上聚集了分布于各个行业中的大量客户群，供求信息来源广泛，登录交易平台的企业有着广泛的选择空间，真正可以做到"货比千家、价比万家"。因此，这种模式下的供求信息可以得到较高的匹配。但水平 B2B 模式缺乏对各行业的深入理解及对各行业的资源深层次整合，导致供求信息的精准度不够，进而影响到买卖双方供求关系的长期确立。目前，在全球比较著名的 B2B 国际电子商务网站中，多数属于这种类型，如中国的"阿里巴巴—达通""敦煌网""环球资源网"，美国的"亚马逊"等。

2. 垂直 B2B 模式

垂直 B2B（Vertical B2B，Directindustry B2B），是面向供应商或采购商的 B2B 交易平台。面向供应商的 B2B 网站为上游供应商选择最佳下游买家提供交易机会和平台；面向采购商的 B2B 网站为下游采购商寻找最合适的上游供应商提供交易机会和平台。通过垂直 B2B 网站，生产商或零售商可以与上游的供应商形成供货关系；生产商与下游的经销商可以形成销货关系。简单地说,这种类型的 B2B 网站,或者集中了某行业大量的采购商及采购信息,供国内外供应商选择;或者集中了某行业大量的供应商及产品供应信息,供国内外采购商选择。同时,网站还提供交易的全过程服务。同水平 B2B 模式相比,垂直 B2B 模式由于集中了某行业同类企业及同类产品的信息,因此,信息的专业化程度、全面性和精准度高,有利于节省企业的信息搜寻成本和交易对象选择成本,使供求双方形成长期稳固的交易关系。但垂直 B2B 模式也存在供求信息广泛性不足的缺陷。

国内外行业协会、商会建立的国际电子商务交易平台,大多数属于垂直 B2B 模式。如"中国供应商网"(http://cn.china.cn)、"中国化工网"(http://china.chemnet.com)、"石油产业网"(http://www.oem17.com)、"Globalspec"(http://www.globalspec.com)(见图 1-2)、"Importers"(http://www.importers.com)等。

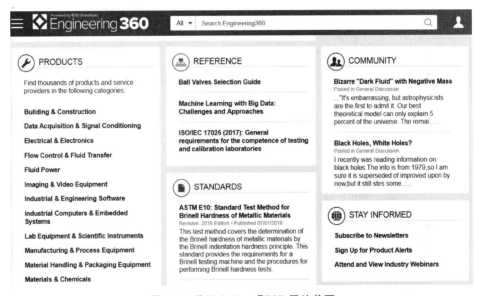

图 1-2 "Globalspec" B2B 网站首页

为弥补自身存在的缺陷,更多的外部上下游企业及产品信息资源被引入交易平台,越来越多的垂直 B2B 网站,呈现向关联 B2B 类型发展的趋势。

3. 自建 B2B 模式

自建 B2B(Self-built B2B),是指经营产品种类多、规模大、资金和技术雄厚的大型企业(尤其是跨国公司),自行开发建立的以本企业生产经营产品供应链为核心的国际电子商务平台。企业通过自建 B2B,可以将整条产业链的上下游供应商、采购商及消费者整合到一个电子交易平台上,在建立稳固的上下游供应、销售渠道的同时,增强其在产业链资源配上的控制力和影响力。同时,在自建 B2B 平台上,企业可以根据不同国家的消费市场的特点,分类建立适合不同市场的交易平台。图 1-3 为联想集团自建的多语种、多国家(地区)国际电子商务平台主页。

正是基于这一优势,自建 B2B 成为绝大多数跨国公司争夺国际电子商务市场的重要选择之一。但自建 B2B 模式也存在市场封闭、可比性不强和缺乏外部资源支持等劣势。

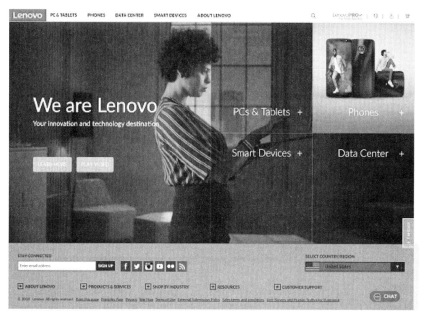

图1-3 联想集团自建B2B网站的首页

（三）B2B模式实例

下面以敦煌网为例，简要介绍水平B2B第三方跨境交易平台的盈利方式（见图1-4）。

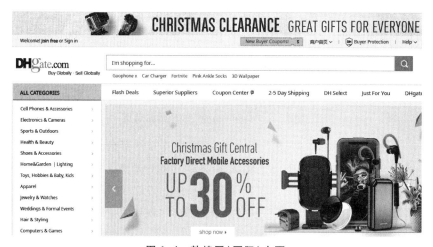

图1-4 敦煌网（国际）主页

敦煌网成立于2004年，是中国第一家整合在线交易和供应链服务的第三方水平B2B电子商务网站，是协助中国众多中小供应商，向海外庞大的中小采购商直接供货的新生代网上批发交易平台，致力于打造一个完整的在线供应链体系，直接打通中国上游中小制造企业和贸易商同国外无数中小采购商之间的贸易联系。

经过十年的探索与实践，敦煌网通过不断的努力与创新，搭建了一条通往全球的网上"丝绸之路"。在敦煌网，在线销售产品品类以电子产品及配件、计算机及网络、健康与美容、婚礼用品、纺织服装、运动与户外产品等为主。

敦煌网的服务对象定位,由最初的中小商户开始扩展到规模化的外贸企业、工厂和品牌商家。针对不同的服务对象,敦煌网除了交易平台,还推出了网货中心。网货中心是针对传统外贸企业的服务,自2013年8月以来,敦煌网和义乌共同打造"全球网货中心"平台。除了提供基于平台的基本服务,敦煌网也在优化一体化服务,主要包括:①支付,DHpay(敦煌支付),与二十多家信用卡、银行和金融科技公司合作,为客户提供快速集成的多货币付款结算服务。②物流,DHLink(敦煌物流),对接顺丰速递、中国邮政、DHL(敦豪速递公司)、UPS(联邦快递公司)等三十多家国内外快递企业,为客户提供高效、便捷的在线发货和海外仓物流服务。③敦煌金融,敦煌网利用数字金融科技手段,相继开发出"信风""汇率宝"和"贸贷云"等金融服务产品,为从事国际电子商务的中小微企业,提供全球收款、规避汇率风险和贸易融资等金融服务。④其他增值服务,如培训、营销推广和代运营等。

敦煌网主要有两种盈利模式:①佣金收入。作为第三方交易平台,敦煌网提供一个交易市场,买家和卖家可以在平台上交易,交易成功之后,向买家收取一定比例的交易佣金。②服务费收入。跨境平台的交易复杂性及商务性,决定了整个跨境交易过程需要很多服务环节。基于这个特点,敦煌网向注册企业提供集约化物流、金融、代运营等多项服务,并收取一定的服务费。

二、B2C 模式

(一) B2C 模式概述

B2C 模式是指企业与消费者之间的电子商务模式,企业通过互联网为消费者提供一个新型的购物环境——网上商店,消费者在网上购物和支付。由于这种模式节省了企业推销商品和消费者选择及购买商品的时间,同时,最大限度地扩展了企业、消费者相互选择的机会,大大提高了交易效率。因此,B2C 模式一出现,就大受消费者尤其是青年"上班族"的青睐。

B2C 模式较早出现于国内电子商务,并已形成相当大的规模。根据商务部《中国电子商务报告(2013)》发布的数据,我国已成为世界最大的网络电子商务零售市场。2017年网络购物用户规模达到5.33亿人,全年网络电子商务零售交易额超过7.17万亿元人民币,同比增长32.2%。近年来,随着跨境个人购物的法律、安全、通关、税收等制约因素的逐步减少,B2C 国际(跨境)电子商务呈现迅猛发展态势。

就 B2C 电子商务类型来看,国内出现的类型较多,有网上综合商城、网上百货商店、网上垂直商店、网上复合品牌店、服务型网店、导购型网店、定制型网店等。但在国际电子商务领域,B2C 的类型相对单一,基本都是集产品供求和国际供应商及采购商信息展示、交易磋商、订单确立、货款支付、物流配送、查验通关及纳税退税于一体的交易服务型 B2C。

(二) B2C 模式实例

1. 兰亭集势

兰亭集势(http://www.lightinthebox.com)创建于2006年,其国际电子商务网站2007年开通运行,创始人是谷歌中国前首席战略官郭去疾。兰亭集势目前已发展成为国内B2C跨境电子商务业界最好的网站之一(见图1-5),是其他B2C国际电子商务平台争相模仿的对象。

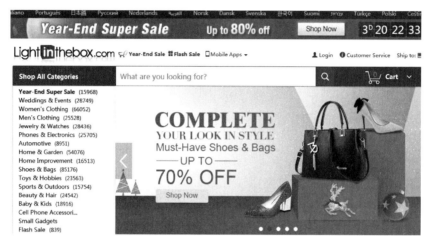

图1-5 兰亭集势网站首页

公司成立之初即获得来自美国硅谷和中国著名风险投资公司的注资,成立高新技术企业,总部设在北京,在北京、上海、深圳共有1 000多名员工。兰亭集势涵盖了包括服装、电子产品、玩具、饰品、家居用品、体育用品等16大类,共10万多种商品。公司年销售额超过3亿美元。经过几年的发展,公司采购遍及中国各地,在广东、上海、浙江、江苏、福建、山东和北京等省市均有大量供货商,并积累了良好的声誉。许多品牌,包括纽曼、爱国者、方正科技、亚都、神舟电脑等也加入兰亭集势交易平台,成为公司的合作伙伴或供货商。

2013年6月在美国纽约证券交易所上市后,兰亭集势更加积极地渗透全球市场,目前其旗下的电子商务网站与移动应用支持27种全球主要语言、16种主要货币、数十种全球在线支付平台。兰亭集势的日均国外客户访问量超过200万人次,访问页面超过300万个。网站已经拥有来自世界各地的注册客户数千万人,累计发货目的地多达200个国家和地区,遍布北美洲、亚洲、西欧、中东、南美洲和非洲。公司也因此荣获PayPal"最佳创新公司奖"等殊荣。

兰亭集势已在欧洲和北美建立了仓储与配送体系,为欧洲和北美客户提供了更加快捷的配送与退换货服务,同时公司新建的南美仓库已经启用。目前,兰亭集势在美国、西班牙、波兰和巴西均已招聘全职本土雇员,并通过其自主打造的"虚拟公司"网上协作平台,建立了遍布全球数十个国家的员工协作网络,将全球电子商务进一步深化。

根据所发布的2017年财报,兰亭集势总营业收入超过3.199亿美元,同比增长9.4%。

从地域来看,欧洲是兰亭集势的最大市场,该市场的营业收入占兰亭集势总营业收入的六成以上;其次为北美市场,大约占总营业收入的两成。

兰亭集势全球时尚开放平台包括全球本地化体系(Localization By Lightinthebox)、开放配送体系(Fullfilment By Lightinthebox)、开放客服体系(Care By Lightinthebox)、开放数据体系(Insight By Lightinthebox)。平台入驻商家不要求懂外语,不需要有仓库与客服,大大降低了跨境电商的进入门槛。

同时,随着国家对跨境电商的重视与扶持,兰亭集势已经与多地合作,开通了跨境电商出口退税流程,入驻该交易平台的商家可以自动享受到跨境电商的出口退税政策优惠。此外,基于现有客户群和中国产品的特点,兰亭集势的开放平台专注于服装品类,以15%的分成方式与商家结算,不收取年费。

2. 跨境通

跨境通(http://www.kjt.com)由上海东方电子支付有限公司投资建设,于2013年10月在上海自由贸易试验区正式上线运行,是我国首家专门为国内消费者网购进口产品的B2C国际电子商务交易平台。该交易平台基于上海口岸面向国内消费者实现全球网络直购。商品主要包括服装服饰、婴幼儿用品、3C电子产品、化妆品、箱包等,主要定位于中高端进口商品(见图1-6)。通过建设跨境通平台,实现信息流、资金流、物流三维信息合一比对,建立起一整套适合跨境贸易电子商务发展的完整、高效、安全、严密的管理规范,引导消费者通过直购渠道购买国外高品质商品,阳光纳税,逐渐杜绝以非法代购形式入境的灰色购买通道。

图1-6 跨境通网站首页

在跨境通交易平台上,入驻商户都经过海关备案,以防消费者买到进口假货,而且对平台出售的商品均有售后服务保障。该平台上的每件产品,都会标明商品本身的价格、进口关税和物流费用,使消费者对所支付的价格及其构成一目了然。通过该平台成功下单购物的消费者还能获取相应的缴税凭证。确定购买、生成订单后,由于消费者是经过实名认证的,确认商品符合海关规定的个人物品合理自用数量及金额后,就可以实现网上付款，入驻交易平台的物流企业负责将商品快递到消费者手中。

随着上海自由贸易试验区的发展，这一跨境电商平台吸引了越来越多的境外知名品牌电商入驻，有望形成仓库到个人的直销模式，从而降低国内消费者的购买成本。据采样测算比较，同样国际品牌的商品，通过跨境通网上购买，其支付价格也要比国内实体店低三成。

亚马逊公司在对国内市场进行充分调研的基础上，与跨境通开展业务合作，实现了订单无纸化申报，通关系统自动审单、数秒内放行。截至目前，美国亚马逊、韩国现代百货集团等一大批境外知名品牌大型电商已入驻跨境通，形成了正品货源聚集态势，国内消费者可以通过交易平台，直接购买上述知名品牌电商经营的产品。

FedEx、UPS、TNT、DHL、顺丰、义达等国内外物流快递企业，浦发银行、招商银行、中国银联等金融机构，以及多家报关企业均已成为跨境通的合作伙伴，为其提供物流、支付和报关服务。

根据跨境通公布的 2018 年上半年财报，报告期内，公司实现营业收入 98.75 亿元人民币，同比增长 77.23%；实现营业利润 6.2 亿元人民币，同比增长 49.49%。

三、C2C 模式

（一）C2C 模式概述

C2C 模式是一种个人对个人通过电子商务交易平台实现的网上交易行为。C2C 电子商务企业通过为买卖双方搭建拍卖平台，按比例收取交易费用，或者提供平台方便个人开设网上店铺，以会员制的方式收费。同时，为便于买卖双方交易，C2C 交易平台还提供交易所需的一系列配套服务，如市场信息汇集、建立信用评价制度、多种付款方式、物流配送。C2C 模式交易流程如图 1-7 所示。

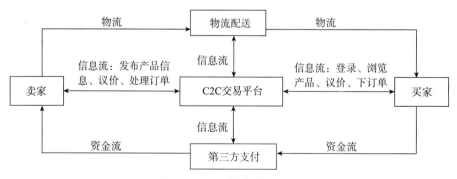

图 1-7　C2C 模式交易流程

C2C 模式开始于 1995 年 9 月在美国加利福尼亚州圣荷西成立，可让全球民众上网买卖物品的线上拍卖及购物网站——eBay（http://www.eBay.com）。在我国则是以 1999 年成立的易趣网为标志（http://www.eachnet.com）。不过，由阿里巴巴于 2003 年 5 月投资创立的淘宝网后来居上，网上销售规模远远超过易趣网。国内采用 C2C 模式的国际电子商务网站还有拍拍、百度有啊、一拍等。

C2C 模式电子商务交易的顺利开展,除需要顺畅的信息流、物流和资金流外,交易平台能否提供全面、安全的交易信用与风险控制至关重要。eBay 之所以能够在全球 C2C 电子商务交易市场上长期占据主导地位,除了与 PayPal 电子支付工具的"无缝对接",也是与 eBay 一开始就重视注册用户信用征集,建立起规范的交易风险控制体系分不开的。在 eBay 交易平台上,PayPal 扮演着收单商家和银行的双重角色,这使得 PayPal 在聚拢了买方与卖方大量资金的同时,掌握着买卖双方的交易与信用状况。阿里巴巴的淘宝 C2C 交易平台,在中国电子商务市场后来居上超越易趣网,也与其同时推出支付宝电子支付系统,建立网上交易赔付制度有直接关系。

C2C 交易平台的盈利方式主要有收取会员费、交易提成、广告费、搜索排名竞价及支付环节收费等。

(二) C2C 模式实例

1. eBay

eBay 是于 1995 年 9 月 4 日由皮埃尔·奥米迪亚(Pierre Omidyar)以 Auctionweb 的名称,在加利福尼亚州圣荷西建立起来的一家个人拍卖网站,1997 年 9 月该网站正式更名为 eBay(见图 1-8)。不到 20 年的时间,eBay 已经从最初只有几个人的小型 C2C 拍卖型网络公司,发展成拥有 1.5 万名员工、在全球 50 多个国家(地区)设有网站的全球最大的 C2C 国际电子商务交易平台。截至 2017 年年底,eBay 年总商品交易额为 884 亿美元,净营业收入为 95.67 亿美元,在线活跃用户超过 1.28 亿人次,每年活跃用户数增加 1 000 多万。eBay 的经营模式正在从 C2C 向包括 B2C、B2B 和 B2B2C 的混合模式发展。

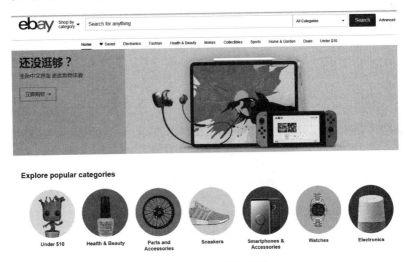

图 1-8　eBay 网站首页

eBay 创始人 Omidyar 在网上贩卖的第一件个人物品是一只坏掉的激光指示器,以 14.83 美元成交。他惊讶地询问得标者:"你难道不知道这玩意坏了吗?"Omidyar 接到了以下回复:"我是个专门收集坏掉的激光指示器的玩家。"现在,在 eBay 全球各个不同语言交易网站,每天都有数以百万的家具、收藏品、电脑、车辆等被发布和出售。有些物品稀有且珍贵,然而大部分的物品可能只是个满布灰尘、看起来毫不起眼的小玩意。这些物品常被他人忽略,但如果在全球性的大市场竞价售卖,其身价就有可能水涨船高。只要物品不违反法律或不在 eBay 的禁止贩售清单之内,即可在 eBay 上发布出售。服务及虚拟物品也在可出售物品的范围之内。因此可以说,eBay 超越了以往那种规模较小的实体性跳蚤市场,将买家与卖家聚集在一起,创造了扩展到全球、一个永不闭市的网上"虚拟跳蚤市场"。

大型跨国公司,如 IBM 会利用 eBay 的固定价或竞价拍卖来销售它的新产品或服务。资料库的区域搜寻使得运送更加便捷或便宜。软件工程师们借着加入 eBay 软件开发者项目,得以使用 eBay API,创造许多与 eBay 相整合的软体。许多公司或个人创造性开发的软件,使得买家与卖家在 eBay 上的交易更为方便。

目前,全球知名的物流快递公司,包括 FedEx、UPS、TNT、DHL、EMS、ePacket、eExpress 等都是 eBay 的合作伙伴。

2. 淘宝

淘宝网(http://www.taobao.com),由阿里巴巴集团在 2003 年 5 月 10 日投资创立,在推出 1 年后,其销量排名就超过 eBay 和易趣网位居第一。2004 年其网上拍卖市场规模实现了 217.8% 的增长,全年成交金额从 2003 年的 10.7 亿元人民币增至 2004 年的 34 亿元人民币。截至 2018 年 8 月,淘宝年度活跃用户达 5.76 亿人次,移动端月活跃用户达到 6.34 亿人次。在淘宝网购物的消费者遍布全球 200 多个国家和地区。仅 2018 年 11 月 11 日"双 11"的单日交易量即达到 2 135 亿元人民币。经过十多年的快速发展,淘宝已从初期单一的 C2C 网络集市,发展成为包括 C2C、B2C、B2B 及团购、分销、拍卖等多种商务模式在内的,中国规模最大、全球仅次于 eBay 的综合性国际电子商务交易平台,包括"天猫""聚划算""淘宝商城""一淘""阿里妈妈""阿里旅行""阿里旺旺""淘宝全球购""全球速卖通"等电子商务网站群(见图 1-9)。

图 1-9 淘宝电子商务网站首页

淘宝专门从事国际电子商务交易的平台有两个：一个是为国内消费者购买进口产品提供交易服务的淘宝"全球购"（http://g.taobao.com）（见图1-10），另一个是为国外消费者购买中国产品提供交易服务的淘宝"全球速卖通"（http://www.aliExpress.com）（见图1-11）。

图1-10　淘宝"全球购"网站首页

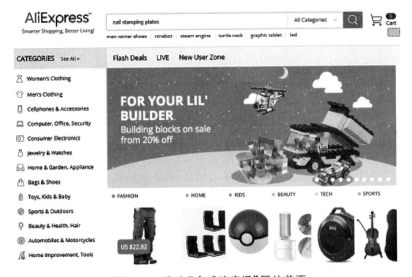

图1-11　淘宝"全球速卖通"网站首页

淘宝"全球购"又名"全球购物网"，是为广大国内消费者购买全球进口商品提供交易服务的专业导购平台，拥有韩国、日本、美国、英国、法国、德国、加拿大等多个进口代购频道。该交易平台本着帮助会员实现"足不出户，购遍全球"的目标，由阿里巴巴于2007年在淘宝网上设立，以时尚高档奢侈进口品为重点。淘宝"全球购"提供独立的全球购商品筛选功能，通过严格审核每一位卖家，精挑细选每一件商品，为淘宝网的用户提供更好的服务。凡是通过审核加入"全球购"的境外商品卖家，将被打上"全球购"的荣誉标志，其店铺和商品取得在"全球购"平台展示的机会，卖家也同时获得使用"全球购"各项服务的权利。

根据淘宝"全球购"发布的《2018海淘美妆趋势报告》显示,当前该平台海外入驻品牌已接近20万个,其中美妆品牌数高达1.3万个,除了传统的日韩美妆,泰国、西班牙、以色列、德国等新兴市场的美妆品牌也大规模涌入,消费者对美妆产品表现出空前的热情和购买力,光2017年就有5.4亿件美妆商品被抢购,客单价提升了13%。另统计数据显示,LV、GUCCI、PRADA、CHANEL等国际品牌商品在"全球购"的价格大约是国内专柜的7—8折,而更多时尚潮流的大众品牌,如COACH、CK、IT等,其在"全球购"的价格仅仅是国内专柜的5折甚至更低,还有一些在国内没有设置专柜的海外特色品牌商品,如TOPSHOP、ASOS、Miss Selfridge等,均可以在"全球购"买到。

"全球速卖通"是阿里巴巴帮助国内中小企业或个人,接触境外终端消费者,实现小批量、多批次快速销售,拓展利润空间,而全力打造的融订单、支付、物流于一体的在线交易平台,该平台于2010年4月正式上线运行。"全球速卖通"面向海外买家,通过"支付宝"国际账户进行担保交易,并使用国际快递发货。

据"全球速卖通"战略发布会上的数据显示,2017年4月,"全球速卖通"买家数量突破1亿人次大关,平台在一年时间内新增5 000万用户,到2018年8月累计成交用户已突破1.5亿人次,全球范围内每月访问平台的消费者超过2亿人次。"全球速卖通"已覆盖全球220多个国家和地区,销售产品包括3C电子产品、服装、家具、饰品等44大类,目前已成为全球第三大英文在线购物网站。

四、G2B模式

G2B模式是指政府与企业之间的电子政务。严格意义上,G2B不应列入电子商务的范畴,但由于国际贸易与国内贸易的最大区别在于,无论进口货物还是出口货物,都必须经过各国海关审验放行后才能运出或运进国境,属于法定检验检疫的商品必须获得检验检疫证书,许多货物还需申请配额、取得进出口许可证等。因此,G2B构成国际电子商务交易全流程中不可或缺的重要组成部分,为此,本书把G2B模式作为单独的一部分进行介绍。

国际电子商务中的G2B模式主要涉及的业务包括:电子交易身份认证,电子配额招投标,网上加工贸易审批,网上进出口许可证审批,网上合同备案,电子检验检疫,网上产地证申领签发,网上报关通关,网上外汇核销及网上纳税与出口退税等。

经过十多年的努力,我国为国际电子商务交易服务的政府G2B网站的开发、建设与应用,取得了显著成效。对外贸易经营者备案、货代企业备案及外资企业备案等,可以登录商务部业务系统统一平台办理(见图1-12)。电子配额招投标、网上加工贸易审批、网上进出口许可证审批及软件出口、服务外包和技术贸易合同备案等业务,可以在中国国际电子商务网上办理(见图1-13)。

电子检验检疫、网上产地证申领签发等业务,可以在中国检验检疫电子业务网上完成(见图1-14)。网上支付、身份认证、快件管理进口汇付、出口退税、报关申报等均可以在"口岸电子执法系统"——"中国电子口岸"网站上实现(见图1-15)。

第一章 国际电子商务概述

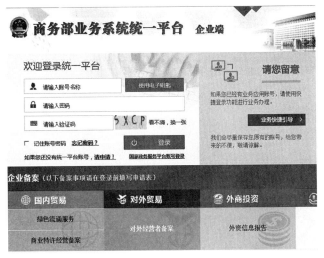

图1-12 商务部业务系统统一平台(企业端)页面

图1-13 中国国际电子商务网"业务申请系统"页面

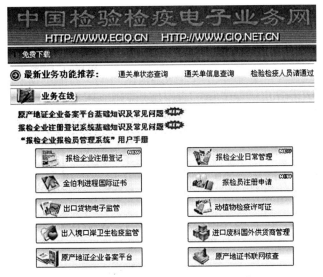

图1-14 中国检验检疫电子业务网首页

图1-15 中国电子口岸客户端系统界面

随着中国国际贸易单一窗口的开通运行、业务整合能力的不断提升和功能的逐步完善,未来进出口贸易企业开展国际(跨境)电子商务所需要的物流运输、金融保险、货款结算等商务服务,以及企业备案、许可证申领、报关报验、税费缴纳和出口退税等政府服务,将可以通过登录"单一窗口"来完全实现(见图1-16)。

图1-16 中国国际贸易单一窗口应用系统页面

第三节 国际电子商务发展现状

一、全球电子商务发展现状

（一）全球电子商务交易额持续快速增长

随着全球互联网用户数量的迅速增加，以及企业、个人对电子商务认识的进一步深化，全球范围内的国际电子商务交易额呈现急剧增长态势，给国际电子商务带来了极大的商机。根据互联网世界统计网站（http://www.internetworldstats.com）发布的数据，截至2017年年底，全球互联网用户数量接近41.6亿人次，较2000年增长了10.52倍（见表1-2）。全球互联网普及率（互联网用户占总人口比例）达到55.1%（见表1-3）。这表明，随着全球各国对网络经济发展的日益重视，网络基础设施不断完善，"上网"已逐渐成为一种新的生活方式，世界正在走向网络社会。互联网的普及相应地带动了电子商务的快速发展，电子商务交易额呈大幅增长之势。2017年全球互联网零售交易额达2.304万亿美元，较2016年增长24.8%；2017年全球零售总额约为22.640万亿美元，较2016年增长5.8%，互联网零售交易额占全球零售总额的比重由2016年的8.6%上升至10.2%。

表1-2 全球互联网用户发展趋势（按语言）

语种	用户数量 （人次，2017年年底）	互联网普及率 （占总人口比例，%）	用户数量增长率 （2000—2018，%）
英语	1 055 272 930	72.20	649.70
汉语	804 634 814	55.40	2 390.90
西班牙语	337 892 295	65.50	1 758.50
阿拉伯语	219 041 264	50.30	8 616.00
葡萄牙语	169 157 589	59.10	2 132.80
马来语	168 755 091	56.40	2 845.10
法语	134 088 952	32.50	1 017.60
日语	118 626 672	93.30	152.00
俄语	109 626 672	76.10	3 434.00
德语	92 099 951	95.10	234.70
其他语种	950 318 284	38.00	935.80
全球总数	4 159 440 684	55.10	1 052.20

资料来源：http://www.internetworldstats.com/stats7.htm。

表1-3 全球网络用户发展趋势（按地区）

地区	用户数量（人次，2000年年底）	用户数量（人次，2018年6月底）	互联网普及率（占总人口比例，%）	用户数量增长率（2000—2018，%）
非洲	4 514 400	464 923 169	36.1	10 199
亚洲	114 304 000	2 062 197 366	49.0	1 704
欧洲	105 096 093	705 064 923	85.2	570
中东地区	3 284 800	438 248 446	67.2	2 325
北美洲	108 096 800	164 037 259	64.5	4 894
拉丁美洲	18 068 919	345 660 847	95.0	219
大洋洲	7 620 480	28 439 277	68.9	273
全球总数	360 985 492	4 208 571 287	55.1	1 066

资料来源：http://www.internetworldstats.com/stats.htm。

全球已有七个国家电商用户数量过亿，中国是全球最大的互联网用户市场，网民规模达7.72亿人，普及率达到55.8%。从网购人数增长区域来看，未来几年增长最快的地区将是中东和非洲。其中，亚太地区网购人数将占全球的一半；中国稳居全球规模最大、最具活力的电子商务市场地位，2017年，电子商务交易总额达29.2万亿元人民币，同比增长11.7%，B2C销售额和网购消费者人数均排名全球第一。美国是电子商务发展最早且最成熟的国家，2017年美国网络零售交易额达4 534.6亿美元，增长16%，网络零售成全球零售市场强劲拉动力。英国是欧洲最大的电子商务市场，互联网普及率达93%，电子商务销售额占GDP比例达7.16%。拉丁美洲是最受欢迎的电子商务新兴市场，2017年，巴西电商用户数达到4 841万，网民的网购使用率达到39.3%；2017年巴西网络零售额达到160.5亿美元，相比2016年增长9.5%；2018年巴西网络零售规模到163亿美元，同比增长1.6%。这使巴西成为拉丁美洲最大的电子商务市场，远超拉丁美洲其他地区。

全球跨境电子商务蓬勃发展。从区域上看，欧洲是全球最大的跨境电子商务市场，北美的跨境电商市场处在高速发展阶段。预计2020年，全球跨境B2C电子商务将突破1万亿美元。2017年俄罗斯跨境电商进口实物销售额为59.1亿美元，比2016年增长37.4%，占网络零售总额的39%（数据来自中国产业信息网）。相比本土电商网站，俄罗斯网民更倾向于海淘，俄罗斯跨境网购的商品90%来自中国。韩国的自由贸易协定使其与全球75%的经济产生关联，据韩国统计厅公布的《2017 4/4季度线上海外直接购买及购买动向》资料显示，韩国对不同国家线上海外直接销售额分别为：中国6 631亿韩元，美国532亿韩元，日本386亿韩元，东南亚252亿韩元，创单季新高。跨境电商成外贸发展重要驱动力。

（二）非英语网络用户比例逐年提高

据Global Research公司的统计，在全球网络用户中，非英语网络用户的数量于

2000年首次超过英语网络用户。自此之后,非英语网络用户的比例逐年提高;到2017年年底,全球非英语网络用户的数量已高达31亿人次,占全球网络用户总量的74.6%(见表1-2)。但从绝对数量上看,英语网络用户仍然以超过10亿人次的数量而位居第一,汉语网络用户数量则以超过8亿人次的水平紧随其后。西班牙语、阿拉伯语、葡萄牙语网络用户数量则分别位居第三、四、五位。

非英语网络用户比例的逐年提高,一方面意味着互联网与电子商务已经冲出其发源地美国,正在向全球各地蔓延,电子商务也将被越来越多地应用于国际贸易中,任何从事国际贸易及跨国经营的企业都必须重视电子商务。从表1-3中我们可以看出,截至2018年6月底,亚洲地区的网络用户数量高达20.6亿人次,遥遥领先于其他地区。欧洲、中东地区和拉丁美洲地区的网络用户数量也超过了网络的发源地北美洲,显示出互联网的使用已经全球化,电子商务也从北美洲和欧洲向亚洲、拉丁美洲、非洲等地区扩散,整个世界都不同程度地进入了电子商务时代。

从另一方面看,随着非英语网络用户数量与比例的逐年提高,语言也将成为制约国际电子商务的一个因素。特别是在B2C国际电子商务中,仅仅使用英语与那些非英语用户进行网上营销或交易,显然其有效性会受到制约。因此,从事国际电子商务的企业必须有针对性地对网站语言进行完善。

(三)B2B仍将占据主导地位,但B2C也不应忽视

从全球范围内看,B2B电子商务将处于主导地位。较为普遍的看法是,在未来一段时间内B2B业务在全球电子商务销售额中所占的比重仍将在80%左右。从2017年的数据看,当年全球B2B电子商务交易额高达7.7万亿美元,而同期全球B2C电子商务交易额为仅为2.3万亿美元。这显示出B2B模式在全球电子商务中的主导地位。

虽然B2C所占的比重较小,但它所代表的趋势却不容忽视。首先,在传统的国际贸易中,由于时间与空间的隔阂,企业直接对消费者进行销售的模式是十分困难的。由于互联网的"去中"作用,在电子商务时代,跨国直销可以通过B2C电子商务而得以实现。而B2C国际电子商务的出现与发展,其直接的作用是销售链的缩短。更重要的是,它意味着,制造业企业可以通过国际电子商务直接面对国际市场,使得它们能够更快地满足国际市场不断变化的需求。近年来跨境B2C零售交易额的迅猛增长,已经在很大程度上佐证了这一趋势。《中国企业跨境电商出口指南》发布数据显示,2015年B2C跨境电子商务交易额为1.5万亿美元,2016年为1.9万亿美元,而到2017年该数额达到2.3万亿美元。

(四)第三方电子商务平台的作用日益增强

第三方电子商务平台(Third-party E-commerce Platform),即互联网专业运营商所建立的专门为各类企业,尤其是中小微企业和个人开展网上贸易,提供专业化服务的电子商务平台。凭借网络、技术、资金和服务优势,这些"平台"网站可以为无实力独立建立电子商务网站的企业和个人提供全流程交易服务,因此,在促进国内、国际电子商务发展中

发挥着越来越重要的作用。例如,"环球资源"(http://www.globalsources.com)便是一家专门为中小企业提供国际电子商务交易平台的"平台"网站。任何一家公司都可以在"环球资源"网站上发布供求信息,并且还可以利用该网站的网上交易系统进一步完成交易。目前该网站注册采购商有100多万家(其中包括95家世界100强零售企业),有十几万种商品及供应商的详细信息(见图1-17)。我国类似的代表性"门户"网站有"阿里巴巴""敦煌网""兰亭集势""中国制造""中国诚商网""慧聪网""跨境通"等。

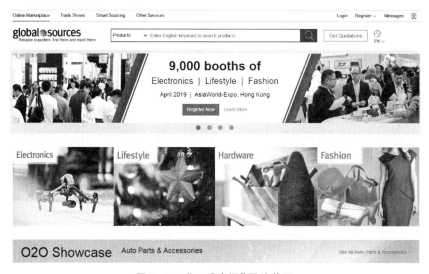

图1-17 "环球资源"网站首页

第三方电子商务平台的优势在于,对于采购商而言,仅仅访问一个网站便可"货比千家、价比万家",可以从众多供应商中选择最合适者成交,并可进一步在网上完成几乎所有交易流程。这就最大限度地缩短了交易时间、降低了成本、提高了效率。对于出口商(特别是那些在国际市场上知名度不高的中小微企业)而言,"平台"网站很高的访问率,使其可以在较短的时间内提高企业及其产品知名度,迅速拓展海外市场。2014年9月"阿里巴巴"在美国成功上市,也从一个侧面证明了"平台"网站在促进国际、国内电子商务发展中的重要作用。

二、中国国际电子商务发展现状

国际(跨境)电子商务利用现代化的计算机网络技术,将计算机网络技术与现代商业活动结合起来,以中间环节少、价格低廉、利润率高等明显的优势逐渐兴起。我国是全球表现最为抢眼的跨境电子商务新兴国家之一。

(一)交易规模

中国电子商务研究中心2018年6月发布的《2017年度中国电子商务市场数据监测报告》显示,我国跨境电商交易规模由2011年的1.7万亿元,迅速扩大到2017年的8.06

万亿元,年均增速超过30%。近年来跨境电商进出口增速虽呈放缓趋势,但2017年仍达到20.3%,远高于同期14.2%的全国外贸整体增速(见图1-18)。可见,跨境电商在我国仍然具有很好的发展潜力,预计交易规模还将持续上涨。

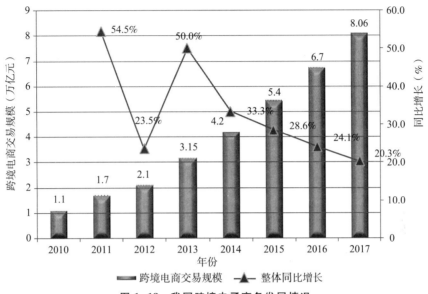

图1-18 我国跨境电子商务发展情况

(二) 进出口结构

数据显示,跨境电商交易中出口仍占据主导地位,跨境电商出口额由2012年的1.9万亿元,增长到2017年的6.3万亿元;同期,跨境电商进口额由0.2万亿元,增长到1.76万亿元。不过,从所占比重变化来看,跨境电商出口所占比重呈不断下降趋势,进口所占比重则呈逐渐上升趋势(见图1-19)。长期判断,随着我国消费者收入水平的不断提高和消费结构的逐步升级,这一趋势还将持续下去。

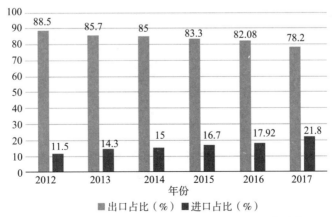

图1-19 2012—2017年我国跨境电商进出口结构变化

(三)交易模式

在跨境电子商务 B2B、B2C 和 C2C 三种交易模式中,目前电商企业的主要交易模式是 B2B 和 B2C,但 C2C 近年来也有了不错的发展,代表平台有淘宝全球购、京东海外购、易趣全球集市等,为消费者带来了更多的选择空间。而在 B2B 和 B2C 两种模式中,统计数据显示 B2B 模式仍占绝大部分份额,不过其所占比重呈持续下降趋势,而 B2C 所占比重则有明显提升(见图 1-20)。随着跨境电商零售市场的进一步开放,预计 B2C 所占比重还会进一步上升,C2C 交易规模也会不断扩大。

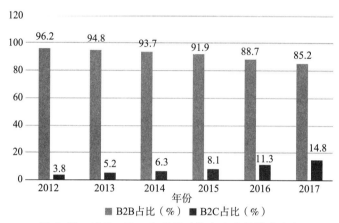

图 1-20　2012—2017 年我国跨境电商交易模式变化

(四)商品种类

随着市场消费需求多样化趋势的日益增强,我国跨境电商交易的产品种类也越来越多,但仍以个人消费品和家庭消费品为主,而且跨境电商进出口商品类别具有基本相同的结构特点。如 2017 年我国跨境电商出口最多的前十类商品分别为:3C 电子产品、服装服饰、家居园艺、户外用品、健康美容、鞋帽箱包、母婴玩具、汽车配件、灯光照明和安全监控产品,合计出口额占 63.30%(见图 1-21)。而 2016 年跨境电商进口商品中用户最爱购买的前十类分别为:美妆护理、母婴、鞋服、食品、饰品箱包、数码家电、保健品、家居用品、玩具和手表等。

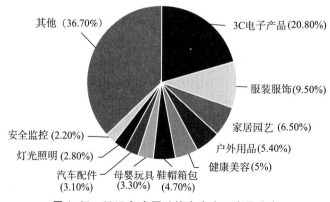

图 1-21　2017 年中国跨境电商出口商品分布

三、国际电子商务发展面临的挑战

(一) 法律环境仍有待完善

电子商务逐步取代传统贸易模式,一方面,现有规范传统贸易的合同法、买卖法、票据法、银行法及国际贸易条约、规则和惯例等无法完全适用于电子商务;另一方面,电子商务也引发了诸如身份认证、信息安全、网络欺诈、软件盗版、网上购物的退货及索赔困难、病毒与黑客攻击等新的法律问题。因此,国际社会必须在修改已有条约、规则和惯例的同时,针对电子商务发展中可能出现的新问题,制定实施新的条约、法规和惯例。

自1996年12月联合国大会以51/162号决议通过《电子商务示范法》以来,一系列规范电子商务发展的国际、国内法规和惯例得到实施(详见本书第三章),对规范和推进全球电子商务发展,发挥了至关重要的作用。但相对于国际社会对电子商务交易安全的期望而言,规范电子商务发展的法律环境仍有待于进一步完善。

(1) 从交易安全方面看,目前一个迫切需要解决的问题是加强数据保护,保证用户的个人隐私权,保证用户具有对互联网上的信息进行控制的自主权,以解决电子商务进行中发生的各种纠纷,防止网络欺诈、病毒和黑客攻击等案件的发生,保证消费者在电子商务活动中的合法权益不受侵犯。

(2) 从电子支付方面看,需要制定相应的法律,明确电子支付的当事人、付款人、收款人和银行之间的法律关系,制定相关的电子支付规则,出台关于电子支付数据的伪造、更改、涂销问题的处理办法。

(3) 各国电子商务法规的统一问题。为规范和促进电子商务的发展,越来越多的国家颁布并实施了本国的电子商务法规。国情的不同,造成各国电子商务法规内容存在或多或少的差异,这势必对国际电子商务的顺利开展带来法律障碍。因此,由联合国、WTO这样的国际机构,通过谈判签署更多具有约束力的有关电子商务的国际条约和协定,势在必行且任重道远。

(二) 税收问题亟待解决

国际电子商务交易的"虚拟化、无纸化",交易参与者的多国性、流动性、快捷性等特征,使各国基于属地和属人两种原则建立的税收管辖权面临挑战。以往对纳税主体、客体的认定及纳税环节、地点等基本概念的理解均陷入困境。为此,电子商务发展初期,各国对电子商务均采取了"免税"的做法。在电子商务交易规模不大时,免税对各国财政收入的影响不明显。但随着电子商务交易额的迅速扩大,从保证国家财政收入的角度考虑,继续对电子商务"免税"显然难以为继。

对一国境内电子商务的征税比较容易解决,但对国际电子商务交易按照何种原则进行征税,却仍存在很多难题和争议。目前,一些国际组织达成的国际电子商务税收政策的共识,要求尽可能扩展现行国际税收条例的适用范围,对实物形态和电子形态产品的提供者实行同等待遇,建立简单明了、公平有效且富有弹性的税收原则,以适应电子商务

快速发展的需求。但是在具体税收原则、标准和管辖权等问题上,仍未完全达成共识。

(三)物流成本仍然偏高

对货物类有形商品而言,采用国际电子商务方式达成的交易,货物的交付仍需通过陆、海、空等运输方式来完成。因此,物流成本成为影响低价和小额货物采用电子商务(尤其是 B2C 模式)实现交易的最主要因素。

虽然近年来国际快递业的迅猛发展,已使国家间小件货物的物流费用得到明显降低,但对价格低廉的小件货物的贸易企业或个人而言,仍然难以承受。通过建立"海外仓"可以提高物流效率,在一定程度上降低单位商品物流运输成本。但是,海外仓建设、运营和管理所需的巨大资金投入,对大部分从事国际电子商务的企业,尤其是中小企业而言,也往往难以承受。因此,通过统一国际物流技术标准、减少物流配送环节、提高运速和运能,来进一步降低国际物流成本,对加快国际电子商务发展,仍有巨大的潜力和空间。

(四)交易安全问题突出

在电子商务中,大量的敏感信息要通过网络在参与交易的各方之间频繁地传输。虽然网上交易过程中,采用数字证书确认参与各方的身份,敏感的数据也以加密的形式传输,但由于经常出现病毒和黑客入侵,所采用的操作系统和应用软件经常存在技术"漏洞",网上物品质量鉴定困难,网上欺诈大量发生等,使得交易安全成为企业和个人参与电子商务普遍担心的问题,也是一部分企业和个人对参与电子商务缺乏热情的关键原因。在国际电子商务中,上述安全问题显得更为突出。这是因为,一旦发生因安全问题而造成货物、货款损失,甚至货款两空的情况,由于时间、空间限制,再加上交易各方的语言、法律不同,通过法律途径解决,进而挽回损失的难度更大。

解决上述问题,一方面,要靠网络信息传送、加密、甄别、防病毒和防黑客攻击技术的不断进步和完善;另一方面,也是更为重要的,要尽快完善电子商务交易制度和法律法规。

(五)电子交易信用体系不完善

在基于互联网虚拟市场的国际交易中,良好的信用对国际电子商务的健康持续发展尤为重要。虽然在网上交易条件下,参与国际电子商务交易的国内外企业具有很方便的信用积累条件,但在国际电子商务领域的企业信用管理和应用还十分滞后,对网上交易企业的信用评级,缺少客观、中立的第三方评级机构。不同国际电子商务交易平台的企业信用信息,尚不能做到有效整合和共享。在跨境个人购物规模日益扩大的趋势下,缺乏对个人购物信用信息的采集和管理,导致对网上虚假夸大评价、恶意差评、刷单、恶意退货等行为缺乏约束手段。因此,国际组织及各国政府国际电子商务管理部门应尽快探索建立国际电子商务交易记录及信用评价规则。

(六)复合型国际电子商务人才不足

国际电子商务是现代信息技术与国际商务的有机结合,是一项复杂的系统工程,涉及计算机技术、网络技术、国际商务和国际法律知识及实际操作技能。顺利开展国际电子商务并不断创新盈利模式,需要从业者具备复合型知识和技能,成为掌握现代信息技术、精通现代商贸理论、具有开拓创新精神的复合型人才。从高等教育来看,目前我国很多高校都开设了国际贸易和电子商务专业,但国际电子商务需要复合型人才,目前高校培养的毕业生,其综合能力和技能素质与企业需求的匹配度低、岗位适应性差。从职业培训来看,主要跨境电商平台均不同程度地开设了人才培训课程,部分第三方机构也进行人才培训并发放资格证书。经过职业培训的人才虽然具有一定的跨境电商基础操作能力和入门知识,但尚不能满足企业对具有较高技能和实战经验的中高级跨境电商人才的需要。在国际电子商务高速发展的时代,亟须通过加快教育体制改革,探索构建复合型国际电子商务人才培养体系,培养更具国际视野、具备综合知识和技能、适应国际电子商务发展需要的中高级人才。

本章小结

本章就国际电子商务的含义及特点,国际电子商务与传统国际贸易、国内电子商务的区别,国际电子商务交易的主要模式,国内外国际电子商务发展现状及面临的挑战等内容进行了分析和论述。

国际(跨境)电子商务,是指分属不同关境的交易主体,通过电子商务平台达成交易、进行支付结算,并通过跨境物流送达货物或服务、完成交易的一种国际商业活动。国际电子商务与国内电子商务在方便性、整体性、安全性和协调性等方面具有共性,但在语言、文化、消费习俗、法律、标准和参与主体数量等方面又有显著差异。

国际电子商务相比传统国际贸易模式,有难以比拟的优势,如突破了传统地理范围的限制、受贸易保护影响较小、涉及中间商少、价格低廉和利润率高等。但同时也存在明显的通关、结汇和退税障碍,贸易争端处理不完善等劣势。其对国际贸易的影响表现在多个方面:加快全球经济贸易一体化进程,促使国际分工进一步深化,提高国际贸易效率,引起国际贸易经营主体和经营方式创新,改变国际贸易成本结构,降低国际贸易门槛,分化国际消费偏好,创新国际贸易营销模式,重组全球贸易利益格局,推动国际贸易管理方式改革。电子商务在国际贸易领域的应用,将使国际贸易管理手段"电子化、网络化",国际贸易单证、报文"标准化、统一化",国际贸易主体多元化,国际贸易交货方式多样化和国际贸易从业人员知识结构复合化。

与传统商务模式相比,国际电子商务在营销模式创新、海外市场开拓、销售渠道构建、交易信息传递和合同履行等方面,都有更高的效率。国际电子商务有 B2B、B2C、C2C 和 G2B 等多种模式,在 B2B 模式中又有网上贸易博览会、电子采购网站、第三方国际电子商务市场、产品目录式销售和国际招投标网站等具体类型。

全球电子商务交易额持续快速增长,非英语网络用户比例逐年提高,B2B 仍将占据主导地位和"平台"网站的作用日益增强,将是未来国际电子商务发展基本趋势。但发展中仍存在法律环境不完善、税收问题尚未解决、物流成本偏高、交易安全问题突出及复合型人才不足等挑战。

关键术语

国际电子商务,网上贸易,电子采购,B2B,B2C,C2C,G2B,贸易"单一窗口",第三方电子商务平台

复习思考题

1. 什么是国际电子商务？它有哪些主要特征？
2. 国际电子商务对国际贸易有哪些影响？
3. 国际电子商务与国内电子商务有哪些差别？
4. 实现国际电子商务的方式主要有哪些？这其中有哪些方式特别适合中小企业？
5. 试分析国际电子商务 B2B、B2C、C2C 和 G2B 交易模式的区别与联系。
6. 国际电子商务的发展趋势有哪些？我国企业如何适应这些趋势以扩大国际电子商务规模？
7. 国际电子商务面临哪些挑战？如何应对？

参考书目

常广庶. 跨境电子商务理论与实务[M]. 北京:机械工业出版社,2017 年 5 月。

韩小蕊,樊鹏. 跨境电子商务[M]. 北京:机械工业出版社,2018 年 1 月。

兰宜生. 国际电子商务教程[M]. 3 版. 北京:首都经济贸易大学出版社,2015 年 1 月。

肯尼思·C. 劳东(Kenneth C. Laudon),卡罗尔·G. 特拉弗(Carol G. Traver). 电子商务:商务、技术、社会[M]. 7 版. 劳帼龄,译. 北京:中国人民大学出版社,2014 年 2 月。

彭明芳. 跨境电子商务与国际贸易[J]. 环球市场,2017 年 7 月:12-13。

孙正君,袁野. 亚马逊运营手册[M]. 北京:中国财富出版社,2017 年 6 月。

杨立钒. 跨境电子商务教程[M]. 北京:电子工业出版社,2017 年 8 月。

于立新. 跨境电子商务理论与实务[M]. 北京:首都经济贸易大学出版社,2017 年 3 月。

赵元铭,高南虎. 国际贸易与电子商务战略研究[M]. 吉林:吉林人民出版社,2017 年 5 月。

中国电子商务研究中心. 2017 年度中国电子商务市场数据监测报告[EB/OL]. http://www.100ec.cn/zt/17market_data_report,2018 年 6 月。

周升起. 国际电子商务[M]. 2 版. 北京:北京大学出版社,2016 年 1 月。

第二章　国际电子商务下的市场竞争与网络营销

★ 学习目标

掌握：国际电子商务下的市场竞争策略，网络营销的概念及特点，网络营销的手段，网络营销的实施过程，网络营销的组织重组、业务流程重组和人员重组

理解：国际电子商务环境下市场竞争的变化，市场竞争的特点，网络营销实施的时机决策和投资决策，网络营销的评估过程、指标建立，网络营销中网络交易风险的控制

了解：网络营销年度计划控制，网络营销中的消费者保护

★ 导学案例

法国欧莱雅男士 BB 霜的网络营销

营销背景

随着中国男士使用护肤品习惯的转变，男士美容市场的需求逐渐上升，整个中国男士护肤品市场也逐渐走向成熟，越来越多的中国年轻男士护肤已从基本清洁开始发展为护理，男士美容的消费意识也逐渐开始形成。

欧莱雅对中国市场的分析显示，男性消费者初次使用护肤品和个人护理品的年龄已经降到 22 岁，男士护肤品消费群区间已经获得较大扩张。虽然消费年龄层正在扩大，即使是在经济最发达的北京、上海、深圳等一线城市，男士护理用品销售额也只占整个化妆品市场的 10% 左右，全国的平均占比则远远低于这一水平。欧莱雅对该市场的上升空间充满信心，期望进一步扩大在中国年轻男士群体的市场份额，巩固在中国男士护肤品市场的地位。

营销目标

（1）推出新品巴黎欧莱雅男士极速激活型护肤露，即欧莱雅男士 BB 霜，希望迅速占领中国男士 BB 霜市场，树立在男士护肤品市场的品牌地位，并希望将欧莱雅男士 BB 霜打造成为中国年轻男士心目中人气最高的 BB 霜产品。

（2）欧莱雅男士 BB 霜的目标客户定位于 18 岁到 25 岁的人群，他们是一群热爱分享，热衷于社交媒体，并已有一定护肤习惯的男士群体。

执行方式

面对其他男士护肤品牌主要针对"功能性"诉求的网络传播,欧莱雅男士携手麦肯旗下的数字营销公司麦迪逊邦,将营销重点放在中国年轻男士的情感需求上。了解到年轻男士的心态在于一个"先"字,他们大都想要领先同龄人一步,因此设立了"我是先型者"的创意理念。

为了打造该产品的网络知名度,欧莱雅针对目标人群同时开设了名为"型男成长营"的微博和微信账号,开展依靠社交网络和在线电子零售平台的网络营销活动。

(1) 在新浪微博上引发了针对男生使用 BB 霜的接受度的讨论,发现无论是男生还是女生对于男生使用 BB 霜的接受度都大大高于预期,这为营销活动率先奠定了舆论基础。

(2) 邀请代言人阮经天加入,发表属于他的先型者宣言"我负责有型俊朗,黑管 BB 霜负责击退油光、毛孔、痘印,我是先型者阮经天",号召广大网民通过微博申请试用活动,发表属于自己的先型者宣言。微博营销产生了巨大的参与效应,更将微博参与者转化为品牌的主动传播者。

(3) 在京东商城建立了欧莱雅男士 BB 霜首发专页,开展"占尽先机,万人先型"的首发抢购活动;设立了欧莱雅男士微博部长,为 BB 霜使用者提供一对一的专属定制服务。另外,特别开通的微信专属平台,每天将从新品上市到使用教程、前后对比等信息,及时通过微信推送给关注"巴黎欧莱雅男士"微信公众号的每一位用户。

营销效果

欧莱雅通过系列网络营销活动引发了在线热潮,两个月内,在没有任何传统电视广告投放的情况下,活动覆盖人群达到 3 500 万用户,共 307 107 位用户参与互动,仅来自新浪微博的统计,微博阅读量即达到 560 万,在整个微博试用活动中,一周内即有超过 69 136 位男性用户申请了试用,在线的库存商品在一周内即被销售一空。

资料来源:根据"一点资讯"网站(http://www.yidianzixun.com/article/0K8AXsqZ)发布文章"10 个网络营销成功案例"改写。

案例思考题:法国欧莱雅男士 BB 霜采用了哪些网络营销手段,为何能取得成功?

第一节 国际电子商务环境下的市场竞争

一、市场竞争环境变化

互联网的兴起和发展大大缩小了世界各国之间的时空隔阂,相距遥远的市场之间实现了"天涯若比邻","地球村"概念随之产生。而相伴相生的国际电子商务则充分利用了互联网这种超越时空隔阂的特性,在全球范围内形成了一个统一大市场,完全颠覆了传统的世界经济贸易竞争格局。互联网对市场竞争环境的影响主要表现在以下四个方面。

(一) 加快经济全球化

全球化并不是一个新概念。早在20世纪80年代，哈佛大学商学院教授西奥多·莱维特(Theodore Levitt)就指出：由于技术的持续进步，人类正在走向全球化，世界市场正在走向大一统，之前各国封闭半封闭的国家市场正在走向整合乃至融合。由此"地球村""地球是平的"等观点相继出现。在WTO及其前身GATT(关税及贸易总协定)等国际组织的大力推动下，贸易壁垒被大幅拆除，一个跨越国界、一统全球的超级大市场应运而生。作为竞争主体的企业因而可以摆脱国界的羁绊，将自己的产品推销到世界最遥远的角落，进而取得越来越大规模的经济利益。

技术进步是全球化的根本推动力。人类社会持续不断的技术革命和技术进步使得有形物体的运输(货物运输、人类旅行)和无形物质(信息、服务)的运输(传输)速度大为提升，运输(传输)成本大为降低，消费群体大为普及。在互联网出现之前，信息的传输已经变得相当便捷。而在互联网普及的今天，如果说有形物体的运输还需要花费时间的话，信息的传输则几乎是没有"时滞"地实时实现。历史上世界各国之间从来没有像在全球化的今天这样极为密切地、全方位地、持续不断地接触与互动。

互联网的发展及电子商务的应用，突破了传统国际贸易所面临的时空隔阂，将局部竞争进一步推向全球竞争，显著加快了经济全球化进程。利用电子商务开展国际贸易活动，可以到达过去无法涉足的新市场，因为在互联网上传递信息没有国界限制，信息可以在瞬间为不同国家和地区的人们所了解。新的市场环境变化无疑蕴藏着大量机会，而且这些机会往往是全球性的。实践表明，互联网的发展对国际贸易有明显的促进作用，主要是因为国际电子商务大大降低了企业将自己的产品打入国外市场所面临的巨大进入成本，而对众多中小企业而言，这种传统的市场进入成本限制了它们将产品推向国际市场。此外，国际电子商务也大大加剧了竞争的激烈程度，因为在互联网时代，每一个企业所面临的，都是全球范围内的所有竞争对手。

(二) 推进信息全球化

互联网使得信息在全球范围内实现瞬间传播成为可能，这从根本上改变了整个人类社会的经济形态。互联网极大地提高了个人、企业乃至整个社会的信息提供、获取、交流能力，人类正通过无数个彼此相连的计算机终端或网络迅速进入到一个信息和知识极大丰富的全球格局中，任何国家、企业乃至个人的发展都离不开以互联网为核心的信息技术。而这种信息全球化的趋势对企业的竞争环境也产生了巨大的影响。这主要表现在以下几个方面：

1. 价格竞争压力加大，价格统一化的趋势明显

网络技术的进步为更加频繁的价格调整、更加精细的价格差异化营销提供了可能。例如，企业不仅可以在不同的国家市场中为自己的产品制定不同的价格，而且可以对同

一国家或地区市场中不同的企业及个人采取不同的销售价格。当一个网络用户登录一个网站询问产品及价格时,企业可以确定该用户上网的IP地址,并据此进行即时的价格定制,进而实现不同国家之间价格的差异化。

但这仅仅是问题的一面而已。从另一方面讲,网络用户也可以迅速地意识到这种价格差异。这是因为,网络用户可以通过网络迅速地"货比千家、价比万家",立刻找出价格最低的供应商,进而抵消这种价格歧视。特别是,网络用户还可以通过使用比价软件,在全球的网络空间内搜集指定商品的价格信息,以供网络消费者进行价格比较。综合起来考虑,国际电子商务会使得某种产品在全球范围内的价格趋同化,并进一步加大了价格竞争的压力。

2. 中介服务的角色转变

在传统国际贸易中,经销商、代理商、经纪人等中介组织起着重要的作用。而由于电子商务的"去中"作用,使得这些传统的中介服务机构失去存在的必要性。但从另一方面讲,买卖双方通过互联网直接完成交易,又可能产生"信息过载"(Information Overload),即由于网络搜索所产生的海量信息,超出了网络用户的信息处理能力,而产生不良的交易决策。这种理想与现实之间的差距正好为一种新型的中介——"信息中介"(Infomediary)提供了机会。"信息中介"专门从事信息的搜集、分类、整理、分析等服务。信息全球化时代,传统中介组织的作用不断下降,新型中介组织的作用不断提升。

3. 第三方网络交易平台的兴起

第三方网络交易平台,又被称为"电子做市商"(E-Market Makers)或"电子市场"(E-Marketplaces),是指那些自身并不直接参与商品交易,而是为买卖双方在互联网直接"见面"洽谈乃至完成交易提供"虚拟"场所的专业化网站。第三方网络交易平台是随着互联网的发展而兴起的一种全新的商业模式。它实际上类似中国"广交会"这样的传统国际商品交易会的网络版本,但却有着后者不可比拟的优势:它利用了互联网作为超越时空、低成本、开放性、全球性信息交易平台的特性,世界各国的企业足不出户便可以通过"平台"网站进行国际贸易,只要网络不中断,在这些网络交易平台一年365天都可以进行交易。前文介绍过的环球资源网及阿里巴巴等便是第三方网络交易平台的典型代表。

(三) 贸易自由化与新贸易壁垒并存

经济全球化深度和广度的不断拓展,使贸易自由化成为世界经济运行的主旋律。WTO在肯定关税保护原则的前提下,主张逐步削减关税,简化贸易程序,加快各成员的市场准入和市场开放,以促进全球贸易的自由化。发达国家正将电子商务作为推进国际贸易进一步自由化的工具。例如,美国政府就率先倡导,对通过互联网完成的交易不征税。合理的贸易自由化,可以实现资源在世界范围内的有效配置,有利于各国分工与合作,有利于降低国际贸易成本,提高企业效率。

在贸易自由化政策全面推动、关税壁垒不断削弱的同时,隐蔽的新型贸易壁垒也在不断增强。其中,信息技术壁垒正以超常的力量阻挡着弱势企业进入国际市场。所谓信息技术壁垒,是指进口国利用在信息技术上的优势,对国际贸易的信息传递手段提出要求,从而造成贸易上的障碍。对许多发展中国家而言,先进的电子商务技术本身就是一种无形的贸易壁垒。

世界各国及各地区的信息基础设施及信息技术发展程度的不同,导致全球网络化发展的不平衡。虽然近年来发展中国家在信息基础设施建设方面奋起直追,并取得了非凡的成绩,但从全世界范围来看,发达国家与发展中国家之间仍然存在"数字鸿沟"。另外,一些发达国家力图控制和垄断世界信息资源,以达到继续主导国际贸易的目的。这种新型信息技术壁垒将不发达国家排除在国际贸易主流之外,有可能导致国际贸易中出现新的"边缘化"倾向。由于新型贸易壁垒具有介于合理和不合理之间的双重性,同时又非常隐蔽和复杂,不同国家和地区间达成一致标准的难度大且不容易协调,因此,它正日益成为国际贸易争端的主要表现形式。

(四)全球虚拟大市场的形成

建立在互联网基础上的国际电子商务,突破了传统市场必须是地理市场的概念,导致以信息网络为纽带连接而成的全球统一"虚拟"大市场的崛起,各国间的经贸联系与合作在这种网络贸易的环境下得以加强。

1. 加剧虚拟市场竞争

虚拟市场上,商品与服务等有关信息能在全球范围内充分流动,表现出公开、完整和实时等特性,减少了进出口双方信息的不对称性,以及由市场信息不完全而引起的交易扭曲,使得同等或相似质量商品之间的竞争更加激烈。

2. 增大国际贸易风险

由于在电子商务中,交易者、交易方式、交易意向和交易标的物的表达都虚拟化了,因此交易过程与结果的不确定性增加;加上网络黑客的侵扰及网络经济犯罪的威胁,商品、服务的提供方式和支付方式的信用风险、质量风险及技术风险都可能增加。

3. 催生新的贸易中介组织

因信息不对称而形成的委托代理关系在虚拟市场环境下发生动摇,传统贸易中间商、代理商和专业进出口公司的地位相对降低。与此同时,为了防止网上商业欺诈,又必须确认交易对象的法律地位及支付能力,于是身份认证、信用认证、金融结算、质量担保、物流配送、商务纠纷调解等新的信息服务中介机构,又成为电子商务交易的必需,成为新的贸易中介。

4. 改变市场供求力量

在世界市场日益成为买方市场的今天,信息和科技技术能够加速信息流动,通过传递市场信息的变化来及时调整全球范围的生产。网络需求对贸易品的生产和流向起着越来越重要的作用,传统的贸易供给导向被需求导向取代,多样化、个性化成为世界市场发展的新趋势。

二、市场竞争特点

国际电子商务的兴起,以前所未有的速度创造着新的市场环境和市场需求,这就意味着,决定企业取得竞争优势及其竞争成功与否的关键因素也发生了新的变化,市场竞争出现了新的特点,竞争要素、竞争规则、竞争模式、竞争手段、竞争形态等都呈现出新的特点。

(一)竞争要素:网络信息

可以说,在任何历史阶段,信息都是企业取得竞争优势、击败竞争对手的关键因素。在现代市场竞争中,信息因其能创造倍加的效益,体现出比传统要素更高的价值,且取之不尽、用之不竭,理所当然地成为除劳动、资本、土地三大传统生产要素之外的至关重要的新要素。但是,在互联网出现之前,获取信息所需要的资金与时间成本太高,信息因而成了短缺的竞争要素。而互联网的出现使得世界进入"信息大爆炸"时代,互联网上的信息量不仅巨大,而且获取障碍大大减少,获取成本大幅降低。因此,网络信息逐渐成为企业竞争取胜的关键要素。

互联网时代,由于各类企业都可以迅速而高效地获取和利用信息,因而使得市场竞争格局迅速发生变化。通过互联网,越来越多的企业(特别是中小企业)能够进入那些以前没有能力进入的行业或市场,这就大大降低了市场进入壁垒,为中小企业创造了成长机会。这在国际电子商务中尤为突出,甚至处于初创期的小企业也可以与大型跨国公司在全球范围内"同台"竞争。同样,互联网还改变了供求双方之间的力量平衡,使得供求双方都可以通过网络搜集、整理、分析所需的数据信息,从而降低买卖双方信息的不对称性,使得市场的运行效率更高,竞争更为充分和激烈。

(二)竞争规则:速度制胜

互联网时代,客户需求表现出多变、个性化的特点,由此产生的基本市场竞争规则是快速反应、速度制胜。所谓速度制胜,是指企业为了获得和保持竞争优势,抢先一步采取行动,开发新产品、开拓新市场,抓住市场机会、抢占市场制高点,使企业在竞争中成为"先发者"(First Mover),利用先发优势最终获得竞争优势。先发者能够获得竞争优势,这主要是因为:第一,率先培育了客户并增加了他们的依赖性和忠诚度;第二,能抓住最具吸引力的客户(指为企业带来最大利润的客户群);第三,使企业成为行业的创新者、领导者,掌握了市场话语权和主导权;第四,使企业依靠市场竞争者稀少时期获得的高利润而快速成长起来;第五,迅速覆盖市场进而压缩后来竞争对手的生存与发展空间。

另外,这种"速度制胜"的竞争规则也意味着,先发者的优势地位同样可以被后发竞争对手迅速瓦解。因为互联网时代,市场参与者可以实时地同时关注、监视多个市场,并迅速而便捷地调整在这些市场中的竞争与营销策略。即使是先发者,如果策略稍有失误,或是速度稍有迟缓,都有可能被后发者利用速度优势击败。

(三)竞争模式：联盟式竞争

在传统上，企业竞争模式多数是基于单个企业的竞争。企业所利用的资源仅限于参与竞争的企业自身，考虑重点也是如何提高企业内部资源的利用效率。基于互联网的国际电子商务环境下，客户对企业提供新产品、新服务的速度和反应能力提出了更高的要求，而要满足这种要求，单靠一个企业所拥有的内部资源往往是不够的。

在这种情形下，"虚拟联盟企业"应运而生并迅速发展成为新的国际贸易经营主体。虚拟联盟企业(又称虚拟公司、网络虚拟企业)，是企业之间或企业的单元组织之间为分摊共同成本而组成的临时性、松散性、网络化的战略联盟共同体。不同的企业将自身具有竞争优势的技术、人才或信息资源作为联盟共同体的合作资本，实现强强联合，整合快速反应所需要的技术和信息等要素资源。这是一种竞争对手、供货商和客户之间的合作，跨国公司战略联盟便是这种虚拟联盟企业的主要表现形式。通过建立或加盟虚拟联盟企业，企业可以寻找合适的资源、技术，也可以与其他企业共同开发新产品，并把新产品迅速推向市场，从而给所有参与联盟的企业带来分工合作、优势互补、资源互用、利益共享的好处。

虚拟联盟企业的出现促使企业之间的竞争模式，由基于单个企业的竞争转变为基于供应链的竞争，即包括供应商、制造商、分销商等整个企业的供应链在内的所有为客户提供和创造价值的主体的竞争，此时企业的竞争优势主要不是来源于企业内部，而是企业外部，依靠整个供应链的综合竞争优势。

(四)竞争手段：电子化

在互联网时代，企业有条件采用更加方便、快捷的电子化手段参与国际竞争。电子化竞争手段主要表现在以下几个方面。

1. 交易过程的电子化

通过互联网实现订单、发票、提货单、海关申报单、进出口许可证等贸易单证的网络传输；网络广告取代电视、杂志、报纸等传统广告；通过视频会议系统实现网上谈判、产品推介等活动；E-mail 和 WhatsApp 等替代电话、传真、信函，降低了通信成本，节省了时间。

2. 付款方式的电子化

网上银行系统支持电子付款，即将资金存入电子银行或信用卡公司的计算机系统，交易达成后，在网络上进行资金的结算、转账、信贷融资等活动。

3. 交付方式的电子化

国际贸易分为有形产品贸易和无形产品贸易两种方式。前者可通过电子信息的网络传输，先对买卖有形产品进行洽谈、订货、付款、开发票、收款等活动，然后在商定的地点进行有形产品的交付装运；后者则通过互联网电子商务交易系统，实现电子磋商、电子签约、电子交货和电子付款的全部交易过程，如购买咨询报告、计算机软件、电子书籍、电子音像制品等。

4. 营销手段的电子化

网络营销是一种开辟国际市场的新途径，通过网上多媒体为产品做广告，利用视听

技术可以把产品的形状构造及性能、物理化学性质等,在网站页面上形象生动地展现在客户面前。企业可以通过网络互动,提高客户参与的主动性,形成与客户一对一的营销关系,并根据客户需求提供个性化的网络定制。

5. 企业管理集成化

利用计算机网络技术,把企业内部网与互联网互联互通,可以把相互独立分割运行的企业资源计划系统(ERP)、客户关系管理系统(CRM)和供应链管理系统(SCM)等所有与企业业务过程相关的系统进行整合,实现系统间信息共享和企业管理的集成化,从而提高信息资源的利用效率、企业的管理效率和市场需求的反应效率。

(五) 竞争形态:竞争与合作并存

传统的竞争方式是采取一切合法手段打击和战胜对手,以竞争对手的失败和消失为目的。国际电子商务环境下的现代竞争方式,则转向更深层次的合作竞争,即为竞争而合作,靠合作来竞争,"竞合"成为竞争常态。企业之间不仅要讲竞争,更要注重合作和协调,这种合作的基础和前提是合作双方竞争优势的互补和共享。"竞合"指的是一个合作与竞争的混合空间,目的在于促使管理者同时从合作与竞争的角度去思考企业如何在竞争中成长。

由于任何一个企业,不论其规模大小,都无法控制所有的资源。高新技术的广泛应用使企业提高了竞争力,增强了竞争优势,但同时由于需要增加研发投入,导致企业经营成本提高,同时新技术和新产品也会面临更大的市场风险。为共享资源、降低成本、分散风险,具有互补条件的企业正日益成为相互依赖的"竞合"共同体,企业间的"共赢"竞争正在取代传统的零和竞争。换言之,企业之间的竞争不再是一方获利必然导致另一方损失的零和模式,而是更加强调"双赢"或"多赢"的共赢策略,保持和巩固企业的长期发展能力。

三、市场竞争策略

国际电子商务时代,市场竞争环境的新变化和新特点,要求企业在国际市场竞争中应采取并适时改变和调整市场竞争策略。

(一) 实现国际贸易竞争优势的提升

哈佛大学教授迈克尔·波特(Michael Porter)在《竞争优势》(*Competitive Advantage*)一书中指出,成本领先(Cost Leadership)战略,又称低成本战略,是企业最根本的竞争战略,具有稳定低成本的企业可以在市场上保持长期的领导地位。多年来,我国出口产品主要依靠低廉价格来取得优势、占领市场,而低廉价格主要来源于相对较低的劳动力成本。随着我国经济发展和收入水平的提高,劳动力成本不断上升,导致出口产品的价格竞争优势逐步减弱。因此,要继续保持我国出口产品在国际市场的竞争力,就必须从过去以劳动力要素为基础的低层次的成本比较优势,尽快升级到以信息技术为基础的高层次的竞争优势。国际电子商务的开放性、全球性、便利性优势,为企业培育和升级竞争优势创造了条件。实力雄厚的大型企业,可以在原有的企业信息系统基础上,进一步整合企业信息资源,构建企业内部网和企业外部网的互联互通。对于众多的中小企业来说,可以充分专业化第三方国际电子商务交易平台,利用那些能够提供国际电子商务解决方案的网络企业资源,用相对较少的投入与大型企业开展竞争。

(二)发掘新的生存和发展市场空间

国际电子商务为各类贸易企业提供了完全平等的竞争空间和竞争条件,传统的中介型专业外贸公司虽然受到一定冲击,但仍然有新的生存和潜在发展的空间可以发掘。

(1)交易模式转型。传统专业外贸公司应该充分发挥由长期专业分工而积累起的渠道、信息、人才、经验及规模化经营等方面的优势,并将之与国际电子商务结合起来,通过借助第三方网络交易平台,把"线下"(Off-line)交易迅速转移到"线上"(On-line),实现交易模式的转型。

(2)经营领域与服务延伸。专业外贸公司与生产企业相比,最大的优势是经营产品选择空间大、经营方式灵活、国外销售渠道健全、与相关服务企业联系紧密等。因此,把这些优势充分应用于国际电子商务,可以为专业外贸公司拓展新的市场空间。一方面,开展产品的多样化经营、多样化营销;另一方面,在交易模式上实现从B2B模式向B2B、B2C甚至B2B2C混合模式发展。

(三)与全球采购商开展广泛合作

中小贸易企业可以借助国际电子商务,与跨国公司全球采购商建立广泛合作,融入其全球采购链,甚至成为其必不可少的一环。全球产品价值链分工已成为国际分工的主流模式,跨国公司为最大化其全球利润,越来越多地按照成本比较优势,借助国际电子商务手段,在全球范围内寻找交易对象,从世界各地采购其产品生产所需的原材料、零部件等"中间品"及制成品。这就为在某些产品或某些零部件的生产上,具有"小而精""小而专"优势的中小贸易企业融入跨国公司全球采购链,提供了良好的机会。

(四)利用网络信息资源加快产品创新

企业产品的创新是企业竞争优势得以发展和延续的基础。因此,产品创新对企业未来竞争优势的形成非常重要。企业要立足于国际市场,不仅要发挥低成本优势,还要充分了解国际市场信息,积极参与产品创新,获得新的竞争优势。互联网为国内外企业提供了平等获得新技术和新产品信息的机会,因此,企业应通过常态化浏览网络信息资源,寻找与本企业产品有关的新技术研发信息,用于开发适合国际市场需求的新产品,成为新产品市场的引领者,取得市场先发优势。

(五)加快培育企业自主产品品牌

互联网在为企业获取信息带来便利的同时,也为企业宣传推广产品品牌和企业形象,提供了成本低廉、跨越时空的全球化广告空间。不同于传统的报纸、电视和户外广告媒体,互联网的无国界性、运行时间的连续性,使得在国际电子商务网站发布的企业及产品品牌信息,可以让所有上网浏览者都有机会看到。如能充分利用国际电子商务的这一优势,向世界各国客户提供质优价廉的自主品牌产品和完善周到的服务,企业的品牌形象和影响力就会日益改善和提高。

(六)实现企业管理资源整合

在国际电子商务时代,贸易企业管理的理想境界是无纸化贸易与企业资源管理的有机整合,实现采购、生产、销售、运输、支付一条龙。只有通过有效整合企业资源、重组业务流程、优化管理方法,并与深化企业改革、建立现代企业制度相结合,才能保证国际电子商务的顺利开展,保持国际贸易的竞争优势。

第二节 国际电子商务环境下的网络营销

一、网络营销的概念及特点

(一)网络营销的概念

网络营销(Internet Marketing,Web Marketing)也被称为"在线营销"(Online Marketing)或电子营销(E-Marketing),是指在企业在互联网上进行的产品或服务营销活动,是电子商务在市场营销中的运用。

网络营销是以现代营销理论为基础,借助网络、通信和数字媒体技术实现营销目标的商务活动,由科技进步、客户价值变革、市场竞争等综合因素所促成,是信息化社会的必然产物。网络营销将互联网的技术层面与创意层面紧密结合,包括网站的设计与开发、在线促销与广告、在线销售等。它不仅指网站建设与推广,或是做在线广告,有效的网络营销必须建立在一个系统全面的战略基础之上,这个战略将公司的商业模式、销售目标与网络营销有机地结合起来。

网络营销不仅包括像互联网、移动网络、E-mail、即时通信工具等网络媒体,也包括在线客户资料库的管理和电子客户关系管理系统。网络营销还包括在与客户接触与互动的不同阶段,通过搜索引擎营销、搜索引擎优化、在其他网站上投放广告等不同的方式进行网络营销。

网络营销也不等于网上销售。网上销售是网络营销发展到一定阶段的结果,网络营销是为实现网上销售目的而进行的一项基本活动,但网络营销本身并不等于网上销售。因为网络营销的效果可能表现在多个方面,如企业品牌价值的提升,加强与客户之间的沟通,作为一种对外发布信息的工具等。网络营销活动并不一定能立即实现网上直接销售,但是,长期来看有利于增加企业销售、提升品牌价值和客户忠诚度。

网络营销根据其实现方式有广义和狭义之分。广义的网络营销,是指企业利用一切计算机网络(包括内联网、电子数据交换系统专线及互联网)进行营销活动。而狭义的网络营销,专指基于互联网的营销活动,即企业基于固定或移动互联网,对产品、服务进行宣传推广,达到满足客户需求的过程。网络营销是企业整体营销战略的一部分,是建立在互联网基础之上借助于互联网的开放性、全球性、交互性特征而实现一定营销目标的活动。

(二)网络营销的特点

(1)超越时空性。营销的最终目的是占有市场份额,由于互联网能够超越时间约束和空间限制进行信息交换,这使得营销活动脱离时空限制而开展成为可能,使企业有更多的时间和更大的空间进行营销,可实现每周 7 天、每天 24 小时随地提供全球性营销服务。

(2)多媒体性。互联网可以传输多种媒体信息,如文字、声音、图像等。这就为企业根据产品特点、市场需求和市场定位,选择营销手段带来了便利,可以充分发挥企业营销人员的创意、创新和创造性。

(3)交互性。互联网通过展示商品平面、立体或动态图像,供消费者查询商品信息资料库,来实现供需双方的互动与双向沟通;还可以进行产品测试与消费者满意度调查等活动,同时也为产品联合设计、定制设计及各项服务提供最佳工具。

(4)个性化。区别于传统营销模式,在互联网上可以实现一对一的、需求导向的、非强迫性的、循序渐进式的营销。由于网络信息传输的即时性,这种营销表现出低成本与人性化,避免了传统营销模式下强势推销给消费者带来的烦恼,并通过信息提供与双向交流,与消费者建立长期良好关系。

(5)成长性。互联网使用者数量快速增长并遍及全球,而且使用者多为年轻人、中产阶级或具有高教育水平的人,由于这部分群体购买力强而且具有很强的市场影响力,因此网络营销是极具开发潜力的营销模式和手段。

(6)整合性。网络营销过程,可由企业与商品信息发布开始,经过磋商、签约,至交货、付款和售后服务,在网络交易平台上连续完成,因此,它是一种全流程的营销方式。同时,借助互联网,企业可以将不同营销手段进行统一设计和协调实施,以统一的传播内容向消费者传达信息,避免不同传播方式下信息不一致性而产生负面效果。

(7)超前性。互联网是一种功能最强大的营销载体,它兼具渠道、促销、交易、服务及市场信息分析与提供等多种功能。它所具备的一对一营销功能,迎合了定制营销与直复营销发展的趋势。

(8)高效性。互联网数据中心可储存大量的企业及产品信息供消费者随时查询,其可传送的信息数量与精确度,远超过其他媒体,并能应市场需求变化及时更新产品和价格,因此能及时有效地了解并满足客户的需求。

(9)经济性。通过互联网进行数字化电子信息发布与交换,取代传统的报刊、广播、电视和人工散发等产品信息宣传方式,一方面可以减少印刷、邮递和宣传成本,同时可以实现无店面销售,大大节约了水电与人工成本;另一方面可以减少由于迂回传递所带来

的信息损耗和信息失真。

（10）技术性。网络营销建立在信息和科技技术支撑的互联网基础上，企业实施网络营销必须有一定的前期网络基础设施投入和技术投入，必须改变传统的营销组织模式，提升企业信息管理部门的地位，引进既懂营销又掌握互联网技术的复合型人才。

二、网络营销的基本要素

同传统营销一样，网络营销的基本要素也包括四个：产品和服务（Product）、分销渠道（Place）、网络推广（Promotion）、价格（Price），简称"4P's"。

（一）产品和服务

网络营销的主要目的是吸引消费者购买产品或服务，因此，作为网络营销内容的产品和服务是否有吸引力就成为关键。一是产品或服务有特色，二是产品商标、服务标志和营销网站的域名有特点。在特色方面，产品设计、功能和服务价值，与相同和类似产品或服务相比，应让消费者感知到个性差别。同时，要体现特色还必须做好产品定位。企业的产品和服务选择什么途径和角度切入市场，这就是产品的定位。就一般企业商务过程而言，定位主要涉及产品特征、质量、价格、公司信用、品牌形象等。

在商标、服务标志和域名这几个因素中，域名是电子商务区别于传统商务的重要特色。域名注册在网络营销上具有重要的意义。域名具有唯一性、排他性，一方面可增加网站的可信度，另一方面便于用户链接或使用网络实名查询网络地址，从而避免由于他人仿冒造成的网站访问量的减少。因此，域名本身就是网络营销的重要手段之一。此外，企业还要注意选择有价值的域名，即让本企业的域名与产品特色或品牌联系起来，从而便于用户查找和链接。

（二）分销渠道

根据分销渠道利用互联网的程度，网络营销分为完全网络营销和部分网络营销。并非所有的产品都适合在互联网上完成分销，很多产品还需要借助于传统的分销渠道。比如跨境 B2C 及 C2C 贸易，由于存在货币兑换、跨国物流成本、消费文化及购买习惯等因素的影响，采用 B2C 或 C2C 模式从事国际贸易依然存在不小的难度，目前在国际电子商务中的主流还是 B2B 模式。在 B2B 模式当中，互联网作为分销渠道，可以帮助企业节约交易成本、提高信息流通效率，是实现销售区域扩大化的重要手段。

（三）网络推广

网络推广是网络营销最重要的手段，目前，网络推广的主要方法有以下几种。

1. 搜索引擎营销

互联网上的搜索引擎（Search Engine）搜集了成千上万的网站索引信息，并将其分门别类地存放于数据库当中，当人们需要在浩如烟海的网络信息中寻找自己所需要的产品或服务网站时,一般都会从搜索引擎入手,输入相应的关键词,如在 Yahoo 网站"Search"(搜索)栏输入 tape measure(卷尺),便可得到一个网站列表(见图 2-1)。有关机构的统计报告显示,搜索引擎查询已成为上网者仅次于 E-mail 的一种最常使用的网上服务项目。

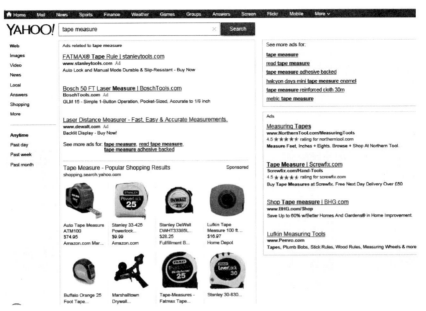

图 2-1　在 Yahoo.com 上输入 tape measure 所得到的搜索结果列表第一页

正因为如此,每个企业都希望自己的网站能被搜索引擎罗列出来,并且排名靠前。因此,搜索引擎营销(Search Engine Marketing, SEM)也应运而生,它所做的就是全面而有效地利用搜索引擎来进行网络营销和推广;追求最高的性价比,以最小的投入获得最大的来自搜索引擎的访问量,并产生商业价值。具体而言,企业需要进行搜索引擎加注,把自己提供的产品或服务信息以一系列关键词的形式提交给各搜索引擎网站(如 Yahoo、Infoseek、谷歌、百度、搜狐等)。此外,企业还需要对自己网站的网页标签进行优化。这是因为,搜索引擎在给出搜索列表时,会根据网页标签与搜索关键词的对应程度,从高到低排列。一般而言,企业需要在网页标签中加上自己公司的名称,以及最能够代表网页内容和本公司产品的词汇,以做到网站的主题及内容与对应的关键字无缝融合。

搜索引擎营销的优点是节省费用且全面覆盖,为企业提供了巨大的免费商机。其缺点则主要是见效周期较长且优化关键词数量也有限。另外,各搜索引擎通常都有付费服务,如果企业不向搜索引擎支付费用,则其排名位置会永远在竞价排名之后,进而对公司的业务开展产生负面影响。

当然,企业也可以自己采用付费的方式进行搜索引擎营销。具体而言,企业可以通过控制每次单击的价格而决定企业在该关键词的广告排名位置,支付较高的价格就可以让企业的产品和名称出现在单击该关键词后列出的所有相关企业的靠前位置,更容易吸引客户注意。做广告的企业按单击次数向搜索引擎网站支付广告费用,而不是按网络广告投放的时间长短支付广告费,因而广告支出与广告效果相关性较高。

2. E-mail 营销

E-mail 营销(Email Direct Marketing,EDM),是一种仅次于搜索引擎的重要网络营销形式。E-mail 广告往往以邮件列表的形式发送,一个广告发布者可以同时向许多个电子邮箱发布广告邮件,成本低廉、效果直接、被迫接收性强,这种不期而至的广告比上门推销员更难拒绝。

但 E-mail 广告既有正面作用,也有负面影响,许多人都深受 E-mail 广告的骚扰之苦,如果不尊重消费者的个人意愿和个人隐私,厂家就有触怒消费者的危险,结果可能会适得其反。因而在网络已经普及、网络用户普遍遭受垃圾邮件骚扰的情况下,E-mail 营销成功的关键因素之一是在事先取得用户许可的前提下,通过 E-mail 向目标用户传递对其有价值的营销信息。

E-mail 营销的优点包括精准直效、个性化定制、信息量丰富且全面,还具备追踪分析能力。但其缺点也很明显,主要包括:受应用条件的限制和垃圾邮件的影响,邮件被阅读的概率较低;对用户信息的掌握有限;跳出率高、转化率低等。因而,制作精美、内容优质、发送方式友好的邮件是 E-mail 营销成功的关键所在。

3. 页面广告营销

页面广告营销(Page Advertisement Marketing,PAM),是指企业通过在网页页面上所做的广告来进行产品或服务营销。页面广告主要包括以下几种:

(1)横幅标牌式(Banner)广告,或称标准标志广告、标牌式广告、旗帜式广告。即在网页上显示的一块方形或长方形、类似于小旗形状的广告标志,包括全尺寸和小尺寸两种,可以是静态图片、Gif 动画或 Flash 动画等。单击该广告便可以获取更详细的企业产品或服务信息。

(2)标识(Logo)广告。它又分为图片和文字两类,访问者对广告内容感兴趣时,即会单击链接到广告发布者的网站上。

(3)按钮式(Button)广告。即以尺寸大小不等的按钮形式出现在网页上的广告,访问者可点击进入该公司的网站浏览。

(4)墙纸式(Wall Paper)广告。企业可以把宣传介绍的内容制作在精美的墙纸中,存放在有关的墙纸网站,供人们下载作为屏幕保护页面。

(5)交换链接(Link Exchange)广告。企业可以通过网站之间交换链接来交换发布广告,即双方在自己的网站上发布对方的广告,互相交换而不必支付广告费。此外,还可以通过内容合作、用户资源合作等方式在具有类似目标的网站之间实现互相推广。网站之间的交换(交互)链接策略是最常见也是最简单的合作方式,可以实现网站之间的互补优势,这是因为它利用合作伙伴之间的网站访问量资源合作互为推广。每个企业网站都有独特的资源,这种资源可以是一定的访问量、注册用户信息、有价值的内容和功能、网络广告空间等。利用网站的资源与合作伙伴开展合作,实现资源共享,共同扩大收益。交换链接的优势主要表现在:它能够帮助企业获得访问量、加深用户浏览时的印象、在搜索引擎排名中增加优势、通过合作网站的推荐提升自身的可信度等。网站都倾向于链接价值高的其他网站,因此获得其他网站的链接也就意味着获得合作伙伴和某领域内其他网站的认可。

企业发布网页广告的一种模式是向网站购买广告空间和时间,根据网站的知名度、广告出现在网页上的位置、单击率等指标支付相应的广告费用。

4. 信息发布营销

信息发布营销(Information Issue Marketing)是指企业将自己的产品推广信息发布在潜在用户可能访问的网站上,进而利用网络用户在这些网站获取信息而实现营销目的。

信息发布是免费网络营销推广的常用方法之一。随着网上信息量爆炸式的增长及网络用户的逐渐成熟,免费信息发布所能发挥的作用日益降低,信息发布在网站推广中的作用也有明显下降,但是一些有针对性及专业性的信息发布在相关性较高的网站上,仍然可以引起人们的关注。

5. 快捷网址营销

快捷网址(Express Web Site)使用自然语言和网站统一资源定位符(Uniform Resource Locator, URL),即网页网址建立对应关系。比如用户输入中文实名网址就可以访问相应的网站。选择企业名称或者商标、主要产品名称等作为中文网址,大大弥补了英文网址的缺陷,因而在网址推广方面有一定的价值。快捷网址营销能够帮助企业合理利用网络实名、通用网址及其他类似的关键词网站快捷访问方式来实现网站的推广。

6. 微博营销

微博(Microblog),如 Twitter、新浪微博等,是一个基于用户关系的信息分享、传播和获取平台,用户可以通过网页、无线应用协议(Wireless Application Protocol, WAP)及各种客户端组建个人社区,以微文字的形式更新信息,并实现即时分享。随着微博在国内外网络上的走红,微博营销也迅速成为现代网络营销的主要形式之一。

微博营销的优势是价格低廉、操作简单,互动性、亲和度高,易监控。此外,企业还可随时查询微博在"粉丝"群中的喜好度。当然,由于微博经常受字数限制,只能以短文的形式发布,因而其传播能力有限,容易被淹没在信息海洋中,且其传播效果也受"粉丝"数量的影响。

7. 视频营销

视频营销(Video Marketing),是一个较新但却相当有效的在线产品推广手段。从最简单的角度来看,视频营销指的是制作一个产品推广的视频,并将其上传到互联网上。视频营销主要不是依靠文字,而是依靠视频来实现网上营销的目的。由于许多网站允许企业免费上传视频,因而视频营销是一个低成本的网络营销方法。

视频与互联网的结合使得视频营销具备了两者的优点:它具有电视短片的种种特征,如感染力强、形式内容多样等;又具有网络营销的互动性、主动传播性、传播速度快、成本低廉等优势。它把产品或品牌信息植入视频中,产生一种视觉冲击力和表现张力,通过网民的力量实现自传播,达到营销产品或服务品牌的目的。

在国际上,YouTube 和 Dailymotion 等是最受企业欢迎的视频营销上传网站。这些网站广受欢迎是因为它们巨大的访问量,进而能够大大提高推广产品的曝光率。企业进行

网络视频营销,力图使其上传的视频能被大量的网络用户观看,则其中部分观看用户才可能会成为其产品的潜在客户。此外,企业还可以通过为其上传的视频加注关键词的方式来优化其推广效果。

8. 病毒式营销

病毒式营销(Viral Online Marketing),并非真正地通过传播病毒的方式实现营销目标,而是通过用户的口碑宣传,利用用户之间的主动传播,让信息像病毒那样迅速地传播和扩散,利用快速复制的方式传向数以千计、万计甚至百万计的受众,从而达到推广的目的。

病毒性营销方法实质上是在为用户提供有价值的免费服务的同时,附加了一定的推广信息,常用的工具包括免费电子书、免费软件、免费贺卡、免费邮箱、免费即时聊天工具等。换言之,病毒式营销是通过提供有价值的产品或服务,"让大家告诉大家",通过别人为你宣传,进而实现"营销杠杆"的作用。病毒式营销已经成为网络营销最为独特的手段,可以以极低的代价取得非常显著的效果,因而被越来越多的商家和网站成功利用。

(四)价格

由于国际电子商务带来的交易成本的降低和信息沟通的高效率,有可能给消费者带来更低的商品价格。但是,网络营销并不一定意味着通过降低价格来吸引客户。事实上,国际电子商务给人们带来的主要是信息沟通的便利。消费者对"物美价廉"产品和服务的偏好,首先取决于充分了解市场同类商品的价格。

"酒香也怕巷子深",这是互联网商务的真实写照。如何引导消费者更多地了解本企业产品和服务的特性,引导消费者发现产品和服务的价值,成为网络营销中价格策略的关键。事实证明,一味采用低价策略并不适合国际电子商务环境下的企业经营。价格是企业获得盈利的基本点,但并不是唯一源泉。在网络环境下,通过不断的经营创新来创造新的盈利模式,用创新型盈利模式代替传统收费的价格机制,有利于企业实现可持续性的发展。

网络营销的盈利模式主要有三类,即广告盈利、销售盈利、增值服务盈利。

(1)以广告盈利为主的网络营销相当于传统媒体,它们帮助广告主制作或者发布广告来获得收入。"平台"网站就是典型的广告盈利模式,它们依赖发布网络营销广告来盈利,其核心在于给用户提供独特的内容服务,从而吸引用户,是注意力经济的代表。

(2)采用销售盈利模式的网络营销充分利用网络平台的便利性,以销售自有产品或者帮助生产商销售产品来赚取利润,比如戴尔的网上直销、阿里巴巴的B2B交易平台等。信息技术的集成,以及为用户提供整合性的企业内部与外部信息管理服务,是这种模式实现盈利的关键。

(3)增值服务盈利模式是指在提供免费服务的同时,提供一定的差异化增值服务,通过在增值服务中收取费用以获得盈利。该利模式的核心是拥有庞大的客户群,以及给用户提供的产品和服务具有高黏性。例如,腾讯公司依靠QQ,利用产品和服务庞大的客户资源的优势，培育出与用户之间的强大黏性，进而将用户牢牢绑定，并通过为这些用户提供增值服务的方式获得盈利。

第三节 国际电子商务网络营销管理

与传统营销相比，网络营销有着其自身的特点，因而不能将传统营销的方式、方法直接应用于网络营销。同样，对于网络营销的管理，也不能直接套用传统营销的做法。本节从实施、组织、评估、控制四个方面对网络营销的管理进行讨论。

一、网络营销实施

(一) 网络营销的实施过程

企业实施网络营销不单是技术方面的问题，更多的是管理和组织方面的问题，涉及企业高层的战略决策和业务流程。网络营销的实施是一项涉及资金、技术、物资和人员的系统工程，需要有专门的机构进行组织和管理。由于它会影响到企业的各个层面和整个业务流程，也会影响着与企业相关联的其他企业，因而网络营销计划和方案的制订需要由企业管理高层组织实施。

1. 企业内部环境和市场环境分析

企业首先必须了解其内部经营状况和外部市场竞争环境，分析实施网络营销的必要性和可行性。

必要性分析主要是分析企业的外部市场环境，包括：考察、分析企业的竞争对手是否已经开展网络营销，是否对企业产生潜在威胁；企业能否通过网络营销比竞争对手更好地满足目标市场的信息和服务等方面的需求，能否通过网络营销提升企业的市场竞争力。

可行性分析首先是考察外部市场环境是否成熟，客户是否愿意接受网络营销方式。如果目标市场的信息化程度低或者排斥信息化，企业实施网络营销就失去了基础。如果目标市场信息化趋势发展得很快，企业应当马上考虑网络营销。如果目标市场在近期内信息化发展比较缓慢或存在一定难度，企业则可以根据自己的情况选择时机进行网络营销。

此外，由于实施网络营销要求企业内部的各项业务流程实现自动化和信息化，因此可行性分析还要考察企业内部是否有信息化基础，是否有足够的资金、技术和人才。

2. 制订计划和确定实施方案

计划的制订必须由企业管理高层统一领导和协调，因为国际电子商务的实施可能对企业的整个组织和各方面的管理都产生影响。制订计划必须从企业整体出发。确定好计划后，制订实施方案，同时邀请相关的第三方方案提供商参与招投标，从而确定最佳方案。

网络营销实施的核心部分是网络营销系统的建设。网络营销系统通常是国际电子商务系统的一个有机组成部分。网络营销系统的建设通常有三种途径:购买商业软件、自行开发、联合开发。第一种方式比较简单,但系统一般只能满足一些基本要求。第二种方式比较有利于企业自行维护,但不专业会导致效率低下。第三种方式目前用得比较多,是在购买一些应用工具软件的基础上,结合本企业的实际情况,联合专业的方案提供商共同开发。

3. 网络营销的组织实施

网络营销方案确定后,关键是组织实施。网络营销实施是一个系统工程,它需要资金准备、设备采购、软件采购、人员组织等几个方面的协调工作。网络营销系统建设好后,企业面临的一个重要问题是管理和组织。企业要适应网络营销的业务流程变化,调整组织结构,建立新的管理体系以发挥网络营销的竞争力。企业实施网络营销不仅是一个技术问题,还涉及组织结构变迁、管理方式变革,以及员工思维、工作方式的革新。

(二) 网络营销实施的时机

网络营销可以给企业带来很大的竞争优势,但是实施网络营销是一项涉及高新技术的投资较大、风险较大的决策。任何一种信息技术,只要在社会上存在,就必然会为企业所利用。但信息技术的应用必须要能够有助于拓展企业的核心业务,因而信息技术的应用就必然受到行业特点的制约。虽然网络营销已经在一些行业中得到了成功的应用,但仍有相当多的行业还未找到有效运用网络营销的途径。企业面临着实施网络营销时机的选择。

要掌控实施网络营销的时机,必须能够判断出行业竞争、消费行为、经济与社会在未来几年内的变化趋势及其对于信息技术的影响。企业主管必须积极主动地制定网络营销的实施规划,如果采取消极观望的态度,则很可能贻误商机。

若企业认为网络营销的确非常重要,可是现阶段实施网络营销还不够成熟,需要等待,企业就可以采取一种变通的方式,即在互联网上注册一个空网址。这样一方面能够防止好的网址被其他企业强占,为后续的网络营销留下余地;另一方面建立空白网站的成本非常低,却可以树立企业的先锋形象,至少可以向消费者展示本企业积极进取的态度。

二、网络营销组织

(一) 网络营销组织的重组

1. 网络营销对组织的影响

网络营销的实施对组织的影响是深远的,它将影响到组织的形式和结构,使其组织形式可以摆脱传统地域的限制,进而可以更加灵活地适应市场环境的变化。

(1) 组织形式不受地域的限制。传统企业只能在集中化和分散化中选择其一。在传统市场环境下,制造工厂、服务设施和销售部门如果远离总部,就不得不将这些部门作为分离、分散、自治的组织,以保证部门的效率和效用。而在互联网环境下,网络通信技术提供了跨越地域的通信网络,使得信息的搜集、传播和处理不再受到地理位置的影响,将地理位置分离的部门联系在一起。因此,企业各部门可以根据业务需要选择不同的管理方式。基于互联网的网络营销实施可以实现营销组织结构的跨时空运转,而不用过多考虑地理位置的限制。

(2) 组织结构扁平化。传统企业的组织结构一般都是垂直式的结构,信息沟通主要通过命令和报告形式进行,容易滋生官僚主义,影响营销组织机构的正常运转。网络营销的实施使得企业的组织结构可以直接运作在互联网平台上,信息沟通可以实现平等交互式的沟通模式。因此,网络营销实施后营销组织结构可以实现扁平化,减少中间层次,加强不同部门之间的合作,以统一协调的方式为客户提供优质产品和服务。

(3) 组织运行更加灵活。组织形式的变化和组织结构的调整,将使营销组织的运行方式也进行相应的调整。传统营销组织的运作只是单向传播信息,很少有双向的互动交流。企业实施网络营销后,组织的运行是市场驱动的模式,根据市场变化由相关营销部门组成临时团队应对变化,通过部门之间的直接沟通直接解决问题。因此,网络营销实施后的企业工作流程非常畅通,但也对企业组织的人员素质和信息沟通渠道提出了很高的要求。

2. 网络营销组织的重组

企业实施网络营销后,企业营销部门对外必须协调统一地面对市场,为客户提供统一直接的服务;对内必须同其他业务部门进行紧密合作,使企业能及时提供产品和服务满足客户的需求。因此,网络营销的实施使得传统的条块分割的部门组织结构必须加强协调,转为统一地为客户服务。同时,企业必须建立与供应商联系畅通的渠道以支持企业的生产。构建在信息系统基础上的网络营销系统为企业与外部的客户和供应商,以及内部各业务单位之间的沟通和信息传输提供了平台。组织的运转是由市场中的客户进行驱动,由营销部门的客户服务部门提供统一的服务,然后通过企业内部的业务价值链向下传递,直至最后满足客户的需求。实施网络营销后的企业其组织结构有如下特点。

(1) 统一客户服务部门。网络营销的主要目标是满足市场需求,为客户提供更好的产品和服务。因此,简化和统一客户服务程序,方便客户购买产品和寻求服务支持,是网络营销取得成功的关键。

(2) 横向信息沟通。为客户提供统一的服务,需要不同职能部门协作配合。网络营销系统为部门之间的横向沟通提供了渠道和基础。

(3) 组织结构简化。网络营销要求实时为客户提供服务,对企业反应速度要求很高。如果企业组织层次过多,势必影响对市场反应的效率。此外,网络营销的实施也为组织结构的简化提供了技术支持。

3. 网络营销组织重组后的信息部门

网络营销运作中,信息平台加快了信息流动,提高了运作效率,从而对企业组织机构提出了全新的要求。重组后的网络营销组织机构应围绕信息平台的要求实现相应的功能。实施网络营销的企业将通过双向快速的信息交流来协调工作,实现整个组织机构的决策与控制职能。为此,企业重组后的信息部门必须具备以下五项职能。

(1)竞争信息分析。竞争信息分析主要是针对竞争者的营销战略和市场营销战略组合进行资料搜集和处理,用于支持相关决策。进行信息采集可以采用模拟客户法,即以一个客户的身份访问竞争者的网站,分析研究其技术架构和营销策略。

(2)客户邮件处理。客户邮件处理主要是完成主动发送信息和答复客户问题两项工作,在工作中要根据企业发展战略、营销策略和客户的特点,有针对性地发送相应的邮件。

(3)网站广告管理。网站广告管理是指通过分析信息平台提供的客户广告访问数据,把握客户消费行为的变化趋势,为制定广告策略决策提供依据。

(4)交易信息处理。交易包含大量的有效信息,通过交易分析寻找客户的消费重点和消费行为模式,丰富客户个性化的服务信息,以便进行必要的产品或服务调整。

(5)网站客户信息综合分析。网站客户信息综合分析是网站组织机构中最重要的工作,其任务是通过综合分析客户访问信息及各部门的分析报告,确定客户的消费能力、消费特点及消费潜力,判断客户对网站提供服务的满意度,据此对网络营销的战略和策略进行改进,提供与客户需求更匹配的产品或服务平台。

(二)网络营销业务流程重组

网络营销的一切管理是围绕保障核心业务工作的完成而进行的。因此,管理不再是过去的垂直式上下级领导管理,而是层级较少的工作组式管理。管理的重点不再是完成计划,而是加强沟通、适应市场变化。随着管理手段的改善,企业管理效率必然提高,企业管理的难点不再是信息处理,而是如何将信息转化成对企业决策有用的知识。

企业在调整组织结构、改变管理方式时必须遵循一定的标准和方法。业务流程重组是分析如何采用信息技术来改造企业业务流程,而不是简单的随意设计。它是在相关技术和方法改进的基础上,对原有的流程进行再设计,提高了业务流程的效率和效用。

在流程重组过程中需遵循的基本原则包括:

(1)围绕输出而不是任务进行组织。通过确定和识别流程服务对象与目标,以最小成本与时间代价进行组织和管理。

(2)由使用输出结果的用户执行流程。设计优秀的信息系统最终能整合全部流程,能够使输出结果的最终用户自己引导输出结果。

(3)把信息处理纳入实际的工作。没有必要再设计一个独立的操作完成信息的处理,应配合实际工作处理,否则将降低工作效率和效用。

(4)集中分散的资源。网络技术使得信息人员的工作所在地无关大局,并能保持集中控制。

(5)减少重复活动。业务活动的重复是常有的,通过信息分析揭示业务重复部分,并通过对这些活动背后的信息结构的理解减少或取消重复。

(6)将决策置于工作的执行之中。工作流程经常被中断以便管理高层给予批准。通过弄清楚决策的基础和必要信息,决策点可能被转移到实际工作中去。

（7）在源头一次获取信息。在很多组织中，信息重复导致信息的不完整性和模糊性。而在源头一次性获取信息，可以避免这种不完整性和模糊性。

（三）网络营销人员重组

企业实施网络营销后，营销组织结构必将发生变化，原来的岗位也将相应发生变化，组织内部许多旧岗位不再需要设立，一些新岗位需要增加。同时，一些岗位的人员可以减少，另外一些岗位人员需要增加。下面就具体的几个重要岗位的变化进行分析说明。

1. 客户服务部门岗位

在传统的营销组织机构中，客户服务岗位主要是接待客户、记录客户的问题，然后将问题移交给相关单位处理，处理完后再反馈给客户。因此，不但客户等待周期长，而且经常出现无人过问的现象。在网络营销中，客户服务成为重要岗位，而且要求其能马上直接给客户答复。因此，许多企业内部成立客户服务中心，由许多有技术背景的专业人员提供服务。

2. 销售部门岗位

传统营销中，销售部门是企业的重要部门，因为销售人员业绩的好坏直接关系到企业市场销售业绩的好坏。在网络营销中，企业可以通过互联网进行直接销售，传统的一些销售人员，特别是推销人员的岗位就要受到冲击。随着越来越多的客户在网上自主购物，推销员的上门销售将不再是主要渠道。但对于某些企业和组织客户，仍需要销售人员上门推销，但其职能将发生变化。销售人员不再简单地推销，而是给客户进行产品介绍和说明，为客户的理性购买提供决策支持。

3. 营销部门岗位

传统营销中，营销部门岗位主要进行广告宣传和促销策划。在网络营销中，营销部门不但要在传统市场继续进行活动，而且还要针对网上市场开展促销活动。因此，市场营销部门的岗位要求发生了变化，主要是要提升营销人员对网上市场的认识。此外，由于客户购物由过去的被动的有限选择变为主动的大范围选择，企业营销策略由过去的推式营销转变成拉式营销。营销部门在采用传统营销手段的同时，还要考虑促销活动如何吸引客户注意，这对营销部门的岗位要求更高。

三、网络营销评估

企业网络营销部门的工作就是规划和控制网络营销活动，而这涉及考查所实施的网络营销方案是否有效。当评估结果表明未能达到预期目标时，就要调整网络营销方案，对网络营销活动进行适当的控制。

互联网能够精确地记录、定位和追溯网上的每一项活动，为网络营销评估提供了巨大的便利。下面讨论网络营销评估的步骤和几种具体的评估方法。

（一）网络营销评估的步骤

1. 确立网络营销总体目标

为了评估网络营销的效果,必须确定网络营销具体要达到的总体目标,否则就无法评估网络营销是否成功。例如,网络营销的总体目标可以是提高品牌知名度、客户满意度、在线销售商品量等。因而,企业必须在网络营销计划书中加以明确:建设企业营销网站的目的、网站希望吸引的浏览者类型、利用网络想完成的工作、网站建设者能为网站付出的一般的维护费用有多少等。

下面是几类典型的站点及其营销目标:

（1）将企业网站作为公司形象宣传媒体或以提升品牌知名度为目标的商业网站。这类企业建立网址的目的是让消费者知晓,或将网络营销视为提高知名度的一种手段,作为其他沟通战略的有效辅助物。企业通常在网页上列出公司的背景资料、产品系列及反馈的表格。

（2）将企业网站作为为客户服务的替代物。大多完全开放的企业网站起初是从回复在线客户疑问的客户服务部门发展起来的。这类公司以客户电话等待时间的缩短和得到公司有效帮助的客户人数的增加为目标。

（3）标新立异型企业网站。一些公司认为互联网是最"酷"的事物,它们仅为了在网络世界占据一席之地,而对于与公司的其他沟通工具是否相关漠不关心。能否成为某些网址评估机构公布的"最好站点名单"中的一员是基于这种目标成功的标志。

（4）以开拓国际市场为目标的企业网站。从互联网的本质来看,它是最具国际性的交流工具,所以开拓国际市场是不言而喻的目标。假如企业的主要目标市场定位于国外市场,那么网页的设计及对营销成功的评估都将有很大的不同。

（5）以直接营利为目标的商业网站。一些公司将网络视为一种新的广告媒体,这类公司的目的是利用网络站点的广告宣传,直接驱动消费者成为购买者,增加企业的销售额。采用网络营销后企业销售额的增长就是它们成功的标志。

2. 确定评估标准

网络营销的目标确定以后,下一步需要确定的是评估指标,即用哪些指标来评估网络营销活动,能说明它是否达到了预期的目标。针对不同的目标,通常有这样几个不同的评估标准:站点的浏览量、有购买倾向的潜在客户比例、站点知名度的提高等。尽管目前还不能说明某些指标与网络营销效果之间的必然联系,但开展网上营销的企业在评估自己的站点是否成功时,还是有必要根据自己的特点选择合适的评估标准,或结合每个标准综合评价自己的网络营销努力是否成功。这些指标应该包括网站设计、网站推广、网站流量等。

3. 选择评估网络营销工作的基准点

评估网络营销计划执行的过程实际上是一个比较的过程,这样就需要选择一个比较的基准点。基准点的选择可以有多种形式:比较自己与竞争对手、比较现在和过去、比较网络与其他的营销媒体等。只有将企业自己当期的指标数值(如单击率)与竞争对手同期的数值或者上个月或上年同期的数值相比才能做出正确的判断。

4. 比较网络营销效果与目标

在选定评估标准和基准点之后,网络营销企业就可以比较网络营销的执行结果和设定的目标,从而判断网络营销的计划与实施是否成功,以及还有哪些执行效果与目标存在差距等。

5. 得出可付诸行动的结论

企业决策者需要的最终结果是隐藏在数字背后的信息,而不是数字本身。网络营销人员要通过数字的量化分析,评价已做的网络营销努力是否成功,提出营销资源配置是否需要优化及怎样优化、哪些地方需要改进等可付诸行动的结论。这样才能使营销工作更富有效率,更节约成本。

(二) 网络营销评估标准的建立

1. 网站设计评估标准的建立

网站是企业开展网络营销的基础。在网站的设计方面,除功能、风格和视觉设计等取决于网站本身的特定要求之外,主要还有主页下载时间、有无死链接或拼写错误、不同浏览器的适应性、对搜索引擎的友好程度、使用便利性、保护个人信息等一些通用评估指标可作为参考。

2. 网站推广评估标准的建立

网站推广的力度在一定程度上说明了网络营销人员为之付出的努力程度,而且可以进行量化评估,评估指标主要有登记搜索引擎的数量和排名、在其他网站链接的数量、注册用户数量等。网络营销人员登记的搜索引擎数量越多,企业网站在搜索引擎中的排名越靠前;企业的站点在其他网站上链接的数量越多,对搜索结果排名越有利;对访问者直接从链接的网页进入企业的网站越方便,对网站推广越可以起到重要的作用。注册用户数量和收藏本网站的用户数量在一定程度上反映了用户对网站的认可,也是一个网站价值的重要体现。

3. 网站流量评估标准的建立

网络营销计划的执行效果在很大程度上取决于网站流量的大小。但是,在确定网站流量的评估标准方面也有一些争议。关于网站流量统计最流行的术语可能就是"单击量"。但相对而言,单击量没有很大的实际意义。与此相反,页面浏览指标(主要指页面浏览数及每个访问者的页面浏览数)就显得比较有意义。

目前还没有哪一个统计指标能够完全反映浏览者的所有信息,要全面评估网站流量的效果,就需要用以下这些指标进行全面评估:

(1) 主页浏览量。尽管许多浏览者并非通过企业的主页进入网站,但是大多数浏览者通常是会主动进入到企业主页的,因此,主页浏览量可用于评估浏览者的整体情况。

(2) 提交 URL。这个信息反映出浏览者的来源,如果浏览者来自搜索引擎,大多数提交的 URL 信息甚至可以告诉网络营销者有关浏览者在搜索引擎中使用的关键词,而分析浏览者使用的关键词对于网站的建设和推广非常重要。

(3) 最主要的进入页面与离开页面。如果网络营销者了解浏览者常通过哪些页面进入企业的网站,就可以对这些页面进行优化设计并对其进行重点维护,同时也可以将这些网页的 Meta 标签应用于可以增强浏览者印象或可增加线上销售的网页。而了解浏览者离开网站的相关信息,则有助于网络营销者对这些页面的设计进行更新,甚至将其删除。

(4) 最多或者最少的访问页面。网络营销者对最多或者最少访问页面的分析,可以了解浏览者为什么来到企业网站及停留在企业网站上的原因,从而为进一步重新变更网站设计策略提供帮助。

(5) 每个访问者的平均停留时间。每个浏览者在网站的停留时间是指所有浏览者在企业网站上的停留时间与全部浏览者数相除的平均数。通过对每个浏览者访问的平均停留时间的分析,即对每个浏览者在网站上的停留时间与浏览者停留在每个页面的平均时间进行分析,可以得出许多有价值的结论。浏览者停留时间的长短反映了企业网站的内容对浏览者的吸引力的大小。浏览者停留在每个页面的平均时间,主要指浏览者在企业网站上停留的总时间与企业网站的页面总数之比。这个指标说明了网站内容对浏览者的有效性,如果网络营销者发现许多浏览者在某些页面停留的时间比较长,那么可能需要网络营销者对其他页面进行更新改造。

(6) 每天访问高峰期。所有的网站都需要维护与更新,网络营销者最好在访问高峰期到来之前更新网站内容。

(7) 访问者使用什么浏览器。尽管大多数网页在不同的浏览器中的效果没有根本性的区别,然而,网络营销者还是发现,网站访问量在某一种浏览器中会表现得更好一点。网络营销者可以利用这种现象来优化针对该浏览器的网页设计特征。

四、网络营销控制

当企业实施网络营销并建立了与之相适应的组织后,要达到网络营销的目标,协调和控制就显得十分重要。网络营销者的工作就是规划和控制网络营销活动,由于在网络营销计划实施过程中会出现许多意料之外的事情,所以网络营销企业必须不断地监督和控制网络营销活动。

(一) 网络营销年度计划控制

年度计划控制的目标是保证网上经营企业达到在年度计划内拟定的网络营销销售利润目标和其他目标。年度计划控制的核心是网络营销目标管理,这包括四个步骤:

(1) 网络营销企业应当确立季度、月度网络营销目标;
(2) 对网络营销的绩效进行监控与评估;
(3) 找出造成严重绩效偏差的原因;
(4) 必须采取矫正行动,包括改变行动方案或改变目标。

这种控制模式适用于企业的各级管理部门。企业管理高层确立本年度网上经营销售总目标,这些目标又被层层分解融入各个低层管理部门的具体目标。每个时期,企业管理高层都要重新检查与评估,说明效果,并弄清是否需要采取某些正确的行动。

(二) 网络营销风险控制

由于互联网的匿名性、非直接接触性等特征,网络经营的风险具有与传统市场环境下不同的特征。网络营销企业必须认真识别这些风险因素并采取相应的对策控制风险。

1. 产生网络营销交易风险的因素

识别网络营销风险的因素,主要是依据对网络交易整个运作过程的考察,确定交易流程中可能出现的各种风险,分析其危害,旨在发现交易过程中潜在的安全隐患和漏洞,从而使网络交易安全管理有的放矢。

(1) 信息风险。从技术上看,网络营销的信息风险主要来自三个方面。一是冒名偷窃。"黑客"为了获取重要的商业秘密、资源和信息,常常采用源 IP 地址欺骗性攻击。入侵者伪装成一台内部主机的一个外部地址传送信息包(这些信息包中包含内部系统的 IP 地址),在 E-mail 服务器中使用报文传输代理来冒充他人,窃取信息。二是篡改数据。攻击者未经授权进入网络交易系统,使用非法手段,删除、修改、重发某些重要信息,破坏数据的完整性,损害他人的经济利益,或干扰对方的正确决策,造成网络营销中的信息风险。三是信息丢失。营销信息的丢失,可能是因为线路问题或安全措施不当,也有可能是因为在不同的操作平台上转换操作从而丢失信息。

(2) 信息传递过程中的风险。信息在网络上传递时要经过多个环节和渠道,由于计算机技术发展迅速,病毒防范技术、加密技术、防火墙技术等始终存在被新技术攻击的可能性。计算机病毒的侵袭、"黑客"非法侵入、线路窃听等很容易使重要数据在传递过程中泄露,威胁网络交易的安全。各种外界的物理性干扰,如通信线路质量较差、地理位置复杂、自然灾害等,都可能影响到数据的真实性和完整性。

(3) 信用风险。信用风险是网络营销发展的主要障碍,这是因为网络营销是以信用为基础的,即交易双方相互信任并信守承诺。信用风险可能来自买方。个人消费者可能在网上使用信用卡进行支付时恶意透支,或使用伪造的信用卡骗取卖方的货物;企业客户则有拖延货款的可能,卖方需要为此承担风险。信用风险也可能来自卖方。卖方不能保质、按量、按时寄送消费者购买的货物,或者不能完全履行与企业客户签订的合同,造成买方的风险。

(4) 管理方面的风险。严格管理是降低网络交易风险的重要保证,特别是在通过第三方网络交易平台营销的过程中,客户进入网络交易平台,买卖双方签订合同,交易平台不仅要监督买方按时付款,还要监督卖方按时提供符合合同要求的货物。在这些环节中,都存在大量的管理问题。防止此类问题产生的风险需要有完善的制度设计,形成一种相互关联、相互制约的制度群。其中,人员管理常常是在线商店安全管理上最薄弱的环节。近年来,我国计算机犯罪呈现出内部犯罪的趋势,这主要是工作人员职业道德修养不高、安全教育欠缺和管理松懈所致。一些竞争对手还利用企业招募新人的方式潜入该企业,或利用不正当的方式收买企业网络交易管理人员,窃取企业的用户识别码、密码、传递方式及相关的机密文件资料。

（5）法律方面的风险。国际电子商务的技术设计是先进的、超前的，具有强大的生命力。但我们必须清楚地认识到，国际电子商务发展日新月异，目前的法律条文在网络交易保护方面还存在许多缺陷，在网上交易可能需要承担法律滞后造成的风险。

2. 网络营销交易风险的控制

一个完整的网络营销和交易安全体系，至少应包括三类措施。一是技术方面的措施，包括防火墙技术、网络防毒、信息加密存储通信、身份认证、授权等，但只有技术措施并不能保证100%的安全。二是管理措施，包括交易的安全制度、交易安全的实时监控、提供实时改变安全策略的能力、对现有的安全系统漏洞的检查及安全教育等。在这方面，政府有关部门、企业的主管、信息服务商应当扮演重要的角色。三是社会的法律政策与法律保障。只有从上述三方面入手，才可能真正实现电子商务的安全运作。

（1）客户认证。客户认证是基于用户的客户端主机IP地址的一种认证机制，它允许系统管理员为某一特定IP地址的授权用户设定访问权限。服务器和客户端无须增加、修改任何软件。系统管理员可以决定对每个用户的授权、允许访问的服务器资源、应用程序、访问时间及允许建立的会话次数等。客户认证技术是保证国际电子商务交易安全的一项重要技术。客户认证主要包括身份认证和信息认证。前者用于鉴别用户身份，后者用于保证通信双方的不可抵赖性和信息的完整性。在某些情况下，信息认证显得比信息保密更为重要。如网络中传输的广告信息，接收方主要关心的是信息的真实性和信息来源的可靠性。因此，在这些情况下，信息认证将处于首要的地位。

（2）防止"黑客"入侵。"黑客"入侵可导致企业内部资料的失窃，进而对网络营销企业及其客户造成严重的损失。防范"黑客"入侵的技术措施根据所选用的产品的不同，可以分为七类：网络安全检测设备、访问设备、浏览器/服务器软件、证书、商业软件、防火墙和安全工具包/软件。

（3）网络交易系统的安全管理制度。无论参与网络营销的是个人还是企业，都涉及一个维护网络交易系统安全的问题，只不过对于在网上从事大量贸易活动的企业来说，这个问题更为重要。网络交易系统安全管理制度是用文字形式对各项安全要求所做的规定，它是保证企业网络营销取得成功的重要基础工作，是企业网络营销人员安全工作的规范和准则。企业从实施网络营销开始，就应当制定一套完整的、适应于网络环境的安全管理制度，这些制度应当包括：人员管理制度；保密制度；跟踪、审计、稽核制度；网络系统的日常维护制度（包括硬件设备维护、软件的日常管理和维护、数据备份制度、病毒防范制度、权限控制制度、网络陷阱防范制度、应急措施）。

（三）网络营销中的消费者保护

企业在开展网络营销活动过程中，一个突出问题是要保护消费者的利益。对于企业而言，在开展网络营销过程中保护消费者，也是保护企业的自身利益、培育市场的良性发展。企业在网络营销过程中对消费者的保护要重点围绕以下几个方面进行。

1. 消费者隐私保护

在信息透明度很高的互联网上，企业可以很容易地在消费者不知情的情况下获得消费者的个人信息,而很多信息都是消费者不愿意透露的。当企业为了自己的利益利用或者泄露消费者的个人隐私时,就对消费者造成了伤害。一些担心企业会使用他们个人资料的消费者倾向于放弃在线购物;即便是在线购物,他们在网上的支出也低于其他消费者。

许多网站都缺乏对消费者的保护,这些网站广泛使用各种客户跟踪和信息记录技术,这是造成消费者隐私受到威胁的主要原因。企业保护个人隐私的主要措施体现在以下三个方面:

(1) 让消费者在知情的情况下收集其个人信息,并承诺对个人信息进行保护和非公开商业化使用;

(2) 收集消费者的信息时,隐藏消费者信息的隐私部分,不包含消费者的个体识别信息(身份证号码、电话号码、姓名等);

(3) 在使用方面,如果企业收集的消费者信息只限于企业内部分析使用,消费者一般都比较能接受;如果企业将收集的消费者信息出售,则有可能造成对消费者隐私的侵犯,这是企业应当坚决杜绝的。

2. 消费者免受侵扰

由于网上信息发布非常方便,特别是随着互联网的广泛使用,许多企业为发布信息,经常向消费者发送 E-mail 广告,造成对消费者的侵扰。这类 E-mail 一般被称为垃圾邮件。垃圾邮件虽然偶尔能提供一些有用的信息,但也给 E-mail 用户带来不少烦恼。不期而至的 E-mail 不但占用有限的 E-mail 存储空间,对于按时计费上网的用户,花时间接收、阅览、删除垃圾邮件就意味着经济上的损失。因此,企业在向消费者发送 E-mail 广告时,要注意避免对消费者造成侵扰。

企业发送 E-mail 时,避免对消费者造成侵扰主要有两种方式:一是企业利用邮件列表公司向那些愿意接收信息的消费者发送广告信息,采用这种方式要收取一定的费用;二是在收集 E-mail 地址时要遵照消费者的意愿,只对愿意接收的消费者发送信息,而且允许消费者取消对 E-mail 的接收。

3. 提供真实可靠的信息

企业在网上开展网络营销活动时,要注意提供信息的真实性和可靠性。企业在网络营销活动中如提供一些不真实的信息,将对消费者造成损害,势必对企业自身产生负面影响。因为消费者可能将个人感受发布到网上,而互联网信息传播速度非常快,而且影响范围广。

4. 提供完善的售后服务

企业利用网络营销渠道销售产品时,要特别注意产品质量和提供完善的售后服务。消费者在网上购买产品的,最担心的问题是无法现场检验产品的质量和性能,因此比较关心网站的信誉和售后服务。如果消费者在购买产品后,发现产品质量不符合要求,或者购买的产品与预期差距很大,则可能产生不满足感。如果企业不能保证产品质量,同时又没有完善的售后服务,势必妨碍消费者利用网络营销渠道进行购物。如果消费者不能得到完善的售后服务,同样可能在网上发表自己的评论,影响其他消费者对企业的评价,对企业产生负面影响。

本章小结

本章重点介绍了国际电子商务时代的市场竞争及其特点,国际电子商务环境下的网络营销特点及构成要素,以及国际电子商务环境下的网络营销管理。

国际电子商务时代,市场环境发生变化,经济全球化、信息全球化加快的同时,国际贸易自由化和新贸易壁垒并存,区域性虚拟大市场逐步形成。市场环境变化导致国际竞争出现新特点:网络信息成为重要的竞争要素;速度制胜成为新的竞争规则;联盟式竞争成为新的竞争模式;电子化成为主要竞争手段;"竞合"成为新的竞争形态。这些特点要求国际贸易企业采取新的市场竞争策略,实现国际贸易竞争优势的提升;发掘新的生存和发展市场空间;与全球采购商开展广泛合作;利用网络信息资源加快产品创新;加快培育企业的自主产品品牌;实现企业管理资源的整合。

网络营销是以现代营销理论为基础,借助网络、通信和数字媒体技术实现营销目标的商务活动,由科技进步、客户价值变革、市场竞争等综合因素所促成,是信息化社会的必然产物。网络营销具有跨时空性、多媒体性、交互性、整合性、成长性、高效性和个性化等特点。同传统营销一样,网络营销也包括产品、分销、推广和价格等"4P's"要素,但具体内容与传统营销有巨大差异,产品(和服务)更加有特色,分销渠道更加多元化,推广手段更加多样化,定价方式更加差异化。

网络营销所具有的新特点,要求企业必须改变传统营销管理思想,在实施、组织、评估、控制等方面,采取新的方式、方法和标准进行管理。在网络营销管理中,应对营销组织、业务流程和人员进行重组,建立新的评估标准,在控制营销风险的同时,有效地保护消费者利益。

关键术语

虚拟联盟企业,网络营销,搜索引擎营销,E-mail营销,页面广告营销,信息发布营销,快捷网址营销,微博营销,视频营销,病毒式营销,网络营销管理,网络营销风险,网络营销评估,信息风险,信用风险

复习思考题

1. 国际电子商务环境下的市场竞争有什么特点?
2. 国际电子商务环境下的市场竞争策略有哪些?
3. 什么是网络营销?与传统营销相比,它有什么特点?
4. 网络推广的方法都有哪些?如果你负责一家小型公司的国际网络营销,你会主要采取哪几种方法?
5. 在网络营销中价格的作用是什么?是不是从事网络营销就一定要采用低价战略?为什么?
6. 网络营销的实施过程是什么?中国外贸企业实施网络营销的主要障碍是什么?

如何克服?

7. 如何开展网络营销管理的实施、组织和评估?

8. 网络营销的风险都有哪些?如果你负责一家公司的国际电子商务业务,且你的海外客户是企业,则你应主要采取哪些措施来应对你公司和你客户所面临的潜在风险?

参考书目

阿里巴巴商学院. 数据化营销[M]. 北京:电子工业出版社,2016 年 10 月。

〔英〕戴夫·查菲(Dave Chaffey),菲奥纳·埃利斯-查德威克(Fiona Enis-Chadwick). 网络营销:战略、实施与实践[M]. 5 版. 马连福,高楠等,译. 北京:机械工业出版社,2015 年 11 月。

戴鑫. 新媒体营销:网络营销新视角[M]. 北京:机械工业出版社,2017 年 10 月。

付珍鸿. 网络营销[M]. 北京:人民邮电出版社,2017 年 8 月。

胡启亮. 电子商务与网络营销[M]. 2 版. 北京:机械工业出版社,2016 年 8 月。

陆明,陈庆渺,刘静丹. 海外社交媒体营销[M]. 北京:人民邮电出版社,2016 年 5 月。

秦勇,陈爽. 网络营销:理论、工具与方法[M]. 北京:人民邮电出版社,2017 年 8 月。

石少华. 外贸社交媒体营销新思维[M]. 北京:中国海关出版社,2018 年 6 月。

速卖通大学. 跨境电商营销[M]. 北京:电子工业出版社,2016 年 1 月。

速卖通大学. 跨境电商 SNS 营销与商机[M]. 北京:电子工业出版社,2018 年 1 月。

夏雪峰. 全网营销:网络营销推广布局、运营与实战[M]. 北京:电子工业出版社,2017 年 1 月。

周佳明. 跨境电商营销推广[M]. 北京:中国人民大学出版社,2018 年 10 月。

周升起. 国际电子商务[M]. 2 版. 北京:北京大学出版社,2016 年 1 月。

第三章 国际电子商务法律规范

学习目标

掌握：电子商务参与方的法律义务，登记、准入与认证的法律规范，电子合同、电子单证、数字签名的法律地位，电子商务中消费者权益、知识产权保护的内容与措施

理解：登记、准入、认证与网上支付的步骤，网上支付与物流的概念和特征，电子商务中税收的基本原则，网上支付违法活动、侵犯消费者权益与知识产权的主要惩治措施

了解：中国电子商务立法，国外及国际组织和其他有关电子商务立法。

导学案例

跨境电商保税仓"刷单第一案"

2015年年初，李某指使志都公司的经理冯某某、业务主管江某某、兼职人员刘某某利用志都公司可从事跨境贸易电子商务业务，对外承揽一般贸易的进口货物，再以跨境电商贸易形式伪报为个人海外购进口商品，逃避缴纳或少缴税款；同时，李某指使被告人程某某为广州普云软件科技有限公司申请跨境贸易电子商务业务海关备案，用于协助志都公司跨境贸易制作虚假订单等资料。从2015年9月至11月期间，志都公司及冯某某、江某某、梁某某、刘某某、李某、王某、程某某利用上述方式走私进口货物共19 085票，偷逃税款共计2 070 384.36元人民币。

经过法庭审理，2018年4月广州市中级人民法院对本案依法公开判决：志都公司、被告人冯某某和江某某、刘某某为志都公司的其他直接责任人员，伙同被告人梁某某、李某、王某、程某某逃避海关监管，伪报贸易方式报关进口货物，偷逃应缴税额，其行为均已构成走私普通货物罪。志都公司在共同犯罪中处重要地位，是主犯，依法应承担全部罪责。冯某某、江某某、刘某某、梁某某、李某、王某、程某某在共同犯罪中起次要或辅助作用，是从犯，应当从轻或减轻处罚。最终，涉案人员均判处有期徒刑以上刑罚和数额不等的罚金，涉案志都公司没收违法所得及罚金300余万元人民币。

资料来源：根据新浪网文章"严打'刷单'，跨境保税仓刷单第一案已有审判结果"编写（http://k.sina.com.cn/article_5813707658_15a86238a01900acfd.html[2018-12-19]）。

案例思考题:试分析该案例对跨境电商零售行业发展将有何影响?

第一节 国际电子商务交易法律规范

一、国际电子商务参与各方的法律义务

国际电子商务交易的顺利完成,不仅涉及卖方、买方、网上银行,还涉及传统贸易方式下一般不涉及的网络交易平台(中心)。这些当事人均要在国际电子商务活动中承担一定的法律责任和义务。对此,国际公约、惯例和各国已经颁布的与电子商务有关的法规,均做出了明确规定。

(一) 卖方的义务

在国际电子商务条件下,卖方应当承担三项义务。

(1) 按照合同的规定提交标的物及电子或纸质单据。提交标的物和单据是国际电子商务中卖方的一项主要义务。为划清双方的责任,标的物的交付时间、地点和方式应当明确规定。如果合同中对标的物的交付时间、地点和方式未做明确规定,应按照有关合同法或国际公约的规定办理。

(2) 对标的物的权利承担担保义务。与传统的买卖交易相同,卖方仍然应当是标的物的所有人或经营管理人,以保证将标的物的所有权或经营管理权转移给买方。卖方应保障对其所出售的标的物享有合法的权利,承担保障标的物的权利不被第三方追索的义务,以保护买方的权益。如果第三方提出对标的物的权利,并向买方提出收回该物,则卖方有义务证明第三方无权追索,必要时应当参加诉讼,出庭作证。

(3) 对标的物的质量承担担保义务。卖方应保证标的物的质量符合规定。卖方交付的标的物的质量应符合各国规定的质量标准或双方约定的质量标准,不应存在不符合质量标准的瑕疵,也不应出现与网络广告、网络发布产品信息相悖的情况。卖方在网络上出售有瑕疵的物品,应当向买方说明。卖方隐瞒标的物的瑕疵,应承担责任。买方明知标的物有瑕疵而购买时,卖方对瑕疵不负责任。

(二) 买方的义务

在国际电子商务条件下,买方同样应当承担三项义务。

(1) 买方应承担按照网络电子交易规定方式支付价款的义务。由于国际电子商务的特殊性,网络购买一般没有时间、地点的限制,支付价款通常采用信用卡、智能卡、电子钱包或电子支付等方式,这与传统的支付方式有区别。但在国际电子商务交易合同中,应明确规定采用哪种支付方式。

(2) 买方应承担按照合同规定的时间、地点和方式接受标的物的义务。由买方自提标的物的,买方应在卖方通知的时间内到预定的地点提取。由卖方代为托运的,买方应

按照承运人通知的期限提取。由卖方运送的,买方应做好接收标的物的准备,及时接收标的物。买方迟延接收的,应负迟延责任。

(3) 买方应承担对标的物验收的义务。买方接收标的物后,应及时进行验收。规定有验收期限的,对表面瑕疵应在规定的期限内提出。发现标的物的表面瑕疵时,应立即通知卖方,瑕疵由卖方负责。买方不及时进行验收,事后又提出表面瑕疵的,卖方不负责任。对隐蔽瑕疵和卖方故意隐瞒的瑕疵,买方发现后,应立即通知卖方,追究卖方的责任。

(三) 对买卖双方不履行合同义务的救济

1. 卖方可采取的救济方法

买方不履行合同义务,包括买方不按合同规定支付货款和不按规定收取货物。在这种情况下,卖方可选择以下救济方法:

(1) 要求买方支付价款、收取货物或履行其他义务,并为此可以规定一段合理的额外延长期限,以便买方履行义务。

(2) 损害赔偿,要求买方赔偿因其不履行合同义务而给卖方造成的损失,或要求买方支付合同价格与转售价之间的差额。

(3) 解除合同并要求赔偿损失。①如果买方根本违约,给卖方造成重大损失,实质上剥夺了卖方根据合同有权得到的利益,卖方可以主张撤销合同。②如果买方违约没有达到根本违约的程度,且愿意继续履行合同义务,卖方应该给买方一段合理的时间,让买方履行义务。在合理时间以后,买方仍未履行或声明将不履行合同义务,卖方可以主张撤销合同。以上两种情况下,卖方均可同时要求买方赔偿损失。

2. 买方可采取的救济方法

卖方不履行合同义务,主要指卖方不交付标的物或单据或交付迟延,交付的标的物不符合合同规定,以及第三方对交付的标的物存在权利或权利主张等。当发生上述违约行为时,买方可以选择以下救济方法:

(1) 要求卖方实际履行合同义务,或交付替代物或对标的物进行修理、补救。

(2) 减少支付价款。

(3) 对迟延或不履行合同要求损失赔偿。

(4) 解除合同,并要求损害赔偿。

(四) 网上(虚拟)银行的法律义务

国际电子商务货款的收付和结算,越来越多地通过网上银行或第三方网络支付平台等虚拟银行的电子资金划拨来完成。电子资金划拨依据的是虚拟银行与网络交易客户所订立的协议,这种协议属于标准合同,通常由虚拟银行起草并作为开立账户的条件递交给网络交易客户。所以,虚拟银行应以合同为基础承担相应的法律责任。

在国际电子商务中,虚拟银行同时扮演着发送银行和接收银行的角色。其基本义务是依照客户的指示,准确、及时地完成电子资金划拨。作为发送银行,在整个资金划拨的传送链中,承担着如约执行资金划拨指示的责任。一旦资金划拨失误或失败,发送银行应向客户进行赔付,除非在免责范围内。作为接收银行,应足额接收并安全管理所划拨来的资金。如果接收银行未能妥当地执行资金划拨指示,或对划拨来的资金未履行安全管理的义务,则应同时对发送银行和资金所有人负责。

在实践中,电子资金划拨中可能出现因过失或欺诈而致使资金划拨失误或迟延的现象。如系过失,适用于过错归责原则。如系欺诈所致,且虚拟银行的安全程序是合理可靠的,则电子资金划拨指示的名义发送人须对支付命令承担责任。

(五) 网络交易平台(中心)的法律义务

在国际电子商务交易中,专业化的网络交易平台(中心)发挥着越来越重要的作用,其在国际电子商务交易中扮演着介绍者、促成者和组织者的角色。这一角色决定了交易平台既不是买方的卖方,也不是卖方的买方,而是交易的居间人。它应按照法律规定、买卖双方委托业务的范围和具体要求提供信息发布、交易工具和相关服务,并按约定收取服务费用。

根据《中华人民共和国计算机信息网络国际联网管理暂行规定》第九条,国际电子商务交易平台的设立必须具备以下四个条件:

(1) 是依法设立的企业法人或者事业法人;
(2) 具有相应的计算机信息网络、设备及相应的技术人员和管理人员;
(3) 具有健全的安全保密管理制度和技术保护措施;
(4) 符合法律和国务院规定的其他条件。

国际电子商务交易平台,应当认真负责地执行买卖双方委托的任务,并积极协助双方当事人成交。交易平台在进行介绍、组织交易时要诚实、公正、守信,不得弄虚作假,否则须承担赔偿损失等法律责任。

国际电子商务交易平台,必须在法律许可的范围内开展业务。网络交易平台经营的业务范围、物品的价格、收费标准等都应严格遵守各国规定。网络交易平台对所发布产品供求信息的合法性、真实性和准确性负有审查责任,法律规定禁止销售和流通的物品或服务不得作为合同标的物。交易平台对注册用户(包括企业、组织和个人)身份的真实性负有审查责任,对显然无支付能力的当事人或尚不确知具有合法地位的法人,不得为其提供服务。

二、准入、认证与信息管理法律规范

(一) 准入规定

2019 年 1 月 1 日实施的《中华人民共和国电子商务法》(以下简称《电子商务法》)第十二条规定:"电子商务经营者从事经营活动,依法需要取得相关行政许可的,应当依法取得行政许可。"这就从法律上对从事电子商务经营设定了"准入"规定。

国务院 2000 年 9 月发布的《互联网信息服务管理办法》(以下简称《办法》),依据互联网信息服务的种类和性质的不同,分别采取不同的准入管理制度:经营性互联网信息服务采取许可制度,非经营性互联网信息服务采取备案制度。未取得许可或者未履行备案手续的,不得从事互联网信息服务。

1. 经营性互联网信息服务许可制度

经营性互联网信息服务,是指通过互联网向上网用户有偿提供信息或者网页制作等服务活动。《办法》第七条规定,从事经营性互联网信息服务,应当向省、自治区、直辖市电信管理机构或者国务院信息产业主管部门申请办理互联网信息服务增值电信业务经营许可证。省、自治区、直辖市电信管理机构或者国务院信息产业主管部门应当自收到申请之日起 60 日内审查完毕,作出批准或者不予批准的决定。予以批准的,颁发经营许可证;不予批准的,应当书面通知申请人并说明理由。申请人取得经营许可证后,应当持经营许可证向企业登记机关办理登记手续。

2. 非经营性互联网信息服务备案制度

《办法》第八条规定,从事非经营性互联网信息服务的,应当向省、自治区、直辖市电信管理机构或者国务院信息产业主管部门办理备案手续。非经营性互联网信息服务办理备案时,需要提交的材料主要有:①主办单位和网站负责人的基本情况;②网站网址和服务项目;③服务项目属于《办法》第五条规定范围的,已取得有关主管部门的同意文件。省、自治区、直辖市电信管理机构对备案材料齐全的,应当予以备案并编号。另外,非经营性互联网信息服务提供者的备案程序、备案原则、年审制度及备案变更手续等由《非经营性互联网信息服务备案管理办法》具体规定。

另外,《办法》第五条规定,从事新闻、出版、教育、医疗保健、药品和医疗器械等互联网信息服务,依照法律、行政法规以及国家有关规定须经有关主管部门审核同意的,在申请经营许可或者履行备案手续前,应当依法经有关主管部门审核同意。该规定包含两层含义:①从事本规定中的网络信息服务的,如果法律法规规定必须经有关部门审批的,必须在办理网站设立备案或者许可证前办理必要的审批手续,该手续属于前置审批程序;②不管是经营性还是非经营性信息服务,只要涉及本规定中的这些行业,都需要办理审批手续,至于办理许可证或者登记备案则依据具体的规定,比如《互联网站从事登载新闻业务管理暂行规定》《互联网出版管理暂行规定》《互联网医疗卫生信息服务管理办法》和《互联网药品信息服务管理暂行规定》等。

《办法》第九条还规定,从事互联网信息服务,拟开办电子公告服务的,应当在申请经营性互联网信息服务许可或者办理非经营性互联网信息服务备案时,按照国家有关规定提出专项申请或者专项备案。

(二) 认证规定

1. 认证的必要性

电子商务是一种非面对面的交易,电子商务主体通过网络平台就可以完成整个交易流程,包括从商品选择、合同订立到价款支付等。网络的这种便捷性和虚拟性是电子商务相对于传统商务的优势之一,但也给交易带来了巨大的风险,任何一方电子商务主体对交易中某个环节的否认,譬如否认订立合同、否认支付价款等都将带来电子商务法律关系的不确定性。从促进电子商务发展的角度而言,只有确立安全、可靠、值得信赖的交易机制,尤其是主体认定的机制才能消除当事人对电子商务安全性的疑虑。从电子商务主体权益维护的角度而言,只有建立起主体认证机制,才能使电子商务中法律责任的实现有坚实的保障。否则,对电子交易的任意否认不仅会导致交易的落空,也会造成违约责任、缔约过失等民事责任的产生。

《电子商务法》第七十三条规定:"国家推动建立与不同国家、地区之间跨境电子商务的交流合作,参与电子商务国际规则的制定,促进电子签名、电子身份等国际互认。"

2. 认证的基本原则

电子商务主体的认证主要需要遵循三个基本原则:主体真实原则、主体资格法定原则和主体公示原则。其中,对于在线自然人用户主要适用主体真实原则,而对电子商务企业而言三个基本原则均适用。

(1) 主体真实原则。所谓主体真实原则,是指参与电子商务法律关系的各方主体必须是真实存在的,而不应当是"虚拟"的或不存在的,法律不承认也不保护虚拟主体。电子商务就其法律本质而言是一种民商事活动,理应遵循民商事主体真实的原则。对电子商务企业而言,主要表现为两种形式:其一是现实中存在对应的企业主体,即在现实中具备住所或办公场所、注册资本、组织机构等要素,并经登记而成为合法经营的电子商务主体;其二是现实中不存在对应的企业,只是为设立在线企业而成立的新企业,纯粹从事在线交易。这类企业大多从事信息产品交易,但同样存在经营人员、管理机构等实体性的因素,本质上还是真实存在的企业,只是存在的形态发生了改变。

(2) 主体资格法定原则。主体资格法定原则具体是指参加民事法律关系、享有民事权利、承担民事义务的主体由法律明确规定。该原则在商法上体现为商事主体法定原则,即商事主体的资格必须严格依法取得并维持,法律没有明确规定的,或者是不符合法律规定条件的,不能取得商事主体资格。电子商务作为一种商事活动,其参与主体同样需要遵循主体资格法定原则。

依据我国法律规定,可以从事经营活动的主体分为两大类:一类是不具有法人资格的主体,包括个体工商户、个人独资企业和合伙企业;另一类是具有法人资格的企业,主要包括依据《中华人民共和国公司法》设立的有限责任公司和股份有限公司,不论是法人企业还是非法人企业,都必须按照《中华人民共和国企业法人登记管理条例》或《中华人民共和国公司登记管理条例》的规定领取营业执照,对于电子商务企业而言,也同样需要根据企业的性质领取相应的营业执照才具备参与电子商务法律关系的资格,才能享有权利、承担义务,才可以开展电子商务活动。

(3) 主体公示原则。主体公示原则要求电子商务企业必须在网上明确显示其真实身份,该原则体现了电子商务活动受国家干预的特点,其意义在于规范电子商务经营主体资格,以保障电子商务交易的安全和便捷。《办法》第十二条规定:"互联网信息服务提供者应当在其网站主页的显著位置标明其经营许可证编号或者备案编号。"电子商务企业的这种提示身份的义务本质上是主体公示原则的要求。

值得注意的是，主体公示原则并不必然要求电子商务企业的网站名称与其企业名称或者商号一致，电子商务企业的法定名称应该是其营业执照上登记的名称，网站或者网页上显示的名称只是其经营个性化及经营便利的需要。只要将其营业登记证号或者电子营业执照号码公示于网上即可视为电子商务企业遵循了主体公示原则。2000年9月1日颁布实施的《网站名称注册管理暂行办法》及其实施细则都规定每个网站最多可以注册三个名称，并不要求网站名称一定与企业名称或者商号相同，只是要求注册的网站名称不得违反法律规定和侵犯他人合法权益。

3. 电子商务企业的认证

（1）经营性网站的认证。

关于经营性网站，《中华人民共和国电信条例》和《办法》均做出了相应的规定，即其设立需要获得网络信息服务的许可，并办理企业登记。根据北京市工商行政管理局颁布的《经营性网站备案登记管理暂行办法》规定，经营性网站的设立比照企业分支机构的设立予以管理，登记后对经营性网站办理《经营性网站备案登记证》并予以公告，因此，《经营性网站备案登记证》是经营性网站的主体身份证明。

（2）交易参与者的认证。

有些从事电子商务交易的企业、组织或个人，考虑到节约成本或者利用他人网站的丰富市场与信息资源，选择在其他网站即第三方电子商务交易平台上开设网上商店，而不是自行独立建站。国家工商行政管理局制定发布的《网络交易管理办法》第七条规定，从事网络交易及有关服务的经营者，应当依法办理工商登记。从事网络商品交易的自然人，应当通过第三方交易平台提交其姓名、地址、有效身份证明、有效联系方式等真实身份信息。具备登记注册条件的，依法办理工商登记。从事网络商品交易及有关服务的经营者，其销售的商品或者提供的服务属于法律、行政法规或者国务院决定等规定应当取得行政许可的，应依法取得有关许可。

电子商务实践中，对于网上商店和交易参与者（包括企业、组织或个人）的认证，往往由第三方电子商务交易平台来执行。《网络交易管理办法》第二条规定，第三方交易平台经营者应当对申请进入平台销售商品或者提供服务的法人、其他经济组织或者个体工商户的经营主体身份进行审查和登记，建立登记档案并定期核实更新，在其从事经营活动的主页面的醒目位置公开营业执照登载的信息或者其营业执照的电子链接标识。第三方交易平台经营者应当对尚不具备工商登记注册条件、申请进入平台销售商品或者提供服务的自然人的真实身份信息进行审查和登记，建立登记档案并定期核实更新，核发证明个人身份信息真实合法的标记，加载在其从事经营活动的主页面醒目位置。第三方交易平台经营者在审查和登记时，应当使对方知悉并同意登记协议，提请对方注意义务和责任条款。

交易开始前，第三方电子商务交易平台会要求网上商店的设立人和交易参与者首先成为注册会员或者用户，然后才可以利用其提供的电子商务交易平台从事电子商务活动。而在注册成为会员或者用户的过程中，网上商店和交易参与者必须向交易服务提供商，提供工商行政管理机关颁发的营业执照或自然人身份证明信息。电子商务交易服务提供者通过与工商行政管理部门或公安机关的联网信息查询进行核实,通过后完成认证。如果要通过交易平台办理报验、报关、纳税等进出口贸易相关业务,申请人还需提交相应证照信息,由交易服务提供商进行核实认证。

通过网上交易平台开展电子商务,一般均需开通网上支付功能。为此,交易参与者还要向提供网上电子支付服务的银行和第三方支付机构,提供身份信息和与网上支付功能关联的银行账户信息,并由交易和支付平台核实后认证。

(三)信息发布与管理规定

1. 信息发布

《电子商务法》第十五条至第十八条对电子商务经营者的信息发布做出了明确规定。电子商务经营者应当在其首页的显著位置,持续公示营业执照信息、与其经营业务有关的行政许可信息或者上述信息的链接标识。条款规定的信息发生变更的,电子商务经营者应当及时更新公示信息。电子商务经营者自行终止从事电子商务的,应当提前三十日在首页的显著位置持续公示有关信息。

电子商务经营者应当全面、真实、准确、及时地披露商品或者服务信息,保障消费者的知情权和选择权。电子商务经营者不得以虚构交易、编造用户评价等方式进行虚假或者引人误解的商业宣传,欺骗、误导消费者。

电子商务经营者根据消费者的兴趣爱好、消费习惯等特征向其提供商品或者服务的搜索结果的,应当同时向该消费者提供不针对其个人特征的选项,尊重和平等保护消费者合法权益。电子商务经营者向消费者发送广告的,应当遵守《中华人民共和国广告法》的有关规定。

2. 信息管理

我国《电子商务法》第二十三条至第二十五条、第二十八条、第三十一条、第三十三条、第四十条对电子商务信息管理做出了具体规定,对电子商务经营者的信息发布做出了明确规定。电子商务经营者收集、使用其用户的个人信息,应当遵守法律、行政法规有关个人信息保护的规定。电子商务经营者应当明示用户信息查询、更正、删除及用户注销的方式、程序,不得对用户信息查询或者更正、删除及用户注销设置不合理条件。

电子商务经营者收到用户信息查询或者更正、删除的申请的,应当在核实其身份后及时提供查询或者更正、删除用户信息。用户申请注销的,电子商务经营者应当立即删除该用户的信息;依照法律、行政法规的规定或者双方约定保存的,依照其规定。

有关主管部门依照法律、行政法规的规定要求电子商务经营者提供有关电子商务数据信息的,电子商务经营者应当提供。有关主管部门应当采取必要措施保护电子商务经营者提供的数据信息的安全,并对其中的个人信息、隐私和商业秘密严格保密,不得泄露、出售或者非法向他人提供。

电子商务平台经营者应当按照规定向市场监督管理部门报送平台内经营者的身份信息;市场监督管理部门应提示未办理市场主体登记的经营者依法办理登记,并针对电子商务的特点,为应当办理市场主体登记的经营者办理登记提供便利。电子商务平台经

营者应当依照税收征收管理法律、行政法规的规定,向税务部门报送平台内经营者的身份信息和与纳税有关的信息。

电子商务平台经营者应当记录、保存平台上发布的商品和服务信息、交易信息,并确保信息的完整性、保密性、可用性。商品和服务信息、交易信息保存时间自交易完成之日起不少于三年;法律、行政法规另有规定的,依照其规定。

电子商务平台经营者应当在其首页的显著位置持续公示平台服务协议和交易规则信息或者上述信息的链接标识,并保证经营者和消费者能够便利、完整地阅览和下载。

电子商务平台经营者应当根据商品或者服务的价格、销量、信用等以多种方式向消费者显示商品或者服务的搜索结果;对于竞价排名的商品或者服务,应当显著标明"广告"。

三、电子合同、电子单证与数字签名法律规范

(一) 电子合同

1. 电子合同的含义

电子合同(E-contract),又称电子商务合同,根据联合国国际贸易法委员会《电子商务示范法》及世界各国颁布的电子交易法,同时结合《中华人民共和国合同法》(以下简称《合同法》)的有关规定,电子合同可以界定为:电子合同是双方或多方当事人之间通过电子信息网络以电子的形式达成的设立、变更、终止财产性民事权利义务关系的协议。通过上述定义可以看出,电子合同是以电子的方式订立的合同,它是在网络条件下当事人为了实现一定的目的,通过数据电文、电子邮件等形式签订的明确双方权利义务关系的一种电子协议。

2. 电子合同的特征与类型

电子合同虽然与传统的书面合同所包含的信息大体相同,同样是对签订合同的双方当事人权利义务作出确定的协议。但因电子合同的载体和操作过程不同于传统的书面合同,所以电子合同具有以下特点:

(1) 电子合同使用高科技手段。电子合同利用网络和计算机设备发布信息,电子合同储存在电脑中,通过网络传输信息,因此被称为"无纸贸易"。电子合同的签约和履行都是通过网络和计算机进行的,与传统的书面合同订立方式有很大的不同。电子合同的整个交易过程都需要一系列的国际国内技术标准予以规范,如电子签名、电子认证等。这些具体的标准是电子合同存在的基础,如果没有相关的技术与标准,电子合同是无法实现和存在的。

(2) 电子合同采用数据电文形式。电子合同通过人体感官不能直接感知的电子数据传输信息,须经机器解读后才能为人所理解。电子合同不再以纸张为原始凭据,而只是一组一组的电子信息,这是电子合同和传统书面合同区别的关键所在。

(3) 电子合同的电子数据具有易消失性和易改动性。电子数据保存在磁性介质中,是无形物,其改动、伪造不易留痕迹,因而电子数据作为证据具有一定的不确定性。

(4) 电子合同的订立成本低廉，费用较低。电子合同是利用网络订立合同，不受时空限制，交易速度快，手续简便，交易费用大大降低。信息能够以光速在网络上进行传递，从而使订立电子合同需要的时间大大减少、空间被大大压缩，因而电子合同要约和承诺的有效期较之传统的书面合同大大缩短。电子合同订立的整个过程采用电子形式，通过电子邮件、电子数据交换等方式进行电子合同的谈判、签订及履行，大大节约了交易成本，提高了经济效益。

(5) 电子合同交易的主体虚拟而广泛。订立合同的各方当事人通过在网络上的运作，虽远隔千万里，却可以互相洽谈达成交易。因此可以说，电子合同的交易主体可以是世界上的任何自然人、法人或者其他组织。

(6) 电子合同的交易安全必须得到保证。电子合同的交易主体在交易过程中自始至终见不到面，双方的真实身份难以确认，再加上网络自身的信息传递延迟和失误、电脑病毒的大量存在和黑客的恶意攻击等，都使电子合同的交易需要配备相应的安全措施。只有建立健全的电子合同交易安全体系，才能使交易双方无后顾之忧地使用电子合同进行交易。

对电子合同进行科学的分类，一方面有利于法学理论研究，使研究更加深入；另一方面也可以使电子合同法律制度的建设更具针对性并日臻完善。电子合同作为合同的一种，也可以按照传统书面合同的分类方式进行划分，但基于其特殊性，还可以将其分为以下几种类型：

(1) 从电子合同订立的具体方式来看，可分为利用电子数据交换（EDI）订立的合同和利用电子邮件（E-mail）订立的合同。

(2) 从电子合同标的物的属性来看，可分为网络服务合同、软件股权合同、需要物流配送的合同等。

(3) 从电子合同当事人的性质来看，可分为电子代理人订立的合同和合同当事人亲自订立的合同。

(4) 从电子合同当事人之间的关系来看，可分为 B2C 合同，即企业与个人在电子商务活动中所形成的合同；B2B 合同，即企业之间从事电子商务活动所形成的合同；B2G 合同，即企业与政府部门进行电子商务活动所形成的合同。

3. 电子合同的订立与生效

(1) 合同订立。

电子合同的订立是缔约人做出意思表示并达成合同的过程。任何一个电子合同的签订都需要当事人双方进行一次或者多次的协商、谈判，并最终达成一致意见，电子合同才可成立。也就是说，电子合同的订立离不开要约和承诺两个必备阶段。电子合同的缔结过程就是要约的发出、新要约的产生，直至承诺达成，最终达成一致意思表示的漫长过程。

电子合同的要约，又称发盘，是指缔约方以缔结合同为目的，通过网络向对方当事人作出希望订立合同的意思表示。关于电子合同要约的形式，联合国《电子商务示范法》第11条规定："除非当事人另有协议，一项要约以及对要约的承诺均可以通过数据电文的手段表示。如使用了一项数据电文来订立合同,则不得仅仅以使用了数据电文为理由而否定该合同的有效性或者可执行性。"电子合同要约的形式,既可以是明示的,也可以是默示的。

电子合同的要约通常都具有特定的形式和内容,一项电子合同要约要发生法律效力,必须具备以下有效要件:

第一,要约是由具有订约能力的特定人做出的意思表示;

第二,要约必须具有订立合同的意图;

第三,要约必须向要约人希望与之缔结合同的受要约人发出;

第四,要约的内容必须明确、具体和完整;

第五,要约必须送达受要约人。

要约一经做出就不能随意撤销或撤回,否则要约人必须承担违约责任。《合同法》第十六条规定:"要约到达受要约人时生效。"由于电子交易均采取电子方式进行,要约的内容以数字信息的形式在网络上传播,往往要约在自己的计算机上按下确认键的同时对方计算机几乎同步收到要约的内容,为了明确电子交易中要约的到达标准,《合同法》第十六条规定:"采用数据电文形式订立合同,收件人指定特定系统接收数据电文的,该数据电文进入该特定系统的时间,视为到达时间;未指定特定系统的,该数据电文进入收件人的任何系统的首次时间,视为到达时间。"

承诺,又称为接盘或接受,是指受要约人做出的,对要约的内容表示同意并愿意与要约人缔结合同的意思表示。《合同法》第二十一条规定:"承诺是受要约人同意要约的意思表示。"意思表示构成承诺需具备以下几个要件:

第一,承诺必须由受要约人向要约人做出;

第二,承诺必须是对要约明确表示同意的意思表示;

第三,承诺的内容不能对要约的内容做出实质性的变更;

第四,承诺应在要约有效期间内做出。

要约没有规定承诺期限的,若要约是以对话方式做出的,承诺应当即时做出;若要约定以非对话方式做出的,承诺应当在合理期间内做出,双方当事人另有约定的从其约定。

(2)合同生效。

电子合同生效的时间和地点对电子合同当事人有着重大的意义。电子合同生效的时间决定电子合同效力的起始和法律关系的确立,电子合同生效的地点对诉讼时管辖法院的确定也有着重大的影响。

电子合同生效的时间,是指电子合同开始对当事人产生法律约束力的时间。一般认为收件人收到数据电文的时间即为到达生效的时间。联合国《电子商务示范法》第十五条和《合同法》第十六条的规定基本相同。如收件人为接收数据电文而指定了某一信息系统,该数据电文进入该特定系统的时间视为收到时间。如收件人没有指定某一特定信息系统的,则数据电文进入收件人的任一信息系统的时间为收到时间。对于什么是"进入",一项数据电文进入某一信息系统,其时间应是在该信息系统内可投入处理的时间,而不管收件人检查或阅读传送的信息内容。

电子合同生效的地点,是指电子合同生效的地方。确定电子合同生效的地点涉及发生合同纠纷后由何地、何级法院管辖及其适用法律问题。《合同法》第三十四条规定:"承诺生效的地点为合同成立的地点,采用数据电文形式订立合同的,收件人的主营业地为合同成立的地点;没有主营业地的,其经常居住地为合同成立的地点;当事人另有约定的,按照其约定。"根据以上规定,采用数据电文形式订立合同成立的地点,首先受制于当事人意思自治原则,由当事人予以约定;在缺乏约定时,以主营业地为第一标准,以经常居住地为替代标准。

下面是于2019年1月1日实施的《电子商务法》有关电子合同订立的相关条款。

《中华人民共和国电子商务法》部分条款

第四十七条 电子商务当事人订立和履行合同,适用本章和《中华人民共和国民法总则》《中华人民共和国合同法》《中华人民共和国电子签名法》等法律的规定。

第四十八条 电子商务当事人使用自动信息系统订立或者履行合同的行为对使用该系统的当事人具有法律效力。

在电子商务中推定当事人具有相应的民事行为能力。但是,有相反证据足以推翻的除外。

第四十九条 电子商务经营者发布的商品或者服务信息符合要约条件的,用户选择该商品或者服务并提交订单成功,合同成立。当事人另有约定的,从其约定。

电子商务经营者不得以格式条款等方式约定消费者支付价款后合同不成立;格式条款等含有该内容的,其内容无效。

第五十条 电子商务经营者应当清晰、全面、明确地告知用户订立合同的步骤、注意事项、下载方法等事项,并保证用户能够便利、完整地阅览和下载。

电子商务经营者应当保证用户在提交订单前可以更正输入错误。

4. 电子合同的履行与违约

(1) 合同履行。

电子合同的履行是指电子合同规定义务的执行,当电子合同的义务执行完毕,电子合同也即履行完毕。根据《合同法》的规定,电子商务合同的当事人应当按照约定全面履行自己的义务。在合同履行的过程中,当事人应当遵循诚实守信原则,根据合同的性质、目的和交易习惯履行通知、协助、保密等义务。

第一,适当履行原则。适当履行原则是指当事人应依合同约定的标的、质量、数量,由适当主体在适当的期限、地点以适当的方式,全面完成合同义务的原则。这一原则要求:①履行主体适当;②履行标的物及其数量和质量适当;③履行期限适当;④履行地点适当;⑤履行方式适当。

第二,协作履行原则。协作履行原则是指在合同履行过程中,双方当事人应互助合作共同完成合同义务的原则。合同是双方民事法律行为,不只是债务人一方的事情,债务人实施给付,需要债权人积极配合受领给付,才能达到合同目的。在合同履行的过程中,债务人比债权人应更多地受诚实信用、适当履行等原则的约束,协作履行往往是对债权人的要求。协作履行原则也是诚实信用原则在合同履行方面的具体体现。协作履行

原则具有以下几个方面的要求：①债务人履行合同债务时，债权人应适当受领给付；②债务人履行合同债务时，债权人应创造必要条件、提供方便；③债务人因故不能履行或不能完全履行合同义务时，债权人应积极采取措施防止损失扩大，否则，应就扩大的损失自负其责。

第三，经济合理原则。经济合理原则是指在合同履行过程中，应讲求经济效益，以最少的成本取得最佳的合同效益。

第四，情势变更原则。在合同有效成立之后、履行之前，如果出现某种不可归责于当事人原因的客观变化（如不可抗力事故）会直接影响合同履行结果时，若仍然要求当事人按原来合同的约定履行合同，往往会给一方当事人造成显失公平的结果，这时，法律允许当事人变更或解除合同而免除违约责任的承担。这种处理合同履行过程中情势发生变化的法律规定，就是情势变更原则。

（2）合同违约。

合同违约是合同当事人因违反合同所应承担的继续履行、赔偿损失等民事责任的行为。违约责任制度是保障债权实现及债务履行的重要措施。《合同法》第一百零七条规定，当事人一方不履行合同义务或履行合同义务不符合约定的，应当承担继续履行、采取补救措施或者赔偿损失等违约责任。电子合同仍然遵循这些基本形式，只是在信息产品交易中，在违约导致合同终止时，还应采取停止使用、中止访问等措施。

第一，继续履行。所谓继续履行，是指一方在不履行合同时，另一方有权要求对方继续履行合同义务，并可请求法院强制违约方按合同规定的标的履行义务，对方不得以支付违约金和赔偿金的方式代替履行。继续履行包括两层含义：一方面，在一方违约时，非违约方可以借助国家的强制力使违约方继续履行合同；另一方面，继续履行是指要求违约方按合同标的履行义务。

第二，采取补救措施。在货物买卖合同中，采取补救措施是指义务人交付的标的物数量、重量不合约定或质量不合格，在权利人仍需要的情况下，守约方可以要求违约方采取补足、修理、重做、更换等补救措施。根据《合同法》规定，卖方交付货物的重量不符合约定的，受损害方根据标的物性质及损失大小，可以合理选择要求对方承担修理、更换、重做、退货、减少价款或报酬的违约责任。同样，在信息作为产品的情况下，原则上也存在这样的补救措施，即要求信息提供方更换信息产品或消除缺陷。

第三，赔偿损失。赔偿损失是指违约方用金钱补偿因违约给对方造成的损失，它是以金钱为特征的赔偿，是以支付损害赔偿金为主的救济方法。赔偿损失是各种违约责任制度中最基本的违约救济方式，是对违约行为的一种最主要的补救措施，也是各国法律普遍确定的一种违约责任方式。

第四，停止使用或中止访问。停止使用是指一方出现违约行为，另一方在撤销义务或解除合同时请求对方停止使用并交回有关产品或服务的做法。停止使用的内容包括违约方占有和使用的守约方的信息及所有的复制件、相关资料，同时违约方不得继续使用上述产品或服务。守约方也可以采用电子自助措施停止产品或服务的继续被使用。

中止访问是对网上信息产品或服务许可访问合同的救济措施,当违约方有严重违约行为时,守约方可以中止其获取该信息产品或服务。

(二) 电子单证

1. 电子单证的概念与特点

电子单证也称作 EDI(Electronic Data Interchange)单证。1996 年联合国国际贸易法委员会通过的《电子商业示范法》将 EDI 定义为:按照商定的标准将信息结构化并在计算机之间进行电子传递。

现代电子单证与传统纸质单证相比有以下特点:

(1) 流通更快捷、安全、高效。对于买方来说,能够尽早拿到货权并安排港口卸货,避免"货到单未到"而产生额外滞留费用。

(2) 资金流转加速,提高了进出口效率。标准化电子单证能够有效降低人为干扰因素,对于卖方来说,可以大大缩短资金回流所用的时间。

(3) 避免数据的重复录入,节约办公费用,同时提高信息处理的准确性,降低出错率。

(4) 贸易透明度增加,降低了交易风险。可以追踪电子提单流转进程,防止单证流转途中被篡改,大大降低了贸易欺诈风险。

2. 电子单证的法律效力

如同传统贸易方式下,货物的交付和货款的结算,需要具有法律效力的纸质单证作为凭证才能完成一样,在国际电子商务方式下,货物的交付和货款的结算,也需要电子单证的流转、交接作为凭证。而这必须以确认电子单证的法律效力为前提。对此,各国的法规、国际公约或国际惯例,已通过专门的条款对电子单证的法律效力予以承认。

(1) 各国法规对电子单证法律效力的确认。

美国 1997 年 7 月颁布实施的《统一电子交易法》第十六条规定,可转让电子记录是指经签发人同意,可以被用来转让的书面电子记录,这种记录可以是一个票据或一个单据。

欧盟发布的《电子商务指令》、新加坡实施的《电子交易法》、韩国实施的《电子商务框架法》《电子签名法》等法律条款,均对包括电子单证在内的数据电文和电子签名进行了确认,承认了电子单证的法律地位。

2004 年 8 月颁布实施,2015 年 4 月修订的《中华人民共和国电子签名法》(以下简称《电子签名法》)第三条规定,当事人约定使用电子签名、数据电文的文书,不得仅因为其采用电子签名、数据电文的形式而否定其法律效力。这就以法律的形式正式确认了包括电子单证在内的电子文书的法律效力。

2011 年 2 月 1 日修订施行的《中华人民共和国发票管理办法》第二十三条规定,国家推广使用网络发票管理系统开具发票,具体管理办法由国务院税务主管部门制定。据此,国家税务总局于 2013 年 4 月 1 日发布实施《中华人民共和国网络发票管理办法》,以部门规章的形式确立了网络开具电子发票的法律效力。

2013年12月、2016年11月两次修订的《中华人民共和国海关法》第二十五条规定："办理进出口货物的海关申报手续，应当采用纸质报关单和电子数据报关单的形式。"该规定赋予纸质报关单与电子报关单相同的法律效力。

2019年1月1日生效的《电子商务法》第十四条规定："电子商务经营者销售商品或者提供服务应当依法出具纸质发票或者电子发票等购货凭证或者服务单据。电子发票与纸质发票具有同等法律效力。"第七十二条规定："国家进出口管理部门应当推进跨境电子商务海关申报、纳税、检验检疫等环节的综合服务和监管体系建设，优化监管流程，推动实现信息共享、监管互认、执法互助，提高跨境电子商务服务和监管效率。跨境电子商务经营者可以凭电子单证向国家进出口管理部门办理有关手续。"该规定明确了电子单证的法律效力。

（2）国际条约和惯例对电子单证法律效力的确认。

国际海事委员会1990年6月通过的《国际海事委员会电子提单规则》第6条规定，通过EDI传输的运输合同将服从任何强制性的国际公约或国内法，如同签发一个书面提单一样。

1996年生效的联合国《电子商务示范法》第5条规定，不得仅仅以某项信息采用数据电文形式为理由而否定其法律效力、有效性或可执行性。

2007年7月1日生效的《跟单信用证电子交单统一惯例》（《eUCP1.1》）第1条指出，《跟单信用证电子交单统一惯例》是对《跟单信用证统一惯例》（UCP No.600）的补充，以适应单独提交或与纸单据混合提交电子记录的情形，即赋予了电子单证与纸面单证同样的法律效力。

由国际商会发布，于2010年1月1日生效的《国际贸易术语解释通则2010》（Incoterms 2010）明确指出，只要各方当事人在合同中同意使用电子单证，或者接受通则2010版本的约束，那么电子单证与纸质单证就具有同等的法律效力。

（三）数字签名

1. 数字签名的概念、特征与功能

数字签名（Digital Signature），也称作电子签名（E-signature）。在ISO7498-2标准中，数字签名被定义为：附加在数据单元上的一些数据，或是对数据单元所做的密码变换，这种数据和变换允许数据单元的接收者用以确认数据单元的来源和完整性，并保护数据，防止被接收者进行伪造。

美国《统一电子交易法》将电子签名解释为：与电子记录相连的或在逻辑上相连的电子声音、符号或程序，而该电子声音、符号或程序是某人为签署记录而签订或采用的。欧盟《电子签名指令》的电子签名的解释是：电子形式的附于或逻辑上与其他电子数据关联的数据，起到身份鉴定和验证的作用。

联合国《电子签名示范法》第2条（a）规定："电子签名系指在数据电文中，以电子形式所含、所附或在逻辑上与数据电文有联系的数据，它可用于鉴别与数据电文相关的签名人和表明签名人认可数据电文所含信息。"

《电子签名法》第二条规定:"本法所称电子签名,是指数据电文中以电子形式所含、所附用于识别签名人身份并表明签名人认可其中内容的数据。"

数字签名具有以下特征:

(1) 数字签名是以电子形式出现的数据。

(2) 数字签名是附着于数据电文的。它可以是数据电文的一个组成部分,也可以是数据电文的附属,与数据电文具有某种逻辑关系,使数据电文与数字签名相联系。

(3) 数字签名必须能够用于识别签名人身份并表明签名人认可与数字签名相联系的数据电文的内容。

在电子商务活动中,数字签名主要有三种功能:

(1) 证明文件的来源,即识别签名人。

(2) 表明签名人对文件内容的确认。

(3) 是构成签名人对文件内容的正确性和完整性负责的依据。数字签名与传统商务活动中的签名、盖章作用相同,具有同样的法律效力。

2. 原则和法律效力

为了避免数字签名仅仅因为其与传统签名不同的存在方式而被否认其法律效力,在确立数字签名法律效力时,国际组织及各国立法大都运用功能等同和非歧视这两大基本原则,确保数字签名与传统签名具有同等的法律效力。

(1) 功能等同原则。联合国《电子商务示范法》第7条规定:如法律要求要有一个人签字,则对于一项数据电文而言,倘若情况如下,即满足了该项要求:(a)使用了一种方法,鉴定了该人的身份,并且表明该人认可了数据电文内含的信息;(b)从所有各种情况看来,包括根据任何相关协议,所用方法是可靠的,对生成或传递数据电文的目的来说也是适当的。这条规定即体现了签名的功能等同原则,规定符合法律上签名要求的电子签名要具备两项基本功能:一是能够对签字者进行身份认证;二是能够表明签字者对所签署数据电文内容的认可。

《电子签名法》第十四条也规定:可靠的电子签名与手写签名或者盖章具有同等的法律效力。

(2) 非歧视原则。联合国《电子商务示范法》第5条规定:"不得仅仅以某项信息采用数据电文形式为理由而否定其法律效力、有效性或可执行性。"这一规定强调了对电子签名的非歧视原则,不得仅仅因为采用电子签名的形式而否定其法律效力。《电子签名法》第三条第二款也明确做出规定:"当事人约定使用电子签名、数据电文的文书,不得仅因为其采用电子签名、数据电文的形式而否定其法律效力。"

非歧视原则从另一个角度明确了电子签名的法律效力。目前,电子签名的法律效力在世界范围内已经基本得到认同,主要体现在以下三个方面:

(1) 对签名人的效力。就对签名人的效力而言,数字签名具有与传统签名相同的功能:一是表明文件的来源,即签名人承认其为文件的签署者,在签名人和文件之间建立联系;二是表明签名人对文件内容的确认;三是作为表明签名人对文件内容正确性和完整性负责的依据。

(2) 对数据电文内容的效力。数字签名和数据电文紧密联系,经过数字签名的数据电文即表明其得到了签名人的认可,在符合证据客观性、关联性、合法性等要求的条件下,可以作为证据使用。

(3) 对法律行为的效力。当法律规定某种法律行为必须以书面签名形式做出时,以数字签名对数据电文的签署,就充分满足了这一要求。当然,某一数字签名签署的具体的法律行为是否成立或生效,最终要以调整该法律行为的特别法来衡量。但是,无论如何,数字签名对法律行为的成立与生效,起着极其重要的作用。当以数字签名签署的要约、承诺本身符合合同法的基本规范时,那么对该要约或承诺的电子签名,就构成了合同成立与生效的时间、地点等重要的法律行为因素。

3. 伪造、冒用、盗用他人数字签名的法律责任

在数字签名活动过程中,为了防范第三人非法使用数字签名,《电子签名法》第三十二条规定:"伪造、冒用、盗用他人的电子签名,构成犯罪的,依法追究刑事责任;给他人造成损失的,依法承担民事责任。"①

(1) 伪造、冒用、盗用他人数字签名的刑事责任。伪造、冒用、盗用他人数字签名的犯罪,主要是指构成《中华人民共和国刑法》第二百八十条"伪造、变造、买卖国家机关的公文、证件、印章"的犯罪,以及"伪造公司、企业、事业单位、人民团体的印章"的犯罪。构成该条的犯罪必须具备以下条件:一是存在主观上的故意;二是客观上实施了伪造他人数字签名的行为。对构成犯罪的,依照其规定,伪造、变造、买卖国家机关公文、证件、印章的,处三年以下有期徒刑、拘役、管制或者剥夺政治权利;情节严重的,处三年以上十年以下有期徒刑。伪造公司、企业、事业单位、人民团体的印章的,处三年以下有期徒刑、拘役、管制或者剥夺政治权利。

(2) 伪造、冒用、盗用他人数字签名的民事责任。伪造、冒用、盗用他人数字签名属于民事侵权责任,承担方式主要包括停止侵害、排除障碍、消除危险、返还财产、恢复原状、赔偿损失、赔礼道歉等。对于承担民事责任的几种方式,可以单独适用,也可以合并适用。

第二节 国际电子商务监管法律规范

一、海关、商检、税收监管法律规范

为促进国际(跨境)电子商务的规范有序发展,不断推进贸易便利化,适应国际电子

---

① 伪造他人的电子签名是指未经电子签名合法持有人的授权而创制电子签名或者创制一个认证证书,列明实际并不存在的用户签名等;冒用他人的电子签名是指非电子签名持有人未经电子签名人的授权以电子签名人的名义实施电子签名的行为;盗用他人的电子签名是指秘密窃取并使用他人电子签名的行为。伪造、冒用、盗用他人的电子签名,是一种扰乱市场秩序、侵犯他人权益的行为,同时这种行为也严重影响了电子交易的安全,法律对这种行为明确给予严厉制裁。

商务发展的海关、商检和税收监管法律规范体系也在逐步建立。

为适应国际电子商务环境下网上报关和跨境电商零售通关的需要,我国分别于 2013 年 12 月和 2016 年 11 月两次对《中华人民共和国海关法》进行了修订,明确了电子报关单与纸质报关单具有相同的法律效力,对跨境电商下邮寄进出境物品的申报、查验、减免税和走私等违法行为处罚,做出了详细规定。

2016 年 3 月 24 日,财政部、海关总署和国家税务总局联合发布《关于跨境电子商务零售进口税收政策的通知》,规定跨境电子商务零售进口商品的单次交易限值为人民币 2 000 元,个人年度交易限值为人民币 20 000 元。在限值以内进口的跨境电子商务零售进口商品,关税税率暂设为零;进口环节增值税、消费税取消免征税额,暂按法定应纳税额的 70% 征收。超过单次限值、累加后超过个人年度限值的单次交易,以及完税价格超过 2 000 元限值的单个不可分割商品,均按照一般贸易方式全额征税。

2017 年 3 月 1 日修订的《中国进出口商品检验法实施条例》第四十条规定:"海关总署、出入境检验检疫机构应当根据便利对外贸易的需要,采取有效措施,简化程序,方便进出口。办理进出口商品报检、检验、鉴定等手续,符合条件的,可以采用电子数据文件的形式。"这一规定确认了以电子数据文件形式办理进出口商品检验、鉴定等手续所取得的电子检验和鉴定结果,与传统人工方式办理所取得的纸质检验和鉴定结果,具有同等的法律效力。

2017 年 8 月 1 日,国家质量监督检验检疫总局发布《关于跨境电商零售进出口检验检疫信息化管理系统数据接入规范的公告》,明确了跨境电商经营主体、第三方平台接入进出口检验检疫信息化管理系统的操作程序、报文标准、单证信息和法律责任等。

2017 年 10 月 24 日,国家质量监督检验检疫总局发布《关于简化检验检疫程序提高通关效率的公告》,自 2017 年 11 月 1 日起,出入境检验检疫机构发挥国际贸易"单一窗口"和中国电子检验检疫系统(e-CIQ)的作用,大力推进从受理报检到签证放行全流程的无纸化。

2017 年 11 月 21 日,海关总署发布《关于调整水空运进出境运输工具、舱单监管相关事项的公告》,自 2018 年 6 月 1 日起已具备统一社会信用代码的企业,经海关备案后使用统一社会信用代码向海关传输进出境运输工具和舱单电子数据。

2018 年 4 月 16 日,国家海关总署发布《关于企业报关报检资质合并有关事项的公告》,自 2018 年 4 月 20 日起,进出口企业备案后同时取得报关和报检资质。

2018 年 7 月 12 日,国家海关总署发布《关于检验检疫单证电子化的公告》,自 2018 年 8 月 1 日起向海关申请办理检验检疫手续,无须在申报时提交纸质单证。

根据十三届全国人大一次会议审议通过的《国务院机构改革方案》,2018 年 7 月 30 日起国家质量监督检验检疫总局的出入境检验检疫管理职责和队伍划入海关总署。

2018 年 10 月 1 日起,海关启用贸易"单一窗口""互联网+海关"新一代电子税费支付系统缴纳海关税费。

2018 年 10 月 12 日,商务部、海关总署公布《货物进口许可证申领和通关无纸化作业有关事项》,自 2018 年 10 月 15 日起,对属于自动和非自动进口许可证管理的货物(消耗

臭氧层物质除外)实行进口许可证申领和通关无纸化作业。

继2015年12月31日中国国际贸易"单一窗口"网站开通上线后,2018年11月1日全国31个省、直辖市、自治区的国际贸易"单一窗口"网站全部上线运行,这标志着我国进出口商品的海关、商检和税收监管,全面进入电子化、无纸化时代。

2018年11月23日,国家海关总署发布《海关总署关于修改部分规章的决定》,公布了对45部海关监管规章的修改内容,对于涉及配额、许可证管理的进出口商品,需要取得卫生和安全检验检疫证书及强制认证许可的进出口商品,收发货人凭海关要求的有关单证办理报关纳税手续,海关对相应许可证件电子数据进行系统自动对比核验。

2018年11月29日,财政部、国家海关总署和国家税务总局联合发布《关于完善跨境电子商务零售进口税收政策的通知》,决定自2019年1月1日起,将跨境电子商务零售进口商品的单次交易限值由人民币2 000元提高至人民币5 000元,年度交易限值由人民币20 000元提高至人民币26 000元。完税价格超过人民币5 000元单次交易限值但低于人民币26 000元年度交易限值,且订单下仅一件商品时,可以自跨境电商零售渠道进口,按照货物税率全额征收关税和进口环节增值税、消费税,交易额计入年度交易总额,但年度交易总额超过年度交易限值的,应按一般贸易管理。

为促进跨境电商零售进口健康发展,经国务院同意,商务部2018年11月30日发布《关于完善跨境电子商务零售进口监管有关工作的通知》,对跨境电商企业、跨境电商平台、境内服务商和消费者等各自的责任、义务做出了进一步明确规定。

二、国际电子商务中的知识产权与网络隐私权的保护

(一)知识产权保护的内容

知识产权是专利权、商标权、著作权、版权、专用技术、商业秘密及邻接权、与贸易有关的知识产权的统称。随着网络信息技术的迅速发展,知识产权保护对象的范围不断扩大,不断涌现新型的智力成果,如计算机软件、数据库、数字多媒体作品和域名等,也是当今世界各国所公认的知识产权的保护对象。而上述权利在互联网上得以自然延伸,一切侵犯上述权利或数字化后的上述权利的行为都将构成对知识产权的侵害。

1. 网络版权保护

所谓版权(Copyright),有时也称作者权,在我国被称为著作权,是基于特定作品的精神权利及全面支配该作品并享受其利益的经济权利的合称。版权法自产生以来,一直受到技术发展的重大影响,版权制度总是随着传播作品的技术手段的发展而不断发展的。

版权的主体是版权的合法持有人,版权的客体是指版权法所认可的文学、艺术和科学等作品。计算机技术以及网络通信的发展给版权的客体带来了新的内容,版权客体在网络空间得到延伸并以新的形式——"网络作品"呈现。一类是数字化作品,指进入网络前已经借用传统载体存在,只是通过键盘、扫描仪等工具输入计算机,然后通过网络传播的作品;另一类就是在网络上创作的作品,即从被创作起就直接以数字化的形式在网络

上传播的作品。

网络作品所有人所应享有的权利即网络版权。网络版权的侵权一般来自三个方面：网络服务或网络内容提供者侵权、网站管理者侵权和网络作品使用者侵权。

对网络版权的保护，除网络版权所有者采取网络技术措施外（如加密、防火墙和口令等），就是各国政府和国际组织采取法律保护，目前一般采取两种做法：一是制定实施专门的网络侵权保护法，如美国的《1998年数字千年版权法》；欧盟2001年颁布的《关于信息社会版权及相关权利的法令》；我国分别于2005年7月、2006年7月正式实施的《互联网著作权行政保护办法》和《信息网络传播权保护条例》；世界知识产权组织颁布的《表演和录音制品条约》。二是通过修改原有版权法使之适用于网络版权保护，如日本分别于1997年6月10日和1999年6月15日两度对其著作权法进行了修订，增加了有关网络环境中版权保护的规定。

（1）计算机软件保护。计算机软件是开展国际、国内电子商务必不可少的交易工具，其开发凝聚了研发人员巨大的智力投入，因此，应该受到保护。而计算机软件不同于一般的文字作品，其版权保护客体是以计算机语言表达的操作系统、微程序、固化程序等。因此，必须出台专门的法律或条例进行保护。为促进电子商务的发展，最大限度地保护计算机软件开发者的权益，世界各国已建立了一个比较全面的计算机软件版权保护法律体系，一方面把计算机软件纳入原有《版权法》或《著作权法》的保护范围（如在2001年10月修订的《中华人民共和国著作权法》中，就明确把计算机软件列入保护范围），另一方面也制定实施专门的保护法规，给计算机软件所有者提供更加及时和完善的保护。如我国国务院2001年12月20日发布新的《计算机软件保护条例》，并于2011年1月和2013年1月进行两次修订，并对计算机软件著作权实施严格的登记保护制度。另外，美国、欧盟和日本等国家，也逐渐通过修改专利法，把计算机软件纳入专利权的保护范围。

（2）数据库保护。数据库由版权作品选编、汇集而成，属于汇编作品而受版权保护；数据库由不受版权保护的材料组合而成，但因在材料的选择和编排上具有独创性，故构成智力创作成果时，也可作为版权法意义上的编辑作品加以保护。上述两种数据库所受的保护与一般文学艺术作品版权没有本质区别。世界各国已普遍将其纳入版权法或计算机软件专门法规的保护范围。

（3）数字多媒体作品保护。数字多媒体作品是指将传统的单纯以文字方式表现的计算机信息以图形、动画、声音、音乐、照片、录像等数字化方式来展现的作品。除开发者和管理者采用网络技术手段进行自我保护外，数字多媒体作品的权利保护，也普遍被各国纳入与一般文艺作品相同的版权法保护范围。

2. 网络商标权保护

商标在一定程度上体现了商品生产者或服务提供者的信誉这一"人格化因素"。在电子商务环境下，网上销售的各种产品，其所用商标或品牌需要保护，同时，各类电子商务网站及网络作品的品牌标志，也需要进行保护。因此，网络商标权的保护主要涉及如下内容：网络链接上的商标侵权、网上搜索引擎上的隐性商标侵权和电子形式的商标侵权。

对网络商标权的保护,世界各国也将其普遍纳入《商标权法》的保护范围。

3. 域名的保护

任何企业要从事电子商务,必须拥有一个自己的网络名称——域名。作为一种全新的网上资源和商战热点,域名抢注的纷争近二三十年来频繁发生。其原因在于用户和管理者对域名这一新生事物的法律性质认识不足,对其注册与使用行为的法律性质分析不够深入,同时也缺乏相应的法律规范来调整。因此,在电子商务环境下域名保护成为企业知识产权保护的重要内容。

对域名的保护目前有两种方式,一是把域名纳入《商标法》的保护范围,目前世界多数国家采用这种方式;二是制定实施专门的保护法规。如 ICANN(互联网名称与数字地址分配机构)于1999年10月通过的《国际域名争端统一解决协议》和《统一域名争议解决办法程序规则》;美国于1999年11月29日经国会通过《反域名抢注消费者保护法》。我国工业与信息化部于2004年12月20日起实施并于2017年11月1日修订的《互联网域名管理办法》,中国互联网信息中心于2012年6月28日发布并于2014年11月21日修订的《中国互联网络信息中心域名争议解决办法》和《中国互联网络信息中心域名争议解决程序规则》。中国国际贸易促进委员会也于2014年11月21日发布实施关于《中国互联网络信息中心域名争议解决办法》补充规则。

(二) 网络隐私权保护

从事国际电子商务的企业或个人,在通过电子商务平台进行交易时,必须首先进行信息注册,通过审核和身份认证后,才能登录交易系统开展交易。这是交易平台保证交易信息真实、准确和采集交易者信用所采取的必要手段。然而,这却将企业和个人的全部信息留存在交易平台,如果交易平台因疏忽或技术原因导致信息泄露,或者出于盈利目的出售交易者信息,或者网站遭受病毒、黑客攻击而导致交易者信息被窃取,那么交易者的隐私就会被暴露。严重情况下,如果这些泄露的信息包含网上银行账号和密码,交易者可能因此而遭受重大损失。因此,保护网络隐私权是保护网络信息安全的重要组成部分,对促进国际、国内电子商务发展有着重大意义。

网络与电子商务中的隐私权,从权利形态来划分,包括隐私不被窥视的权利、不被侵入的权利、不被干扰的权利、不被非法收集利用的权利;从权利的内容来划分,包括个人特质的隐私权(姓名、身份、肖像、声音等)、个人资料的隐私权、个人行为的隐私权、通信内容的隐私权和匿名的隐私权等。

目前,网上隐私权保护主要存在三方面的问题:个人数据过度收集、个人数据二次开发利用、个人数据交易。上述三个方面的问题相互联系,它们共同对网络隐私权的保护造成威胁。但由于具体情况不同,不应该采取武断的处理方法,而需要在商家与消费者之间找到一个平衡点,既保证个人信息的正常流动,使得商家可以提供有针对性的服务,同时又要注意保护网上隐私,使网上消费者不受非法干扰。

美国是最早用立法保护隐私权的国家,然而在网络隐私权保护方面,除保护儿童隐私权的立法外(《儿童在线隐私保护法》和《未成年人互联网保护法》),美国更倾向于行业自律。所谓行业自律是指业界通过采取自律措施来规范自己在个人资料的收集、利用、交换方面的行为,达到保护隐私权的目的。

而欧洲各国政府普遍认为,个人隐私是法律赋予个人的权利,应采取相应的法律手段对消费者网上隐私权加以保护。1995年10月24日,欧盟通过了《个人数据保护指令》;1996年9月12日,欧盟理事会通过的《电子通信数据保护指令》对上述《个人数据保护指令》进行补充;1998年10月,欧盟制定的有关电子商务的《私有数据保密法》开始生效;1999年年初,欧盟委员会制定了《互联网上个人隐私权保护的一般原则》,随后又颁布了《关于互联网上软件、硬件进行的不可见的和自动化的个人数据处理的建议》和《信息公路上个人数据收集、处理过程中个人权利保护指南》等相关法规。

我国对网上隐私权的保护也非常重视,在1994年12月实施、2011年1月修订的《计算机信息网络国际联网安全保护管理办法》第七条规定:"用户的通信自由和通信秘密受法律保护。任何单位和个人不得违反法律规定,利用国际联网侵犯用户的通信自由和通信秘密。"1998年3月颁布实施的《计算机信息网络国际联网管理暂行规定实施办法》第十八条规定:"用户应当服从接入单位的管理,遵守用户守则;不得擅自进入未经许可的计算机系统,篡改他人信息;不得在网络上散发恶意信息,冒用他人名义发出信息,侵犯他人隐私;不得制造、传播计算机病毒及从事其他侵犯网络和他人合法权益的活动。"2000年10月工业与信息化部发布施行的《互联网电子公告服务管理规定》第十二条规定:"电子公告服务提供者应当对上网用户的个人信息保密,未经上网用户同意不得向他人泄露,但法律另有规定的除外。"

三、国际电子商务中的消费者权益保护

(一) 国际电子商务中的消费者权利

消费者权利是指消费者为了满足生活消费的需要,依法具有的为或不为一定行为,及要求经营者为或不为一定行为的资格,是消费者利益在法律上的体现,是国家对消费者进行保护的前提和基础。《中华人民共和国消费者权益保护法》(以下简称《消费者权益保护法》)在参考了国内外立法的通行规定的基础上,结合我国的实际情况,具体规定了消费者的九项权利。

(1) 安全权。安全权是消费者在购买、使用商品和接受服务时享有人身财产、财产安全不受侵害的权利,具体包括消费者的人身安全权、财产安全权、信息产品或网络服务的安全问题隐私安全及信息产品的安全等。

(2) 知情权。知情权是指消费者有权知悉其购买、使用的商品或接受的服务的真实情况的权利。消费者有权根据商品或者服务的不同情况,要求经营者提供商品的价格、产地、生产者、用途、性能、规格、等级、主要成分、生产日期、有效期限、检验合格证明、使用方法说明书、售后服务,或者服务的内容、规格、费用等有关情况。

(3) 选择权。选择权是指消费者有权根据自己的意愿自主选择商品或服务。消费者有权自主选择提供商品或者服务的经营者,自主选择商品品种或者服务方式,自主决

定购买或者不购买任何一种商品、接受或者不接受任何一项服务。消费者在自主选择商品或者服务时有权进行比较、鉴别和挑选。

（4）公平交易权。公平交易权是指消费者享有公平交易的权利。消费者在购买商品或者接受服务时，有权获得质量保障、价格合理、计量正确等公平交易条件，有权拒绝经营者的强制交易行为。

公平交易权主要表现在：消费者有权要求商品具备适销性，即经营者所提供的商品应当具有公众普遍认为其应当具备的功能，并具有相应的质量保障。消费者有权要求经营者所提供的商品或服务的定价要合理，一般而言，商品或服务的价格应当与其质量保持一致。计量不足的行为实际上是用隐蔽的手段抬高商品价格，是对消费者的不公平，消费者有权要求商品计量准确。强制交易行为违反消费者的意愿，是对消费者权益的侵害，因此，《消费者权益保护法》明确规定禁止强制交易。

（5）求偿权。求偿权是指消费者在购买、使用商品或接受服务受到人身或财产损害时，享有依法获得赔偿的权利。消费者的求偿范围包括人身损害和财产损害。人身损害包括健康损害、生命损害和精神损害。

（6）结社权。结社权是指消费者享有依法成立维护自身合法权益的社会组织的权利。消费者结社权是公民结社权在《消费者权益保护法》中的具体化。我国《宪法》明确规定，公民享有结社的权利。

《消费者权益保护法》规定，消费者协会和其他消费者组织是依法成立的对商品和服务进行监督的保护消费者合法权益的组织。消费者组织通过履行其法定公益性职责，保护消费者权益，不得从事商品经营和营利性服务，不得以收取费用或者其他牟取利益的方式向消费者推荐商品和服务。各级人民政府对消费者协会履行职责应当予以必要的经费等支持。

（7）获知权。获知权是指消费者依法所享有的获得有关消费或消费者权益保护方面知识的权利，法律规定消费者享有获知权，一方面，通过各种措施促进有关知识的传播和普及，以保障消费者的基本权利的实现；另一方面，督促经营者及时、客观、全面地披露有关商品、服务的信息。

（8）受尊重权。受尊重权是指消费者在购买、使用商品或接受服务时，享有人格尊严、民族风俗习惯得到尊重，以及个人信息依法得到保护的权利。人格尊严是消费者人身权的重要组成部分，包括姓名权、名誉权、荣誉权和肖像权等。人格尊严是消费者精神上的利益，本身没有直接的财产内容，却是人们普遍的要求和愿望。民族风俗习惯是一个民族的成员在长期共同生活中形成的，是民族尊严的组成部分。

（9）监督批评权。监督批评权是指消费者依法享有对商品、服务和保护消费者权益工作进行监督的权利。消费者有权对经营者的商品和服务进行监督，并有权对经营者提出批评和建议，对侵犯消费者合法权益的行为进行检举、控告。消费者有权对国家机关及其工作人员进行监督，对在保护消费者合法权利工作中的违法失职行为进行检举、控告。

（二）国际电子商务中的消费者权益保护

随着国际电子商务交易规模的日益扩大,国际电子商务下的消费者权益保护,也日益受到各国的重视。对国际电子商务下的消费者权益保护,各国的实践做法基本相同。一是通过修订《消费者权益保护法》,将消费者通过电子商务方式进行的商品和服务消费行为,纳入《消费者权益保护法》的范畴。二是通过颁布实施新的法律和行政法规,对电子商务下的消费者权益保护做出具体规定。我国在实践中先后采取了上述两种做法。

1.《消费者权益保护法》

修订后于2014年3月15日生效的《消费者权益保护法》,对国际电子商务环境下的消费者权益保护做出了如下规定:

（1）国际电子商务方式下销售的商品,消费者有权自收到商品之日起七日内退货,且无须说明理由(但消费者定做的,鲜活易腐的,在线下载或者消费者拆封的音像制品、计算机软件等数字化商品,交付的报纸、期刊等除外)。

（2）国际电子商务经营者,应当向消费者提供经营地址、联系方式、商品或者服务的数量和质量、价款或者费用、履行期限和方式、安全注意事项和风险警示、售后服务、民事责任等信息。

（3）国际电子商务经营者收集、使用消费者个人信息,应当遵循合法、正当、必要的原则,明示收集、使用信息的目的、方式和范围,并经消费者同意。经营者及其工作人员对收集的消费者个人信息必须严格保密,不得泄露、出售或者非法向他人提供。经营者未经消费者同意或者请求,或者消费者明确表示拒绝的,不得向其发送商业性信息。

（4）消费者通过网络交易平台购买商品或者接受服务,其合法权益受到损害的,可以向销售者或者服务者要求赔偿。网络交易平台提供者明知或者应知销售者或者服务者利用其平台侵害消费者合法权益,未采取必要措施的,依法与该销售者或者服务者承担连带责任。

2.《电子商务法》

2019年1月1日实施的《电子商务法》,对国际电子商务环境下的消费者权益保护做出了更加详细的规定。

（1）国际电子商务经营者对消费者应承担的义务。主要有:未经消费者同意,不得搭售商品或服务;应按照承诺或者与消费者约定的方式、时限向消费者交付商品或者服务,并承担商品运输中的风险和责任;收集、使用其用户的个人信息,应当遵守法律、行政法规有关个人信息保护的规定;应明示用户信息查询、更正、删除以及用户注销的方式、程序,不得对用户信息查询、更正、删除以及用户注销设置不合理条件。

（2）国际电子商务平台经营者度消费者应承担的义务。主要有:应当遵循公开、公平、公正的原则,制定平台服务协议和交易规则;应当在其首页显著位置持续公示平台服务协议和交易规则信息或者上述信息的链接标识,并保证经营者和消费者能够便利、完整地阅览和下载;电子商务平台经营者在其平台上开展自营业务的,应当以显著方式区分标记自营业务和平台内经营者开展的业务,不得误导消费者;对关系消费者生命健康的商品或者服务,电子商务平台经营者对平台内经营者的资质资格未尽到审核义务,或者对消费者未尽到安全保障义务,造成消费者损害的,依法承担相应的责任;应当建立健全信用评价制度,公示信用评价规则,为消费者提供对平台内销售的商品或者提供的服务进行评价的途径;鼓励电子商务平台经营者建立有利于电子商务发展和消费者权益保护的商品、服务质量担保机制。

（3）投诉与争端解决。主要包括:国际电子商务经营者应当建立便捷、有效的投诉、举报机制,公开投诉、举报方式等信息,及时受理并处理投诉、举报;国际电子商务争议可以通过协商、调解、向有关部门投诉、提请仲裁或者提起诉讼等方式解决;消费者在国际电子商务平台购买商品或者接受服务,与平台内经营者发生争议时,国际电子商务平台经营者应当积极协助消费者维护合法权益;因经营者丢失、伪造、篡改、销毁、隐匿或者拒绝提供前述资料,致使人民法院、仲裁机构或者有关机关无法查明事实的,经营者应当承担相应的法律责任;国际电子商务平台经营者可以建立争议在线解决机制,制定并公示争议解决规则,根据自愿原则,公平、公正地解决当事人的争议;国家推动建立与不同国家、地区之间的跨境电子商务争议解决机制。

（4）侵犯消费者权益的法律责任。主要包括:国际电子商务经营者销售商品或者提供服务,不履行合同义务或者履行合同义务不符合约定,或者造成他人损害的,依法承担民事责任;销售的商品或者提供的服务不符合保障人身、财产安全的要求,实施虚假或者引人误解的商业宣传等不正当竞争行为,滥用市场支配地位,或者实施侵犯知识产权、侵害消费者权益等行为的,依照有关法律的规定处罚;经营者有违法行为的,依照有关法律、行政法规的规定记入信用档案,并予以公示;依法负有国际电子商务监督管理职责的部门的工作人员,玩忽职守、滥用职权、徇私舞弊,或者泄露、出售或者非法向他人提供在履行职责中所知悉的个人信息、隐私和商业秘密的,依法追究法律责任。

3.《关于完善跨境电子商务零售进口监管有关工作的通知》

我国商务部、发展改革委、财政部、海关总署、税务总局和市场监管总局,于2018年11月28日联合印发了《关于完善跨境电子商务零售进口监管有关工作的通知》(以下简称《通知》),要求政府部门、跨境电商企业、跨境电商平台和境内服务商,按照"各负其责"的原则,对跨境(国际)电子商务下零售进口商品和服务的消费者权益进行有效保护。该《通知》要求:

（1）海关对跨境电商零售进口商品实施质量安全风险监测,在商品销售前按照法律法规实施必要的检疫,并视情况发布风险警示。市场监管部门加大跨境电商零售进口商品召回监管力度,督促跨境电商企业和跨境电商平台消除已销售商品的安全隐患,依法实施召回。将跨境电商零售进口相关企业纳入海关信用管理,根据信用等级不同,实施差异化的通关管理措施。对认定为诚信企业的,依法实施通关便利;对认定为失信企业的,依法实施严格监管措施。

（2）跨境电商企业,承担商品质量安全的主体责任,并按规定履行相关义务;承担消费者权益保障责任,包括但不限于商品信息披露、提供商品退换货服务、建立不合格或缺陷商品召回制度、对商品质量侵害消费者权益的赔付责任等;履行对消费者的提醒告知义务,会同跨境电商平台在商品订购网页或其他醒目位置向消费者提供风险告知书;建立商品质量安全风险防控机制,包括收发货质量管理、库内质量管控、供应商管理等;建立健全网购保税进口商品质量追溯体系;向海关实时传输施加电子签名的跨境电商零售进口交易电子数据,并承担相应责任。

(3) 跨境电商平台,应在境内办理工商登记,并按相关规定在海关办理注册登记,接受相关部门监管;向海关实时传输施加电子签名的跨境电商零售进口交易电子数据,并对交易真实性、消费者身份真实性进行审核,承担相应责任;建立平台内交易规则、交易安全保障、消费者权益保护、不良信息处理等管理制度;建立消费纠纷处理和消费维权自律制度,消费者在平台内购买商品,其合法权益受到损害时,平台须积极协助消费者维护自身合法权益,并履行先行赔付责任;建立商品质量安全风险防控机制,在网站醒目位置及时发布商品风险监测信息、监管部门发布的预警信息等;建立防止跨境电商零售进口商品虚假交易及二次销售的风险控制体系。

(4) 境内服务商,应在境内办理工商登记,须向海关提交相关资质证书并办理注册登记;支付、物流企业应如实向监管部门实时传输施加电子签名的跨境电商零售进口支付、物流电子信息,并对数据真实性承担相应责任;报关企业接受跨境电商企业委托向海关申报清单,承担如实申报责任;物流企业应向海关开放物流实时跟踪信息共享接口,严格按照交易环节所制发的物流信息开展跨境电商零售进口商品的国内派送业务。

本章小结

电子商务以其交易范围大、交易成本低、交易周期短等优势对传统交易形式产生巨大冲击的同时,也为市场规范带来了新的问题。本章介绍了国际电子商务交易中涉及的法律规范。首先明确了电子商务参与方(买方、卖方、网络银行、网络交易平台)的法律责任和义务、不履行合同时可采取的救济行为,以及电子商务主体在进行电子商务活动所涉及的登记、准入与认证过程相关的法律法规,主要包括条件、原则及程序等。

电子商务活动以电子交易为核心展开,电子交易过程涉及电子合同、电子单证、数字签名与网上支付等过程。本章重点介绍了电子合同的订立与生效、电子单证的优势与应用、数字签名的原则与效力、网上支付工具及其相关的法律问题。电子商务活动中面临着很多侵权问题,本章围绕电子商务活动中的知识产权和消费者权益保护的相关立法问题进行了阐述。

关键术语

虚拟银行,电子商务准入,认证,电子合同,电子单证,数字签名,网络版权,计算机软件,数据库,数字多媒体,网络商标权,网络隐私权,域名,安全权,公平交易权

复习思考题

1. 电子商务中买卖双方、网络银行与网络交易平台的义务有哪些?
2. 简述买卖双方不履行合同义务的救济方式。

3. 简述电子商务主体认证的基本原则。
4. 电子合同与纸质合同有哪些不同?
5. 简述电子合同的订立程序。
6. 简述电子合同履行的基本原则。
7. 电子商务中知识产权的保护内容有哪些?
8. 电子商务中消费者权利有哪些?消费者权利保护途径有哪些?

参考书目

郑红花. 跨境电子商务法律法规[M]. 北京:电子工业出版社,2017年7月。
王永钊,李丽军. 电子商务法律法规[M]. 上海:华东师范大学出版社,2015年2月。
王庆春,王晓亮. 电子商务法律法规[M]. 2版. 北京:高等教育出版社,2018年1月。
钟慧莹. 电子商务法律法规[M]. 2版. 北京:电子工业出版社,2016年6月。
韩晓平. 电子商务法律法规[M]. 2版. 北京:机械工业出版社,2017年3月。
刘志慧. 电子商务法律法规[M]. 北京:清华大学出版社,2015年1月。
全国人大财经委员会电子商务法起草组. 中华人民共和国电子商务法条文释义[M]. 北京:法律出版社,2018年10月。

第四章 国际电子商务安全技术

学习目标

掌握：电子商务安全保护技术，电子商务安全的法律保护

理解：电子商务安全的四个要素，即信息的保密性、交易方身份的确定性、不可否认性和信息的完整性；加密技术和电子商务鉴别技术

了解：国际电子商务安全问题，包括计算机网络的安全和电子商务活动流程的安全

导学案例

零售商 Saks 等遭遇网络攻击 500 万用户信息遭泄露

据国外媒体报道称，一个黑客组织日前成功入侵了加拿大哈德森湾公司（Hudson's Bay）旗下包括美国高档精品连锁百货 Saks Fifth Avenue、SaksOff 5th 和 Lord & Taylor 这几家商场。据估计，500 多万用户的信用卡和借记卡等个人财务信息被盗取，其中 12.5 万名用户的信用卡信息在黑市上被出售。

哈德森湾公司已经证实了这一消息，并表示自己"确定了这个问题，且已经在同执法部门合作采取措施尽可能地控制数据泄露的规模"。该公司称，在自己拿到有关这一黑客入侵问题的更多信息后，会迅速通知客户，并免费推出信用卡监控及其他数据安全服务。

不过，哈德森湾公司发言人也表示"目前尚不清楚这一入侵事件是否已经完全结束"。

据悉，此次数据泄露事件最早是由一个名叫 Gemini Advisory 的网络安全公司发现的，并怀疑是臭名昭著的黑客组织 Joker Stash 的行为。该公司随后在博客文章中进行了详细说明，并称这次黑客攻击是有史以来最严重、对零售公司最具破坏性的入侵事件之一。

Gemini Advisory 公司首席技术官称，有证据显示黑客盗取这两家公司的消费者数据已有大约一年时间，主要是通过向这些百货公司的员工发送精心伪装的病毒邮件，从而成功入侵了这些公司的电脑系统。

事实上,近年来全球范围内零售商、百货公司遭遇黑客入侵早已不是什么新鲜事了。早在2013年,美国第二大零售集团塔吉特(Target)就透露自己遭受了黑客入侵,泄露了大约4 000万张信用卡信息,失窃信息包括客户姓名、邮寄地址、电话号码或电子邮件地址。对此,塔吉特在事后承认这次黑客入侵的严重程度远超自己的想象。

过去数年,遭遇黑客入侵的零售商主要是那些在商场拥有实体门店的商家,但执法部门尚无法确定攻击者的真实身份,只是怀疑这些黑客主要是来自东欧的黑客集团,而这一地区在过去十年间主导了数起大规模黑客入侵事件。

通常,遭遇黑客入侵的零售商都不愿、或者十分勉强才愿意公布自己被黑的消息,因为这显然会对自己的业务构成负面影响。就拿塔吉特来说,该公司是在安全行业研究人员布莱恩·克里布斯(Brian Krebs)在同年(2013年)12月公布了这次数据失窃事件,并要求记者和投资者对此给予关注后才出面承认这一事件的。

此外,另一家美国零售巨头杰西潘尼(J. C. Penney)有限公司甚至直到黑客入侵被发现两年后才承认自己同样是2007年美国信用卡黑客阿尔伯特·冈萨雷斯(Albert Gonzalez)事件的受害方。

资料来源:《零售商Saks等遭遇网络攻击,500万用户信息遭泄露》,腾讯科技,2018年4月2日,https://tech.qq.com/a/20180402/021862.htm,有改动。

案例思考题:电商平台经营者应如何更有效地保护用户个人信息安全?

第一节　国际电子商务的安全概述

互联网是一个完全开放的网络,它为国际电子商务提供全球性、高效率和便捷性的平台的同时,也会给国际电子商务活动带来安全隐患。如何应对国际电子商务活动中日益突出的安全问题,建立一个安全便捷的电子商务应用环境,是影响国际电子商务持续健康发展的重要问题。

一、国际电子商务的安全问题

国际电子商务是基于计算机网络的商务活动,从其概念上可以看出,主要有两个方面的因素会导致国际电子商务的安全问题:一是计算机网络的安全问题,二是国际电子商务交易安全问题。

(一)计算机网络的安全问题

1. 计算机系统的安全

国际标准化组织(International Standardization Organization,ISO)将"计算机系统安全"定义为:"为数据处理系统建立和采取的技术和管理的安全保护,保护计算机硬件、软件数据不因偶然和恶意的原因而遭到破坏、更改和泄露。"

计算机硬件安全是指计算机的芯片、板卡、输入及输出等设备正常运行,不对计算机系统工作构成威胁。计算机硬件的安全威胁和隐患主要来自自然灾害、硬件故障、电源故障和人为失误造成的故障等。

计算机软件安全就是确保软件在受到恶意攻击时能继续正常运行。由于计算机使用不同的操作系统、数据库软件和其他应用软件,操作系统(软件)自身的完整性、保密性和运行安全性等方面存在的技术漏洞会导致计算机系统存在安全隐患,如我们常常遇到的是各类软件的安全漏洞。

2. 计算机网络的安全问题

国际电子商务与传统商务相比,其最重要的特征就是通过计算机网络完成商务活动信息的传输,包括贸易伙伴的建立、交易双方的谈判、电子合同的签订、租船订舱、报关检验和货款结算等整个交易过程的信息的接收与发送。因而,计算机网络的不安全势必会影响国际电子商务中信息数据传输的及时性、准确性和完整性。计算机网络的安全威胁主要有以下几方面:

(1)黑客的攻击。"黑客"一词是英文 Hacker 的音译,《牛津英语大词典》对"Hacker"一词的解释是:"利用自己在计算机方面的技术,设法在未经授权的情况下访问计算机文件或网络的人。"最早的黑客出现于麻省理工学院。起先,黑客是指热心于计算机技术、水平高超的计算机技术专家,尤其是程序设计人员,他们热衷于挑战、崇尚自由并主张信息的共享。长期以来,黑客现象呈多样性变化,很多企业通过雇用黑客从外部入侵系统,帮助企业发现系统的薄弱环节,寻找安全隐患,完善安全设施,这些"好黑客"被称为"白帽黑客"(White Hats)。与之相反,专门入侵他人计算机或企业信息系统,窃取机密信息和破坏数据的黑客被称为"黑帽黑客"(Black Hats)。带有上述双重性质的黑客被称为"灰帽黑客"(Gray Hats)。我们常说的黑客,大多数情况是指"黑帽黑客",也就是"骇客"(Cracker),他们的行为带有强烈的目的性,其主要目标是恶意窃取或破坏交易信息,损害交易系统和骗取交易资金等。

我们一般也把黑客攻击分为两类:一类是非破坏性攻击,指其主要目的是扰乱系统运行,并不窃取系统资料数据,通常采用分布式拒绝服务攻击或"信息炸弹"攻击;另一类是破坏性攻击,指其以侵入他人计算机系统、窃取系统保密数据、破坏目标系统的数据为目的,这类攻击最多地来自"木马程序"攻击。

分布式拒绝服务攻击,也被称为"信息炸弹"攻击,是指黑客向目标主机发送超出其处理能力的大量数据包或服务请求,消耗大量系统资源,造成网络堵塞,使受害主机无法与外界正常通信,严重时会导致系统死机。

"木马程序"攻击,是黑客通过诱使用户下载并运行带有木马病毒的工具软件或游戏,使木马病毒驻留在计算机中,并通过互联网发送主机信息和保密数据,从而使黑客达到任意侵入和控制他人计算机的目的。如黑客利用特洛伊木马程序、后门程序等攻击目标主机,窃取或破解密码,从而实现对目标主机和计算机网络的控制权。

(2)病毒攻击。计算机病毒是编制者在计算机程序中插入的破坏计算机功能、毁坏数据且具有自我复制能力的一组计算机程序代码,它具有传播性、隐蔽性、感染性和破坏性。计算机病毒能够影响和破坏计算机的正常使用,其最大的危害在于窃取用户安全保密信息、破坏用户的操作系统及存储的信息资料。

据国家计算机病毒应急处理中心(National Computer Virus Emergency Response Center,NCVERC)发布的"第十七次计算机病毒和移动终端病毒疫情调查报告"显示,2017年我国计算机病毒感染率为31.74%,与2016年相比,下降了26.14%,网络安全状况较为平稳。但病毒感染、网络攻击、信息泄露、勒索软件、网络欺诈等安全事件时有发生,给用户带来的损失不容小觑。

2017年,我国计算机病毒传播主要途径为:通过网络下载或浏览、移动存储介质和电子邮件,分别占被调查总数的81.55%、36.29%和19.79%。浏览器作为使用频率最高的应用之一,仍然是恶意软件传播最为便捷和有效的途径。通过网络下载或浏览传播的比例与上一年相比有较大增长,网络中存在的大量未修补的漏洞,成了恶意代码传播的温床,恶意用户无须花费大量精力,便可利用这些漏洞实现恶意代码的传播。

调查显示,13.83%的用户遭遇了勒索软件。勒索软件普遍发生在医疗、交通、政府、酒店等行业,并开始向物联网、工业自动化控制等领域扩散。不法分子会更倾向于将有实力支付赎金的作为目标群体。2017年,勒索病毒无论从传播途径还是加密手段都比以往有了很大的提升。在全球范围内爆发的"WannaCry"就是其中的典型代表。在加密手段上,不单是对文件进行加密,还对磁盘的MBR扇区,甚至是NTFS文件系统进行加密,给用户带来更严重的损失。调查也显示,在使用各种方法均不奏效的情况下,69.67%的用户对系统进行了重置,这也从另一个侧面反映出,遭受勒索软件后难于恢复的现状。

(3)网页仿冒及网页篡改。网页仿冒是通过构造与某一目标网站高度相似的页面(俗称钓鱼网站),并通常以垃圾邮件、即时聊天、手机短信或网页虚假广告等方式发送声称来自被仿冒机构的欺骗性消息,诱骗用户访问钓鱼网站,以获取用户私密信息(如银行账号和账户密码),从而窃取用户利益的攻击行为。网页篡改是恶意破坏或更改网页内容,使网站无法正常工作或出现黑客插入的非正常网页内容。

国家计算机网络应急技术处理协调中心(China National Computer Network Emergency Coordination Center,CNCERT/CC),简称"国家互联网应急中心",成立于2002年9月,为非政府非营利的网络安全技术中心,是我国网络安全应急体系的核心协调机构。国家互联网应急中心定期发布《CNCERT互联网安全威胁报告》,对我国互联网面临的各类安全威胁进行总体态势分析,并对重要预警信息和典型安全事件进行探讨。根据《CNCERT互联网安全威胁报告》(总第94期)显示,2018年10月,CNCERT共监测到针对境内网站的仿冒页面5 548个,涉及域名1 642个,IP地址5 736个。在这5 736个IP中,99.8%位于境外,主要位于美国和中国香港。同期,境内被篡改网站的数量为612个,境内被篡改网站数量按地区分布排名前三位的分别是广东省、北京市、上海市。按网站类型统计,被篡改的.GOV域名类网站有38个,占境内被篡改网站的比例为6.2%。

(4)安全产品使用不当。国际电子商务网站都会采用一些防护软件或安全设备,以期提高网站的安全可靠性。但是,由于安全产品本身的问题或配置使用问题,在计算机系统受到攻击时并没有发挥应有的作用。此外，许多安全产品的配置对技术人员的专业水平要求较高，当计算机系统改动或升级，需要改动相关安全产品的设置时，也容易产生一些安全问题。

（5）安全管理制度的缺失。除了计算机网络本身存在的安全隐患，缺乏网络安全管理制度及加强网络安全的意识不足，都会产生一些安全隐患。有些组织机构和商户的网站，即使采用了好的安全设备，由于没有严格贯彻执行安全管理制度，也极易受到黑客和病毒的攻击，导致网络系统瘫痪。

（二）国际电子商务交易安全问题

1. 交易主体的准入机制

任何个人或企业在互联网中都是以虚拟主体形式存在的，可以不经过登记和批准就通过互联网进行信息的发布和交易。虚拟主体的存在使得电子商务交易的安全性受到威胁。虚拟主体身份的真实性需通过工商管理部门的网上管理制度和认证中心的认证制度来解决，这已成为电子商务交易安全首先要解决的问题。

2. 信用风险

电子商务信用风险是指电子商务活动中或虚拟市场中信用状态的不确定性，可进一步表述为：在电子商务活动中或虚拟市场中各交易主体遵守市场合约（隐性的或显性的）程度的不确定性大小。电子商务活动中信用状态的不确定性会导致交易主体蒙受损失。就交易双方而言，信用风险主要表现在以下三个方面：一是个人消费者使用信用卡网上支付时的恶意透支或使用伪造信用卡支付骗取卖方货物的行为和企业集团故意拖欠货款的行为，卖方为此要承担交易风险；二是卖方不能完全履行签订的合同，不能准时、保质、保量地交付货物，造成买方的风险；三是交易双方都可能存在不同程度的违约行为，从而造成对方的损失。

3. 电子合同的确认

电子合同是电子商务交易双方为了达成交易目的，通过 E-mail 和 EDI 等形式达成一致意向并明确相互之间的权利义务关系的协议。国际电子商务中，电子合同的订立仍然要具备要约和承诺两个阶段，与传统合同的显著区别在于，电子合同的要约和承诺以电子数据形式通过计算机网络传输完成。交易双方的数据信息均以电子化的形式存储于计算机硬盘等电子介质中，电子数据以磁性介质保存，其被删改、伪造或遗失易不留痕迹，且脱离存储介质作为独立证据存在具有一定的局限性。电子合同的风险防范需要通过建立和健全电子商务法律体系来解决，电子数字签名、电子合同的确立的时间和地点、电子合同的效力问题和证据问题都是现代立法的重点及难点。

4. 电子支付的安全威胁

电子支付是指电子商务交易的各方当事人，包括买卖双方和金融机构等，使用安全可靠的电子支付手段和基于互联网的运作平台，通过网络进行货币支付或资金流转等业务的现代化支付结算手段。支付在国际电子商务中是非常重要的一个环节，也是电子商务中对于准确性和安全性要求最高的业务过程。电子商务网络支付由于交易制度设计、

安全技术设计等方面存在的缺陷,可能导致交易中的风险。

5. 电子商务管理的安全隐患

电子商务安全强调的是三分技术七分管理,但目前很多从事电子商务的企业不同程度上都欠缺安全管理意识和安全管理规定。电子商务系统最终都是由人来操作的,员工是电子商务安全制度的执行者,因此人为因素也是导致电子商务安全隐患的潜在因素。要确保电子商务安全,既要不断建立和完善电子商务法律、法规,严格执行各种安全法律、法规和制度,同时还需要加强对相关从业人员的电子商务安全教育和培训。

二、国际电子商务的安全要素

交易安全性是国际电子商务发展的核心和关键。从交易角度来看,一笔国际电子交易过程应具备以下四个安全要素:

1. 信息的保密性

信息的保密性是指通过网络传输的商务信息内容必须是机密的,没有被交易双方之外的第三方窃取的。传统的纸面贸易都是通过邮寄信件或其他通信渠道传输商业报文来达到保守秘密的目的,由于国际电子交易建立在开放的网络环境基础上,因此信息在一定程度上很容易被竞争对手或不法分子获取,如信用卡账号和用户名被人盗用,订货和付款的信息被竞争对手获悉而导致巨大的财务损失,因此在这种情况下信息需要进行加密处理,采用除交易双方之外其他人都无法看懂的形式以确保信息的保密性。

2. 交易方身份的确定性

在国际电子商务往来中,信息发送者和接收者真实身份的确认对于交易安全非常重要。由于网络的虚拟性,可能导致第三方假冒交易的一方进行交易,达到其破坏交易、败坏信誉或窃取交易款项的目的。因此为确保交易成功,首先要能确认对方的身份,商家能够确保客户端不是骗子,客户也可以获知网上商店不是一个欺诈的黑店。可靠地确认对方身份是电子商务交易的前提。

3. 不可否认性

在传统的纸面贸易中,贸易双方通过在交易合同、契约等书面文件上手写签名或印章来鉴别身份,确定合同或契约的可靠性并预防违约行为的发生,也就是人们常说的"白纸黑字"。但是在无纸化的电子合同中,通过手写签名确定交易双方不可能实现,特别是由于市场行情瞬息万变,达成的交易一旦被否认必将损害一方的利益。因此,电子交易通信过程的各个环节产生的交易信息都必须是不可否认的,它在传输过程中必须能够得到可靠的标识。

4. 信息的完整性

信息的完整性是指信息在传输中受到有效的保护,在未经授权的情况下不能被更改或破坏。信息通常是以数据包的形式进行传输的,当数据包经过路由器时很容易被截获,其包含的内容也可能被修改。例如,当用户将填写好的信用卡账号发送到商家的服务器时,黑客可以截获数据包,修改上面的 IP 地址,使数据包改变传输路径,传到黑客的服务器中，在客户毫不知情的情况下，修改客户的信用卡账号密码、破坏客户的交易信息。信息的完整性在大宗贸易买卖中尤为重要，例如，假设在交易双方签订黄金合同后，黄金价格大幅上涨，如果交易一方将订购数量从 10 千克改为 10 克的话，将会严重地影响交易结果。

为了保证国际电子交易过程中的四个安全因素得以有效的实现，各种网络交易安全技术不断被开发和研制出来。

第二节　国际电子商务的安全技术

一、国际电子商务的安全加密技术

（一）保密理论概述

保密学是研究信息系统安全保密的科学，利用它可以将所写的文字内容和其他种类的信息进行转换，从而形成未经授权的访问者无法正确理解的特殊形式。保密学具有两个分支：密码学和密码分析学。密码学是一门对信息进行编码，将原始信息转换成难以理解的形式的学科。密码分析学则是对加密信息进行分析并破解的学科。

关于密码学的起源目前有众多的说法，其中主要的说法之一认为，最早有意识使用特殊方法加密信息的是公元前的古希腊人，他们使用一种特殊的木棍进行加密，送信人先用一张纸条缠绕木棒，然后把文字纵向写在上面，接着抽出木棒将纸条送给收信人，如果不知道木棒的宽度（这里作为密匙），其他人是无法解密信中内容的；另一种说法认为，密码学起源于恺撒大帝时期，当时罗马将军常常需要将机密文件传输给战场的指挥官，为了有效地保护信件内容，防止军事机密被泄露，就发明了恺撒加密法对信件进行保密处理。1920 年，美国电报电话公司的 G.弗纳姆（G. Vernam）发明的密码体制，第一次运用电子电路而不是传统的手工操作实现了整个加密过程，推动了近代密码学的进一步的发展。1976 年 W. 迪菲（W. Diffie）和 M. 赫尔曼（M. Hellman）率先引入的公开密钥加密体制，以及 1977 年美国国家标准局颁布的用于非国家保密机关的数据加密标准，是近代密码学发展史上两个重要的里程碑。在随后的几十年中，密码学得到了快速的发展。

（二）加密技术的基本术语

1. 明文
人们可以理解的原始信息或数据。

2. 密文
在原始信息或数据的基础上经过处理形成的人们不能够理解的形式。

3. 加密算法
将明文加密成密文和将密文解密成明文的数学方法。

4. 密钥

在算法中总是需要数字,它就是密钥。在相同的算法中,使用不同的密钥将产生不同的加密文本。密钥的位数越长,保密性越强。

(三) 传统加密技术

1. 恺撒密码

恺撒密码是一种最早、最简单的加密方式,它是将明文中原有的每个字母转换成另一个字母,转换的方法是原有字母表 A,B,C,…被向后平移 7 个字母的 G,H,I,…对应代替,这样就形成了一种与原有内容差别较大的新形式。比如按照以上加密算法对明文 MACQUAIRE UNIVERSITY 进行处理,生成的密文就是 SGIWAGOXK ATOBKXYOZE,其中 7 是密钥。由于恺撒密码很容易被破译,因此早已不再使用。

2. 变位密码

变位密码是将明文字母按顺序排列在有 n 列的二维矩阵中,这样第一组的 n 个字母就位于矩阵的第 1 行;第二组的 n 个字母就位于矩阵的第 2 行,以此类推;下一步将第 1 列的字母顺序排列,接着排列第 2 列……直到第 n 列;原有的所有字母就被重新组合成新的密文。例如:

明文:attackpostponeduntiltwoamxyz

列序号	1	2	3	4	5	6	7
	a	t	t	a	c	k	p
	o	s	t	p	o	n	e
	d	u	n	t	i	l	t
	w	o	a	m	x	y	z

密文:aodwtsuottnaaptmcoixknlypetz

3. 初级计算机加密

初级计算机处理加密的原理是,根据密码簿里的数字对报文中的字母进行移位操作或按位进行异或计算,来加密报文。接收方需要根据持有的密码簿,将密文的字母反向移位或再次做异或计算,进行解密处理,求出明文。

数论中的"异或"规则是这样的:1^1=0,0^0=0;1^0=1,0^1=1。下面就是一个按位进行异或计算的加密和解密实例:

加密过程中明文与密码按位进行异或计算,求出密文:

明文:101101011011

密码:011010101001

密文:110111110010

解密过程中密文与密码按位进行异或计算,求出明文:

密文:110111110010

密码:011010101001

明文:101101011011

（四）常用信息加密技术

1. 对称密钥加密技术

（1）对称密钥加密方法。1967年，美国的霍斯特·费斯妥（Horst Feistel）在分析传统加密算法的基础上，提出了对称密钥加密体制（也称密钥加密体制）的思想。其基本思路是将整篇明文分割为一系列64位（8个字节）的明文块，再用一个长64位的密钥对每个64位的明文块进行加密，形成64位的密文块，最后连接所有的密文块形成密文。

对称密钥加密是最早的一种信息加密方法，它是在对信息加密和解密的过程中使用同一把密钥，该密钥被称为私钥。通过使用对称加密方法，每个交易方都不必彼此研究和交换专用的加密算法而是采用相同的加密算法，因此能够简化加密、解密的处理过程。

对称密钥加密的过程如图4-1所示。信息发送方使用对称密钥对要发送的信息进行加密，变成密文。密文通过网络传输到达接收方之后，接收方使用相同的密钥对该密文进行解密，还原成明文。由于在整个过程中，信息双方都使用相同的密钥，因此存在密钥传送问题和信息发起方辨别的问题。

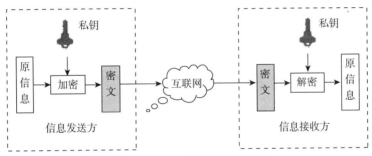

图4-1 对称密钥加密实现过程

（2）对称密钥加密常用算法。目前存在很多对称密钥算法，其中使用最广泛的算法是DES（Data Encryption Standard），它是由IBM公司开发研制的加密方法，由于循环内部过程的相似性，使得计算机实现DES算法相对简单，因此在1977年DES算法被美国政府确定为加密标准。

DES的基本工作原理是选取一个64位的数据块，使用56位的密钥，在内部实现多次替换和变位操作达到加密的目的。作为第一个公开的新式加密方法，DES的影响非常大，以至于许多以后的加密方法都汲取了DES的思想和技术。但是DES也存在缺点，即它使用的密钥位数只有56位，排列组合只能形成256把密钥，随着计算机性能的提高，其破解难度已经大大降低了。

为了提高DES算法的安全性，并充分利用现有的DES软硬件，密码学家提出了将DES算法在多个密钥下多次使用的方法，即二重DES和三重DES加密方法。其中三重DES算法安全性较强，它使用两把密钥对明文做三次DES加密，效果相当于将DES密钥的长度加倍，从而克服了DES密钥过短的缺点。按照原理，三重DES是通过三次使用DES算法对数据进行编码加密并在每一层都使用不同的密钥，这样就可以形成一个3×56=168位的密钥，但是许多密码设计者认为168位的密钥已经远远超过实际的需要，因此通常只需要在第一重和第三重中使用相同的密钥,产生 112 位的密钥在加密时使用。

在对称密钥算法中,除了 DES 的系列算法,还有 IDEA、RC2、RC4 等算法。其中 RC2 和 RC4 是以其发明人——美国麻省理工学院的罗纳德·李维斯特(Ronald Rivest)教授的姓氏命名的,是不公开的专有算法。

(3) 对称密钥加密技术存在的问题。①交易双方如何安全交换密钥的问题。虽然对称加密体制能够有效地对传输的信息内容进行加密,保证其安全性,但是在实际操作中发送方同时也需要将密钥发送给接收方,以便于接收方解密密文,如果密钥在传输的过程中被黑客截获,那么密文将很容易被破解。因此,如何将密钥安全地传给对方是对称密钥加密方法存在的重大问题之一。②如果交易方有 n 个交易伙伴的话,他就必须拥有 n 把专用密钥,因为它不能将相同的密钥发给其他任何两个企业,否则企业间的商业机密就很容易被泄露。每把密钥只能对应一个交易方,因此 n 把密钥的管理和分发将是一件危险、烦琐的工作。③信息传输双方在加密和解密的过程中都使用相同的密钥,因此无法辨别交易发起方和贸易终结方。④通过计算机使用穷举搜索法破译 DES 已成为可能。1997 年 1 月,美国 RSA 数据安全公司在其安全年会上举办了一个密钥挑战竞赛,悬赏 1 万美元寻找能够破译其密钥长度为 56 位的 DES 算法,结果一位程序员用了 96 天的时间成功地破解出这个密钥。

因为对称密钥技术存在以上问题,所以在一定程度上不能有效地保障信息的安全传输。然而随后出现的另一种加密技术——公开密钥加密技术可以很好地弥补对称密钥加密带来的不足。

2. 公开密钥加密技术

1976 年,美国斯坦福大学的两位研究人员提出了一种全新的密码技术——公开密钥加密,也称为非对称密钥加密技术。公开密钥加密技术的特点是进行加密和解密的密钥是不同的,两把密钥需要满足以下三个条件:

(1) $D(E(P))=P$;

(2) 从 E 不能推导出 D;

(3) E 不能通过部分明文来破解。

注:假设明文为 P,加密法为 E(包括密钥),解密法为 D(包括密钥)。

(1) 公开密钥加密原理。在公开密钥加密体系中,密钥被分解为一对,即公开密钥和私有密钥,简称"公钥"和"私钥"。这对密钥中的任何一把都可以作为公开密钥(加密密钥)通过非保密方式向他人公开,而另一把作为私有密钥(解密密钥)加以保存。公开密钥用于加密,私有密钥用于解密,私有密钥只能由生成密钥的交换方掌握,公开密钥可以广泛公布,但它只对应于生成密钥的交换方。这种加密方法的关键在于人们不能从公开密钥推导出私人密钥,也不能够从私人密钥推导出公开密钥。公开密钥加密的具体步骤可如图 4-2 所示:①信息的接收方产生一对密钥,其中一把作为私钥自己保存,另外一把作为公钥,通过网上公布或 E-mail 等非保密的方式传送给信息发送方;②信息的发送方使用接收方的公钥对信息进行加密,生成密文并将其传输给接收方;③信息接收方使用自己的私钥对密文进行解密。

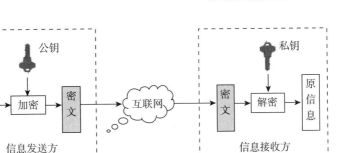

图4-2 公开密钥加密实现过程

通过使用公开密钥加密法不仅能够有效地保证信息的安全传输,而且可以使通信双方无须事先交换密钥而成功地建立安全通信,从而弥补了对称密钥加密技术中的种种不足,因此被广泛地应用于数据加密、身份认证、数字签名等信息交换领域。

(2)公开密钥加密常用算法。RSA密码系统是较早提出的一种公开密钥算法。1978年,美国麻省理工学院的李维斯特、阿迪·萨莫尔(Adi Shamir)、伦纳德·阿德曼(Leonard Adleman)在题为"获得数字签名和公开密钥系统的方法"的论文中提出了基于数论的公开密钥加密技术,因此命名为RSA密码。RSA是建立在"大整数的素因子分解是困难问题"基础上的,是一种分组密码体制。其原理是:求2个大素数的乘积很容易实现,但将一个大的合数分解成2个大素数很难实现。RSA加密和解密运算的数学表达式为:

$C = XE(\mod M)$

$X = CD(\mod M)$

其中:X为明文,C为密文,($0<X<M-1, 0<C<M-1$)。公钥对为(E,M),密钥对为(D,M),E为加密密钥,M为公钥,D为解密密钥。E,D,M满足下述条件:①M是2个大素数P,Q的乘积,从而M的欧拉数$\varphi(M)=(P-1)\times(Q-1)$;②$D$是大于$P,Q$的并与$\varphi(M)$互素的正整数;③$E$是$D$关于$\varphi(M)$的乘逆。即$ED=1 \mod(\varphi(M))$。

满足以上3个条件,(E,M)便可作为公钥对,(D,M)作为密钥对。

例如,$P=101, Q=113$,那么$M=P\times Q=11\ 413, \varphi(M)=(P-1)\times(Q-1)=100\times112=11\ 200$,与$\varphi(M)$互素的整数$E$有无数个,因此,假设$E=3\ 533$,根据公式$ED=1\mod(\varphi(M))$,求得$D=6\ 597$。假设明文$X=9\ 726$,那么加密时密文$C=97\ 263\ 533\mod(11\ 413)=5\ 761$,在解密时明文$Y=5\ 7616\ 597\mod(11\ 413)=9\ 726$。因此只要加密密钥$E$,解密密钥$D$和公共密钥$M$选择正确,那么加密前的明文$X$和解密后的明文$Y$一定是相同的。

(3)公开密钥加密技术的优势。①解决大规模网络应用中密钥的分发和管理问题。采用分组密码、序列密码等对称密码技术时,加解密双方所用的密钥都是保密的,而且需要定期更换,新的密钥总是要通过某种秘密渠道分配给使用方,在传递的过程中,稍有不慎,就容易泄露。公钥密码加密密钥通常是公开的,而解密密钥是秘密的,由用户自己保存,不需要往返交换和传递,大大减少了密钥泄露的危险性。同时,在网络通信中使用对称密码技术时,网络内任何两个用户都需要使用互不相同的密钥,只有这样才能保证不被第三方窃听,所以N个用户就要使用$N(N-1)/2$个密钥。在大型网络中,假设有100

万个用户,那么就要使用4 950万个密钥,所以非常难以管理如此大量的密钥,并且使用起来非常麻烦。采用公钥加密体制的话,N个用户只需要产生N对密钥,则100万用户只需100万对密钥,需要秘密保存的私钥只有100万个。使用两种加密方法所需的密钥数量者相差近50倍,所以公开密钥加密能够更加方便、可靠地解决大规模网络应用中的密钥分发和管理问题。②实现网络中的数字签名机制。对称密钥技术由于其自身的局限性,无法提供网络中的数字签名。因为数字签名是网络中证明人或机构真实性的重要手段,所以数字签名的数据需要是唯一的、私有的。由于对称密钥加密技术中的密钥是交互双方共享的,因此无法满足以上的两点要求。公开密钥加密技术由于存在互为一对的公钥和私钥,其中私钥可以是私有、唯一的,其他人无法仿冒,所以可以实现网络中的数字签名机制。③公开密钥加密技术的局限性。公开密钥加密技术是一种强有力的技术解决方案,但是它也有很多局限性。因为这种加密方法主要用来保护互联网上传输的信息,但对于内部人员,即那些可以合法访问包含了消费者信息的企业系统的人员来讲是无效的。同时,由于大多数的私钥都是保存在计算机里的,因此在很大程度上,很难保证使用私钥的人就是私钥真正的拥有者。

3. 数字信封

数字信封是数据加密技术的一种应用,它结合了对称密钥加密技术中运算效率高和公开密钥加密技术中密钥传递方便的优点,避免了对称密钥加密技术中密钥分发困难和公开密钥加密技术中加密算法运行时间长的不足,被广泛地应用于数据安全传输等领域中。其中在电子支付的安全电子交易(Secure Electronic Transaction,SET)协议中,就使用数字信封来保证数据传输的可靠性。

数字信封技术的工作原理是信息发送方首先使用随机产生的对称密钥,对要发送的信息进行加密,然后使用公开密钥加密算法和接收方的公钥对该对称密钥进行加密,最后将其同要发送的信息一起传送给接收方。接收方先用自己的私钥解密数字信封,得到对称密钥,再使用对称密钥解密信息。具体步骤和处理过程如图4-3所示:①信息发送方首先生成一个对称密钥;②发送方使用对称密钥加密算法和对称密钥对要发送的信息加密;③发送方使用接收方的公钥对对称密钥加密;④接收方收到密文信息后,首先使用自己的私钥解开加密的对称密钥,得到对称密钥;⑤接收方利用获得的对称密钥,使用对称密钥加密算法解密密文,获得原信息。

二、国际电子商务安全鉴别技术

(一)信息摘要

国际电子商务交易双方在互相传递贸易单据、电子合同和其他文件的过程中,可能会出现由于非法入侵者篡改数据、通信线路故障或计算机病毒侵害等,造成接收到的数据不完整的现象。因此在电子商务活动中,需要一种技术来验证接收到的数据是否与发送方发送的数据完全一致,信息摘要技术可以满足这方面的要求。

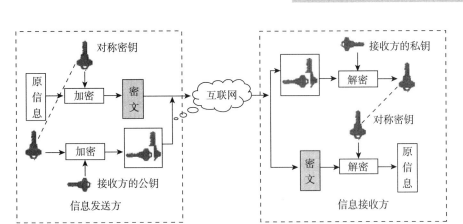

图 4-3　数字信封加密技术图解

信息摘要也被称为安全 Hash 编码法或杂凑函数(Hashing Function),它是由李维斯特发明的。杂凑函数 Hash 是一个公开的函数,通过它可以把任意长的信息 M 映射成较短的、固定长度的唯一值 $H(M)$,这个函数值 $H(M)$ 就是信息摘要。由于映射的过程是单向的,即不能被反向破解,同时不同的信息经过映射产生的摘要不同,因此摘要就类似于信息的"指纹",能够用来验证信息的真实性和完整性。

基于杂凑函数的信息摘要验证数据完整性的工作过程是:发送方将要发送的原信息用杂凑函数变换,加密形成信息摘要,然后将原信息和信息摘要同时发送给接收方,接收方用杂凑函数对收到的信息进行映射生成一个新的摘要,最后将新生成的摘要与发送方传送过来的摘要对比,如果两个摘要相同的话,则证明了接收到的信息是完整的,在传输过程中没有被修改或替换,具体流程如图 4-4 所示:

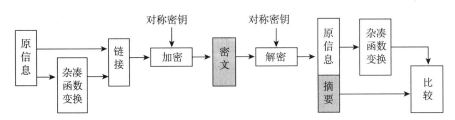

图 4-4　信息摘要技术图解

(二) 数字签名

对文件进行加密只解决了传送信息的保密问题,而防止他人对传输的文件进行破坏,以及如何确定发信人的身份还需要采取其他的手段,这一手段就是数字签名(Digital Signature)。在国际电子商务的安全保密系统中,数字签名技术占据特别重要的地位,在国际电子商务安全服务中的源鉴别、完整性服务、不可否认服务中,都要用到数字签名技术。完善的数字签名应具备签字方不能抵赖、他人不能伪造、在公证人面前能够验证真伪的能力。

目前的数字签名是建立在公开密钥体制基础之上的,它是公开密钥加密技术的另一类应用。它的主要方式是:首先信息发送方从信息文本中生成一个信息摘要(或 128 位的散列值),并用自己的私钥对要发送的信息摘要进行加密来形成发送方的数字签名。然后这个数字签名将作为信息的附件和原信息一起发送给接收方。接收方收到信息后,首先从接收到的原信息中计算出信息摘要(或128位的散列值),接着再用发送方的公钥来对信息附加的数字签名进行解密。如果两个信息摘要相同,那么接收方就能确认该数字签名是发送方的。所以,数字签名不仅能够证实信息的确来自发送方,而且可以避免发送方否认发送行为的情况出现,即通过数字签名能够实现对原始信息的鉴别且具有不可抵赖性。数字签名技术工作流程如图4-5所示。

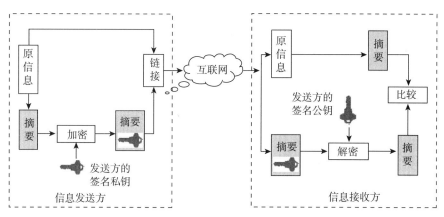

图4-5　数字签名技术图解

(三)数字时间戳

数字时间戳服务(Digital Time Stamp Service, DTS)是数字签名技术的一种衍生应用,是网上第三方提供的国际电子商务安全服务项目,它能够提供关于电子文件时间信息的安全保护,由专门的认证机构提供。数字时间戳(Digital Time Stamp)是一个经加密后形成的凭证文档,它包括三个部分:需加时间戳的文件的摘要、认证机构收到文件的日期和时间,以及认证机构的数字签名。

数字时间戳产生的步骤如图4-6所示:发送方首先将需要加时间戳的文件用杂凑函数映射成摘要并将其发送到认证机构,然后认证机构在接收到的摘要上添加摘要到达时间并对该信息进行数字签名处理,最后将其发回发送方。

(四)数字证书

中国国际电子商务网(http://www.ec.com.cn)将数字证书定义为:互联网通信中标志通信各方身份信息的一串数字,提供了一种在互联网上验证通信实体身份的方式,数字证书不是数字身份证,而是身份认证机构盖在数字身份证上的一个章或印(或者说加在数字身份证上的一个签名)。它是由权威机构——证书授权(Certificate Authority, CA)中心发行的,人们可以在网上用它来识别对方的身份。

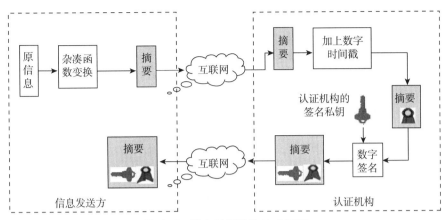

图 4-6 数字时间戳的技术图解

数字证书(Digital Certificate)是在网络环境中验证交易各方身份的一系列数据,其作用类似于人们日常生活中的身份证。它通过运用对称和非对称密钥加密技术建立起一套严密的身份认证系统,以便保证信息除发送方和接收方外不被其他人窃取,信息在传输过程中不被篡改,以及发送方能够通过数字证书来确认接收方的身份且不能否认自己发送的信息。

数字证书的格式一般采用 X.509 国际标准,一个标准的数字证书包含以下内容:证书的版本信息、证书的序列号、证书所使用的签名算法、证书的发行机构名称、证书的有效期、证书所有人的名称、证书所有人的公开密钥、证书发送者对证书的签名。X.509 证书格式还预留了扩展内容,用户可以根据自己的需要进行扩展。

数字证书通常是由 CA 中心颁发的,它是一个负责发放和管理数字证书的权威机构。其颁发的证书类型通常包括个人身份证书、企业身份证书、服务器身份证书和企业代码签名证书。

第三节 国际电子商务的安全保护

一、国际电子商务安全的技术保护

(一) 网络病毒的防范

1. 特洛伊木马的防范

特洛伊木马是一种黑客程序,本身一般并不破坏遭受侵害的硬盘上的数据,而只是潜伏在被感染的计算机里,一旦这台计算机上网,就可能被黑客攻击。黑客就可以通过互联网找到这台计算机,在自己的计算机上远程操纵它,窃取用户的上网账号和密码,随意修改或删除文件。

特洛伊木马的防范方法是不要轻易泄露自己的 IP 地址,下载来历不明的软件时要警惕其中是否隐藏了特洛伊木马,使用下载软件前一定要用特洛伊木马检测工具进行检查。

2. 邮件病毒的防范

邮件病毒和普通病毒是一样的,只不过由于它们主要通过E-mail传播,所以才被称为"邮件病毒",一般通过邮件中"附件"夹带的方法进行扩散,一旦收到此类E-mail并运行了附件中的病毒程序,就能使计算机中毒。

甚至在网络上出现过这样的恶作剧,有位黑客用VBScript写了一个HTML文件并通过E-mail传播,其代码如下:

```
<script language = "VBScript">
Dim WSHShell
Set WSHShell = CreateObject("Wscript.Shell")
WSHShell.run("c:\format d:")
</script>
```

只要用户打开E-mail,计算机就会自动启动浏览器,运行代码,格式化用户的D盘。

3. IP炸弹的防范

IP炸弹一般是指专用的攻击软件(如WinNuke),它通过发送大量的特殊数据,对远程计算机中Windows系统的漏洞进行攻击,造成对方Windows蓝屏或死机。当用户用QQ等即时通信软件时,自身的IP地址很容易被别人查到,也就有被人用专用软件攻击的危险。

4. 邮件炸弹的防范

邮件炸弹的原理是向有限的信箱投入足够多或者足够大的邮件,使邮箱崩溃,如Nimingxin、Quickfyre等。其防范的办法是像设置垃圾邮件过滤器那样,在邮件软件中或邮件服务器上设置好防范项目。

(二)防火墙技术

1. 防火墙的概念

防火墙(Firewall)是由软件系统和硬件设备组合而成的,位于内部网和外部网之间的一种保护屏障,所有在内部网和外部网之间传输的信息都必须在此进行检查和连接,只有被授权的通信才能通过此保护层。因此,防火墙具有一定的隔离作用,能够有效地防止非法入侵事件的发生,同时也可以执行安全管制措施,记录所有可疑信息产生的时间。

2. 防火墙的功能

(1)防火墙是网络安全的屏障。它作为阻塞点、控制点,能极大地提高一个内部网络的安全性,并通过过滤不安全的信息而降低风险。由于只有经过精心选择的应用协议才能通过防火墙,所以网络环境变得更安全。

(2)防火墙可以强化网络安全策略。通过以防火墙为中心的安全方案配置,能将所有安全软件(如口令、加密和身份认证等)配置在防火墙上。与安全软件分散安装在各个主机上相比,防火墙的集中安全管理更经济。

(3)对网络存取和访问进行监控审计。当所有的访问经过防火墙时,防火墙就会记录下这些访问并生成日志,当有可疑情况发生时,防火墙能适时报警,并提供网络是否受到监测和攻击的详细报告。同时防火墙通过对网络的使用情况进行统计,也能够清楚地了解自身能否抵挡攻击者的探测和攻击,并对此局面进行充分的控制。

(4) 防止内部信息的外泄。一方面,通过利用防火墙对内部网络的划分,可实现内部网络重点网段的隔离,从而限制局部重点或敏感网络安全问题对全局网络造成的影响。另一方面,内部网络中一些细节可能包含了有关安全的线索,而引起外部攻击者的兴趣,甚至因此而暴露网络的某些安全漏洞,而防火墙就能提供隐蔽内部细节的服务。

(5) 防火墙能够支持具有互联网服务特性的企业内部网络技术体系——虚拟专用网(Virtual Private Network,VPN)。通过VPN,将企事业单位在地域上分布在全世界各地的LAN或专用子网,有机地联成一个整体。这样不仅可以节省专用通信线路,而且为信息共享提供了安全的技术保障。

3. 常见防火墙的类型

(1) 包过滤防火墙(Packet Filtering Firewall)。它是在网络层对数据包进行分析、选择,选择的依据是系统内设置的过滤逻辑,也可称之为访问控制表。通过检查数据流中每一个数据包的源地址、目的地址、所用端口、协议状态等因素或它们的组合,来确定是否允许该数据包通过。包过滤防火墙的优点是逻辑简单、成本低、易于安装和使用,网络性能和透明性好。在一般情况下它是安装在路由器上的。包过滤防火墙的缺点是很难准确地设置包过滤器,缺乏用户级的授权;包过滤判别的条件位于数据包的头部,由于IPv4的不安全性,很可能被假冒或窃取;作为基于网络层的安全技术,不能检测通过高层协议而实施的攻击。

(2) 代理服务型防火墙(Proxy Service Firewall)。它能够检查进出的数据包,通过网关复制传递数据,防止受信任的服务器和客户机与不受信任的主机直接建立联系。它由两部分组成:代理服务器和筛选路由器。这种防火墙技术是目前最通用的一种,它是把筛选路由器技术和软件代理技术结合在一起,由筛选路由器负责网络的互联,进行严格的数据选择,应用代理则提供应用层服务的控制。代理服务器起到了外部网络向内部网络申请服务时的中间转接作用,内部网络只接受代理服务器提出的服务请求,拒绝外部网络其他节点的直接请求,代理服务器其实是外部网络和内部网络交互信息的交换点,当外部网络向内部网络的某个节点申请某种服务时,比如FTP、Telnet、WWW、Gopher、WAIS等,先由代理服务器接收,然后代理服务器根据其服务类型、服务内容、被服务的对象及其他因素(如服务申请者的域名范围、时间等),决定是否接受此项服务,如果接受,就由代理服务器内部网络转发这项请求,并把结果反馈给申请者,否则就拒绝转发请求。代理服务型防火墙能够理解应用层上的协议,完成更复杂的访问控制和做详细的注册。应用级网关是目前最安全的防火墙技术且具有较好的访问控制。根据其处理协议的功能可分为FTP网关型防火墙、Telnet网关型防火墙、WWW网关型防火墙、WAIS网关型防火墙等,它的优点在于既能进行安全控制又可以加速访问,安全性好,但是实现比较困难,对于每一种服务协议必须为其设计一个代理软件模块来进行安全控制,同时有的应用级网关缺乏"透明度"。在实际使用中,用户在受信任的网络上通过防火墙访问互联网时,经常会发现存在延迟并且必须进行多次登录才能访问互联网或内部网。

4. 防火墙的局限性

（1）不能抵御来自内部的攻击。防火墙只是设在内部网和外部网之间，因此只能抵御经由防火墙的攻击，而无法防范不经过防火墙的攻击。

（2）不能防范人为因素的攻击，不能防止由公司内部人员恶意攻击或用户误操作造成的威胁，以及由于口令泄露而受到的攻击。

（3）不能有效地防止受病毒感染的软件或文件的传输。由于操作系统、病毒、二进制文件类型的种类太多而且更新很快，所以防火墙无法逐个扫描每种类型的文件以查找病毒。

（4）不能防止数据驱动式的攻击。当有些表面看来无害的数据传输或拷贝到内部网的主机上并被执行时，可能会发生数据驱动式的攻击。例如，一种数据驱动式的攻击可以使主机修改与系统安全有关的配置文件，从而使入侵者下一次更容易攻击该系统。

5. 防火墙技术的发展趋势

（1）优良的性能。新一代防火墙系统不仅应该能更好地保护防火墙后面内部网络的安全，而且应该具有更为优良的整体性能。传统的代理服务型防火墙虽然可以提供较高级别的安全保护，但是它同时也成为限制网络带宽的瓶颈，这极大地制约了其在网络中的实际应用。未来的防火墙系统将会把高速的性能和最大限度的安全性有机结合在一起，有效地消除制约传统防火墙的性能瓶颈。

（2）可扩展的结构和功能。对于一个好的防火墙系统而言，它的规模和功能应该能适应内部网络的规模和安全策略的变化。选择哪种防火墙，除了应考虑它的基本性能，还应考虑用户的实际需求与未来网络的升级。未来的防火墙系统应是一个可随意伸缩的模块化解决方案，从最为基本的包过滤器到带加密功能的 VPN 型包过滤器，直至一个独立的应用网关，使用户有充分的余地构建自己所需要的防火墙体系。

（3）简化的安装与管理。防火墙产品配置和管理的难易程度是防火墙能否达到阻隔目的的主要考虑因素之一。实践证明，许多防火墙产品并未起到预期作用的一个不容忽视的原因在于配置和实现上的错误。同时，若防火墙的管理过于困难，则可能会造成设定上的错误，反而不能发挥其作用。因此未来的防火墙将具有非常易于进行配置的图形用户界面，NT 防火墙市场的发展就证明了这种趋势。Windows NT 提供了一种易于安装和易于管理的基础。

（4）主动过滤。在 Web 数据流进入内部网络之前，网络管理员需要在数据流上完成许多工作，以实现数据流的简化和优化。防火墙技术开发商通过建立功能更强大的 Web 代理对这种需要做出了回应。例如，许多防火墙具有内置病毒和内容扫描功能或允许用户将病毒与内容扫描程序进行集成。许多防火墙还设定对过滤产品的支持，并可以与第三方过滤服务连接，这些服务提供了不受欢迎的互联网站点的分类清单。有些防火墙还在它们的 Web 代理中包括时间限制功能，允许非工作时间的"冲浪"和登录，并提供"冲浪"活动的报告。

（5）防病毒与防黑客。尽管防火墙在防止不良分子进入上发挥了很好的作用，但 TCP/IP 协议套件中存在的脆弱性使互联网对拒绝服务攻击敞开了大门。在拒绝服务攻击中,攻击者试图使企业互联网服务器饱和或使与它连接的系统崩溃,使互联网无法供企业使用。虽然没有防火墙可以防止所有的拒绝服务攻击,但防火墙厂商一直在尽其所能阻止拒绝服务攻击。像对付序列号预测和 IP 欺骗这类简单攻击,这些年来已经成为防火墙工具箱的一部分。

总之,未来防火墙技术会全面考虑网络的安全、操作系统的安全、应用程序的安全、用户的安全、数据的安全。此外,网络的防火墙产品还将把网络前沿技术,如 Web 页面超高速缓存、虚拟网络和带宽管理等与其自身结合起来。

二、国际电子商务安全的法律保护

虽然计算机网络安全和防护技术的不断进步,使国际电子商务交易的安全性得到持续提升。但是,技术不能解决国际电子商务交易安全的所有问题,尤其是人为因素造成的交易安全问题,如虚假信息、垃圾邮件、网络欺诈、软件盗版、网络知识产权侵权和黑客攻击等。这就需要依靠不断完善的法律保障来实现。下面将重点围绕电子认证、惩治网络信息和网络交易犯罪等进行讨论。

(一)电子认证的法律保障

电子认证(Electronic Authentication)是采用电子技术检验网络用户和电子商务交易方合法性的一种操作。其主要内容包括三个方面:

(1)保证自报姓名的个人和法人的合法性的本人确认。确认本人的方法一般有组合使用用户 ID 和密码,以及磁卡或 IC 卡和密码。需要进行慎重的认证时,可利用指纹、虹膜类型等可识别人体的生物统计学技术。

(2)通过电子商务进行贵重物品交易时,保证个人或企业间收发信息在通信的途中和到达后不被改变的信息认证。

(3)数字签名,在数字信息内添加署名信息。

电子认证的目的就是通过 CA 中心对公共密钥进行辨别和认证(包括跨国认证)以防止或减少因密钥的丢失、损毁或解密等,造成电子交易的不确定因素及不安全性风险。同时,认证证明书还能佐证密钥申请人的资信状况。

电子认证是电子商务的核心环节,可以确保网上传递信息的真实性、完整性、保密性和不可否认性,确保国际电子商务交易的安全。

(1)真实性,就是要确保交易参与各方的身份真实、信息内容真实、交易发生时间真实。

(2)完整性,就是确保交易各方的信息是完整的、没有被篡改过和伪造过的。

(3)保密性,就是确保电子交易中数据、电子信息的保密性,使之不被交易各方以外的与交易无关的个体、企业或机构获知。

(4)不可否认性,就是确保交易各方不能对其参与过交易的事实进行抵赖,为日后可能存在的交易纠纷提供可信的证据。

电子认证的法律效力一般通过两种途径得到保障。第一种也是最直接的是通过立法的形式加以确认。这主要是通过法律及授权政府机关主管部门指定相应规则,从而最终达到保障电子认证的效力具有法律上的依据与保障。美国很多州都是采取这种方式。主要有以下几种形式:

(1) 以直接的立法形式明示直接承认可被接受的技术方案标准。

(2) 授权政府主管部门制定相应规则,如享有颁布或吊销 CA 机构从事电子认证业务许可的权力,同时对违规/违法经营操作的 CA 机构具有行政处罚权。

(3) 制定明确的设立及管理 CA 机构的条件及程序。同时,在监管 CA 机构层面上,政府主管部门还设置所有合法登记、注册经营电子认证业务的 CA 机构的资料库供客户查询。

第二种是当事人之间通过协议方式来确认电子认证的效力。在这种情形下,法律只规定原则性条文,如确定电子签名与书面签名的同等效力,至于当事人之间如何选择技术方案以及由谁来做"第三者"——电子认证人,则由当事人协议确定。在此情形下,银行、ISP 公司等均可扮演电子认证机构的角色。但相对于第一种形式,这种方式中电子认证的效力就相对弱一些。特别是在发生纠纷的情况下,法院如何判定合约效力及责任归属问题,以及如何对抗第三人等,就无专门法律可依了。

自 2005 年 4 月 1 日起施行,经全国人大常务委员会分别于 2015 年 4 月 24 日和 2019 年 4 月 23 日两次修订的《电子签名法》,对电子认证服务提供者应具备的条件、电子认证资格的取得、电子认证业务规则的制定与备案、电子签名认证证书的签发、电子认证服务的暂定或终止、电子认证信息的保存以及电子认证服务提供者应承担的法律责任等,做出了详细规定。我国工业和信息化部随后制定发布的《电子认证服务管理办法》,又对上述条款及其实施做出了进一步的细化。

(二) 惩治网络信息和网络犯罪的法规

1. 欧美国家惩治网络信息和网络交易犯罪的法律

1984 年 10 月 12 日,美国国会通过《伪造连接装置与计算机欺诈及滥用法》,这是美国第一部专门惩治计算机网络信息犯罪的刑事立法,此法条后来被纳入《美国联邦刑法法典》第 47 章第 18 篇最后一条,名为"计算机相关之欺诈及犯罪行为",规定计算机犯罪包括下列行为:非法使用者或合法使用者以非法目的使用计算机获利或造成他人损失的;非法或者以非法目的获取受相关法律保护的计算机资料;以破坏、篡改或改变信息储存为目的而访问计算机系统的行为,无论造成损失与否。1986 年美国又对 1984 年的法律进行了全面修订,颁布了《计算机欺诈和滥用法》,重点惩处未经授权而故意进入政府计算机系统的行为。1989 年颁布的《计算机保护法案》禁止行为人在明知或者有足够理由相信其行为足以造成不良后果的情形下,引入计算机程序或计算机本身的指令。

英国在 1984 年也颁布了《数据保护法》,规定了个人数据的保护原则,以防止不正当侵犯个人隐私权为立法目的。1990 年英国又制定实施了《计算机滥用法》,规定了三种犯罪类型:一是未经授权接触计算机资料;二是意图犯罪或意图协助犯罪而未经授权接触计算机;三是故意损毁、破坏或修正计算机资料或程序。

德国将与计算机网络信息有关的犯罪完全纳入《刑法典》体系,1986年的《刑法典》中对有关计算机犯罪的规定主要包括:资料间谍罪、计算机欺诈罪、伪造可为证据之重要资料罪、刺探资料罪、变更资料罪、妨害计算机罪。1997年8月1日,德国颁布《多媒体法》,从而成为世界上第一个对互联网应用与行为规范进行法律约束的国家。《多媒体法》一方面扩大了服务商的经营自由,另一方面又强化了在公开电信网络上的消费者保护和数据保护,同时禁止在公开的信息网络上传播色情和宣扬暴力的文字、图片等。

法国于1988年颁布实施《计算机欺诈法》,对计算机犯罪进行的分类主要有:阻碍计算机信息功能罪、以欺诈方法改变计算机文件和非法利用伪造文件、试图进行以上犯罪、共谋进行以上犯罪活动。1994年3月1日生效的新《刑法典》中,"计算机信息领域的犯罪"一章中共定义了三种计算机犯罪,即侵入资料自动处理设备罪,妨害资料处理系统运作罪,非法输入、取消、变更资料罪。

2. 我国针对计算机犯罪和网络安全的立法建设

"没有网络安全就没有国家安全,没有信息化就没有现代化。"党中央、国务院高度重视互联网法制建设。尤其是2000年以来,我国制定了《全国人民代表大会常务委员会关于维护互联网安全的决定》《中华人民共和国电信条例》《互联网信息服务管理办法》《互联网新闻信息服务管理规定》等一系列涉及互联网的法律、行政法规和部门规章。同时,我国《刑法》《民法通则》《未成年人保护法》等法律的相关条款也涉及或适用于互联网管理。上述法律法规在推动和规范我国互联网建设发展及保障国际电子商务的交易安全方面中发挥了重要作用。

(1) 有关法律及司法解释。主要有:2000年12月28日第九届全国人民代表大会常务委员会第十九次会议通过,并于2011年1月8日修订的《关于维护互联网安全的决定》;2010年7月1日施行的《中华人民共和国侵权责任法》,将"利用网络侵害他人民事权益"列入该法管辖范围;2012年12月28日第十一届全国人民代表大会常务委员会第三十次会议通过的《关于加强网络信息保护的决定》;2013年1月1日施行的《最高人民法院关于审理侵害信息网络传播权民事纠纷案件适用法律若干问题的规定》;2013年3月15日实施的《消费者权益保护法》;2013年9月10日施行的《最高人民法院、最高人民检察院关于办理利用信息网络实施诽谤等刑事案件适用法律若干问题的解释》;2015年7月1日施行的《中华人民共和国国家安全法》,首次明确了"维护国家网络空间主权、安全和发展利益";2017年6月1日施行的《中华人民共和国网络安全法》;2017年11月4日第十二届全国人民代表大会常务委员会第三十次会议通过的《中华人民共和国刑法修正案(十)》,对计算机类和网络类犯罪做出明确的处罚规定;2019年1月1日起施行的《电子商务法》。

(2) 有关行政法规。包括1994年2月18日国务院颁布的《中华人民共和国计算机信息系统安全保护条例》,这是我国第一部计算机安全法规;1996年2月1日国务院颁布的《中华人民共和国计算机信息网络国际联网管理暂行规定》;2000年9月20日国务院第 31 次常务会议通过的《互联网信息服务管理办法》；2001 年 12 月 20 日国务院颁布的《计算机软件保护条例》；2002 年 9 月 29 日国务院颁布的《互联网上网服务营业场所管理条例》；2006 年 5 月 18 日国务院颁布的《信息网络传播权保护条例》；2014 年 8 月 26 日国务院下发的《关于授权国家互联网信息办公室负责互联网信息内容管理工作的通知》，授权重新组建的国家互联网信息办公室负责全国互联网信息内容管理工作，并负责监督管理执法。

（3）有关部门规章。包括 1997 年 6 月 28 日公安部部长办公会议通过的《计算机信息系统安全专用产品检测和销售许可证管理办法》；1997 年 12 月 16 日公安部颁布的《计算机信息网络国际联网安全保护管理办法》；1998 年 8 月 31 日公安部、中国人民银行发布的《金融机构计算机信息系统安全保护工作暂行规定》；2000 年 1 月 1 日国家保密局施行的《计算机信息系统国际联网保密管理规定》；2000 年 4 月 26 日公安部发布施行的《计算机病毒防治管理办法》；2009 年 4 月 30 日国务院新闻办公室、商务部、工商总局联合公布的《外国机构在中国境内提供金融信息服务管理规定》；2011 年 12 月 29 日工业和信息化部令颁布的《规范互联网信息服务市场秩序若干规定》；2013 年 7 月 16 日工业和信息化部颁布的《电信和互联网用户个人信息保护规定》；2014 年 1 月 26 日国家工商行政管理总局颁布的《网络交易管理办法》；2014 年 5 月 28 日国家工商行政管理总局颁布的《网络交易平台经营者履行社会责任指引》；2017 年 5 月 2 日国家互联网信息办公室颁布的《互联网新闻信息服务管理规定》和《互联网信息内容管理行政执法程序规定》；2017 年 9 月 28 日，工业和信息化部颁布的《互联网域名管理办法》。

本章小结

本章对国际电子商务的安全问题、国际电子商务的安全技术及国际电子商务的安全防护等进行了较为详细的介绍。

基于互联网开展国际电子商务面临的主要安全问题包括黑客攻击、病毒攻击、网页仿冒、安全产品使用不当和安全管理制度的缺失等，同时也存在交易主体的准入机制、信用风险、电子合同确认、电子支付、电子商务管理五个方面的安全隐患。保障国际电子商务交易的安全必须满足信息保密性、交易方身份的确定性、交易的不可否认性和信息的完整性四个要素。

国际电子商务的安全技术主要包括信息加密技术和鉴别技术两大类。常用的信息加密技术有对称密钥加密、公开密钥加密和数字信封三种，各有其优点和局限性。而信息鉴别技术则包括信息摘要、数字签名、数字时间戳和数字证书四种常见技术。

国际电子商务交易安全的防护需要技术和法律两个方面的不断完善。防火墙是国际电子商务安全防护的主要技术手段，常见的类型有：包过滤防火墙和代理服务型防火墙。未来的防火墙技术应全面考虑网络的安全、操作系统的安全、应用程序的安全、用户的安全和数据的安全。国际电子商务安全的法律防护必不可少，本章主要介绍了电子交易认证与惩治网络信息和网络交易犯罪两个方面的法规。

关键术语

计算机网络安全,电子商务交易安全,"黑客""病毒""网络钓鱼",对称密钥,公开密钥,信息摘要,数字签名,数字时间戳,数字证书,"防火墙"

复习思考题

1. 电子商务交易的安全隐患主要存在于哪几个方面?
2. 电子商务的安全需要包括哪四个要素?
3. 对称密钥加密体制和公开密钥加密体制的区别在哪里?
4. 什么是数字签名和数字时间戳?
5. 什么是信息摘要?
6. 什么叫防火墙,它可以实现哪些功能?
7. 常用的防火墙技术有哪些?各有哪些优缺点?
8. 我国电子商务安全立法有何特点?还应在哪些方面进一步完善?

参考书目

陈波,于泠.防火墙技术与应用[M].北京:机械工业出版社,2017年6月。

胡娟.电子商务支付与安全[M].北京:北京邮电大学出版社,2018年5月。

贾铁军,陶卫东.网络安全技术与应用[M].3版.北京:机械工业出版社,2017年7月。

贾铁军,蒋建军.网络安全技术与应用实践教程[M].3版.北京:机械工业出版社,2018年7月。

刘权.电子商务安全[M].北京:化学工业出版社,2017年3月。

人力资源和社会保障部教材办公室.电子商务安全技术[M].3版.北京:中国劳动社会保障出版社,2017年8月。

卢树强,叶小荣,陈彦宇.电子商务与信息安全[M].北京:中国纺织出版社,2018年3月。

谈晓勇,任永梅,汪斌.电子商务[M].北京:机械工业出版社,2017年11月。

王忠诚,贾晓丹.电子商务安全[M].3版.北京:机械工业出版社,2016年8月。

吴明华,钟诚.电子商务安全[M].2版.重庆:重庆大学出版社,2017年1月。

杨立钒,杨坚争.电子商务安全与支付[M].3版.北京:机械工业出版社,2016年10月。

张夏恒.跨境电子商务生态系统研究[M].北京:经济科学出版社,2017年1月。

周升起.国际电子商务[M].2版.北京:北京大学出版社,2016年1月。

第五章 国际电子商务大数据分析

学习目标

掌握：大数据的概念及特征，大数据处理的一般流程，常用数据分析技术
理解：大数据带来的思维模式的变革，数据预处理的主要方法
了解：大数据的发展历程，大数据的来源，大数据分析的特点

导学案例

大数据时代下的国美新零售

2017年，国美集团品牌价值达到801.09亿元，跻身中国企业500强。国美集团在三十多年的发展中积累了海量的数据，国美大数据中心对这些宝贵的数据资源进行了充分挖掘，经过几年的不懈努力，在提升用户体验、精准化营销、领导决策数据支撑等方面，取得了长足的发展，积累了宝贵的经验。

大数据技术作为一种"新能源"，在给零售业带来丰厚价值的同时，也推动了零售企业转型升级的巨大变革。国美集团充分挖掘和分析消费者—消费者、消费者—商品、消费者—服务交互产生的数据资源，从而提升产品运营和服务能力，大大改善了零售体验、提升了运营效率。国美集团主要从提升用户体验、精准化营销及决策分析三个方面进行了大数据应用的规划。

一、采用智能客服系统和智能搜索引擎，不断提升用户体验。

2017年，国美大数据中心自主研发推出的集售前咨询、场景化导购、知识库等功能为一体的智能客服系统正式上线。智能客服机器人"小美"是国美利用大数据和人工智能改善零售体验、提升零售效率的最新尝试，它能精准理解用户的意图，提升用户的满意度。"小美"通过对客户投诉类型、商品品类及地域维度进行分析，制订线上和线下智能客服一体化方案，统计与国美业务相关问答上万条，使其知识库容纳的问答量环比增加约77%。而同时上线的国美智能补货系统，则可以对国美系统内部滞销和缺货产品进行实时监控，从而提升了仓储工作的效率。

针对搜索引擎中，不能有效地、准确地理解用户语义的问题，国美搜索团队开发

出了分类预测模块,根据大量用户以往的搜索与点击行为数据,训练针对新的搜索词的分类预测模型,对每个搜索词进行语义预判,并根据预判结果将搜索结果加入排序因素列表,从而有效避免了单纯靠匹配度进行排序导致的排序不当引起的用户流失,极大地提高了用户体验。

在搜索结果界面展示方面,国美大数据中心加入大数据共识机制,定期统计用户在最近一段时间内点击、加购、购买的情况,按照热度对展现数据进行排序,让用户方便地找到性价比最高的商品,实现用户与平台共赢。

二、采用智能画像、智能营销和智能补货系统,实施精准化营销。

智能画像小区洞察系统、智能营销系统、智能补货系统,是国美大数据中心为实现精准营销,提升用户满意度、忠诚度,提高运营效率而推出的三大系统。智能画像小区洞察系统了解特定小区消费偏好,智能营销系统实现精细化营销投放,智能补货系统实现了对滞销产品和缺货产品的实时监控。基于三大系统平台的支撑,国美"一站式购物体验"和全渠道无缝对接得以实现。

用户、商品、小区、商家是国美大数据中心在智能画像方面进行大数据挖掘和分析的聚焦重点。国美大数据中心通过对多维数据背后关系的梳理、剖析,更深层次地了解、掌握用户的需求,由此可依据用户需求搭建体验场景,为用户提供精准服务。

智能营销系统就是依托大数据,从不断产生的海量用户访问、订单日志中发现用户的信息、购物需求、兴趣、意图,以及商品、话题浏览和销售之间的关联性、季节性、周期性规律,根据这些信息为每个用户生成多种形式的个性化商品清单列表,并通过个性化推荐优化系统将商品清单呈现给用户,以降低信息过载,提升用户体验。

智能补货系统是依据对已售商品及所生成订单的大数据分析,实施监测所有商品的库存数量变化,并根据不同商品的订单变化发出补货数量、补货品种指令,从而避免缺货和滞销问题,在提高库房工作效率的同时,将库存成本降到最低。

截至2018年年底,北京12 000多个新老小区、190多家门店被国美智能画像小区洞察系统覆盖;智能营销系统在多个营销场景上线,6 000万线下会员被用户标签化;智能补货系统补货率达50%,销量预测准确率较以往模式提升11%。

资料来源:根据陈军君主编:中国大数据应用发展报告No.2(2018),社会科学文献出版社,2018年9月(第1版)第66—76页有关内容整理编写。

案例思考题:查阅有关资料并结合案例进行分析,推动大数据技术和AI等技术在零售业中的应用对我国开展国际电子商务的积极作用。

第一节 国际电子商务大数据概述

搜索引擎在满足人们搜索网络信息需求的同时,抓取了海量的信息;社交平台在满足人们社交需要的过程中,把分散的用户聚集起来。国际电子商务平台在满足人们便捷购物的同时,收集了大量有关客户购物意愿和购物习惯等方面的数据。电子商务时代的到来,形成了今天的"大数据"。

一、大数据的概念及特征

(一)大数据的概念

大数据不是一项单一的技术,而是一个概念、一套技术、一个生态圈。不同的研究学者、产业界和政府组织从不同的角度给出了大数据的定义。迄今为止,关于大数据并没有形成一个公认的定义,比较被人们接受的界定有以下几种:

维基百科(Wikipedia)将大数据定义为:规模庞大,结构复杂,难以通过现有商业工具和技术在可容忍的时间内获取、管理和处理的数据集合。

美国国家技术标准研究院(NIST)认为大数据具有规模巨大、类型繁多、增长速度快和变化多样的特征[①],且需要一个可扩展体系结构来有效存储、处理和分析。

IBM 在大数据概念提出的早期,也对大数据给出了一个"4V"特性的定义,与 NIST 的表述略有不同,强调了大数据的数量(Volume)、多样性(Variety)、速度(Velocity)和真实性(Veracity)等方面,后来也将数据价值(Value)吸收进来,成为大数据的"5V"特性。

麦肯锡全球研究机构(McKinsey Global Institute)将大数据定义为:大小超过传统的数据库软件工具收集、存储、管理和分析能力的数据集,其内涵有两个方面:一方面,符合大数据标准的判断依据随着时间的推移和信息技术的进步正在发生变化;另一方面,符合大数据标准的判断依据因不同的应用而彼此不同。我们从中可以看出,数据集的容量不是大数据的唯一标准,持续增加的数据规模和通过传统数据库技术不能有效地管理是大数据的两个关键特征。

高德纳(Gartner)认为,大数据是指需要新处理模式才能具有更强的决策力、洞察发现力和流程优化能力的海量、高增长率和多样化的信息资产。

在维克托·迈尔·舍恩伯格(Viktor Mayer-Schönberger)及肯尼斯·库克耶(Kenneth Cukier)出版的《大数据时代:生活、工作与思维的大变革》(*Big Data: A Revolution That Will Transform How We Live, Work, and Think*)的著作中,从大数据分析方法的角度给出了定义:大数据指不用随机样本或抽样调查获取小部分数据这样的捷径,而采用所有数据的方法。他明确指出,大数据时代最大的转变就是,放弃对因果关系的渴求,转而关注相关关系。

国家标准《信息技术大数据术语》(GB/T 35295-2017)于 2017 年 12 月 29 日发布,并于 2018 年 7 月 1 日实施,其中给出了大数据的定义,即具有体量巨大、来源多样、生成极快且多变等特征并且难以用传统数据体系结构有效处理的包含大量数据集的数据。

综合上述定义,目前通常认为大数据具有"4V"的特征:体量大、来源多样、速度快和

---

① 分别对应 Volume、Variety、Velocity、Variability 四个方面。

价值密度低。

(二)大数据的特征

1. 数据体量大

大数据时代已然来临,数据正以前所未有的速度快速聚集和增长。从1986年到2010年的二十多年的时间里,全球数据的数量增长了100倍。目前,在电子商务、社交网络、服务业等领域都已经积累了TB(Terabyte,太字节)级、PB(Petabyte,拍字节)级甚至EB(Exabyte,艾字节)级的数据量。全球著名连锁超市沃尔玛每小时处理100多万条用户记录信息,维护超过2.5PB体量的客户关系数据库;社交网络Facebook存储的照片已超过500亿张;科学研究方面,2015年重启后的大型强子对撞机(Large Hadron Collider,LHC),几乎每秒将产生1GB的数据,并且数据暴涨不会就此止步,计划中的对LHC的各项升级工作,将会使LHC产生的数据量继续增长。

IBM的研究称,截至2012年,整个人类文明所获得的的全部数据中,有90%是过去两年内产生的。全球数据的膨胀率大约为每两年翻一番。根据国际数据公司(International Data Corporation,IDC)的统计和预测,人类产生并存储下来的数据在2009年已达到0.8ZB(Zettabyte,泽字节),2013年就已突破4.4ZB。这一数据总量仍在以更快的速度增长。按照这个趋势,预计到2020年,数据总量将突破44ZB,是2013年的十倍;到2025年这一数字将可能达到惊人的163ZB。表5-1是一个常用来表示数据量的单位对照表。

表5-1 数据量的单位表示

单位	名称及符号		换算关系	科学计数法
Byte(字节)	字节	B	1B = 8Bit	
KB(Kilobyte,千字节)	千	K	1KB = 1024 B	$1\times 2^{10} \approx 1\times 10^{3}$
MB(Megabyte,兆字节)	兆	M	1MB = 1024 KB	$1\times 2^{20} \approx 1\times 10^{6}$
GB(Gigabyte,吉字节)	吉	G	1GB = 1024 MB	$1\times 2^{30} \approx 1\times 10^{9}$
TB	太	T	1TB = 1024 GB	$1\times 2^{40} \approx 1\times 10^{12}$
PB	拍	P	1PB = 1024 TB	$1\times 2^{50} \approx 1\times 10^{15}$
EB	艾	E	1EB = 1024 PB	$1\times 2^{60} \approx 1\times 10^{18}$
ZB	泽	Z	1ZB = 1024 EB	$1\times 2^{70} \approx 1\times 10^{21}$
YB(Yottabyte,尧字节)	尧	Y	1YB = 1024 ZB	$1\times 2^{80} \approx 1\times 10^{24}$

2. 来源多样

大数据的数据来源众多,科学研究、企业组织应用和互联网应用等都在源源不断地生成新的数据。金融大数据、电子商务大数据、交通大数据、医疗大数据等都呈现出高速增长的态势,且体量巨大。

大数据不仅数据来源多,而且数据类型繁多,这一方面体现在面向一类场景的大数

据集可能同时覆盖结构化、半结构化、非结构化的数据;另一方面也体现在同类数据中的结构模式复杂多样。例如,一个处理城市交通数据的应用,覆盖的数据类型就可能包含结构化的车辆注册数据、驾驶人信息、城市道路信息等,也包含半结构化的各类文档数据和非结构化的交通路口摄像头采集的视频数据等。数据类型丰富多样往往导致数据的异构性,进而增加了数据处理的复杂性,对数据处理和数据分析提出了更高的要求,同时也带来了新的机遇。传统的联机分析处理(On-Line Analytical Processing,OLAP)和商务智能工具大都面向结构化数据,而在大数据时代,用户友好的、支持非结构化数据分析的商业软件也将迎来广阔的市场前景。

3. 速度快

速度快是大数据处理技术和传统数据挖掘技术最大的区别。大数据的速度快包含两层含义:一是数据产生的速度快;二是体现在数据的采集、存储与处理分析等必须考虑时效性要求,实现实时数据的处理。

大数据时代的数据产生速度非常快。在互联网一分钟内,Twitter可以产生48.1万条推文,苹果App Store提供37.5万次应用下载,Facebook会有97.3万用户登录,同时将产生86.3万美元的在线支付……有成千上万台服务器提供数据的处理。

大数据是一种以实时数据处理、实施结果导向为特征的解决方案。大数据时代的很多应用都需要基于快速生成的数据给出实时分析处理的结果,用于指导生产和生活实践。因此,数据处理和分析的速度通常要达到秒级响应。2017年11月12日,阿里巴巴公布了天猫"双11"的交易数据,全球消费者全天通过支付宝实现支付总笔数14.8亿笔,支付峰值达到25.6万笔/秒,阿里云发挥了重要的作用。

目前,国际电子商务应用大数据的数据挖掘日益趋于前端化,即提前感知预测并直接提供服务对象所需的个性化需求。跨境电子商务平台从点击流、浏览历史和用户行为中实时发现客户的即时购买意图和兴趣,并据此提供商品的智能推荐。

为了实现快速分析海量数据的目的,新兴的大数据分析技术通常采用集群处理和独特的内部设计。以谷歌公司的Dremel为例,这是一种可扩展的、交互式的实时查询系统,用于只读嵌套数据的分析,通过结合多级树状执行过程和列式数据结构,它能做到几秒钟内完成万亿张表的聚合查询,系统可以扩展到数以万计的云服务器上,满足谷歌数以亿计用户操作PB级数量的要求,并且可以在2—3秒完成PB级别数据的查询。

4. 价值密度低

通过对大数据的分析处理,在无序数据中建立关联可以获得大量高价值的、非显而易见的隐含知识,从而获得巨大的价值。这一价值体现在统计特征、事件检测、假设检验等各个方面。但大数据的价值并不一定随着数据集规模的增加而增加。对于一个特定的分析问题,大数据中可能包含大量毫无价值的数据,有价值的数据会淹没在大量无用的数据中,因而有"价值密度低"的说法。因此,在计算上如何度量数据集的价值密度,如何针对应用问题快速定位有价值的数据,并从中挖掘出有价值的信息,是大数据计算的核心问题之一。

此外,还有一些学者在大数据"4V"特征的基础上增加了真实性(Veracity),形成了

"5V"框架,如阿姆斯特丹大学的尤里·德姆琴科(Yuri Demchenko)等人提出大数据还应具有可信性、证伪性、有效性和可审计性等特点,即真实性。数据的真实性是指数据在跨边界传送的情况下,与数据完整性和隐私保护相关的一种数据特征,简单来说就是数据的准确性,强调数据的质量是大数据价值发挥的关键。

(三)大数据带来的思维模式改变

舍恩伯格和库克耶在《大数据时代:生活、工作与思维的大变革》一书中指出,所谓大数据思维,是指一种意识,认为公开的数据一旦处理得当就能为千百万人急需解决的问题提供答案。大数据时代最大的转变就是思维方式的三种转变:全样本而非抽样、效率而非精确、相关而非因果。

1. 全样本而非抽样

过去,由于数据存储和处理能力的限制,在科学分析中,我们通常采用抽样的方法,即从全集数据中抽取一部分样本数据,通过对样本数据的分析来推断全集数据的总体特征。通常,样本数据规模要比全集数据小很多,因此,可以在可控的代价内实现数据分析的目的。现在,我们已经迎来大数据时代,大数据技术的核心就是海量数据的存储和处理,分布式文件系统和分布式数据库技术提供了理论上近乎无限的数据存储能力,分布式并行编程框架 MapReduce 提供了强大的海量数据并行处理能力。因此,运用大数据技术,采用全数据样本思维方式分析解决问题,其结论的真实性会更高,并且可以在短时间内迅速得到分析结果。例如前文提及的,谷歌公司的 Dremel 可以在 2—3 秒完成 PB 级别数据的查询。

2. 效率而非精确

过去,我们采用抽样方法进行科学统计分析时,力求分析方法和分析结果的精确性,因为抽样分析只是针对部分样本的分析,其分析结果被应用到全局数据之后,误差会被放大,这就意味着,抽样分析的微小误差被放大到全集数据之后,可能会变成一个很大的误差。因此,为了保证误差被放大到全集数据时仍然处于可以接受的范围,就必须确保抽样分析结果的精确性。正是出于这种考虑,传统的数据分析方法往往更加注重提高算法的精确性,其次才是提高算法效率。现在,大数据时代采用全样本分析而不是抽样分析,全样本分析结果就不存在误差被放大的问题。因此,追求高精确性已经不是其首要目标;相反,大数据时代具有"秒级响应"的特征,要求在几秒内就迅速给出针对海量数据的实时分析结果,否则就会丧失数据的价值,因此,数据分析的效率成为关注的核心。

3. 相关而非因果

过去,数据分析的目的一方面是揭示事物背后的发展机理,比如,一个大型超市在某个地区的连锁店在某个时期内净利润下降很多,这就需要信息技术部门对相关销售数据进行详细分析找出产生问题的原因;另一方面是预测未来可能发生的事件,比如,通过实时分析微博数据,当发现人们对雾霾的讨论明显增加时,就可以建议销售部门增加口罩的进货量,因为人们关注雾霾的一个直接结果就是,大家会想购买一个口罩来保护自己的身体健康。不管是出于哪个目的,其实都反映了一种"因果关系"。但是,在大数据时代,因果关系不再那么重要,人们转而追求"相关性"而非"因果性"。比如,在京东商城购物时,当我们购买了一个汽车防盗锁以后,京东商城还会自动提示你,与你购买相同物品的其他客户还购买了汽车坐垫等商品,也就是说,京东商城只会告诉你"购买汽车防盗锁"与"购买汽车坐垫"之间存在相关性,但是并不会告诉你为什么其他客户购买了汽车防盗锁以后还会购买汽车坐垫。

二、大数据的发展历程

随着大数据技术的飞速发展和大数据应用的不断普及,大数据已经渗透到生活的方方面面,成为社会进步、经济发展和改善民生的重要推动力量。大数据已成为当今时代最热门的话题之一。这里我们一起来探索大数据的前生今世,回顾其发展的各个阶段。

从"大数据"一词的正式出现距今已经将近40年的时间,我们可以把大数据的整个发展历程划分为四个重要阶段,分别是萌芽期、快速发展期、成熟期和大规模应用期(见表5-2)。

表5-2 大数据发展的四个阶段

阶段	时间	内容
第一阶段:萌芽期	20世纪80年代—21世纪初	随着数据挖掘理论和数据库技术的逐步成熟,一批商业智能工具和知识管理技术开始被应用,如数据仓库、专家系统、知识管理系统等
第二阶段:快速发展期	2003—2010年	Web2.0应用迅速发展,非结构化数据大量产生,传统处理方法难以应对,以上带动了大数据技术的快速突破
第三阶段:成熟期	2011—2015年	大数据解决方案走向成熟,形成了并行计算与分布系统两大核心技术,谷歌的GFS和MapReduce等大数据技术受到追捧,Hadoop平台开始广泛应用。大数据成为时代特征
第四阶段:大规模应用期	2016年至今	大数据应用渗透各行各业,数据驱动决策,信息社会智能化程度大幅提高

我们回顾一下大数据发展的重要事件。

1980年,著名未来学家阿尔文·托夫勒(Alvin Toffler)在《第三次浪潮》(*The Third Wave*)一书中,将大数据称颂为"第三次浪潮的华彩乐章"。

1997年10月,美国国家航空航天局(NASA)阿姆斯研究中心迈克尔·考克斯(Michael Cox)和大卫·埃尔斯沃斯(David Ellsworth)在第八届美国电气和电子工程师协会(IEEE)关于可视化的会议论文集中首次使用"大数据"概念,并界定了内涵。他们表示,日新月异的计算机技术迅猛发展,带动了数据处理技术的革新,促使人类重新调整自身认识问题、解决问题的方法。

1999年10月,在第十届IEEE会议上,设置了名为"自动化或者交互:什么更适合大数据?"的专题讨论小组,探讨大数据问题。

2001年2月,梅塔集团分析师道格·莱尼(Doug Laney)发布题为"3D数据管理:控制数据容量、处理速度及数据种类"的研究报告。10年后,"3V"(Volume、Variety和Velocity)作为定义大数据的三个维度而被广泛接受。

2005年9月,蒂姆·奥莱利(Tim O'Reilly)发表了"什么是Web2.0"一文,并在文中指出"数据将是下一项技术核心"。

2008年,《自然》(Nature)杂志推出大数据专刊;计算社区联盟(Computing Community Consortium)发表了"大数据计算:在商业、科学和社会领域的革命性突破"的主题报告,阐述了大数据技术及其面临的一些挑战。

2010年2月,库克耶在《经济学人》(The Economist)上发表了一份关于管理信息的特别报告,标题为"数据,无所不在的数据"。

2011年2月,美国《科学》(Science)杂志推出关于数据处理的专刊《处理数据》(Dealing with Data),讨论了数据洪流(Data Deluge)所带来的挑战,特别指出,倘若能够更有效地组织和使用这些数据,人们将得到更多的机会发挥科学技术对社会发展的巨大推动作用。

2011年,舍恩伯格、库克耶出版著作《大数据时代:生活、工作与思维的大变革》,引起轰动。

2011年5月,麦肯锡全球研究院发布"大数据:下一个具有创新力、竞争力与生产力的前沿领域"的研究报告,提出大数据时代已经到来。

2012年3月,美国奥巴马政府发布了《大数据研究和发展倡议》,正式启动"大数据发展计划",大数据上升为美国国家发展战略,被视为美国政府继"信息高速公路计划"之后在信息科学和领域的又一重大举措。

2013年12月,中国计算机学会发布《中国大数据技术与产业发展白皮书》,系统总结了大数据的核心科学与技术问题,推动了我国大数据学科的建设与发展,并为政府部门提供了战略性的意见和建议。

2014年5月,美国政府发布2014年全球"大数据"白皮书《大数据:抓住机遇、守护价值》,鼓励使用数据推动社会进步。

2015年8月,中国国务院印发《促进大数据发展行动纲要》,全面推进我国大数据发展和应用,加快建设数据强国。

2018年4月18日,在"2018大数据产业峰会"上,中国信息通信研究院正式发布了《大数据白皮书(2018年)》。

2018年8月2—3日,由国家工信部中国电子信息产业发展研究院主办,中国大数据产业生态联盟承办的"2018(第三届)中国大数据产业生态大会"隆重召开。大会以"深挖数据智能,助推数字经济"为主题,建构大数据产业生态,推动技术创新,得到业内高度关注。

三、大数据处理的一般流程

大数据的数据来源广泛、数据类型丰富多样,其数据应用需求也不尽相同,但是大数据最基本的处理流程是一致的。基于互联网应用的海量数据的处理是一类非常典型的大数据应用,从中可以归纳出大数据分析应用的最基本的流程,如图5-1所示。

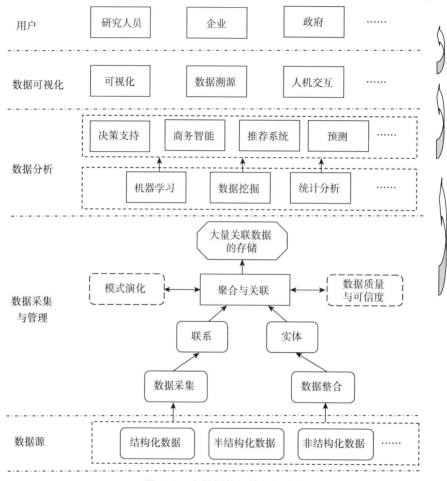

图5-1 大数据处理的一般流程

整个大数据的处理应用流程可以定义为:在合适工具的辅助下,对广泛异构的数据源进行采集和预处理,按照一定的标准对结果进行统一存储,并利用合适的数据分析技术对存储的数据进行分析,从中提取有益的知识并利用恰当的方式将结果展现给终端用户。具体来说,大数据处理过程可以概括为数据采集、数据管理、数据分析和数据可视化交互分析等不同环节,并可按照需要进行迭代。

（一）数据采集

从数据中获取有价值的信息,首先要解决的问题就是数据化,即从现实世界中采集数据并对数据进行计量和记录。除了通过传感器从现实世界中采集,数据的来源还包括传统的关系数据、从互联网爬取的公开数据、系统运行的日志数据等。如何获取这些规模大、产生速度快、异构多源的数据,并使之协同工作服务于所研究的问题,是大数据获取阶段的核心问题。获取数据后,需要对数据进行变换、清洗等预处理,输出满足数据应用要求的数据。这个与数据整理相关的整个过程也称为数据治理。

（二）数据管理

数据管理是对数据进行分类、编码、存储、索引和查询,是大数据处理流程中的关键技术,是负责数据从落地存储（写）到查询检索（读）的核心。从人们最早使用文件管理数据,到数据库、数据仓库技术的出现与成熟,再到大数据时代新型数据管理系统的涌现,数据管理一直是数据领域和研究工程领域的热点。随着数据规模的扩大,数据管理技术也向低成本、高效率的存储查询技术方向发展。

（三）数据分析

数据分析的主要任务是从看似杂乱无章的数据中揭示其中隐含的内在规律,挖掘有用的知识,以指导人们进行科学的推断与决策。数据分析使决策有了经验、直觉之外的数据支撑。根据数据分析的目标,可以将数据分析划分为描述性分析、诊断性分析、预测性分析和规范性分析。描述性分析侧重对已发生的事件进行问答和总结,通常借助报表和仪表板来完成;诊断性分析旨在寻求已经发生事件的原因,在不同的数据源上进行关联分析是其主要渠道;预测性分析基于尝试预测事件的结果,这需要通过基于过去事件的数据形成关联和因果关系的判断来实现;规范性分析建立在预测性分析的基础上,用来规范需要执行的行动,并给出支撑理由。从技术手段上来看,统计数据分析是最简单而直接的方法,通常支撑数据的描述性分析;基于机器学习的数据分析可以基于数据自动构建解决问题的规则和方法,是支撑后几类分析的关键手段。近年来,深度学习作为机器学习的一个方法在许多应用领域取得了较大的进展,也客观地推动了大数据技术的应用。

（四）数据可视化与交互分析

可视化是通过将数据转化为图形图像,通过提供交互,帮助用户更有效地完成数据的分析、理解等任务的技术手段。可视化可以迅速有效地简化与提炼数据,帮助人们从大量的数据中寻找新的线索,发现和创造新的理论、技术和方法,从而帮助业务人员而非数据处理专家更好地理解数据分析的结果。在可视化的基础上再进一步,是通过可视化分析,对大量且关联复杂的数据,采用自动化分析与交互可视化的结合方法,帮助用户高效地理解和分析数据,探索数据中的规律,从而帮助用户做出决策。

第二节 国际电子商务数据的采集与预处理

数据是大数据分析和应用的基础,数据采集和预处理是数据分析的第一个环节,也是最重要的环节之一,其中数据源的选择和原始数据的采集方法又是大数据采集的关键。大数据的采集是在确定用户需求目标的基础上,针对该范围内所有结构化、半结构化和非结构化的数据进行采集,其数据体量大、种类繁多、来源广泛。在此前提下,再对海量数据进行处理,从中分析挖掘出有价值的信息。

大数据的来源多样,既包括传统的关系型数据库、NoSQL 等非关系型的数据库中的数据,也包括直接来源于企业 ERP 系统、互联网应用的数据及系统运行日志数据等。大数据采集阶段的工作就在于如何获取这些规模大、产生速度快的数据,从而有效地支撑大数据分析等应用。大数据得以有效利用的关键是将采集的数据处理成为符合应用需求的形式,这个过程属于数据预处理。数据预处理包括数据清洗、数据集成、数据变换和数据归约等。

在很多情况下,即使采集的数据得到了有效的集成,也难以直接使用,这主要有两个方面的原因,一方面是数据源数据的单位、制式和应用要求等各不相同;另一方面是在数据采集、传输、集成等一系列的过程中会产生错误,这些误差会对大数据的分析造成误导,甚至带来以数据为中心的应用的失败。因此,在数据使用之前,需要对数据进行预处理。第一个问题可以通过数据变换来解决,第二个问题可以通过数据清洗来解决。

一、大数据的来源

来源的多样性是大数据的一个重要特征,不同来源的数据有着不同的采集方式。国际电子商务数据的主要来源为商业应用、基于互联网的应用和物联网。

(一) 商业数据

商业数据是指来自企业信息化资源管理系统、各种 POS 终端及网上支付等业务系统的数据,商业应用是现在最主要的数据来源。这类数据的特点包括:以结构化形式存在,模式清晰;数据增长速度较快;有专门的管理人员维护,数据质量较高,数据语义明确,数据价值密度较大。例如,亚马逊美国公司拥有全球零售业最先进的数字化仓库,通过对数据的采集、整理和分析,可以优化产品结构,开展精确营销和实现快速的订单履行。此外,亚马逊的 Kindle 电子书城中积累了上千万本电子图书,并完整记录着读者们对图书的标记和笔记,若加以分析,亚马逊公司能从中得到哪类读者对哪些内容更感兴趣的信息,从而向读者进行智能推荐。

(二) 互联网数据

互联网数据是指网络空间交互过程中产生的大量数据,包括社交媒体平台、客户评论及留言、通信记录等,其数据复杂且难以被利用。这类数据的特点包括:结构化、半结构化和非结构化数据共存,部分数据存在预定的模式,但模式不固定;数据规模较大,数据更新较快;由于缺乏专门的数据管理人员及缺少数据顶层设计,数据质量很低,数据语义不明确,数据价值密度很低。

互联网的各项应用成为大数据信息的主要来源,能够采集什么样的信息、采集到多少信息及哪些类型的信息,直接影响着大数据应用功能最终效果的发挥。而信息数据采集需要考虑采集量、采集速度、采集范围和采集类型,信息数据采集速度可以达到秒级以上;采集范围涉及 SNS 网站、公共门户网站等;采集类型包括文本、数据、URL、图片、视频、音频等。

(三) 物联网数据

物联网(IoT, Internet of Things)是新一代信息技术的重要组成部分,也是信息化时代的重要发展阶段。顾名思义,物联网就是物物相连的互联网。这有两层意思:其一,物联网的核心和基础仍然是互联网,是在互联网基础上的延伸和扩展的网络;其二,其用户端延伸和扩展到了任何物品与物品之间,进行信息交换和通信,也就是物物相连。物联网通过智能感知、识别技术与普适计算等通信感知技术,广泛应用于网络的融合中,也因此被称为继计算机、互联网之后世界信息产业发展的第三次浪潮。物联网是互联网的应用拓展,与其说物联网是网络,不如说物联网是业务和应用。因此,应用创新是物联网发展的核心,提升用户体验是物联网发展的灵魂。

物联网数据是指通过感知设备获得的数据,主要包括射频识别技术和二维码扫描数据、传感器数据(气象、环保、仓储管理等)、科学仪器产生的数据、GPS 数据、安防监控数据等。这类数据的特点包括:结构化、半结构化和非结构化数据共存,根据产生数据设备的特点,部分数据存在严格的模式;数据规模极大,数据更新极快;由于设备运行不稳定等因素,数据质量参差不齐,数据价值密度较低。行业内将零售按照距离分为三种不同的形式:以电商平台销售为代表的远场零售,以商场或超市销售为代表的中场零售,以便利店或自动售货机为代表的近场零售。物联网技术可以用于近场和中场零售,且主要应用于近场零售,即无人便利店和自动(无人)售货机。近年来,各大电子商务平台通过将传统的售货机和便利店进行数字化升级、改造,打造无人零售模式。通过数据分析,并充分运用门店内的客流和活动,为用户提供更好的服务,给商家提供更高的经营效率。

二、多源数据的采集

数据采集技术是信息科学的重要组成部分,随着计算机技术及互联网应用的发展和普及,数据采集技术具有更广阔的发展前景。大数据的采集技术是大数据处理的关键核心技术之一。根据数据源特征的不同,数据采集的方法多种多样。下面介绍两种常用的数据采集方法:系统日志和网络爬虫。

(一)系统日志

对系统日志进行记录是广泛使用的数据获取方法之一。系统日志包含了系统的行为、状态及用户与系统的交互。例如,Web 服务器记录的用户行为、网络监控的性能测量及流量管理、对计算机硬件系统运行状态的记录等,都属于系统日志。很多互联网企业、电子商务平台都有自己的数据采集工具,多用于系统运行日志的采集。

系统日志在诊断系统错误、优化系统运行效率、发现用户行为偏好等方面有着广泛的应用。例如,Web 服务器通常要在访问日志文件中记录网站用户的点击、键盘输入、访问行为及其他属性,根据这些行为可以有效地发现用户偏好,一方面基于用户行为可以优化网站布局,另一方面可以做有效的用户画像从而实现精准的营销信息的推送。

常用的日志采集系统有 Apache 公司的 Chukwa、Cloudera 公司的 Flume、Facebook 公司的 Scribe 和 LinkedIn 的 Kafka,这些系统采用分布式架构,能满足每秒数百 MB 的日志数据采集和传输需求。常用的日志采集系统对比如表 5-3 所示。

表 5-3 常用的日志采集系统对比

日志采集系统	Scribe	Chukwa	Flume
公司	Facebook	Apache/Yahoo	Cloudera
开源时间	2008 年 10 月	2009 年 11 月	2009 年 7 月
实现语言	C/C++	Java	Java
容错性	收集器和存储之间有容错机制,而代理和收集器之间的容错需要用户自行实现	代理定期记录已发送给收集器的数据偏移量,一旦出现故障,可根据偏移量继续发送数据	代理和收集器、收集器和存储之间均有容错机制,并提供了三种基本的可靠性保证
负载均衡	无	无	使用 Zookeeper
可扩展性	好	好	好
代理	Thrift Clien,需要自己实现	自带一些代理,如获取 Hadoop 日志的代理	提供了各种丰富的代理
收集器	实际上是一个 Thrift Server	对多个数据源发过来的数据进行合并,然后加载到 HDFS 中;隐藏 HDFS 实现的细节	系统提供了很多收集器,可以直接使用
存储	直接支持 HDFS①	直接支持 HDFS	直接支持 HDFS
总体评价	设计简单,易于使用,但是容错性和负载均衡方面不够理想,且资料较少	属于 Hadoop 系列产品,直接支持 Hadoop,目前版本升级较快,有待完善	内置组建齐全,不必进行额外开发即可使用,比较优秀

---

① HDFS,Hadoop Distributed File System,即 Hadoop 分布式文件系统。

（二）网络爬虫

网络数据采集是指通过网络爬虫或网站公开 API 等方式从网站上获取互联网中相关网页内容的过程，并从中抽取出用户所需的属性内容。互联网网页数据处理就是对抽取出来的网页数据进行内容和格式上的处理、转换和加工，使之能够适应用户的需求。该方法可以将非结构化数据从网页中抽取出来，将其存储为统一的本地数据文件，并以结构化的方式存储。它支持图片、音频、视频等文件或附件的采集，附件与正文可以自动关联。

目前网络数据采集都是利用垂直搜索引擎技术的网络蜘蛛（或数据采集机器人）、分词系统、任务与索引系统等进行。网络爬虫按照一定的规则，自动地抓取万维网信息的程序或脚本，是一个自动提取网页的程序，它为搜索引擎从万维网上下载网页，是搜索引擎的重要组成部分。

基于互联网应用中不同的数据类型与网络结构，目前完善的数据采集系统都采用集分布式抓取分析、数据挖掘等功能于一体的信息系统技术，数据采集系统能对指定的网络进行定向数据抓取和分析，在专业知识库建立、企业竞争分析、网站内容建设、用户数据分析等领域应用广泛。数据采集系统能大大降低企业和政府部门在信息建设过程中的人工成本，同时能够挖掘更多有价值的商机。

网络数据采集和处理的整体过程，包括四个主要模块：

（1）网络爬虫（Spider），即从互联网中抓取网页内容，并抽取出需要的属性内容；

（2）数据处理（Data Process），即对爬虫抓取的内容进行处理；

（3）URL 队列（URL Queue），即为爬虫提供需要抓取数据网站的 URL；

（4）数据（Data），包括网站 URL、爬虫数据、数据处理数据。其中，网站 URL 是需要抓取数据网站的 URL 信息；爬虫数据是爬虫从网页中抽取出来的数据；数据处理数据是经过数据处理之后的数据。

网络数据采集的基本流程大体可以分为六个方面，如图 5-2 所示。

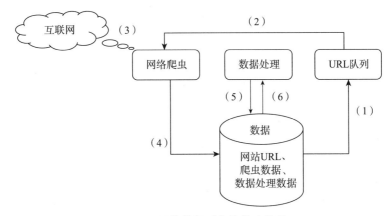

图 5-2 网络数据采集的基本流程

（1）将需要抓取数据的网站 URL 信息写入 URL 队列；

（2）爬虫从 URL 队列中获取需要抓取数据的网站的 URL 信息；

（3）爬虫从互联网中抓取与网站 URL 对应的网页内容，并抽出网页特定属性的内容值；

（4）爬虫将从网页中抽取出的数据写入数据库中；

（5）数据处理数据读取爬虫数据，并进行处理；

（6）数据处理数据将处理之后的数据写入数据库。

（三）其他采集方法

一些企业会使用传统的关系型数据库 My SQL 和 Oracle 等来存储数据。这些数据中存储的海量数据，相对来说结构化更强，也是大数据的主要来源之一。其采集方法支持异构数据库之间的实时数据同步和复制，基于的理论是对各种数据库的 Log 日志文件进行分析，然后进行复制。

在一些特定领域，比如在企业生产经营或科学研究等产生的保密性要求较高的数据，可以使用特定系统接口等相关方式进行采集。

三、大数据的预处理

数据来源的多样性及采用的大数据采集方法的不同，决定了获取的数据在类型和结构上比较复杂，或者存在缺失甚至错误的情况。为了提高数据质量，为后续的数据分析及挖掘奠定良好的基础，需要对数据进行预处理。数据预处理是指对所采集的数据进行分类或分组前所做的审核、筛选、排序等必要的处理，主要采用数据清洗、数据集成、数据变换、数据归约的方法进行数据预处理。其流程如图 5-3 所示。

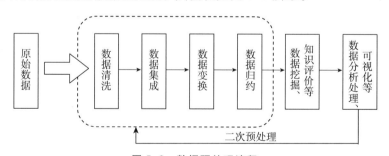

图 5-3　数据预处理流程

（一）数据清洗

数据清洗（Data Cleaning）是发现并纠正数据文件中可识别的错误的最后一道程序，包括检查数据一致性、处理无效值和缺失值等。因为数据仓库中的数据是面向某一主题的数据的集合，这些数据从多个业务系统中抽取而来而且包含历史数据，这样就不可避免地出现有的数据是错误数据、有的数据相互之间有冲突的情况，但这些错误的或有冲突的数据显然是我们不想要的。我们要按照一定的规则把这些错误值或冲突项"洗掉"，这就是数据清洗。在数据清洗中，根据缺陷数据类型可以分为异常记录检测、缺失值的处理、错误值的处理、不一致数据的处理和重复数据的检测。其中，异常记录检测和重复数据的检测为数据清洗的两个核心问题。

数据清洗一般针对具体应用对数据做出科学的清理。下面介绍几种数据清理的方法：

（1）填充缺失值。大部分情况下，缺失值必须要用手工来进行清理。某些缺失值可以从它本身数据源或其他数据源中推导出来，或者采用估算的方法，采用平均值、最值、中位数或更为复杂的概率估计代替缺失值，从而达到清理的目的。但估值方法会引入误差，如果缺失值较多，会使结果偏离较大。

（2）修改错误值。通常采用统计分析的方法，如偏差分析、回归分析、正态分布等，识别错误值或异常值；也可以用简单规则库检查数据值，或使用不同属性间的约束来检测和清理数据。

（3）不一致数据的检测和修复，通常是基于数据完整性约束的。数据不满足完整性约束，可以通过分析数据字典、元数据等，整理数据之间的关系进行修正。不一致数据通常是由于缺乏数据标准而产生的。

（4）检测异常记录。所涉及的异常记录包括：缺失值、错误值和不一致数据的修复等。

（5）重复数据的检测。其算法可以分为基本的字段匹配算法、递归的字段匹配算法、基于编辑距离的字段匹配算法和改进余弦相似度函数。

大数据的清洗工具主要有 Data Wrangle 和 Google Refine 等。Data Wrangle 是一款由斯坦福大学开发的在线数据清洗、数据重组软件，主要用于去除无效数据，将数据整理成用户需要的格式等。Google Refine 设有内置算法，可以发现一些拼写不一样但实际上应分为一组的文本。除了数据管家功能，Google Refine 还提供了一些有用的分析工具，如排序和筛选。

（二）数据集成

在数据采集过程中，由于数据可能来自自治的数据源，因此难以确保数据的结构类型、语态、语义等方面的一致性。而在很多应用中，需要将这些来自多个自治数据源的数据汇总并一起使用才能够产生新价值，这就是数据集成的任务。数据集成在大数据获取过程中扮演着"融会贯通"的角色。

数据集成是把不同来源、格式、性质的数据在逻辑上或物理上有机地集中，通过一种一致的、精确的、可用的表示法，对现实世界中同一种实体对象的不同数据做整合的过程，从而提供全面的数据共享，并经过数据分析和挖掘产生有价值的信息。互联网发展的过程也可以看成一个数据不断集成的过程。

大数据集成，狭义上讲是指如何合并及规整数据；从广义上讲，数据的存储、移动、处理等与数据管理有关的活动都称为数据集成。大数据集成一般需要将处理过程分布到源数据上进行并行处理,并仅对结果进行集成。集成结构化、半结构化和非结构化的数据时需要在数据之间建立共同的信息联系,这些信息可以表示为数据库中的主数据、键值,非结构化数据中的源数据标签或者其他内嵌内容。

数据集成时解决的问题包括数据变化、数据迁移、组织内部的数据移动、从非结构化数据中抽取信息及将数据处理移动到数据端。目前,数据集成已被推至信息化战略规则的首要位置。要实现数据集成的应用,不光要考虑集成的数据范围,还要从长远发展角度考虑数据集成的架构、能力和技术等方面的内容。

(三) 数据变换

数据变换是采用线性或非线性的数学变换方法将多维数据压缩成较少维数的数据,消除它们在时间、空间、属性及精度等特征方面的差异,目的是将数据转换成适合挖掘的形式。

由于软件的升级,致使数据库随之需要升级,因为每一个软件对与之对应的数据库的架构与数据的存储形式是不一样的,因此就需要数据变换;面对快速增加的数据量,原来数据架构不能满足数据管理的新要求,同样也会产生对数据转换的需求;此外,从数据源采集到的数据经常是具有不同量纲和范围的,这些数据可能是对的,但是并不能直接用来进行计算,因此经常需要对采集来的数据进行变换,将数据转换成"适当的"形式以便更好地理解数据或对数据进行可视化的展示,达到有效应用数据的目的。

(四) 数据归约

从数据仓库选择数据用于分析,其数据集可能非常大。在海量的数据上进行数据分析与挖掘需要很长的时间,存在不现实性或不可行性。对于大型数据集,在应用数据挖掘技术之前,还需要执行一个中间的、额外的步骤——数据归约,虽然大型数据集可能得到最优的挖掘结果,但是未必能获得比小型数据集更好的数据挖掘结果。数据归约可以用来得到数据集的归约表示,它要小得多,但仍大致保持原始数据的完整性。这样,在归约后的数据集上挖掘将更有效率,并产生相同(或几乎相同)的分析结果。

数据归约的策略及主要方法有:维归约、数量归约、数据压缩。需要注意的是,花费在数据归约上的时间不应超过或"抵消"在归约后的数据上挖掘所节省的时间。

维归约的目的是减少所考虑的随机变量或属性的个数。维归约包括主成分分析和回归分析等基于统计分析的归约方法,它们把原数据变换或投影到较小的空间。属性子集选择也是一种维归约方法,其中不相关、弱相关或冗余的属性或维将被检测和删除。

数量归约通过选择替代的、较小的数据表示形式替换原始数据,从而达到减少数据量的目的。这些技术可以是参数的或非参数的。对于参数方法而言,使用模型估计数据,一般只需要存放模型参数,而不是实际数据,主要的方法有线性回归法、多元回归法和对数线性模型。数量归约非参数的方法包括直方图、抽样和数据立方体聚集等。

数据压缩使用变换,以便得到原始数据的归约或"压缩"表示。如果原始数据能够从压缩后的数据重构,而不损失信息,则该数据归约是无损的。如果我们只能近似重构原数据,则该数据归约是有损的。音频和视频的压缩通常是有损压缩,压缩精度可以递进选择。小波变换和主成分分析是两种常用的有损压缩的方法。维归约和数量归约也可以视为某种形式的数据压缩。

第三节 国际电子商务大数据分析

国际电子商务活动中,越来越多的领域和场景涉及大数据的应用。一些国际电子商务公司采用数亿用户的浏览历史数据、交易支付数据、订单履行数据等和数千个特征指标,来构建用户画像,分析用户的消费偏好、购物习惯等,以期实现更加精准的营销信息的推送,为用户提供商品的智能推荐,不断提高客户体验,增强用户对平台的黏性和忠诚度。

国际电子商务数据的处理包括多个环节,其中重要的一个环节就是数据分析。通过数据分析,人们可以从海量的、快速变化的数据中发现隐含的有价值的信息,进而找到所研究对象间的相关性及内在规律,为制定正确的决策服务。数据分析的应用领域非常广泛,例如,在产品的整个生命周期内,数据分析是质量管理体系的支持过程,包括从产品的市场调研到售后服务及客户关怀,都需要进行数据分析,从而进一步提升产品的质量、服务的细化、物流的效率,目的是满足用户的个性化需求和提高用户的满意度。

一、大数据分析概述

大数据分析是指对规模巨大的数据进行分析。通过多学科技术的融合,实现数据采集、管理和分析,是实现数据到信息再到知识的关键环节。大数据分析首要解决的是海量的、结构繁杂的、动态实时的数据的存储与计算问题,这在大数据解决方案中至关重要,很大程度上决定了大数据分析结果的最终价值。

大数据分析的理念随着数据科学的快速发展已经发生了明显的转变:第一,数据采用全样本而不是抽样统计分析;第二,分析过程更加注重效率而不是绝对的精确;第三,分析的结果追求"相关性"而非"因果性",相关性分析为我们提供了解决问题的新视角和有价值的预测。

大数据分析与云计算存在密切的关系。它们的关系就如同一枚硬币的正反面一样密不可分,一个是问题,另一个是解决问题的必然方法。大数据必然无法仅用单台服务器进行处理,而必须采用分布式计算架构。大数据分析过程中对海量数据的运算,必须依托于云计算的分布式处理、存储与访问技术。云计算解决的是数据的处理能力和处理效率,与大数据技术相辅相成。因此,大数据分析是根据数据生成机制,对数据进行广泛的采集并进行预处理,采用分布式存储方式存储于服务器集群中,以大数据分析模型为依据,在集成化大数据分析平台的支撑下,运用云计算技术调度计算分析资源,最终挖掘出大数据中隐含的价值信息和规律的过程。

大数据分析的意义主要体现在：推测或解释数据并确定如何使用数据；检验数据是否合法；为决策的制定提供支持依据；诊断或推测错误的原因；预测未来将要发生的事情等。

大数据分析的特点主要包括以下五个方面：

1. 可视化分析

大数据分析的使用者不仅有数据分析专家，还有普通用户，但是他们对于大数据分析最基本的要求就是数据可视化分析。数据可视化一方面能够让数据分析人员更好地观察数据，同时能够非常容易地让用户接受；另一方面，能够直观地呈现大数据的特点，通过图表、图像等形式更加直观地展示其内在的价值。

2. 数据挖掘算法

数据挖掘又称数据库中的知识发现，是目前人工智能和数据库领域研究的热点问题，所谓数据挖掘是指从数据库的大量数据中揭示出隐含的、先前未知的并有潜在价值的信息。大数据分析的理论核心就是数据挖掘算法，各种数据挖掘算法基于不同的数据类型和格式才能更加科学地呈现出数据本身具备的特点，也正是因为这些数据挖掘算法才能更快速地处理大数据，才使得数据分析人员能够深入地剖析数据本身所代表的信息，窥探数据背后的价值。

3. 预测性分析

数据的预测性分析是为了使数据分析人员根据数据的可视化分析和数据挖掘算法所带来的价值发现做出一些预测性的判断。目前，大数据分析广泛应用的领域之一就是预测性分析，从大数据中挖掘出特点，通过科学地建立模型，之后便可以通过模型代入新的数据，从而预测未来的数据。

4. 语义搜索引擎

语义搜索引擎通过对网络中的资源对象进行语义上的标注，以及对用户的查询表达进行语义处理，使得自然语言具备语义上的逻辑关系，能够在网络环境下进行广泛、有效的语义推理，从而更加准确、全面地实现用户的检索。语义引擎的设计需要应用人工智能技术，以实现更加智能、主动地提取信息。

5. 数据质量和数据管理

大数据分析离不开数据质量和数据管理，高质量的数据和有效的数据管理，无论是在学术研究还是在商业应用领域，都能够使分析结果更加真实可靠、更富有价值。

二、常用的大数据分析技术

（一）联机分析处理技术

在过去的二十多年中，大量的企业利用关系型数据库来存储和管理业务数据，并建立相应的应用系统来支持日常业务运作。这种应用以支持业务处理为主要目的，被称为联机事务处理，它所存储的数据被称为操作数据或业务数据。随着市场竞争的日趋激烈，近年来企业更加强调决策的及时性和准确性，这使得以支持决策管理分析为主要目的应用迅速崛起，这类应用被称为联机分析处理（Online Analytical Processing，OLAP），它所存储的数据被称为信息数据(Information Data)。

联机分析处理技术的发展速度很快,在数据仓库的概念提出不久,联机分析处理的理论及相应工具就被相继推出了。数据仓库侧重于存储和管理面向决策主题的数据;而联机分析处理则侧重于数据仓库中的数据分析,并将其转换成辅助决策信息。联机分析处理的一个重要特点是多维数据分析,这与数据仓库的多维数据组织正好形成相互结合、相互补充的关系。

联机分析处理是一种自上而下、不断深入的分析工具,在用户提出问题或假设之后,它负责提取出关于此问题的详细信息,并以一种比较直观的方式呈现给用户。联机分析处理要求按多维方式组织数据,为此人们提出了多维数据库的概念。维是人们观察现实世界的角度,决策分析需要从不同的角度观察和分析数据,以多维数据为核心的多维数据分析是决策的主要内容。

目前,联机分析处理的工具可分为两大类:一类是基于多维数据库的,另一类是基于关系型数据库的。两者的相同点是基本数据源仍是数据库,都是基于关系型数据的,都向用户显示多维数据视图。不同之处在于,前者是把分析所需的数据从数据仓库中抽取处理,物理地组织成多维数据库,而后者则是利用关系表来模拟多维数据,并不是物理地生成多维数据库。

对于企业中的专业分析人员及管理决策人员而言,他们在分析业务经营的数据时,从不同的角度来审视业务的衡量指标是一种很自然的思考模式。例如分析销售数据,可能会综合时间周期、产品类别、分销渠道、地理分布、客户群体等多种因素来考虑。这些分析角度虽然可以通过报表来反映,但每一个分析的角度可以生成一张报表,各个分析角度的不同组合又可以生成不同的报表,使得信息技术人员的工作量相当大,而且往往难以跟上管理决策人员思考的步伐。

联机分析处理的主要特点是直接模仿用户的多角度思考方式,预先为用户组建多维数据模型。一旦多维数据模型建立完成,用户就可以对多维数据进行切片、切块、钻探和旋转等处理,快速地从各个分析角度获取数据,也能动态地在各个角度之间切换或者进行多角度综合分析,具有极大的灵活性。

(二) 数据挖掘技术

数据挖掘技术(Data Mining,DM)是人们对数据库技术不断研究和开发的结果。自1989年出现以来,数据挖掘技术已经趋于成熟,并被广泛地投入了商业应用。从广义的角度来讲,数据挖掘技术是按照一定的规则对数据库和数据仓库中已有的数据进行信息开采、挖掘和分析,从中识别和抽取隐含的信息,并利用这些信息为决策者提供决策依据。

联机分析处理技术是由用户驱动的,很大程度上受到用户应用水平的限制。而数据挖掘是由数据驱动的,适用数据挖掘工具,用户不必提出确切的要求,系统能够根据数据本身的规律性,自动地挖掘数据潜在的模式,或通过联想建立新的业务模型,帮助决策者调整市场策略,并找到正确的决策。这显然有利于发现未知的事实。从数据分析深度的

角度来看,联机分析处理位于较浅的层次,而数据挖掘则处于较深的层次。

实际上,数据挖掘与数据仓库是密不可分的,数据挖掘要求以数据仓库作为基础,并要求数据仓库已经存有丰富的数据。数据仓库中的数据来自市场中的各种渠道。例如,每当我们用信用卡消费时,商业企业就可以在信用卡结算过程收集商业消费信息,记录下我们进行消费的时间、地点、感兴趣的商品或服务、愿意接受的价格水平和支付能力等数据。当我们在申办信用卡、办理汽车驾驶执照、填写商品保修单或其他需要填写表格的场合时,我们的个人信息就存入了相应的业务数据库。企业除了自行收集相关业务信息,甚至还可以从其他公司或机构购买此类信息为自己所用。由于管理信息系统和 POS 系统在商业尤其是零售业内的普遍使用,特别是条形码技术的使用,使得关于用户购买情况的数据被大量收集,并且数据量在不断激增。

目前,数据挖掘技术在企业市场营销中得到了比较普遍的应用,它是以市场营销学的市场细分原理为基础。通过收集、加工和处理涉及消费者消费行为的大量信息,确定特定消费群体或个体的兴趣、消费习惯、消费倾向和消费需求,进而推断出相应消费群体或个体下一步的消费行为,然后以此为基础对所识别出来的消费群体进行特定内容的定向营销。

以产品营销领域为例,数据挖掘的主要应用方式有以下三种:

(1)客户特性分析,希望找出客户共同特性,借此预测哪些人可能成为目标客户,以帮助销售人员找到正确的推销对象。

(2)目标市场分析,利用客户特性到潜在客户数据库去筛选出可能成为客户的名单,作为营销人员推销的对象。

(3)市场购物篮分析,用于了解客户的消费行为,譬如哪些产品客户会一起购买;或是客户在买了某一种产品之后,在多久之内会买另一种产品等,如此一来可以更有效地决定进货量或库存量,以及店里要如何摆设。

(三)人工智能技术

人工智能技术(Artificial Intelligence,AI)是一种以计算机技术为基础,实现模拟人类智力和感觉的新型技术,属于计算机科学领域。人类智力是智能中最富有创造性的部分,对人工智能的研究主要体现在如何通过学习获取知识,如何对各种知识进行加工处理,以及如何运用各种知识解决实际问题等方面。目前,人工智能主要涉及问题求解、定理机械证明、公式自动推导、博弈、模式识别、机器翻译、自然语言处理等,其在专家系统、自然语言理解和机器人等领域,也有着十分广泛的应用。

人工智能与其他具体科学,如数学、物理等存在显著的不同,即人工智能的重点不在于研究某些具体学科的知识,而是着重研究如何表示和使用这些具体知识,也就是在更高层次上研究那些具有方法论意义的知识。研究内容主要包括知识表达技术、知识获取技术、知识推理技术、知识运用技术及人工智能语言等方面,下面介绍人工智能的主要应用领域。

1. 专家系统

众所周知,专家之所以能解决许多错综复杂的实际问题,是因为他们具有渊博的专业知识和在实践中积累的丰富经验,他们能根据实际情况灵活、综合地运用知识和经验来做出判断与决策。如果人们事先把某些专家的知识和经验加以总结与条理化,形成事实和规则,以适当的形式存入计算机,建立起专门的知识库和推理机构,那么计算机系统就可以对输入(一般通过人机对话来进行)的原始数据进行推理(特别是不精确推理),在很大程度上可代替专家做出判断和决策。总而言之,专家系统是计算机的一个程序系统,它对某一领域的问题提供专家水平的解决方法。专家系统具有咨询功能——回答用户提出的某个特定领域的问题;学习功能——在用户的教授和训练下,系统能不断增添或修改所拥有的知识;教育功能——系统通过解释自己的决策过程及回答有关询问,向用户提供某个专门领域的知识。

20世纪60年代中期出现了世界上第一个专家系统DENDRAL系统,该系统能根据有机化合物的分子或其质谱确定有机化合物的分子结构,后来该系统经过一系列的改进和扩充达到了博士生的专业水平。70年代中期出现的MYCIN系统开创了专家系统的新局面,它的系统构成和推理技术很有代表性,成为第一代专家系统的"样板",该系统能帮助不是传染病专家的内科医生,对患有严重细菌传染病的患者采用合适的治疗方案。又如著名的PROSPECTOR系统,能帮助地质学家进行矿藏勘测,通过样品分析等手段来确定最有希望的开采地区乃至具体的下钻地点。目前,国外已有上万个专家系统正在不同的专业领域中得到广泛的应用。近年来国内也陆续建造了一批实用的专家系统及其开发工具,人们还将人工神经网络的技术融入专家系统。

2. 自然语言理解

由于自然语言(如汉语、英语等)本身具有"多义性",在人-机交换信息的过程中不得不使用某些人工语言,如BASIC、FORTRAN、PASCAL、C、C++等算法语言,这给使用者带来诸多不便,妨碍了计算机更广泛的普及应用。20世纪50年代,人们一度热衷于机器翻译的研究,并认为很快就有可能通过词法和句法的分析来解决两种不同语言之间的翻译,但经过一段时间的努力后,人们意识到语言交流是与信息环境密切相关的,其中隐含着大量的常识性知识和社会背景知识,没有自然语言的理解,语言的机器翻译就不会成功。于是自60年代开始,人们的注意力转向了对自然语言理解的研究。所谓自然语言理解,就是利用计算机来理解自然语言,让计算机懂得自然语言,从而使计算机能在专家的指导下进行智能工作。

目前这方面的研究已取得了一些进展,人们越来越认识到,对语言的分析与表达,单靠语法分析是远远不够的,还应注意语义的分析,甚至应深入到概念水平上去。自20世纪70年代以来,出现了一系列自然语言理解系统,它们的共同特点是均与知识的表示密切相关,在这些系统中都利用了大量的背景知识来帮助理解句子。在机器翻译方面,我国实用型英汉等自动翻译系统的研制已取得一系列可喜的进展,但令人满意的机器翻译系统的研制尚待时日。

3. 自动定理证明

数学定理的证明,特别是复杂定理的证明,往往包含极为巧妙的构思,它是人类思维中演绎推理能力的重要体现。演绎推理实质上是符号运算,因此原则上可以用机械化的方法来进行。数理逻辑的建立使自动定理证明的设想有了更明确的数学形式。1965年美国数据学家J. A. 鲁滨逊(J. A. Robinson)提出了"一阶谓词演算"(First-order Predicate Calculus)中的消解原理,这是自动定理证明的重大突破。为了提高消解效率,人们相继提出了许多新的消解策略。1976年,美国伊利诺伊大学的K.阿佩尔(K. Appel)、W.哈肯(W. Haken)和J.科奇(J. Koch)等三人在三台高速计算机上花了1 200小时,证明了124年未能解决的"四色问题",轰动了整个科学界,它表明利用电子计算机有可能把人类思维领域中的演绎推理能力推进到前所未有的境界。我国著名数学家吴文俊在1976年年底开始研究可判定问题(即论证某类问题是否存在统一算法解),他在微型机上成功地设计了初等几何与初等微分几何中一大类问题的判定算法及相应的程序,他在这方面的研究处于国际领先地位。值得一提的是,许多非数值领域的任务,如医疗诊断、信息检索、计划制订和难题求解等,都可以转化成相应的定理证明问题,所以自动定理证明的研究具有普遍的意义。

4. 自动程序设计

自动程序设计就是根据给定问题的原始描述(更确切地说应是给定问题的规范说明)自动生成满足要求的程序。它大致可分成两个阶段——生成阶段和改进阶段。在程序的生成阶段,人们将从具体问题的形式规定出发,先设计一个面向问题的、易于解决的正确程序,这时暂时不考虑程序的运行效率;在程序的改进阶段,通过一系列的保持正确性的程序变换,进行数据结构和算法的求精,最终将生成阶段所生成的程序变换成一个面向过程的、效率高的程序。现在国外已陆续出现一些实验性的程序变换系统,如英国爱丁堡大学的程序自动变换系统POP-2,德国默森技术大学的程序变换系统CIP等。

除此之外,人工智能在机器人学、模式识别、物景分析、数据库的智能检索、机器下棋(实质上是博弈论问题)和家用电器智能化等领域都有广泛的应用。

人类智能的物质基础是人脑,而人工智能的物质基础是电脑,人脑与电脑有着完全不同的物质结构。尽管电脑在处理信息的速度、记忆的准确度及在承受恶劣环境和长时间稳定工作等方面显得比人脑优越,但是人脑在创造性思维能力、能动的自适应能力,以及认识世界、改造世界的主观能动性方面却远远超过电脑。正因为人脑与电脑具有不同的本质,所以建立在人脑基础上的人类智能与建立在电脑基础上的人工智能是完全不能等同的,人脑的活动是有"意识"的活动,而目前的电脑却还不具备任何"意识"。虽然在局部范围内,人工智能有时会超过人类智能,但在总体上,人工智能是无法与人类智能相比拟的。研究人工智能的目的就是更合理地利用电脑,使电脑成为人类的忠实助手,成为我们大脑的延伸,协助人类完成智能方面的一系列工作。

本章小结

大数据时代,信息、物质和能源成为社会经济发展的三大基本要素,是各国政府高度重视的战略性资源,越来越多的国家将大数据研究及应用纳入国家发展战略。本章重点介绍了国际电子商务大数据处理的主要流程及新技术的应用。

大数据是指具有体量巨大、来源多样、生成极快且多变等特征并且难以用传统数据体系结构有效处理的包含大量数据集的数据。通常认为大数据具有"4V"——体量(Volume)、多样性(Variety)、速度(Velocity)和价值密度(Value)四个方面的特性。大数据处理过程可以概括为数据采集、数据管理、数据分析和数据可视化等不同环节,并可按照需要进行迭代。

数据采集阶段的工作在于获取规模大、多源异构、产生速度快的数据,从而有效支撑大数据分析等应用。根据数据源特征的不同,数据采集的方法多种多样,本章主要介绍了采集数字设备运行状态的系统日志文件和采集互联网信息的网络爬虫。大数据得以有效利用的关键是将采集的数据处理成为符合应用需求的形式,这个过程属于数据预处理。数据预处理包括数据清洗、数据集成、数据变换和数据归约。

大数据分析是指对规模巨大的数据进行分析。通过多学科技术的融合,实现数据采集、管理和分析,是实现数据到信息再到知识的关键环节。通过数据分析,人们可以从海量的、快速变化的数据中发现隐含的有价值的信息,进而找到所研究对象间的相关性及内在规律,为制定正确的决策服务。本章简要介绍了联机分析处理技术、数据挖掘技术、人工智能三种常见的数据分析技术。

关键术语

大数据及"4V"特征,大数据思维,数据源,大数据预处理,数据采集与存储,数据分析,数据可视化,联集分析处理技术,数据挖掘,人工智能

复习思考题

1. 简述大数据的概念及其特征。
2. 如何理解大数据时代的思维变革?
3. 大数据处理流程主要包括哪些环节?简要叙述各个环节的工作任务。
4. 大数据的来源主要有哪几种?简要叙述不同来源的数据的特点。
5. 网络数据采集的基本流程主要有哪几个方面?
6. 常用的数据分析技术有哪些?简要叙述其功能和特点。

参考书目

杨正洪. 大数据技术入门[M]. 北京:清华大学出版社,2016年8月。
张尧学. 大数据导论[M]. 北京:机械工业出版社,2018年9月。
周鸣争,陶皖. 大数据导论[M]. 北京:中国铁道出版社,2018年3月。
娄岩. 大数据技术概论[M]. 北京:清华大学出版社,2016年11月。
刘鹏,张燕. 大数据导论[M]. 北京:清华大学出版社,2018年7月。
国家信息中心"一带一路"大数据中心."一带一路"大数据报告 2018[M]. 北京:商务印书馆,2018年8月。
孙静. 大数据引爆新的价值点[M]. 北京:清华大学出版社,2018年9月。
赵卫东,董亮. 数据挖掘实用案例分析[M]. 北京:清华大学出版社,2018年1月。

林子雨.大数据技术原理与应用[M].北京:人民邮电出版社,2017年1月.

连玉明.大数据[M].北京:团结出版社,2014年4月.

涂子沛.大数据:正在到来的数据革命[M].桂林:广西师范大学出版社,2012年8月.

[英]维克托·迈尔-舍恩伯格,肯尼思·库克耶.大数据时代——生活、工作与思维的大变革[M].盛杨燕,周涛,译.杭州:浙江人民出版社,2013年1月.

[英]维克托·迈尔-舍恩伯格.删除:大数据取舍之道[M].袁杰,译.杭州:浙江人民出版社,2013年1月.

阿里巴巴数据技术及产品部.大数据之路:阿里巴巴大数据实践[M].北京:电子工业出版社,2017年7月.

邱如英.大数据视角下的跨境电商[M].广州:南方日报出版社,2018年3月.

余来文,林晓伟,封智勇,范春风.互联网思维2.0:物联网、云计算、大数据[M].北京:经济管理出版社,2017年1月.

[美]布瑞恩·戈德西.数据即未来:大数据王者之道[M].陈斌,译.北京:机械工业出版社,2018年7月.

毕马威中国大数据团队.洞见数据价值:大数据挖掘要案纪实[M].北京:清华大学出版社,2018年2月.

[美]乔治·吉尔德.后谷歌时代:大数据的没落与区块链经济的崛起[M].邹笃双,译.北京:现代出版社,2018年9月.

[美]拉杰库马尔·文卡特森,保罗·法瑞斯,罗纳德·威尔科克斯.大数据营销分析与实战解析[M].朱君玺,冯心怡,张书勤,译.北京:中国人民大学出版社,2016年4月.

国家信息安全发展研究中心.大数据优秀产品、服务和应用解决方案案例集(2016)[M].北京:电子工业出版社,2017年5月.

实务与操作篇

第六章 国际电子商务交易前准备

学习目标

掌握:国际电子商务平台的含义、作用及类型,国际电子商务发展战略的内容、因素分析与实施阶段,网站(页)推广的主要手段,国际电子商务风险及其防范

理解:国际电子商务人才队伍构成,网上市场调研的内容与方法,网上信息发布的渠道与发布信息需注意的问题

了解:价值链分析,SWOT战略因素综合分析,网络信息搜索

导学案例

以产品为核心进行海外推广的专业外贸平台——出口通

为充分发挥网络信息资源优势,帮助进出口企业最有效地开展海外业务推广,中国国际电子商务网(http://www.ec.com.cn)与德国最著名的电子商务平台Exportpages,合作打造了以产品为核心进行海外推广的专业外贸平台——出口通(ExportPASS)(见图6-1)。

"出口通"借助中国国际电子商务公司长期的电子商务运营经验与欧洲Exportpages公司强大的海外推广能力及良好口碑,通过33种语言的海外平台将国内优秀的企业和产品展示给海外用户。

"出口通"通过将"用户第一+电子商务平台+搜索引擎优化"的全新服务理念与海外知名展会推广相结合,打破了跨国推广的语言及文化障碍,实现了供应商与采购商之间的无障碍信息互通;是企业获取一对一采购询盘及订单、有效开发海外市场的快捷通。

"出口通"页面突出展示企业标志,强化企业品牌效应,用户可以查到明确的企业联系信息,方便交流,或者用户直接登录企业网站了解更多信息,注册产品配图集中展示,更加直观,突出产品名称,让企业产品清晰地留在用户的记忆中。

"出口通"与中国进出口商品交易会("广交会")等国内外多家知名展会合作,借助线下展会进行企业及产品现场宣传。

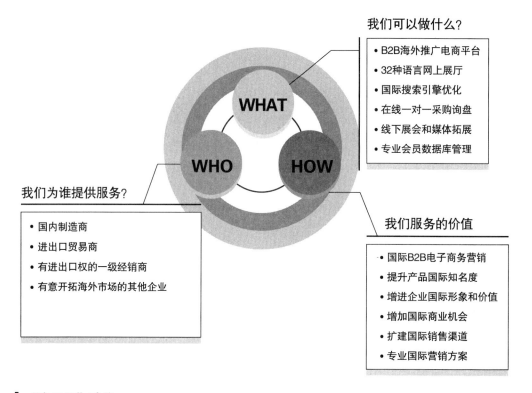

图6-1 "出口通"外贸平台的主要业务功能

"出口通"功能

"出口通"提供的24小时效果监控后台，可以让企业及时了解产品的访问者、产品浏览和点击率、主页的点击量和来源地、接收询盘等数据。

"出口通"客户后台系统提供的查询访问量、点击量、询盘量等一系列效果评估报告，帮助客户实时跟踪海外推广情况，随时随地把握海外商机。

资料来源：根据中国国际电子商务网(http://www.ec.com.cn)发布信息编写整理。

案例思考题："出口通"专业外贸平台为进出口企业开展国际电子商务提供哪些服务？该平台为贸易企业带来的价值提升体现在哪些方面？

第一节 交易平台建设与发展战略制定

一、搭建国际电子商务平台

企业开展国际电子商务，最基本的条件是购置和安装计算机网络设备、操作系统与必要的业务软件，实现与专用网络VAN或互联网的连接，即"上网"。但上网只是企业从事国际电子商务活动的第一步。要进入真正的信息发布、查询，开展网上销售与采购，实现与交易方和有关机构的单证、报文交换，则必须自建或通过专业电子商务运营商搭建国际电子商务平台。

（一）国际电子商务平台及其作用

1. 国际电子商务平台

国际电子商务平台，是为从事进出口业务的企业或个人，提供产品展示、信息交换、交易洽谈和合同履行服务的网络空间，它是利用现代计算机网络信息技术，在互联网上进行国际商务活动的虚拟空间和保障进出口业务各个环节顺利运营的管理工具，是协调和整合信息流、物质流、资金流跨国界有序、关联、高效流动的重要场所。

2. 国际电子商务平台的作用

有了国际电子商务平台，进出口企业或个人可充分利用平台所提供的网络工具、信息平台、支付平台、安全平台和管理平台等，高效、低成本地开展国际商务活动。与传统的为进出口贸易服务的"实体"国际商务平台相比，国际电子商务平台有以下作用：

（1）实现资源整合，提升交易效率。传统的国际贸易交易模式下，为进出口贸易提供服务的通信、营销、物流、银行、保险及政府许可审批、商检、通关和税务等环节，在地点和空间上相互独立，彼此之间信息资源不能共享，进出口厂商通过这些环节办理完所需手续，不仅需要花费大量时间，而且办理过程中重复提交各种资料信息，也会造成资源的严重浪费。国际电子商务平台的建立，将上述各环节集聚在一个"虚拟"的网络平台上，并通过计算机信息传输和互联网，实现各个环节的互联互通和信息资源共享。进出口厂商无须再派人到各个机构或部门办理，只需坐在办公室的计算机终端前轻点鼠标，即可在几分钟甚至几秒钟内完成传统模式下几小时甚至几天才可以完成的绝大部分手续，交易效率大大提升，同时交易成本也明显降低。

（2）扩大客户群体，拓展市场空间。互联网打破了传统贸易方式下的时空限制，其信息传输的即时性、交互性和开放性，使得地球上任何国家、任何有条件上网的厂商或个人，都可以通过登录国际电子商务平台，查询产品生产、质量、价格信息，获得关于产品使用、售后服务的帮助，同时向供应商提出产品需求信息及具体要求，并通过广泛的质量与价格对比，寻找到最满意的交易对象。这样，国内外厂商之间建立起的良性互动关系，使产品和服务更贴近用户需求，从而能最大限度地吸引潜在客户群体，大大拓展市场空间。

（3）改变营销模式，加速品牌推广。传统国际贸易方式下的人员营销、平面媒体及广播、电视宣传推广，不仅成本高、效率低，而且营销市场和品牌推广面，严格受到时间和地点的制约。而基于互联网的国际电子商务平台，可以让登录平台的国内外厂商或个人，随时看到公司的品牌标志。新技术的问世、新产品的发布及所有促销活动，均可以在该平台上面向所有网民来完成。理论上讲，互联网通到哪里，厂商的销售区域便可扩大到哪里，企业品牌便可以推广到哪里。

（4）加剧市场竞争，促进管理创新。互联网的全球性、开放型，使得在国际电子商务平台交易的任何产品或服务，都要面临来自世界各地相同或类似产品或服务的竞争和挑战，都要接受来自全球各个国家市场消费者的比较和挑选。因此，这不仅对生产供应商的技术创新、产品创新和质量控制能力,提出了严峻挑战,而且对其信息开发、人才组织、供应链优化、网络营销和资源整合等管理创新能力提出了更高要求。

(二) 国际电子商务平台的基本内容

由于功能和定位存在差异,不同国际电子商务平台的内容也会有所不同,并且随着计算机信息及网络技术的发展,国际电子商务平台的功能、内容也将不断拓展和变化。但由于国际电子商务平台的核心功能是"完成交易",因此,无论何种类型的国际电子商务平台,均应包括以下基本内容(系统模块):

1. 产品信息发布系统

该系统用于发布各种产品或服务的供求信息,管理者可以通过后台的管理界面将各厂商的供应产品和求购原料信息加入数据库,再通过可以定制的网页模板将供应和求购信息分类发布,客户也可以对此信息进行询价、订购等操作。

2. 产品快速查询系统

该系统用于客户按产品名称、型号、类别进行模糊查找,获取相关产品的介绍、图片资料、生产供应能力、现有库存等。

3. 在线客户洽谈系统

不论客户在全球的哪一个角落,都可以通过该系统进行在线咨询或业务商谈。

4. 客户订单查询系统

通过系统后台数据库的操作,平台管理人员或市场人员可以即时了解国外客户订单的执行情况。

5. 客户反馈查询系统

通过该系统,可以查询所有客户的需求信息、对产品及售后服务的意见建议,包括对客户提出问题做出实时解答等。

6. 全球采购系统

该系统旨在为全球潜在客户提供尽可能多的产品或服务的采购目录和求购信息,以吸引更多客户登录国际电子商务平台进行交易。

7. 客户服务中心

它一般包括:投资机会(股东介绍、公司股票信息、商务合作等),产品知识(产品的选购、操作说明书等),常见问题解答(FAQ),全球销售服务网络分布等。

8. 其他内容

主要涉及:新闻中心(发布公司动态、媒体报道、专题报道等,以增强投资者信心,提升公司形象),产品中心(各类产品功能的详细介绍,包括实时的三维动态产品演示等),人才中心(最新招聘、长期招聘等信息,进行网上直接招聘)。

(三) 国际电子商务平台的类型

1. 企业自建国际电子商务平台

对于销售规模大、经营范围广、产品种类多的生产型跨国公司,或大型综合贸易公司而言,由于其财力雄厚、人才齐备、资源整合和全球价值链管理能力强,因此,自建国际电子商务平台成为其首要选择。通过该平台的良好运行和管理,这些企业的国际品牌价值和市场占有率不断得到提升。深圳华为技术有限公司的"华为商城"(http://www.vmall.com)、海尔集团的"海尔商城"(http://www.ehaier.com)及中粮集团的"我买网"(http://www.womai.com)是几个典型案例。

2. 第三方国际电子商务平台

第三方国际电子商务平台,是指独立于产品或服务提供者和需求者,由专门的电子商务企业搭建并负责运营,按照特定的交易与服务规范,为买卖双方提供供求信息发布与搜索、交易洽商、合同订立、物流配送、货款结算、报关纳税及售后服务等交易全过程服务的专业性或综合性网络平台。除大型跨国公司外的其他进出口企业,受技术、人才和资金限制,绝大多数难以自建国际电子商务平台,因此,第三方国际电子商务平台的出现和推广,就为这些企业提供了开展国际电子商务的良好机遇。事实上,中国近年来所实现的国际电子商务交易,有80%以上是通过5 000多家第三方国际电子商务平台所完成的。[①] 表6-1列出了国内主要的第三方国际电子商务平台,其中"跨境通""跨境购""义乌购"和"海外通"等几个网络平台,是2013年以来相继开通上线的专门为个人从事跨境贸易电子商务服务的第三方国际电子商务平台。

表6-1 国内主要的第三方国际电子商务服务平台

平台名称	网址	平台名称	网址
中国国际EC网	http://www.ec.com.cn	慧聪网	http://www.hc360.com
网上广交会	http://e.cantonfair.org.cn	美商网	http://www.meetchina.com
阿里巴巴	http://www.alibaba.com	大龙网	http://www.dinodirect.com
敦煌网	http://www.dhgate.com	跨境通	http://www.kjt.com
兰亭集势	http://www.lightinthebox.com	跨境购	http://www.kjb2c.com
环球资源	http://www.globalsources.com	义乌购	http://www.yiwubuy.com
中国制造	http://www.made-in-china.com	海外通	http://www.wtdex.com
中国诚商网	http://www.trade2cn.com	环球易购	http://www.globalegrow.com

3. 联合搭建国际电子商务平台

为克服单个贸易企业因财力、人力和技术力量弱小,而无力自建国际电子商务平台的困难,同一行业或产品经营领域相同的贸易企业,联合投资、共同建设专业型国际电子商务平台,也成为很多中小型贸易企业的共同选择。最为典型的是,行业商(协)会搭建的专门为会员企业提供进出口交易服务的国际电子商务平台,如中国纺织品进出口商会网站(http://www.ccct.org.cn),中国机电产品进出口商会网站(http://www.cccme.org.

---

① 艾瑞咨询集团.2012—2013年中国跨境电商市场研究报告[R],http://report.iresearch.cn/2021.html

cn),中国五矿化工进出口商会网站(http://www.cccmc.org.cn),中国轻工工艺品进出口商会网站(http://www.cccla.org.cn),中国食品土畜进出口商会网站(http://www.cccfna.org.cn)和中国医药保健品进出口商会网站(http://www.cccmhpie.org.cn)。企业联合搭建国际电子商务平台的优势,在于弥补单个企业财力、人力和技术资源的不足,实现电子商务信息资源的互补共享,吸引更多的国外客户,扩大市场空间、降低交易成本、提高贸易效率,同时,通过实现行业内同类产品在一个平台上的竞争,促进企业技术研发、设计生产、质量安全、品牌营销和服务能力提升。但联合搭建的国际电子商务平台,其良好管理与高效运转需要企业之间的良好协作,而平台交易产品品种的重叠或雷同,也会导致平台内的注册企业之间争抢客户信息资源。

二、建立国际电子商务人才队伍

搭建国际电子商务平台,只是具备了开展国际电子商务的基础设施,能否实现网上交易,并进而提高贸易效率、增加盈利,关键还在于贸易企业是否拥有业务精通、结构合理的国际电子商务经营管理人才队伍。

美国电子商务咨询顾问布赖恩·沃尔什(Brian Walsh)在1998年的《网络计算机杂志》(Journal of Network and Computer Applications)上发文认为,企业开展国际电子商务需要的人员包括:

(1)业务管理人员。他们负责实施业务计划并实现内部团队设定的目标。业务经理应具备国际电子商务网站业务活动的经验和知识,比如国际贸易知识、计算机操作技能、网络基本知识等。

(2)电子商务应用专家。他们的任务是安装企业自行开发的或购买的各类国际电子商务软件包,并维护软件的正常运行。

(3)客户服务人员。他们的任务是在国际电子商务运营中实现国际电子商务企业的客户关系管理职能,如搜集客户信息、处理客户的E-mail和电话请求、在网上发布信息调查等。

(4)系统管理员。他们的职责是维持国际电子商务网站24小时的运转和网站安全,包括预测和监控网络负荷,解决网络出现的各种问题,设计、开发和应用容错技术等。为此,他们必须掌握服务器硬件和操作系统的相关知识。

(5)网上交易操作人员。他们的任务是按照国际电子商务交易程序和网络操作指令,完成某种产品网上贸易的全部过程,以实现最终盈利的目的。

(6)数据库管理员。国际电子商务的交易处理、订单登录、查询管理及后勤运输等活动都需要相应的数据库来支持,因此开展国际电子商务的企业必须由数据库管理员来负责数据库建立和维护的职能。

除此之外,随着国际电子商务的日益普及,网络营销将逐步取代传统营销模式成为主流,因此,开展好国际电子商务还应拥有既熟悉传统的"4P"和"4C"营销理论,又掌握现代"4R"和"4I"营销理论的专业化网络营销人才。①

三、制定国际电子商务发展战略

企业发展战略是企业在分析外部环境、内部条件的现状和变化趋势的基础上,为求得企业长期生存和不断发展壮大而进行的整体性、全局性和长远性的谋划及其相应的决策和对策,它是企业发展和制胜的行动纲领。国际电子商务与传统贸易方式的不同,决定了企业发展战略的差异。

(一)企业国际电子商务发展战略的构成要素

企业国际电子商务发展战略的构成通常包括:企业使命(战略指导思想)、战略目标、战略方案(包括战略步骤、战略重点和战略对策)等几个要素。其中,企业使命是企业从事国际电子商务的总的战略指导思想,是整个企业国际电子商务的发展战略的灵魂。具体来说,企业使命要界定企业国际电子商务的市场定位(经营领域)、确定企业国际电子商务的经营理念、明确企业在国际电子商务领域的公众形象和所要满足的市场主体(消费群体)。

(二)企业国际电子商务发展战略的制定程序

战略制定是战略管理的起点和首要环节,贸易企业必须制定一个既符合客观环境变化趋势,又有利于长远发展的国际电子商务战略使命和战略目标,并以此为基础,进一步制订出实现国际电子商务发展战略目标的具体方案。战略方案是保证企业战略使命和战略目标顺利实现所采取的手段与措施。

贸易企业国际电子商务发展战略制定的程序可用图6-2来表示。无论传统贸易企业还是国际电子商务企业,在战略制定程序上是基本一致的。

(三)企业制定国际电子商务发展战略的外部环境分析

企业分析制定国际电子商务发展战略的外部环境一般从以下几个方面入手。

1.国际电子商务总体发展状况分析

具体包括:国内外国际电子商务发展所处的阶段,国际电子商务在国际经济贸易中的地位与作用,国际电子商务法规、政策环境,国际电子商务技术与安全环境,各国国际电子商务竞争政策及变化趋势等。

---

① "4P"营销理论,由美国著名营销学家杰罗姆·麦卡锡(Jerome McCarthy)在20世纪60年代提出,即产品(Procuct)、价格(Price)、渠道(Place)和促销(Promotion),该理论强调以满足市场需求为目标。"4C"营销理论,由美国营销专家罗伯特·劳特朋(Robert Lauterborn)在1990年提出,即客户(Customer)、成本(Cost)、便利(Convenience)和沟通(Communication),该理论强调以追求客户满意为目标。"4R"营销理论,由唐·舒尔茨(Don E. Schultz)和艾略特·艾登伯格(Eilliott Ettenberg)在20世纪初提出,即关联(Relativity)、反映(Reaction)、关系(Relation)和回报(Retribution),该理论强调以建立客户忠诚度为目标。"4I"营销理论,即趣味(Interesting)、利益(Interests)、互动(Interaction)和个性(Individuality),该理论强调以满足网络化时代的客户个性化需求为目标。

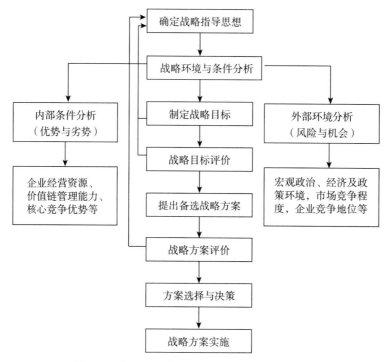

图6-2 企业国际电子商务发展战略的制定程序

2. 企业在国际电子商务领域的竞争状况分析

通常包括两部分:①现有企业间的竞争,具体又包括现有竞争者的数量及其力量;企业间国际电子商务技术与人才质量、企业间网上经营产品和服务的差异化程度等。②潜在进入者的实力和可能采取的竞争策略,以及形成的威胁程度。

3. 企业国际电子商务经营地位分析

企业在某个领域的经营地位分析可借助"波士顿矩阵"进行(见图6-3)。其中,企业国际电子商务经营领域的吸引力的强弱主要由市场因素(市场规模和市场增长速度)、竞争者因素、投资回报率、技术因素(如技术变化的快慢)及社会政治因素(如是否受到政府支持)等决定。

图6-3 企业竞争地位的"波士顿矩阵"

根据"波士顿矩阵",企业在国际电子商务经营领域中可能面临四种地位:前景乐观的"明星"类企业(有较强的吸引力和较大的竞争优势,发展前景良好);需要维持或增加投资的"幼童"类企业(具有较强的吸引力,但企业的经营地位处于劣势);采取挤干榨尽策略的"金牛"类企业(企业处于优势竞争地位,但行业吸引力差,即属于"夕阳产业");以及必须放弃的"瘦犬"类企业(企业既没有吸引力也缺乏竞争优势)。企业只有明确了自己在行业中的竞争地位,才可能制定出相应的战略对策。

(四)企业制定国际电子商务发展战略的内部条件分析

企业分析开展国际电子商务的内部条件和能力分析可以从四个方面入手。

1. 企业经营资源分析

它又可称为企业经营实力分析,分析的内容主要包括:

(1)企业经营者的决策能力和组织能力。这些能力体现在三个方面:企业经营者的性格(是进取型还是稳健型)、专业水平(是否拥有相关专业的知识水平)、价值观与经营经历等个人素质;企业经营者对企业内部的管理能力和对外部环境的洞察力、判断力和应变能力;企业经营者的决策能力及领导层的协调配合能力、发挥集体智慧的能力等。

(2)人力资源。企业要想顺利实施国际电子商务,就必须了解自己是否拥有开展国际电子商务所必需的各类技术人员、管理人员和业务人员,其数量和水平是否满足开展国际电子商务的基本需要。

(3)财务资源与融资能力。国际数据公司(IDC)和高德纳咨询公司的调查表明,小企业通过第三方国际电子商务平台开展国际电子商务的平均费用为7.8万美元,大企业自建国际电子商务平台需要花费200万—300万美元。而且一旦国际电子商务网络平台建立并开始运营,不管其规模大小,年维护成本会达到其建设投资的50%—100%。因此,预开展国际电子商务的贸易企业必须评估自己的财力,能否负担得起国际电子商务计划实施所需的全部费用,并与传统方式下的经营成本进行比较。如果企业资金不足,还需考察自身的融资能力,包括融资数量、来源、归还能力、方式,不同融资渠道的筹资比例,采用何种融资方式最为适宜等问题。

(4)物理资源与技术条件。企业制定国际电子商务发展战略前,还需考察是否具备实施国际电子商务发展战略所需的硬件和软件及其他相关物理资源。如果尚不具备这些物理资源和技术条件,企业能否获得,以及如何获得。

2. 企业贸易价值链分析

波特在1983年出版的《竞争优势》一书中提出了企业"价值链"的思想,他把企业业务活动分解成一系列为企业创造价值的活动,这些活动结合在一起可以为企业带来利润,即增加价值并实现企业的其他目标。对进出口贸易企业而言,其价值链构成可用图6-4来表示。

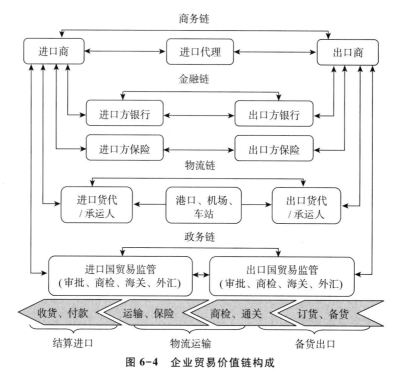

图 6-4 企业贸易价值链构成

从图 6-4 可以看出，企业贸易价值链由"备货出口""物流运输"和"结算进口"三个大的价值链条构成，但整个贸易价值链中，又内含"商务""金融""物流"和"政务"四个价值子链。在国际电子商务方式下，贸易价值链及价值子链中的各个环节，只有通过国际电子商务平台实现互联互通，才能完成各价值节点之间的信息共享和单证传递，达到通过贸易获得价值增值的目的。其中，任何一个节点不能与国际电子商务平台互联，都将影响国际电子商务的交易效率，从而降低贸易厂商可能获得的价值增值。通过国际（跨境）电子商务平台，实现贸易价值链各节点互联互通的方式，可用图 6-5 来表示。

图 6-5 贸易价值链各环节通过国际电子商务平台实现互联的基本方式

3. 企业竞争优势分析

通过企业竞争优势分析,能使开展国际电子商务的贸易企业认识到如何培育和发挥竞争优势,从而在国际电子商务市场竞争中取胜。竞争优势通常包括地位优势和实力优势两个方面,而后者有直接竞争力(指企业在市场、产品、服务、企业成长因素等方面的竞争优势)和基础竞争力(指企业的人、财、物、技术、信息等资源的数量、质量及其对电子商务运作的满意程度,优越的管理能力等竞争优势)两个方面。

4. 企业战略因素综合分析

企业战略因素综合分析,是为了综合评价从事国际电子商务企业的外部环境和内部条件,并达到最佳组合。企业战略因素综合分析,通常采用优势(Strengths)、劣势(Weaknesses)、机会(Opportunities)、威胁(Threats)分析方法,即 SWOT 分析。如图 6-6 所示,SWOT 分析通过识别构成企业优势、劣势、机会和威胁的相关因素,为今后发挥优势、克服劣势、充分利用有利机会和避免威胁,找到真正有利于企业发展国际电子商务的时机。

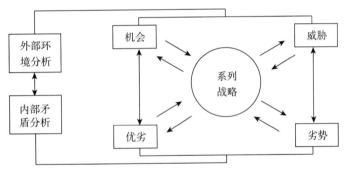

图 6-6 企业战略 SWOT 分析

SWOT 分析方法为开展国际电子商务的贸易企业提供了四种可以选择的战略:SO 战略、WO 战略、ST 战略和 WT 战略。

(1) SO 战略:企业利用自身优势去抓住外部环境机会的战略。

(2) WO 战略:企业利用外部有利机会来扭转自身劣势的战略。

(3) ST 战略:企业利用自身优势来减轻或避免外部环境威胁的战略。

(4) WT 战略:企业克服自身劣势和避免外部环境威胁的战略。

在对外部环境及其变化趋势和内部条件进行全面、科学的分析之后,企业就可以有针对性地制定开展国际电子商务的战略定位、战略目标、战略步骤和战略措施。

(五) 企业国际电子商务发展战略分类

传统商务模式下,根据职能的不同,贸易企业往往对发展战略进行分类,并以此制定相应的分项战略。传统商务模式下的企业发展分项战略主要有:①产品战略;②人才战略;③市场战略;④价格战略;⑤竞争战略;⑥营销战略;⑦财务战略;⑧投资战略;⑨技术开发战略;⑩经营战略。

国际电子商务模式下,由于经营环境发生了根本改变,传统模式下的企业商务发展战略，逐步为新的更加综合的国际电子商务发展战略所取代。国际电子商务模式下的企业发展战略，一般被分为电子化市场战略、客户关系管理战略、电子交易战略及供应链管理战略等。

1. 电子化市场战略

电子化国际市场战略，是指通过电子（无纸化）方式实现进出口商品的在线销售、在线购物、在线服务，从而达到扩大销售市场、降低销售成本的目的。

2. 客户关系管理战略

客户关系管理战略，是指把有关国际市场和客户的信息数据，通过数据库进行统一管理、共享，并采用专门的计算机软件进行有效分析，从而为企业未来的技术研发、产品设计、品牌推广、市场营销和客户服务等提供全面支持。

3. 电子交易战略

电子交易战略，是指进出口交易双方通过国际电子商务网络交易平台，能够在线完成从谈判、签约到履约的全部或绝大部分业务流程，以降低交易成本。

4. 供应链管理战略

供应链管理战略，是指通过国际电子商务平台，实现从原材料和零部件采购、生产组织、库存管理、订单管理、分销到售后服务管理的一体化，以降低物流成本。

上述四项战略中，电子化国际市场战略是基础和关键，其他三项战略都是在电子化国际市场战略的基础上制定和实施的。

（六）企业国际电子商务发展战略的实施

企业在实施国际电子商务发展战略时，需要根据企业所处的不同市场环境与市场地位，选择国际电子商务实施的最佳切入点。企业在制定和实施电子商务发展战略时，应充分考虑并利用在现有国际商务模式中的主导地位，主动开展能够直接为企业增加盈利的国际电子商务活动，比如华为、海尔、联想等跨国企业，充分利用其品牌国际化、产品多元化和销售规模优势，自建全球化国际电子商务平台，逐步从初期的企业及产品信息发布，发展到网上谈判签约，再到订单管理、通关检验、物流配送、货款结算和售后服务的完全"无纸化"，使交易效率得到明显提升。

企业国际电子商务发展战略的实施，一般可以分为四个阶段：

（1）酝酿阶段。贸易企业研究开展国际电子商务的环境和条件，启动国际电子商务发展战略规划的制定。

（2）交易阶段。贸易企业自建国际电子商务网络平台，或在第三方国际电子商务平台上创建网页，展示企业的产品信息，进行网络推广、网络广告等网络营销活动。

（3）整合阶段。贸易企业在网络"虚拟市场"逐步占据一定份额，国际电子商务活动日益渗透到贸易企业的各个业务部门，与国际电子商务配套的物流、金融和售后服务不断完善。

（4）转型阶段。进出口企业根据国际电子商务市场的发展要求，通过建立ERP系统对企业从研发、设计、采购、生产、营销、物流和售后服务等业务流程进行重组，形成基于互联网的全新经营管理理念。

企业国际电子商务发展战略实施的四个阶段与贸易企业经营管理内容及业务重点转变的关系可用表6-2来表示。

表6-2 国际电子商务战略的实施阶段与企业业务内容的变化

战略阶段	酝酿阶段	交易阶段	整合阶段	转型阶段
国际电子商务发展战略	制定国际电子商务发展战略	国际电子商务战略成为企业发展战略的一部分	国际电子商务战略在企业发展战略中占据重要地位	国际电子商务战略推动企业发展战略的根本转变
企业发展战略	国际电子商务战略与企业发展战略还没有发生联系	企业发展战略开始重视电子商务战略	企业发展战略开始酝酿对国际商务流程的调整	企业发展战略根据国际电子商务战略进行全面调整
涉及范围	涉及少数几个职能部门	涉及多个职能部门，特别是重要的供销部门	涉及内部多个职能部门和外部少数企业	与供应商、客户和合作伙伴形成完整供应链或企业联盟
收益状况	负收益	不明确，大部分没有盈利	交易成本降低，企业开始盈利	实现盈利能力的全面提升
技术状况	开始使用网络搜集信息	电子商务平台已经建立，能够进行双向沟通	形成完整的国际电子商务技术体系	根据网络信息发展，适时更新软硬件技术和设备
信息地位	主要用于企业发展战略的实施	企业开始依赖网络信息	网络信息成为国际贸易不可缺少的信息来源	企业发展战略调整显著依赖网络信息

第二节 网上信息搜索、发布与风险防范

一、网上信息搜索与市场调研

在确定交易对象、开展交易谈判之前，无论是出口方还是进口方，都需要对所交易产品或服务的国际市场价格、供求状况及各国政府的贸易政策进行详细考察，从而为制定谈判策略和营销方案奠定基础。

传统国际贸易方式下，产品或服务出口方一般通过广告、市场推广、人员推销或参加国际性博览会、展销会等方式进行产品推销，而进口方则通常通过阅读广告、订阅专业性报纸和杂志、参加国际性博览会及展销会等途径搜寻所需进口商品的信息。传统国际贸易方式下，买卖双方的供求信息查询和市场调研，将花费大量的时间和费用，不仅影响交易效率，而且增加了交易成本。

而在国际电子商务方式下,互联网的全球性、开放性、交互性、全天候性和信息的可可储存性及数字化,为进出口企业及个人发布、查询、更新产品供求信息,开展市场调研,提供了前所未有的便利条件。在各种类型的"虚拟"网络空间内,有数不胜数的同类产品和供应商可供进口方选择,也有足够的需求者可供出口方挑选,而越来越多的网络工具,如搜索引擎、电子杂志、专题论坛、E-mail、微博、微信、QQ、Twitter等,也为进出口企业开展市场调研,提供了众多可供选择的手段和工具。当然,网络在给供求双方信息发布、查询和市场调研带来便利、扩大选择范围的同时,也可能导致供求双方因虚假信息而上当受骗,或因同类信息太多而增加选择困难、增加信息甄别和选择成本。这也就要求进出口企业不断提高网络信息甄别和信息管理能力。

在国际电子商务方式下,进出口双方之间信息交流一般是通过双方网站、第三方网络平台或搜索引擎,其基本原理可用图6-7来表示。

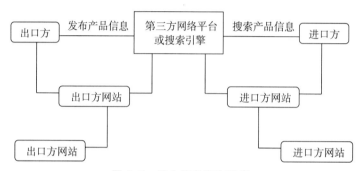

图6-7 网上信息发布搜索

随着国际电子商务的迅速发展和贸易企业对国际电子商务重要性认识的不断提高,专门为企业开展国际电子商务提供服务的网站运营商——第三方国际电子商务平台(如前文提及的"阿里巴巴""环球资源""敦煌网"和"兰亭集势"等)应运而生。同时,政府部门为促进国际贸易的发展也逐步建立面向全球的开放式国际电子商务网络平台(如"中国商品网""中国国际电子商务网"和"网上广交会"),而国际贸易生产与经营企业为适应国际电子商务发展的需要,也纷纷建立自己的网站,或通过第三方国际电子商务平台,注册建立企业网页,发布各种供求信息。这就为外经贸企业了解产品国际市场行情、开展国际市场调研和寻求贸易伙伴提供了多种可供选择的途径。

图6-8是"中国商品网"(http://ccn.mofcom.gov.cn)首页。在该网站上,不仅可以注册发布供求合作信息、进行商品展示,而且可以查询中国商品、世界买家、全球各个国家或地区的法规,以及全球重要的展览会和交易会。

(一)网上信息搜索

网上信息搜索,对进口商而言是寻找和选择"物美价廉"产品和最佳供应商的重要手段,对出口商而言也是了解竞争性产品和市场供求状况的主要方式。只有对所经营产品的生产、品质、价格和市场供求信息有了充分的把握,才能"有的放矢"地制定谈判策略和营销战略。

第六章　国际电子商务交易前准备

图 6-8　"中国商品网"首页

对在某一行业已有多年贸易经验的进出口企业而言，由于对所经营产品的全球主要供应商和采购商已经比较熟悉，因此，直接到产品主要供应商或采购商的网站、行业商(协)会网络平台或者专业性第三方国际电子商务平台，去查询相关产品的市场信息更加方便、高效。

而对新建贸易企业和欲开拓新产品贸易市场的企业来说，由于其对全球主要供应商和采购商的信息不了解，难以直接到其网站或专业性第三方电子商务交易平台去查询相关信息。因此，对这些贸易企业而言，网络搜索引擎就成为其搜索、查询产品及市场信息的主要渠道。搜索引擎是指根据一定的策略、运用特定计算机程序，搜集互联网上的特定信息，并对信息进行组织和处理后，为用户提供信息检索服务的系统。用户在搜索引擎提供的搜索框内输入特定词语，提交给搜索引擎后，搜索引擎就会返回与用户输入的内容相关的信息列表，通过该信息列表提供的内容，用户可以直接得到要查询的内容，或者根据列表提供的线索，可以进一步登录有关网站、网页做更具体的查询。

利用搜索引擎进行信息搜索的基本方法是，在搜索框中输入关键词进行搜索，关键词的输入方式通常有以下组合方式：

（1）产品名称+出口商、进口商、分销商、供应商、批发商、零售商等。图 6-9 显示了在百度搜索引擎中输入"纺织品进出口企业"关键词后，搜索到的部分经营纺织品出口的企业名称、网址及与纺织品出口有关的专业性网站和国际电子商务平台。

（2）买+产品名称、卖+产品名称、供应+产品名称、采购+产品名称、进口+产品名称、出口+产品名称等。

155

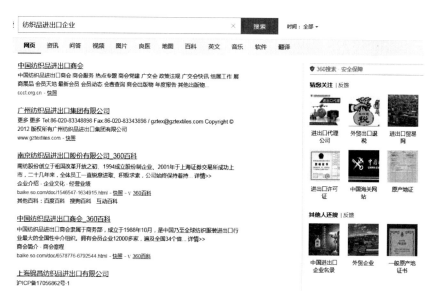

图 6-9　在百度搜索引擎搜索"纺织品进出口企业"信息

（3）价格+产品名称、规格+产品名称、尺寸+产品名称等。如果要搜索其他更精确的信息内容，可以适当扩展。如果还要搜索国外客户的 E-mail 地址，那么就可以在以上关键词组合后+Email；如果还要搜索客户传真号码，则同样可以输入以上关键词组合后+Fax，以此类推。表 6-3 列出了国内外常用的主要搜索引擎及其网址。

表 6-3　国内外主要搜索引擎

外国搜索引擎	网址	中国搜索引擎	网址
Google	http://www.google.com	百度搜索	http://www.baidu.com
Yahoo	http://www.yahoo.com	雅虎中国	http://www.yahoo.cn
Ask jeeves	http://www.askjeeves.com	中搜	http://www.zhongsou.com
Alltheweb	http://www.alltheweb.com	爱问搜索	http://iask.sina.com.cn
Lycos	http://www.Lycos.com	搜狗搜索	http://www.sogou.com
Alta Vista	http://www.altavista.com	奇虎搜索	http://www.qihoo.com
AOL Search	http://www.aolsearch.aol.com	Openfind	http://www.openfind.com.tw
MSN Search	http://www.search.msn.com	腾讯搜搜	http://www.soso.com
Excite	http://www.excite.com	360 搜索	http://www.so.com
Infoseek	http://www.infoseek.com	有道搜索	http://www.youdao.com

"网络黄页"（企业名录）也是贸易企业搜索获取信息的另一个重要渠道。它是传统纸质黄页在互联网上的延伸和发展。网络黄页除包括公司名称、地址、电话、邮编和联系人等信息外，一般还包括企业简介、电子邮箱、产品动态、买卖信息、即时留言和短信互动等功能。在网络黄页搜索查询信息时，一般是按照网页上的行业或地区的划分在线查

找,也可以键入所需搜索的企业关键字或代码来搜寻。

网络黄页可以分为综合性和专业性两类。综合性网络黄页包含各行各业的企业信息,如美国黄页(http://www.superpages.com)、欧洲黄页(http://www.europages.com)、中国黄页在线(http://www.yp.net.cn)、黄页88(http://www.huangye88.com)等。专业性网络黄页一般只包括某个行业的企业、产品信息,如中国化工企业黄页(http://www.qrx.cn)、美国工业领域著名的托马斯黄页(http://www.thomasnet.com)。如果要查询北美地区"水泵"的企业信息,在该网站的"Supply Discovery"目录下,输入"Pumps",单击搜索,即可显示如图6-10所示的搜索结果。

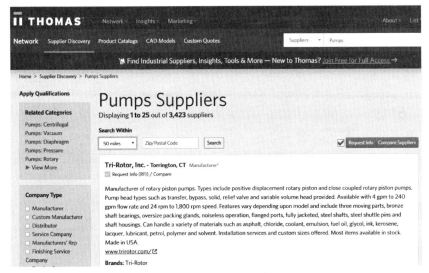

图6-10 使用拖马斯黄页搜索"Pumps"的搜索结果

此外,各国的行业商(协)会网站和国际性博览会、展览会或交易会的网站,也是企业及产品信息较为集中的来源之一,在搜索引擎中输入"产品+协会"就可以搜索到相关的商(协)会网站(图6-11显示了在360搜索键入"Textile+association"后的部分搜索结果)。行业商(协)会网站的信息优势在于:一是企业之间的产品关联性强,对于查询者而言,可以对同类产品和企业进行充分比较,选择最佳者进行交易;二是信息内容丰富,除企业及其产品介绍外,往往还包含市场行情、调研报告、行业新闻和相关链接等。

国际性博览会、展览会或交易会的网站,通常会罗列出参会企业的名录及其详细介绍,所以通过查询博览会、展览会或交易会的网站,可以直接获得参会企业的信息和联系方式,更重要的是可以获得同类厂商之间的报价信息,以及竞争对手的信息。查询博览会、展览会或交易会网站的方法,同查询行业商(协)会网站信息一样,在搜索引擎中键入"产品或行业名称+Exhibition or Fair"即可。图6-12显示了在360搜索键入"Textile + fair"后的搜索结果。图6-13显示的是我国"广交会"网站的主页。

图 6-11 使用 360 搜索查找"Textile+association"的结果

图 6-12 使用 360 搜索查找"Textile+fair"的结果

图 6-13 中国"广交会"网站主页

（二）网上市场调研

在信息发布和信息查询的基础上，有针对性地进行市场调研，是贸易企业制定国际电子商务营销决策的重要前提，也就是说，进出口企业通过各种方式和途径搜集产品和市场信息后，还应该对本企业所生产经营产品的市场认可度做出详细分析后，才能制订并实施营销方案。可见，市场营销决策来源于良好的市场营销调研。互联网以其信息的多样性和时效性等优点，成为开展国际电子商务的企业进行市场调研的重要工具。网上市场调研是指贸易企业利用互联网及网络工具进行的产品供求、贸易机会和企业资信等调研活动。

贸易企业利用互联网进行市场调研的内容，主要包括贸易机会和企业资信两类。当然也包括目标市场本身的相关资讯，如市场需求状况、价格水平、质量标准、相关政策法规等。

1. 网上调研的内容和调研方法

凡是直接或间接影响企业国际营销的网上信息都有搜集、整理和研究的必要。因此，网上调研的内容包括：

（1）市场需求量调查。市场需求量包括市场需求潜量和销售需求潜量。市场需求潜量调查是指调查一个行业在某个市场上可能达到的最大销售量或最大需求量，销售需求潜量调查是指调查某企业的某一产品在某一市场上的最大销售量或最大需求量。

（2）消费者需求动机调查。包括调查消费者对商品质量、品种、价格的需求，消费者的爱好、习惯、需求结构的变化，以及在一定时期内影响消费者需求的各种因素。为了分析消费者的需求，企业还需调查有哪些厂商或消费者购买了本企业的产品；厂商或消费者购买本企业产品的习惯，如购买地点、购买的数量和频率；厂商或消费者的购买决策主要受哪些因素的影响等。

（3）产品调查。调查国外消费者对本企业产品的质量、性能、款式、包装、服务等的反映和评价，消费者产生满意或不满意态度的原因是什么，客户对新产品的反映和接受程度，竞争者的产品和服务在市场上的表现等。

（4）产品价格调查。调查国外消费者对本企业产品和服务价格的反映，其他竞争者的定价策略和定价方法等。

（5）分销调查。调查企业的国际分销策略实施的效果，中间商的工作绩效，竞争对手采用何种分销渠道及效果如何等。

（6）促销调查。调查企业采取的各种促销手段的效果，在某个阶段哪种促销方式效果最好，竞争对手采取什么样的促销策略，以及效果如何等。

（7）企业经营宏观环境调查。调查了解影响企业营销的政治、经济、法律、文化、地理环境等方面的信息。

传统国际贸易方式下，进行上述市场调查的信息来源一般可以分成两大类：一类是通过市场调查人员的实际走访搜集到的第一手原始资料；另一类是由他人搜集并已经过整理的现成资料或者说二手资料，如政府机构公布的资料、各部门或各企业团体发布的资料和刊物、市场调研机构发布的调查分析报告等。因此,市场调研的方法大致分成两类:一是直接搜查,即直接搜集一手资料的市场调研活动;二是间接调查,即搜集二手资料的市场调研活动。

实践中企业使用最多的还是间接调查方法,因为一般来说,使用二手资料可以省钱、省时,所以市场营销调研人员通常从搜集二手资料开始。当二手资料不能满足企业决策的全部需要时,就必须辅以直接调查方法搜集原始资料。在传统的市场营销调研方法中,直接调查法又可分为调查法、观察法和实验法等。调查法是企业最普遍采用的,以调查表并辅以面谈、电话和邮寄等用户访问形式收集资料;观察法指调查者直接观察用户的行为动态并加以记录;实验法是指在一定小范围的市场内,以实验的方法测量企业市场营销策略的效果。

当企业利用互联网进行市场调研时,上述这些方法仍然有效,只不过在它们被应用到网上后,出现了新的形式,具有了一些新的特点。如在线的调查和 E-mail 调查代替了传统的入户调查和街头调查;网上视频会议代替了传统的面谈调查;Cookie 技术的应用,网页访问的统计数据,以及留言板、论坛、讨论组的设置使市场人员跟踪观察用户的行为,获得客户对企业营销策略的反映变得更加方便、简单和准确。

同时,搜索引擎、NewsGroup、BBS、微博、微信、QQ 等网络工具成为网上间接调查的主要渠道。与传统的以印刷型为主的信息源相比,网络信息源可以高效、快速地帮助市场调研人员获得与企业营销有关的市场行情,获得消费者、竞争者和宏观经济环境等方面的信息。下文将分别讨论网上市场调查的一些方法及其特点。

2. 网上直接调查

(1) 网上问卷调查。网上问卷调查,即将调查问卷设计成网页,被调查对象可以在专门设计的网页上直接填写和选择,完成后提交调查表即可。

若按照调查者组织调查样本的行为,网上问卷调查法又可以分为主动调查法和被动调查法。主动调查法,即调查者主动组织调查样本,完成统计调查的方法;被动调查法,即调查者被动地等待调查样本造访,完成统计调查的方法。

第一,E-mail 法是典型的主动调查法。它是通过给被调查者发送 E-mail 的形式将调查问卷发给一些特定的网上用户,由用户填写后以 E-mail 的形式再反馈给调查者的调查方法。与传统邮件法相比,E-mail 调查法的优点是邮件传送的时效性大大提高。但应注意,通过 E-mail 调查最好是对老客户进行,一来他们对企业有一定的责任,填写问卷的可能性很大,从而能保证问卷的回收率;二来他们对企业的了解比较充分,回答问题会比较中肯。

第二,随机 IP 地址法也是一种主动调查法。它是以产生一批随机 IP 地址作为调查样本的调查方法。随机 IP 地址法的理论基础是随机抽样。利用该方法可以进行纯随机抽样,也可以依据一定的标志排队进行分层抽样和分段抽样。由于在互联网中,每台联网计算机的 IP 地址是唯一的,因此通过对一个随机 IP 地址发生软件设定 IP 码段取值范围,来产生一批随机的 IP 地址,再由一个 IP 地址自动拨叫软件,向这些 IP 地址发出呼叫,并传送一个类似"打扰一下,我们是×××调查机构,现在正对×××问题进行网上调查,如果您有兴趣参加本次调查,我们将非常感谢,这是一次有奖调查活动,谢谢!"的信息,接到该信息的网上用户可以自己决定是否参加调查。

第三,站点法则是典型的被动调查法。它是将调查问卷的网页放在网络站点上,由浏览这些站点的用户在此网页上回答调查问题的方法。对于中小型贸易企业而言,如果没有自己的网站,则可以借助访问率很高的第三方国际电子商务服务商,或者行业商(协)会网站来发布调查问卷。

网上问卷调查法的优点表现在以下几个方面:

第一,无时空、地域限制。网上问卷调查可以 24 小时全天候进行,并且调查不受地域限制,用户只要有一台联网计算机,就可以参加问卷调查。

第二,组织简单、费用低廉。网上问卷调查在信息采集过程中不需要派出问卷调查员,不需要印刷调查问卷,调查过程中最繁重、最关键的信息采集和录入工作分布到众多网上用户的终端上完成,可以无人值守和不间断地接受调查填表,信息检验和信息处理由计算机自动完成。所以,实施网上问卷调查,节省了传统调查中耗费的大量人力和物力。

第三,统计结果的及时性。由于调查对象在填写完调查表后,调查的数据可以马上保存到数据库中,在经过统计分析软件初步自动处理后,可以马上查看到阶段性的调查结果。网上问卷调查具有的这种高时效性和效率,便于调研人员实时跟踪调查过程。

第四,调查结果的可靠性和客观性提高。一是因为被调查者是在完全自愿的原则下参与调查,而不是传统中的强迫式,因此填写者一般对调查内容有一定的兴趣,回答问题会相对认真些,从而使问卷填写信息的可靠性大大提高,也有助于调查结论的客观性。二是被调查者在完全独立思考的环境下接受调查,不会受到调查员及其他外在因素的误导和干预,能有效提高调查结果的客观性。

第五,可以实现多媒体问卷调查。在网上调查问卷上可以附加多种形式的背景资料,可以是文字的、图像的和声音的,这样不仅有助于在调查问卷上对每个调查指标附加规范的指标解释,便于被调查者正确理解调查指标的含义,而且可以增加调查问卷对被调查者的吸引力。

网上问卷调查作为一种新型的调查方式已经在电子商务营销调研活动中得到广泛的应用,有学者利用 www.yahoo.com 搜索引擎进行检索,发现有 5 000 多个站点、47 万个英文 Web 含有调查栏目,中文检索的结果发现 126 个站点、9 万个 Web 含有调查栏目,这说明网上调查已经有了相当程度的应用。

虽然网上问卷调查具有很多传统调查方法所不具备的优点,但也存在以下一些缺陷:

第一,调查人群的局限性。虽然互联网的普及程度在日益提高,但实际上,目前网民大多是具有较高知识层次和收入的青年人,而中老年人上网人数比例很低,且网民大多集中在经济发达的国家和城市。所以通过网络在线调查获得的结果大多只能代表部分国家或地区、部分人群的消费意见和想法。由于网上调查只适用于对上网比例比较高的群体,所以,依据当前网上群体的特征,目前在网上较适合开展一些超前的网上调查研究项目。比如某一网络服务行业或某类新产品的市场前景等。

第二，被调查样本的代表性。即使企业是针对上网比例比较高的发达国家或地区的高收入群体开展网上调查研究，如何保证被调查样本的代表性仍是在线问卷调查中很头痛的问题。因为网上信息如此繁多，上网用户可能并不知道有某项调查；或者他们知道有该项调查，却可能不愿意填写调查问卷，因为这会花费他们一定的时间，特别是在调查内容较多的情况下。

第三，如何保证调查结果的可靠性和客观性。虽然在线问卷调查参加的自愿性和填写环境的独立性可以提高调查结果的可靠性及客观性，但是一旦调查结果涉及企业利益和情感冲突，调查样本的可靠性就成了很大的问题，调查结果的可靠性和客观性也很难保证。

为了对采集信息的质量实施检验和控制，进行网上调查时应特别注意采取技术分析手段排除不合格答卷。例如，为有效防止因同一个被调查者多次填表给调查结果带来的代表性偏差，必须采用身份验证技术，来过滤虚假样本。其做法大多采用"IP+个人特征"作为判断被调查者填表次数唯一性的检验条件。调研人员可以用承诺奖励的办法鼓励被调查者提供真实的个人信息如姓名、性别、年龄、身份证号码、通信地址等，这样就能有效排除不真实的答卷。另外，Cookie技术的采用也能有效避免重复统计。其做法是对已经统计过的访问者，在其计算机上放置一个Cookie，它能记录下访问者的编号和个人信息，这样既能使用户下次接受调查时可以不用填写重复信息，也可以减少对同一访问者的重复调查。

此外，可以考虑在联机调查获得的样本的基础上，再结合采用抽样调查，以便对调查结果进行比较和验证。对有疑义的答卷回访也可以有效保证采集信息的质量，从而保证调查结果的可靠性。

（2）网络视频会议法。网络视频会议法，指的是通过互联网技术和视频技术将分散在不同地域的被调查者虚拟地组织起来，并在主持人的引导下讨论调查问题的调查方法。这种调查方法可以说是传统调查法中的面谈调查在网上应用的新形式，不同之处是参与调查的用户、中间商、管理人员、专家或其他有关人员不必实际地聚集在一起，而是分散在任何可以连入有线或无线网的地方，如家中、办公室里等。网络视频会议的组织比传统的面谈调查法简单得多，成本也低得多。网络视频会议法适合于对新产品、新市场的定性调查研究。

（3）网络论坛调查法。网络论坛调查法，指的是国际电子商务企业在网站开设具有交互功能的系统模块，如留言板、论坛、讨论组等，让客户、中间商或营销专家发表自己对企业产品与服务的意见和建议。由于问卷调查是从企业的角度出发考虑问题，而论坛上发表的是用户自己的感受和体会，被调查者处于主动地位，因此传达的信息也是最接近市场实际和最客观的。但这种调查方法的缺点是搜集到的信息不够规范，需专业人员进行整理和挖掘。为激励被调查者多提建议，企业应注意通过主动发送E-mail邀请被调查者参与，对被调查者提出的每一条意见、建议甚至是抱怨，都要做到及时回答。

（4）网上观察法。贸易企业也可以充分利用网站访问统计软件如实记录以下数据：

①站点访问者的数量(不包括重复访问者);②回头客的数量和频率;③访问者连入本站点之前所处的站点位置,包括利用哪个搜索引擎连入本站点;④访问者访问本站点的停留时间;⑤访问者浏览了哪些网页;⑥访问者看过网页上的哪些条目;⑦访问者的域名;⑧访问者的国别代码;⑨访问者的购买操作。这些数据可以让贸易企业了解它的客户来自何处,他们经常访问哪些站点,他们是通过什么途径进入本企业网站的,他们对网站上的哪些内容最感兴趣,对哪些内容最不感兴趣。客户每次购买的商品种类、品牌及金额等信息,可以让企业市场营销人员能客观地观察购买方的行为,为后续的网上营销提供可靠的决策依据。

(5)网上实验法。由于有网站访问统计软件的帮助,使贸易企业的营销人员可以更方便地在网上以试验的方法,来测定国外客户对某个营销活动的反应。例如,市场调研人员可以在不同时间,在网站主页的同一位置放置两幅内容相同而布局不同的"旗帜"(Banner)广告,设定一幅广告是先显示图像后显示标题,另一幅广告是先显示标题后显示图像,观察客户对这两幅广告的单击情况,来测试客户对不同推销广告的反应,进而选择效果好的推销广告布局。又如将同一类商品采用不同的价格在网上销售,测定其销售情况的变化,就可依此调整企业该类商品在网上销售的价格策略等。

3. 网上间接调查

网上间接调查主要是利用互联网搜集与企业营销相关的竞争者、市场价格及宏观经济贸易政策等方面的二手资料信息,并根据所搜集的资料信息来制定新的营销策略。

(1)竞争者信息调查。利用互联网调查搜集竞争者信息,一般有以下几种途径:

第一,用搜索引擎查找竞争者。如前文所述,搜索引擎为贸易企业查询各类信息提供了极大的便利,因此,利用搜索引擎可以在尽可能短的时间内,查找已经开展国际电子商务的国内外竞争者的基本信息。在用搜索引擎查找竞争者信息时,首先,应注意只需选择国内外最知名的几大搜索引擎检索即可;其次,在搜索前,应选择合适的搜索栏目,并确定5—10个关键词或词组来查找竞争者;最后,由于时间和精力的限制,在检索到的大量结果中,一般只需审看前10—20条检索结果的描述。如果前10—20条检索到的企业网站或主页,都从事与你相同或相近的业务,那么它们就可能是你的主要竞争对手,而且这些站点在搜索引擎上的排名往往代表了这些企业的竞争实力。然后,通过专门浏览这些竞争者的网站或主页发布的信息,就可以了解其技术、产品及营销特点。

第二,定期浏览竞争对手的网站。贸易企业在已经掌握哪些国内外企业是竞争对手的情况下,就可以通过定期浏览这些竞争对手的网站,通过发现其网站发布信息的变化,来判断其营销策略的变化。浏览竞争对手网站时应重点关注以下方面的信息:一是观察竞争对手的网站有哪些特色值得借鉴,有什么疏漏需要避免;二是竞争对手现在提供了哪些产品和服务,尤其是跟踪竞争对手推出的新产品和新服务,这些新产品和新服务有可能对本企业带来挑战;三是观察竞争对手正在做哪些市场调研;四是跟踪竞争对手的人员招聘广告。后两项内容可以帮助调研人员分析竞争对手研发和决策的新动向。因为竞争对手正在开展的市场调研,很可能就是他们做出某项决策前的准备。而从竞争对手招聘人员尤其是技术人员的条件要求上,可以判断出竞争对手未来新技术和新产品开发的基本方向。调研人员还可以选择竞争对手经常发布广告、招聘信息或调查问卷的站点,动态观察他们的市场调研及人员需求变化情况。

第三,参加行业聊天室。由于国内外贸易企业的商业秘密保护意识都在日益增强,所以企业网站公布的信息一般深度不够,或者关键信息根本不在网站上发布。所以,若想获取关于企业内部研发或营销活动的最新动向,经常参加网上行业聊天室是更好的选择,特别是想获得关于企业新产品研发方面的信息,参加由技术人员组成的聊天室,往往可以得到很多有价值的信息。如微软为了提防 Linux 对其操作系统 Windows 的挑战,就经常访问有关 Linux 的 BBS 和新闻组站点,以获取最新资料。

第四,查找专利数据库。企业通过在网上检索专利数据库,可以了解竞争对手的专利申请情况,这是了解竞争对手新产品开发计划的极好途径。企业可以直接查询,也可委托专利事务所代理查询。

第五,从网上新闻媒体获取竞争者信息。如果竞争者是一家有较高知名度的跨国公司,企业还可以通过关注电子网络新闻以及电台、电视台的网站对这些竞争者经营状况的报道,了解竞争者的最新动向。

第六,从专业研究机构发布的研究报告获取竞争者的信息。当前,国内外研究机构越来越多地发布市场研究报告,为政府或企业决策提供参考。这些研究机构发布的研究报告,大多是就某个行业或领域的发展进行总结和评述,其中往往会以大量成功企业为案例,评论其产品的优劣、经营决策的成败,并常常提出非常有建设性的结论和建议,如预测某行业的市场发展趋势、某些新技术的研发趋势或某些新产品的上市时间,或者为某些企业提出诊断意见等。这些都是企业市场调研人员深刻了解和剖析竞争对手的极有价值的资料。

(2)利用互联网调研国际市场价格行情。对贸易企业来说,充分了解所经营产品的国际市场价格行情及变化趋势,是制定价格策略和谈判方案的必要前提。为满足进出口企业查询和了解国际市场价格行情的需要,国内外政府部门、国际组织和大宗商品交易机构等,近年来都纷纷建立了专门的价格信息网站(表6-4 列出了部分国内外重要的国际市场价格行情信息网站)。而第三方国际电子商务服务平台所发布的各类供求产品的价格信息,对期望通过这些平台开展跨境贸易的企业或个人,制定自己的成交价格而言,则具有更加实际的参考价值。

与传统的从各种印刷型媒体搜集的市场价格行情信息相比,网上国际市场价格行情信息,通常数据量大、涉及产品种类多、即时性强,而且具有时间连续性。通过网络绘图工具所显示的价格变化曲线,可以较为准确地判断未来价格走势。

表6-4 部分国内外国际市场价格行情信息网站

网站名称	网址
石油输出国组织(OPEC)	http://www.opec.org
芝加哥商业交易所(CME Group)	http://www.cmegroup.com

(续表)

网站名称	网址
伦敦金属交易所（LME）	http://www.lme.com
洲际交易所（ICE）	http://www.theice.com
英国金融时报市场分析（FT Markets）	http://www.ft.com/intl/markets
香港联交所	http://www.hkex.com.hk
商务部国际市场价格信息网	http://price.mofcom.gov.cn
中国国际电子商务网行情分析	http://analysis.ec.com.cn
中国价格信息网	http://www.chinaprice.gov.cn
中国产品报价网	http://www.quot.com.cn
中华鼎网	http://www.dingcom.com
中国金属网	http://www.metalchina.com
全球金属网	http://www.ometal.com
上海期货交易所	http://www.shfe.com.cn
大连商品交易所	http://www.dce.com.cn
郑州商品交易所	http://www.czce.com.cn
中国东盟矿产资源网	http://www.10s1.com

（3）利用互联网调研国际贸易宏观政策信息。由于进出口贸易往往受到各国政局变动、法规调整和贸易政策变化的影响，因此，贸易企业在做出行动决策前，还必须对国际政治、经济和安全环境及其变化趋势等做出判断，以便贸易企业综合考虑市场变化因素，制定全面的风险防范措施。对于国际政治和安全方面的信息，企业一般可以从相关国家政府部门网站（以.gov作为最高域名）和世界主要新闻媒体的网站中搜寻到。而对于国际经济贸易法律和政策方面的信息，贸易企业从国际经济贸易组织和有关国家政府经贸管理部门的网站中，也可以随时查阅到。表6-5列出了部分国际经济组织和我国政府贸易监管部门的网站。

表6-5 部分国际经济组织和我国政府贸易监管部门的网站

网站名称	网址
世界贸易组织	http://www.wto.org
联合国贸发会议	http://www.unctad.org
世界银行	http://www.worldbank.org
国际货币基金组织	http://www.imf.org
经济合作与发展组织	http://www.oecd.org

(续表)

网站名称	网址
国际商会	http://www.iccwbo.org
中国经济信息网	http://www.cei.gov.cn
中国商务部	http://www.mofcom.gov.cn
中国国际电子商务网	http://www.ec.com.cn
中国海关总署	http://www.customs.gov.cn
中国电子口岸	http://www.chinaport.gov.cn
国家质量监督检验检疫总局	http://www.aqsiq.gov.cn
中国检验检疫电子业务网	http://www.eciq.cn

互联网是信息的海洋，市场调研人员利用互联网能获得海量的数据信息，但必须牢记的是，只有经过甄别、筛选和加工处理的信息才真正具有价值。所以贸易企业调研人员在搜集到数据信息后，必须根据自己的经验、需要，并利用信息分析软件，对所搜集的数据信息进行筛选、组织和加工处理，采用数据库技术进行分类管理，作为企业决策的依据。

二、网上信息发布与网站(页)推广

互联网不仅为贸易企业方便、高效地浏览和查询产品、品牌、市场及非市场信息，提供了快捷的工具和手段，同时也为贸易企业尤其是出口企业发布信息和营销推广，提供了有效的平台。信息发布既是网站推广的基础，也是网络营销的基本职能，还是一种实用的国际电子商务操作手段。

(一) 网上信息发布

对出口商而言，让自己的产品和品牌被尽可能多的国外买家了解和熟悉，以吸引已有或潜在购买者，是信息发布的主要目的。在国际电子商务模式下，对不同的贸易企业而言，要实现这一目标应选择适合的网络信息发布途径。

1. 网上信息发布的途径

对于大型跨国公司和综合贸易企业而言，由于其生产经营规模大、产品种类多，因此，通过在本公司网站或自建电子商务平台开设信息专栏，发布以多种方式、多种语言呈现的图文并茂的公司发展历程、经营范围、产品品牌等详细信息，并实现与国际电子商务门户网站和搜索引擎的链接，对吸引国际买家有更大的优势，可以让买家了解产品信息的同时，进一步认识公司的历史、文化、品牌形象、技术研发力量、供应链组织管理等，有利于增强买家的信心，吸引买家建立长期贸易关系。图6-14显示了中国深圳华为技术有限公司，在自建网站进行的多语言信息发布系统。

图 6-14 华为技术有限公司产品信息的发布页面

对于中小型生产和贸易企业而言,由于其生产经营规模小、产品种类相对单一、品牌知名度不高,且受技术、财力、人力所限,难以自建企业网站或独立运营国际电子商务平台,因此,它们多选择通过第三方国际电子商务平台或行业商(协)会网站,发布企业产品的信息,既可以让国外买家搜索到本企业产品的信息,又可以大大降低信息发布的成本,并可以让潜在买家通过同类产品信息比较,发现本企业产品的特点和优势。图 6-15 显示了 Shaanxi Shinhom Enterprise Co. Ltd.通过环球资源国际电子商务平台,所发布的图文并茂的企业及产品信息。

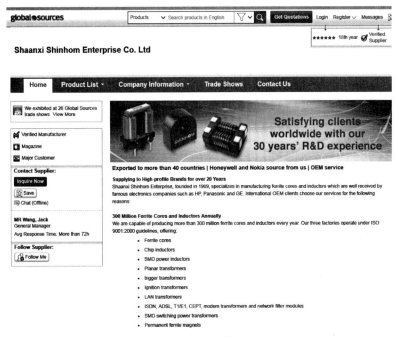

图 6-15 Shaanxi Shinhom Enterprise Co. Ltd.在"环球资源"网发布的企业及产品信息

随着网络社交媒体的兴起和广泛使用,注重通过国外主要的社交媒体如Facebook、Twitter、Linkedin、Youtube及越来越被国外接受的国内社交媒体如QQ、微博、微信等来发布信息,将逐渐成为消费品生产出口企业信息发布的重要渠道。

2. 网上信息发布应注意的问题

无论贸易企业通过哪种渠道、采用何种方法和技术发布信息,其目的都是扩大企业产品知名度,吸引更多的买家达成交易。因此,贸易企业所发布的信息是否有吸引力,就成为网上信息发布是否成功的关键。而要使发布信息有吸引力应注意做到:

(1)信息的全面性。尽管不同企业的客户群体定位存在差异,但对所有客户而言,其在决定是否与某企业达成交易前,不仅希望详细了解企业的产品功能信息,更希望掌握企业的经营发展历史、品牌价值、售后服务及资信状况和社会形象等信息。

(2)信息的完整性。对贸易企业发布的每一项信息而言,要尽可能为信息浏览者提供详尽的内容,尽可能不给浏览者留下"疑问",如果浏览者出现"疑问",也应有便捷的"疑问和反馈"渠道。比如,贸易企业所发布的产品信息,不仅要包括产品名称、编号、品牌、规格、性能、颜色、图片、包装、价格等内容,还应有生产日期、可供数量、运输方式、产品使用说明、安全注意事项、售后服务及联系方式、联系人等信息。

(3)信息的真实性。虽然虚拟网络空间内,一时夸大的企业及产品信息,能够暂时提高吸引力、扩大成交量,但事实与信息宣传的"反差",一旦让客户感觉到"上当受骗",该企业在国际市场的信誉和形象就会遭受长期严重贬损,失去竞争力,甚至永远退出市场。

(4)信息的新颖性。在技术进步导致产品生命周期越来越短的局面下,只有让国外信息浏览者查看到企业的最新信息,才能激发其兴趣和成交欲望。因此,适时维护和更新企业信息,其重要性不言而喻。

(5)信息语言的通用性和针对性。由于英语已经成为事实上的国际商业语言,因此,对于无特定市场目标的贸易企业而言,其最有效的做法是采用英语发布各类信息。但对以某种语言为特定市场的贸易企业而言,为吸引和扩大该市场的客户群体,采用特定语言进行信息发布就显得更加重要。当然,对于自建网站和国际电子商务平台的大型跨国公司而言,采用多种语言发布信息是最佳选择。

(6)信息显示的多媒体性。随着信息技术的进步和发展,信息呈现方式也逐渐从平面静态的文字、表格和图片,向三维动态的语音、视频和动画等数字化方式发展,信息展示内容越来越丰富、信息显示方式越来越逼真。更多地采用多媒体信息展示方式,自然对客户有更大的吸引力。

(7)信息查询的便捷性。网络在给企业或个人带来信息查询方便的同时,网络上以指数级增长的海量信息,也给用户方便高效地查询有用信息提出了挑战。谁能让浏览者在尽可能短的时间内查看到有用信息,谁就能吸引更多的潜在客户。调查发现,除信息发布网站(页)的栏目导航要清晰、文字与背景的颜色对比要强烈之外,信息浏览者通过导航进入信息全文阅读界面的单击次数,一般不能超过三次,否则,访问者就会失去耐心。图6-16显示了"联想"美国网站的信息发布内容和布局。

第六章　国际电子商务交易前准备

图 6-16　"联想"美国网站的信息发布内容和布局

（二）网站（页）推广

网站（页）是信息发布的载体。发布有贸易企业各方面信息的网站（页），只有让尽量多的用户很方便地找到并登录，才能真正起到信息发布、吸引买家或卖家成交的目的。

1. 网站（页）推广的方法

网站（页）的推广，利用传统的报刊、广播、电视和流动广告等方式进行，当然可以起到一定的作用。但随着互联网的日益普及，更快捷、低廉、有效的方法则是利用搜索引擎、网址交换链接、E-mail、分类目录等网络推广手段。中国互联网络信息中心的调查发现，83.4%的用户得知新网站是通过搜索引擎，65.5%的用户是通过网站之间的交换链接，32%的用户是通过 E-mail，分类目录在用户获得新网站信息中所占比重也在明显提升。

（1）搜索引擎推广。搜索引擎是使用最为广泛的一种网站推广方式，国外调查显示，网站访问率的 70%—80% 都来自搜索引擎。在搜索引擎网站的搜索页面上，用户只需输入关键字并单击"搜索"，便会显示包含该关键字的所有网址，并提供通向这些网站的链接。因此，贸易企业向国内外主要搜索引擎提供自己的网站信息（一般搜索引擎会使用专门软件在互联网上搜索新的网站及其更新的信息），通过在搜索引擎上进行登记来进行网站（页）推广，是最为简便易行的方法。

（2）网址交换链接推广。网址交换链接也称友情或互惠链接，是相互熟悉的企业之间最基本的网络资源合作形式，即企业分别在自己的网站上放置对方网站的标志或网站名称，并设置网站的超级链接，使得用户在登录合作企业的网站时，就可以发现本企业的网站并在单击后直接登录，从而达到企业之间网站互相推广的目的。交换链接的作用主要表现在：获得访问量，增加用户浏览时的印象，在搜索引擎优化排名中得到提升。更为重要的是，每个企业都倾向于链接价值高的其他企业网站，因而，获得其他网站的链接也就意味着获得了合作企业或行业内同类企业的认可。所以，对于新进入国际电子商务的贸易企业而言，通过合作企业网站的网址交换链接，可以大大增加访问者对本企业的信任度。

（3）E-mail 推广。E-mail 推广，是在得到用户事先许可的前提下，通过 E-mail 的方式向目标用户提供贸易企业网址信息的网站推广方式，它同时可以附带发送一定数量的商业广告信息。E-mail 因为方便、快捷、成本低廉的特点，成为目前被广泛使用的有效网站推广工具之一。根据用户许可 E-mail 地址资源的所有形式，E-mail 推广可以分为内部列表 E-mail 推广和外部列表 E-mail 推广两类。内部列表 E-mail 推广，是利用网站的注册用户资料开展 E-mail 推广的方式，常见的做法有新闻邮件、会员通讯录、电子刊物等。外部列表 E-mail 推广，则是利用国际电子商务专业服务商的用户 E-mail 地址来开展 E-mail 推广，即采用 E-mail 广告的形式向国际电子商务服务商的注册用户发送网站推广信息。

（4）分类目录推广。分类目录，也就是"网络黄页"，指该类网站服务商将网站信息按照不同类别标准系统地分类整理，提供一个按类别编排的网站目录，在每类目录中，排列着属于这一类别的网站站名、网址链接、内容提要及子分类目录。用户可以在分类目录中逐级浏览寻找到感兴趣的网站，分类目录中往往还提供交叉索引，从而可以方便地在相关的目录之间跳转和浏览。分类目录是把同一主题的网站信息放在一起并按一定顺序排列。它拥有可供用户单击浏览的树状结构，用户可按主题目录层层单击下去，直至找到感兴趣的所有企业网站。图 6-17 显示了国外著名分类目录网站 DMOZ 的主页（http://www.dmoz.com）。

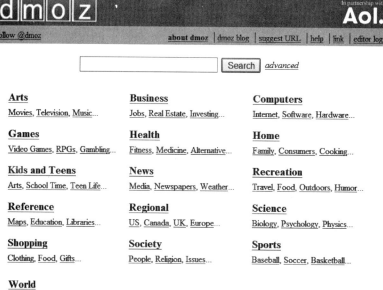

图 6-17　分类目录网站 DMOZ 的主页

除以上介绍的几种网站推广方式外，目前出现的网站推广方法还有：社交媒体（如博客、微博、微信、QQ、BBS、Facebook、Twitter、Youtube 等），快捷网址（如网络实名、通用网址），网络广告（如 Banner 广告、文本链接广告、弹出式广告、赞助式广告、视频广告等），信息发布（如在线黄页、论坛、博客网站、供求信息平台、行业网站），"病毒"推广（如免费电子书、免费软件、免费贺卡、免费即时聊天工具等），等等。

（三）网站（页）维护

贸易企业网站建立后，能否持续不断地吸引并扩大国外客户的访问量，进而实现扩大成交量、提升企业品牌价值和形象的目标，除了页面设计、网站推广等因素，网站维护也是十分重要的因素。事实上，贸易企业对于网站的维护，就是对于企业经营信誉和形象的维护。

第一，贸易企业网站一旦建立，保持页面设计的特色、风格及信息栏目的稳定性至关重要，不到万不得已，企业不要轻易改变网页的设计风格和内容。

第二，对网站发布的业界动态、行业新闻和企业信息等，必须及时更新，特别是有关企业新产品、新技术、新服务项目及促销方案等信息，更要设专栏突出宣传和推广，以吸引客户注意。

第三，对于网站访问者的任何提问、意见和建议，应有专人给予及时回复和反馈。对于常见问题，可以使用专门的"常见问题"栏目，由客户自己主动查询。

第四，要成为成功的国际电子商务经营企业，还应不断积累与企业经营相关的电子数据信息，建立专门的数据库，并运用专门的信息检测、统计和分析软件，适时检测网站访问流量、访问渠道、访客来源，对客户重点访问和关注的栏目进行分析，以便为企业优化网站布局、调整国际电子商务营销方案提供事实依据。

三、交易对象的确立与风险防范

（一）交易对象的确立

网上信息查询、市场调研和信息发布的目的，是在了解市场行情的同时，选择合适的交易对象达成交易。因此，在对所经营产品的国际市场行情和潜在客户群有了基本了解后，贸易企业就应该根据所掌握信息，确定下一步进入实质性商务谈判的交易对象。

但由于"虚拟"网络空间内所发布的信息，并不完全是真实可信的。出于更广泛吸引客户的考虑，发布信息的一方通常都会故意隐瞒对己方不利的信息，并在一定程度上夸大对己方有利的信息。因此，慎重起见，贸易企业在确定谈判交易对象之前，还应通过其他途径，如委托国内外专业中介机构、国内外往来银行、进出口行业商（协）会、本国驻外使领馆的商务处等，对潜在交易对象的资信状况做更进一步的核实。

经过多方信息比对和核实，确认对方的资信状况和信誉满足己方的交易需求后，方可进入实质性网上商务谈判阶段。

（二）网上交易风险及风险防范

国际电子商务方式下，贸易企业除面临传统贸易方式下可能发生的价格风险、汇率

风险、信用风险、社会安全风险和政策变化风险外,由于国际电子商务所依赖的互联网空间的虚拟性、开放性,信息技术的不完善性、信息传输的无纸性和电子交易法规的不健全性,也导致国际电子商务交易方式,在给贸易企业带来便利和效率的同时,也增加了新的风险。只有对这些可能会发生的风险有全面的认识,并提前采取防范措施,才能使从事国际电子商务的贸易企业避免或减少损失。

1. 网上交易风险的种类

(1) 技术风险。国际电子商务交易的安全顺利进行,要依赖计算机软硬件技术、信息传输技术和网络技术的整合支持。其中任何一项技术存在缺陷或漏洞,都有可能影响国际电子商务交易的正常进行,或者延缓交易进程,或者增加交易成本,甚至导致交易失败。常见的技术风险包括:①硬件技术设备风险。如计算机设备及传输线路故障;存储设备和传输线路容量小而导致网络运行速度慢等。②软件技术风险。如操作系统、应用系统和程序设计存在缺陷和漏洞;网络安全技术软件缺少或更新不及时;交易各方系统技术标准不匹配,数据传输标准不统一等。③技术运用风险。如误操作带来的程序运行异常;数据录入错误或信息传输遗漏;未及时保存或备份导致数据丢失等。

(2) 信息风险。如同传统贸易方式下,买卖双方真实意思的表达、交易的达成和合同的顺利履行,需要纸面单证信息的准确传输一样;国际电子商务方式下,交易能否顺利完成,也要依赖电子信息的准确传递。但互联网的开放性、网络技术不可避免存在的各种漏洞和网络"黑客"及病毒的攻击等,都可能给开展国际电子商务的企业带来巨大信息风险。常见的信息风险主要有:①虚假信息。互联网空间的虚拟性,为世界各国以欺诈为生的不法企业或个人,创造了有利条件和生存空间。为达到欺诈目的,这些企业或个人往往通过各种网络渠道发布大量虚假供求信息。这些虚假信息与真实信息混在一起,一方面增加了企业甄别、筛选真实信息的困难和成本,另一方面,缺乏经验的贸易企业及其业务人员,一旦不慎被虚假信息蒙骗,就可能会遭受重大损失。②信息泄露。同一国际电子商务系统中,不同企业所采用的终端计算机的型号、操作系统、应用系统及传输介质等可能千差万别,兼容性问题及安全技术漏洞,都可能导致国际电子商务系统中的信息数据丢失。"黑客"等不法之徒可能会利用系统存在的安全漏洞,窃取交易双方的数据信息,造成商业机密信息泄露,使竞争对手获益。③信息篡改。利用网络软硬件系统可能存在的安全技术漏洞,"黑客"等网络攻击者除"窃取"贸易企业商业信息外,还有可能利用其所掌握的过人手段,入侵贸易企业网站和数据库,对发布、储存或传输中的信息进行恶意复制、篡改、增添或删除,造成信息查询者或交易对象接收到的信息失实、失真,轻者使贸易企业形象受损、潜在客户流失,重者则增加交易风险或带来利益的重大损失。④病毒信息。随着各种电子商务应用软件的开发、应用和推广,各种新型病毒及其变异也往往相伴而生。传统的病毒攻击,会使得网络服务在一定时间内失效,或导致电子商务交易数据阻滞、泄露甚至丢失。随着病毒隐蔽性的增强,越来越多的病毒隐藏在信息内,或者说信息本身就是病毒。一旦贸易企业不小心将这些隐藏有病毒的信息打开,就会对网络运行和信息安全造成严重威胁。

(3) 侵权风险。互联网的开放性、全球性和虚拟性,不仅使得传统知识产权(商标权、专利权、版权和著作权）使用和保护的独占性、地域性原则受到严峻挑战,而且互联网信息技术所催生的新兴知识产权,如计算机软件、多媒体作品、数据库、网页设计等,也对网上知识产权的使用、转让和保护提出新的要求。

虽然近年来,各国政府和国际组织纷纷出台网络知识产权保护法规,或修改原有知识产权保护法规以涵盖对网络知识产权的保护。但不可否认的是,国际电子商务方式下,网上信息的"爆炸式"增长,使得贸易企业难以对网上所发布产品的技术、设计和商标品牌等知识产权归属,进行详细查询核实,尤其是对不断推出的数字化出版物、音像制品等新技术、新产品、新服务,以及新开发计算机软件、网络应用工具和数字库等知识产权的归属更加难以查证。出口企业在不知晓的情况下,按照进口方网上提供的侵权设计图样生产加工并出口,进口企业在不了解的情况下,购买了出口方采用侵权技术和假冒商标生产的产品或服务,一旦遭到被侵权方的起诉,很可能因难以追究交易对象的责任而承担重大损失。

此外,国际电子商务交易企业,还可能因网上电子支付技术存在漏洞,而面临支付和结算风险;因各国对网上交易征税、网上交易纠纷处理的法律规定存在差异,而面临税收和法律风险。

2. 网上交易风险的防范

针对开展国际电子商务可能面临的更多风险,贸易企业应做到防患于未然。

（1）增强国际电子商务风险及防范意识。作为基于新技术的新型国际贸易交易方式,受技术本身不完善和相关制度不健全的制约,与传统国际贸易方式相比,开展国际电子商务,贸易企业明显要面临更多的风险。因此,增强对开展国际电子商务交易风险的认识,重视风险分析和风险防范,并将风险管理提高到企业战略管理高度,对贸易企业规避国际电子商务交易风险,避免或减少风险损失至关重要。

（2）健全国际电子商务人才队伍。与传统国际贸易方式相比,在国际电子商务方式下,掌握外语和国际贸易操作技能的业务人员数量占比会明显降低,而负责计算机网络安全运行、维护管理、信息处理和故障排除的专业技术人员所占的比例将显著提高。对于自建国际电子商务交易平台的大型跨国公司和综合贸易企业而言,其还应拥有软件应用系统设计、数据库开发等方面的专业技术人才,以满足国际电子商务交易模式创新和系统提升的需要。对于通过第三方国际电子商务平台,开展国际电子商务的中小型贸易企业来说,其计算机网络运行和信息管理方面的专业技术人才虽然不用考虑,但至少也要拥有满足需要的计算机系统管理、网页维护与信息处理方面的技术人才,以降低计算机网络软硬件技术运营风险所带来的损失。同时,对于所有开展国际电子商务交易的贸易企业而言,应通过培训,提升进出口业务及管理人员的计算机网络操作和信息系统应用能力,以避免或降低因操作不当引起的技术应用风险。

（3）强化电子商务软硬件技术基础设施建设。软硬件技术基础设施的质量,是保证国际电子商务交易网络安全运行的基础。这就要求贸易企业在采购计算机和网络传输设备时要把好质量关,应购买安装兼容性强的正版软件操作系统、应用系统及各种防病毒软件。对于自建国际电子商务交易平台的大型贸易企业而言,在开发和应用各种网络

安全技术上要舍得投入。对中小型贸易企业而言,应选择信誉高、技术力量雄厚的第三方国际电子商务平台,作为自己的国际电子商务服务运营商。同时,贸易企业还应密切跟踪计算机网络、信息技术和各种应用软件开发的最新成果和发展趋势,及时更换落后硬件设备,随时更新软件系统,以提高网络安全运行效率,有效防范新型病毒和网络"黑客"攻击,降低因设备和软件落后而产生的各类技术风险和信息风险。

(4)提升知识产权保护能力。对贸易企业而言:

第一,要熟悉各国对传统及新型知识产权保护的法规和做法。

第二,要按照诚信、合规、合法的原则,对外发布网络信息。

第三,对于拥有自主知识产权的技术、产品、品牌和服务,在网上发布信息时应进行明示。

第四,一旦发现有侵犯自己知识产权的行为,应坚决采取法律手段制止侵权行为。

第五,为避免在不知晓的情况下,侵犯他人知识产权行为的发生,应尽可能到有CA认证技术的网站或交易平台查询企业、产品信息并开展交易。如果对查询信息所涉及的知识产权存疑,应到知识产权查询网站或通过专业中介机构进行查证。

本章小结

本章从交易平台建设与发展战略制定,以及网上信息搜索、发布和风险防范两个方面,系统介绍了贸易企业开展实质性国际电子商务交易前,应做好的基础条件准备。

贸易企业根据自身条件和发展需要,可以通过自建、联建或第三方专业服务商,搭建国际电子商务交易平台,同时建立满足交易平台安全顺利运行的专业化的国际电子商务人才队伍,并在对企业外部环境和内部条件进行全面分析的技术上,制定实施国际电子商务发展战略。

利用互联网进行信息搜索查询、市场行情调研和企业供求信息发布,是贸易企业扩大影响、吸引客户、制定营销策略和选择交易对象的重要基础。搜索引擎为网上信息搜索提供了便捷通道,而各种网络应用软件也为企业开展直接和间接市场调研提供了有用的工具。贸易企业无论通过何种网络渠道发布信息,都要做到信息的完整性、真实性、新颖性,信息查询的便捷性,语言的通用性和信息展示的多媒体性,并通过搜索引擎、网址交换链接、E-mail和分类目录等渠道,来推广企业网站(页),扩大对潜在客户群体的吸引力。

除面临传统贸易方式下可能发生的价格风险、汇率风险、信用风险、社会安全风险和政策变化风险外,从事国际电子商务交易的企业还可能面临更多的技术、信息和侵权风险等,贸易企业必须增强风险意识,从专业人才队伍、软硬件技术基础和知识产权保护等方面,提升风险防范能力。

关键术语

国际电子商务平台,贸易价值链,SWOT分析,网上信息搜索,网上市场调研,网上信息发布,搜索引擎,网址交换链接,分类目录,技术风险,信息风险,侵权风险

复习思考题

1. 建立国际电子商务平台有什么作用?
2. 国际电子商务平台有哪几种类型?试比较不同类型国际电子商务平台的优势和劣势。
3. 企业开展国际电子商务一般需拥有哪些专业人员?
4. 利用SWOT方法对某一外贸企业实施国际电子商务战略的因素进行综合分析。
5. 试分析国际电子商务发展战略的内容。
6. 试分析国际电子商务发展战略实施阶段与企业业务重点内容变化之间的关系。
7. 试选择一小型外贸企业并为其制订国际电子商务发展战略规划。
8. 国际贸易企业如何开展网上市场调研?
9. 网上信息发布应注意哪些问题?
10. 网站(页)推广的手段有哪些?试比较各自的特点。
11. 与传统贸易方式相比,贸易企业开展国际电子商务会面临哪些风险?应如何防范?

参考书目

陈拥军. 电子商务与网络营销[M]. 2版. 北京:电子工业出版社,2012年2月。

冯晓宁. 国际电子商务实务精讲[M]. 2版. 北京:中国海关出版社,2016年3月。

柯丽敏,洪方仁. 跨境电商理论与实务[M]. 北京:中国海关出版社,2016年7月。

兰宜生. 国际电子商务教程[M]. 3版. 北京:首都经济贸易大学出版社,2015年1月。

李光明. 网络营销[M]. 北京:人民邮电出版社,2014年1月。

刘德华,柴郁. 电子商务与国际贸易[M]. 长沙:中南大学出版社,2013年3月。

商玮,段建. 网络营销[M]. 北京:清华大学出版社,2012年9月。

谈璐,刘红. 跨境电子商务实操教程[M]. 北京:人民邮电出版社,2017年3月。

夏雪峰. 全网营销:网络营销推广布局、运营与实战[M]. 北京:电子工业出版社,2017年1月。

肖旭,乔哲. 跨境电子商务[M]. 北京:高等教育出版社,2017年8月。

肖旭. 跨境电商实务[M]. 2版. 北京:中国人民大学出版社,2018年1月。

徐凡. 跨境电子商务基础[M]. 北京:中国铁道出版社,2017年1月。

杨坚争,杨立钒. 国际电子商务教程[M]. 2版. 北京:电子工业出版社,2013年1月。

杨立钒. 跨境电子商务教程[M]. 北京:电子工业出版社,2017年8月。

于立新. 跨境电子商务理论与实务[M]. 北京:首都经济贸易大学出版社,2017年3月。

周升起. 国际电子商务[M]. 2版. 北京:北京大学出版社,2016年1月。

第七章　国际电子商务交易程序

★ 学习目标

掌握：电子交易磋商的概念、流程、内容和方式，电子磋商方式下发盘、接受的生效、撤回与撤销，电子合同的概念、类型与法律效力，网上合同履行的基本环节及操作

理解：电子合同与传统书面合同的区别，中国国际贸易单一窗口的功能及其在提高贸易便利化上的作用

了解：国际电子商务交易网络，国际电子商务交易流程，网上合同履行各环节涉及的重要网站及应用系统的基本功能及其特点

★ 导学案例

大微国际集团探索利用"单一窗口"实现一站式互联互通

大微国际集团成立于2000年，注册资本3 000万元，是一家专业的供应链整体解决方案服务商，涵盖外贸、国际运输、港口清关、国内仓储、运输等全方位标准化服务。

根据中国（上海）自贸区《深化方案》中关于推进国际贸易"单一窗口"建设的要求，2014年上半年，上海自贸区国际贸易"单一窗口"启动建设。大微国际集团作为"单一窗口"首批试点企业，参与了业务论证和方案设计。

"单一窗口"上线前，企业办理口岸通关和监管，需要登录海关申报系统、海关关税支付系统、原产地证书申领系统、检验检疫报检系统，还需到检验检疫现场提交随附单证、到海关查验现场办理选箱；同时还要完成海关申报和关税支付部门间相关纸质凭证的传递、海关和检验检疫申报部门间通关单号传递等多个环节。分别独立的业务系统和监管流程导致公司内部许多环节是重复作业，有些业务还需要人工操作，公司内部运营平台数据得不到充分应用，工作量比较大，通关时间和成本比较高。

"单一窗口"的引入，为公司的组织架构和操作模式带来了许多重大改变：

一是便利了企业业务办理,提高了通关效率。"单一窗口"集成了所有通关环节,企业可以一站式办理,体现"一个平台、一次提交、结果反馈、数据共享"的核心理念,与国际通行做法相一致。公司的运营平台与"单一窗口"实现直接对接,可以将企业交易订单的源头数据直接导入"单一窗口"平台,平台准确无误地转换成报关、报检申报数据,企业自动获取回执信息。在提高申报效率的同时,大大提升了申报质量。一票报关单申报时间从以前的10分钟缩减到现在的1—2分钟。

二是改变了组织架构,降低了企业成本。借助"单一窗口",公司整合原先三地三套报关报检的团队,报关组人员减少了2/3,实现统一申报,作业强度更是大大降低。同时帮助企业创造一岗多能的复合型员工的工作环境,使更多的员工从简单重复录入岗位转变到为客户提供更周到、细致的服务方面。

三是推进了透明化报关,提升了公司竞争力。"单一窗口"互联网申报模式,可灵活选择申报地点,便于公司灵活配置人力和业务资源。"单一窗口"同时开放了货主企业账号,公司客户可以在网上自主查询最新申报动态,进一步督促公司提升专业化服务能力,也使客户更加专注于他们自身的专业,比如营销、生产等。

总之,国际贸易"单一窗口"实现了贸易商通过一个入口向各相关政府机构提交贸易进出口或中转所需的单证或数据。企业将交易源头数据直接导入"单一窗口"平台,实现了一站式业务办理。这不仅提高了通关效率,降低了人力成本,还为企业提升专业化服务能力提供了空间。

资料来源:周奇,张涌.中国(上海)自贸试验区海都创新与案例研究[M].上海社会科学出版社,2016年11月。

案例思考题:登录中国国际贸易单一窗口网站(https://www.singlewindow.cn),查看贸易企业通过"单一窗口"可以办理的具体业务,并讨论贸易"单一窗口"在促进贸易便利化、降低企业贸易成本上的具体作用。

第一节　国际电子商务交易流程

一、国际电子商务交易网络

国际电子商务方式下,不仅仓储、物流、保险、支付等业务环节,越来越多地由专业服务商所建立的国际电子商务"专业服务平台"来提供,而且进出口中所涉及的政府监管与服务环节(包括审批、检验检疫、海事、海关、港口、外汇和税务等),也逐渐通过各国政府所建立的贸易"单一窗口"来完成。这样,通过互联网就形成一个完全不同于传统国际贸易交易方式的国际电子商务交易网络。在该网络中,"国际电子商务平台"和"贸易单一窗口",分别整合和承担了传统交易方式下,应该由出口商、进口商分别单独完成的商务和政务活动，出口商、进口商通过一次性录入和提交相关数据信息，就可以完成传统交易方式下必须多次录入和提交才能办理的出口和进口手续，大大减少业务环节，显著提高业务效率。典型的国际电子商务交易网络如图7-1所示。

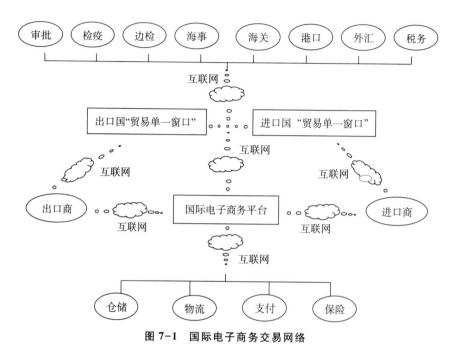

图7-1 国际电子商务交易网络

"单一窗口"（Single Window 或 Sole Window）贸易政府管理模式，由包括联合国、亚太经合组织、世界贸易组织和世界海关组织等在内的诸多国际组织先后提出，2004年9月联合国下设机构贸易便利和电子商务中心（UN/CEFACT）通过了《建设"单一窗口"建议书》，建议各国政府将建设"单一窗口"作为加快贸易便利化进程的重要措施来落实。

当前，"单一窗口"已成为国际电子商务趋势下，世界各国大力推广的一种贸易管理模式，也是保障供应链安全和促进贸易便利化的重要措施。它实现了参与国际贸易的各方，通过单一的信息输入点一次性提交标准化信息，就可以完成所有需申报及办理的各项业务手续，为参与贸易管理的政府部门协调各自的管理职责提供了一个平台，并为办理相关手续提供了便利。

二、国际电子商务的交易流程

就交易流程而言，国际电子商务与传统国际贸易交易方式没有不同，所不同的是每个流程及其各个环节的信息传递方式发生变化、信息处理时间大大缩短。国际电子商务的交易流程及所涉及的主要业务环节如图7-2所示（以 CIF 贸易术语、L/C 付款方式成交为例）。

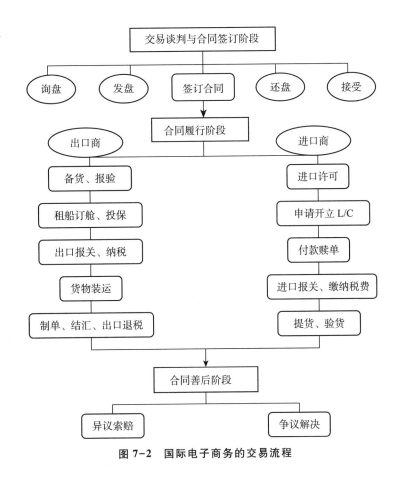

图 7-2 国际电子商务的交易流程

第二节 国际电子商务交易磋商与合同签订

一、电子交易磋商

(一) 电子交易磋商的过程

交易磋商是进出口双方为买卖某项商品,对交易的各项条件进行协商以达成一致的过程,通常称为贸易谈判。无论是在国际电子商务还是在传统国际贸易方式下,这都是一个十分重要的环节。因为交易磋商是签订买卖合同的基础,没有交易磋商就没有买卖合同。交易磋商工作的好坏,直接影响到合同的签订及以后的履行,关系到双方的经济利益。

电子交易磋商,也被称为网上交易磋商,是指交易各方通过计算机网络传递电子信息,对交易条件达成一致的磋商方式。同传统国际贸易方式一样,国际电子商务的交易磋商一般包括四个环节:询盘、发盘、还盘和接受。其中,发盘和接受是两个必不可少的环节。

1. 询盘

询盘(Inquiry)是指交易的一方准备购买或出售某种商品,向对方询问买卖该商品的有关交易条件。询盘的内容可涉及:价格、规格、品质、数量、包装、装运及索取样品等,而多数只是询问价格。所以,国际贸易中询盘也被称作"询价"。在国际贸易业务中,有时一方发出的询盘表达了与对方进行交易的愿望,希望对方接到询盘后及时发出有效的发盘,以便考虑接受与否。也有的询盘只是想探询一下价格,询问的对象也不限于一人,发出询盘的一方希望对方开出报价单。这种报价单一般不具备发盘的条件,所报出的价格也仅供参考。

2. 发盘

发盘(Offer)是指交易的一方(发盘人)向另一方(受盘人)提出出售或购买某种商品的各项交易条件,并表示愿意按照这些条件与对方达成交易、订立合同的行为。国际贸易中,发盘也被称为报盘、发价或报价,法律上称之为"要约"。根据《联合国国际货物销售合同公约》(以下简称《公约》)第14条第1款的规定:"向一个或一个以上特定的人提出的订立合同的建议,如果十分确定,并且表明发价人在得到接受时承受约束的意旨,即构成发盘。一个建议如果写明货物并且明示或默示地规定数量和价格,或者规定如何确定数量和价格,即为十分确定。"

发盘可以是应对方询盘的要求发出,也可以直接向对方发出。发盘一般由卖方发出,但也可以由买方发出,业务上称其为"递盘"(Bidding)或"购货发盘"(Buying Offer)。一项建议要构成发盘必须具备四个条件:

(1)向一个或一个以上的特定人提出。发盘必须指定可以表示接受的受盘人。受盘人可以是一个,也可以是多个。不指定受盘人的发盘,仅视为发盘的邀请,或称"邀请发盘"(Invitation for Offer)。

(2)内容必须十分确定。按照《公约》的规定,一项建议的内容必须至少包括商品的具体品名、数量和价格,才符合内容的"十分确定",该项建议才构成发盘。

(3)表明订立合同的意思。即发盘应表明,该发盘内容一经受盘人接受,发盘人即受约束,发盘人即承担按发盘条件与受盘人订立合同的法律责任。表明订立合同的意思,可以用"发盘""发实盘""订货"或"递盘"等术语加以表明;也可以通过规定发盘的有效期来表示;还可按当时的谈判情形、当事人之间以往的业务交往情况,或双方已经确立的习惯做法来确定。

(4)必须送达受盘人。《公约》规定,发盘于送达受盘人时生效。

3. 还盘

还盘(Counter Offer)是指受盘人收到发盘后,对发盘所提出的交易条件不同意或不完全同意,向发盘人提出的修改建议或新的交易条件的行为。还盘是对发盘的拒绝,是一项新的发盘。还盘一经做出,原发盘即失去效力,发盘人不再受其约束;此外,当事人双方的地位对调,原发盘人为新的受盘人,而原受盘人为新的发盘人。未经过还盘修改的内容或在还盘中未出现的原发盘内容,对原发盘人仍有约束力。

4. 接受

接受(Acceptance)是指受盘人在发盘的有效期内,以声明或行动表示同意发盘提出的各项交易条件的行为。接受在法律上也叫"承诺"。发盘一经接受,合同即告成立,对双方都将产生约束力。接受和发盘一样,既属于商业行为,也属于法律行为。构成有效的接受必须符合以下条件:

(1) 接受必须是由受盘人做出,否则接受无效,视为新的发盘。其他人对发盘表示同意,不能构成接受。这一条件与构成发盘的第(1)条相呼应。

(2) 接受必须由受盘人明确表示出来。受盘人表示接受,要采取声明(口头、书面或电子)的方式,或以采取行动的方式,如向买方发运货物、向卖方付款或开立信用证等。

(3) 接受的内容要与发盘的内容相符。即接受必须是无条件同意发盘提出的所有交易条件,如果受盘人对发盘内容做出"实质性修改",即使使用了"接受"的字眼,也不构成接受,而被视为"还盘"。《公约》规定:对以下条件的修改均为实质性修改:①货物价格;②付款条件;③货物的数量与质量;④交货时间与地点;⑤当事人的赔偿范围与责任;⑥争议的解决方法等。

(4) 接受必须在发盘规定的有效期内做出。

(5) 接受的传递方式应符合发盘的要求。一般与发盘传递的方式相同。

(二) 交易磋商方式

不同于传统国际贸易交易磋商的电话、面谈等口头方式,以及信函、电报、传真等书面方式,国际电子商务的交易磋商,普遍采用各种快捷、低廉的网上电子磋商方式。

1. E-mail

E-mail 是当前国际电子商务中采用最多的交易磋商方式,它传递速度快、信息量大、价格低廉、易于保存、容易操作,因此成为国际电子商务交易磋商的首选方式。与传统的口头和书面交易磋商方式相比,其突出特点表现在:

(1) 快速。发送 E-mail 后,只需几秒钟就可通过网络传送到收件人的电子邮箱。

(2) 方便。书写、修改、收发 E-mail 都在电脑上完成,收发 E-mail 都无时间、地点限制。

(3) 廉价。平均发送一封 E-mail 只需几分钱。

(4) 可靠。每个电子邮箱地址都是全球唯一的,能确保邮件内容准确发送到收件人的邮箱。

(5) 多样。E-mail 不仅可以传送文本,还可以传送图像、声音、视频等多种类型的文件。

当前,收发 E-mail 一般通过两种方式进行:一是使用网页方式(即 Web 方式),即邮件使用者首先在提供 Web 邮件服务的网站注册,获得 E-mail 地址,然后,每次收发浏览 E-mail 时,通过浏览器登录注册网站 E-mail 服务器进行操作,可以随时随地收发、浏览和处理邮件,无须事先安装客户端软件。二是通过 Outlook Express、Foxmail 等 E-mail 软件(客户端)来收发邮件。其特点是:不用每次都登录 Web 站点,更加快捷高效;在每天有大量邮件往来的情况下,可以对邮件实现更好的管理;可以在"脱机"(不联网的状态)查看和处理邮件;比 Web 收发邮件性能稳定。但这种方式需要事先安装专门的 E-mail 客户端软件。

但随着 E-mail 的普及应用及其在"网络营销"上的作用日益增强,邮箱中越来越多的

"垃圾邮件"也日渐成为影响采用这种方式开展交易磋商的不利因素。因此,要提高利用E-mail磋商方式达成交易的成功率,应尽量注意做到以下几点:

(1) 与客户第一次联系最好用不容易被海外客商邮件服务器屏蔽的邮箱,如Hotmail或Gmail邮箱。

(2) 定时对计算机进行彻底查毒,保证所发邮件不带任何病毒及木马程序。

(3) 尽量避免使用容易被默认为垃圾邮件的标题,如:We could supply,Do you want to buy 等。

(4) 不宜附加内容过多的附件(系统会默认为病毒而屏蔽)。

(5) 了解客户当地的时差,按照客户的上班时间发送邮件,这样客户一上班就可以看到你发的邮件,而不是被其他邮件覆盖。

(6) 邮件标题和内容真实可信,对客户有吸引力。邮件标题使用产品名称,不要附加任何其他的多余语言;开头语简洁,以便立即拉近与客户的距离;开头语后,立即进入报价,以证明你是有诚意、实实在在地想做生意;所报的价必须是实价,应与现有的市场行情相吻合,否则会显得你不专业或者直接吓跑客户;除价格外,其他主要交易条件也应尽可能地在邮件中列明;邮件最后留下公司名称及完整的联系方式,表示你们是正规的公司,同时可以让客户通过多种渠道联系到你。请注意:如果有公司网站,请直接输入网址,但不要做成链接,否则容易被认为是垃圾邮件。

2. 网络即时通信工具

网络即时通信工具(Instant Messenger)是一种基于互联网的即时信息交流软件。交易双方在各自的计算机终端下载安装即时通信软件并注册成功后,即可登录进行在线实时交易谈判,或者一方不在线时,可把交易信息以语音、文字、图像或视频等形式向对方发送,留待对方看后进行回复。

网络即时通信工具的开发,最初被应用于方便个人之间的交流,但其便捷、即时、交互、低廉的特点,使其应用领域不断得到拓展,移动网络通信技术的发展更使其越来越受到推崇。在功能更加强大的个人的即时通信工具不断被推出的同时,适用于企业、行业商务交流的即时通信工具,也被迅速开发出来并得到推广应用,大大便利了国际电子商务的交易磋商。

目前,国际电子商务中常用的外国商务网络即时通信工具主要有 Skype、Yahoo Messenger、Netscape Communicator、Angchat 等;常用的国内商务即时通信工具有阿里旺旺贸易通、阿里旺旺淘宝版、慧聪TM 等。当然,很多被广泛使用的国内外个人即时通信工具,如 Google Talk、Facebook、ICQ 和 AIM,以及腾讯QQ、微信、百度 Hi 等,也被越来越多地用于商务交易磋商。

3. 交易网站"在线洽谈"

无论企业自建交易网站还是专业性国际电子商务交易服务平台,都具有专门的交易"在线洽谈"功能。进出口企业经过注册,在浏览查询企业及产品信息,寻找到合适的产品后,可以直接通过该网站的"在线洽谈"功能,进行实时的在线交易洽谈,或者就需求信息和交易条件填写"留言",进行交易磋商。

以"Alibaba"国际电子商务交易平台为例:欲采购"Air Conditioners"的国外进口商,登录"Alibaba.com"网站,用鼠标单击左上角的"Categories"就可以查看全部产品目录(见图7-3)。单击"Consumer Electronics/Home Appliances/Security"目录下的"Air Conditioning Appliances"子目录,即可显示通过该交易平台发布的所有空调产品及供应商的具体信息(见图7-4)。在页面左侧的"Product Features""Supply Features"菜单中,选择所需空调产品的各项性能指标、对供应商的条件要求等,即可显示符合进口商需求条件的空调产品及供应商的详细信息(见图7-5)。通过查看、比较产品及企业信息,如果对第一款"R410a eco-friendly inverter air conditioner household appliances"感兴趣,即可单击右下方的"Contact Supplier"或"Leave Messages"按钮,填写产品采购数量、规格要求、供货方式等,并向供应商询价(见图7-6)。

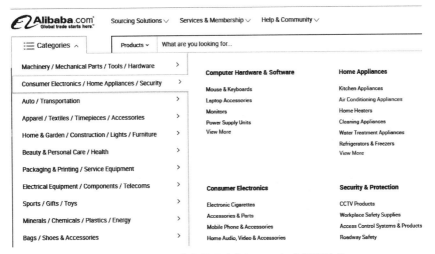

图7-3 "Alibaba"交易平台"Categories"页面信息

图7-4 "Alibaba"交易平台"Air Conditioning Appliances"页面信息

图 7-5 选择"Product Features""Supply Features"后的页面信息

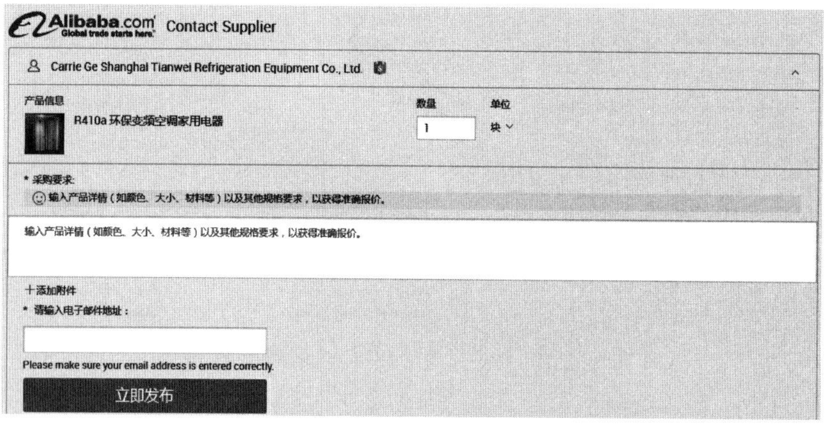

图 7-6 "Alibaba"交易平台"Contact Supplier"页面

如果采购商在"Alibaba"所发布的现有信息中,没有找到满意的产品和供应商,可以在"RFQ"(Request for Quotation)模块,将具体需求信息填写并提交(见图 7-7)。平台将根据需求信息匹配符合条件的供应商及其报价,然后反馈给采购商,由采购商进行选择。

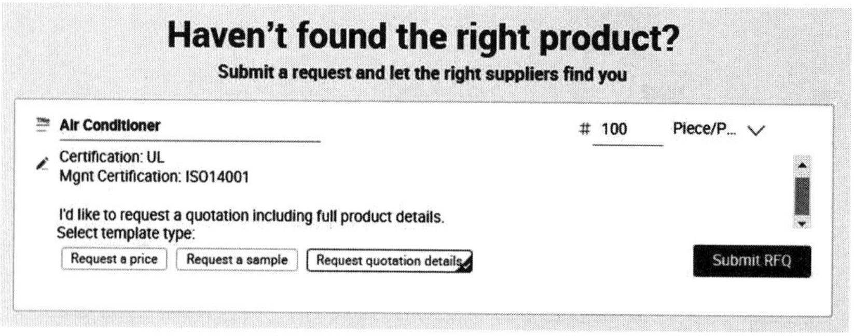

图 7-7 "Alibaba"交易平台"RFQ"模块

4. 网络传真

网络传真(Network Facsimile)是指通过互联网发送和接收传真,不需要传统传真机的一种新型传真方式。网络传真基于公共电话交换网(PSTN)和互联网络的传真存储转发,是传统电信线路与软交换技术(NGN)的融合,无须购买任何硬件(传真机、耗材)及软件的高科技传真通信产品,因此也被称为电子传真(eFax)。它整合了电话网、智能网和互联网技术,其原理是通过互联网将文件传送到网络传真服务器上,由服务器转换成传真机接收的通用图形格式后,再通过 PSTN 发送到全球各地的普通传真机或任何电子传真号码上。

网络传真有以下优点:一是突破时空限制,只要能上网或能使用 E-mail,即可发传真到世界各地,实现移动化办公;二是不需要传真机即可收发传真,节省纸张、墨粉等耗材,降低设备维护及耗材成本,实现无纸化、绿色办公,而且费用低廉;三是便于管理、提高工作效率。网络传真像 E-mail 一样,具有群发、定时发送、失败自动重发、智能排队、电子签名、语音通知及支持多种文本格式等功能,因此,可以大大提高交易磋商信息的传递效率。而且,由于网络传真是电子文档,因此易于保存、查询和管理。

目前,网络传真软件可以提供由传真到传真、传真到 E-mail、E-mail 到传真、PC 到传真等业务,为国际电子商务交易磋商提供了一种新型的电子信息传递工具。

(三) 电子交易磋商的相关法律规定

国际电子商务交易方式下,电子交易磋商信息传递速度快的特点,使得《公约》及各国法律对传统交易磋商方式下发盘(要约)和接受(承诺)的生效、撤回、有效期等相关规定,不再完全适用。为此,联合国等国际组织和各个国家,已通过签订新的国际公约和修改各国法律来加以明确。

1. 电子磋商方式下发盘(要约)生效的时间

由于《公约》生效时间早,其中没有涉及对电子磋商方式下发盘生效时间的规定(只是在第15条第1款笼统规定"发价于到达被发价人时生效")。于是,在2005年11月由联合国大会通过的《联合国国际合同使用电子通信公约》(以下简称《电子通信公约》)第10条第2款规定"电子通信的收到时间是其能够由收件人在该收件人指定的电子地址检索的时间。电子通信在收件人的另一电子地址的送到时间是其能够由该收件人在该地址检索并且该收件人了解到该电子通信已发送到该地址的时间。当电子通信抵达收件人的电子地址时,即应推定收件人能够检索该电子通信"。另外,《联合国国际货物销售合同公约咨询委员会——关于电子通信的意见》(以下简称《关于电子通信的意见》)针对第15条第1款进一步指出:在电子通信中,本条的"到达"是指电子通信进入被发价人之服务器的时刻。

我国修订后于1999年10月1日实施的《合同法》第十六条规定:"要约到达受要约人时生效。采用数据电文形式订立合同,收件人指定特定系统接收数据电文的,该数据电文进入该特定系统的时间,视为到达时间;未指定特定系统的,该数据电文进入收件人的任何系统的首次时间,视为到达时间。"

2. 电子磋商方式下发盘(要约)的撤回、撤销与失效

《公约》第15条第2款规定:"一项发价,即使是不可撤销的,如果撤回通知于发价送达被发价人之前或同时送达被发价人,得予撤回。"我国《合同法》第十七条也有类似规定:"要约可以撤回,撤回要约的通知应当在要约到达受要约人之前或者与要约同时到达受要约人。"但是在电子磋商方式下,数据信息传递速度快,在发盘人(要约人)发出发盘(要约)后几秒钟内就会到达对方接受系统,除非系统服务器出现故障或互联网线路过分拥挤,导致发盘内容传输出现耽搁,而使发盘撤回通知先于发盘或与发盘同时送达受盘人,正常情况下,发盘一旦发出则难以用更快的方式撤回。因此,电子磋商方式下,发盘人在做出发送决定前,对发盘内容应进行仔细的斟酌和审阅,以免因出现错误或遗漏,发送出去后无法撤回而遭受损失。不过《关于电子通信的意见》指出:电子方式的发价可以撤回,前提是被发价人已明示或默示地同意用指定的电子通信类型,以指定的电子地址接收指定格式的电子通信撤回通知。

对于电子磋商方式下发盘的撤销,联合国《公约》以及我国《合同法》的规定仍然适用。《公约》第16条规定:"在未订立合同之前,如果撤销通知于被发价人发出接受通知之前送达被发价人,发价得予撤销。但在下列情况下,发价不得撤销:(a)发价写明接受发价的期限或以其他方式表示发价是不可撤销的;或(b)被发价人有理由信赖该项发价是不可撤销的,而且被发价人已本着对该项发价的信赖行事。"我国《合同法》第十八条和第十九条规定:"要约可以撤销,撤销要约的通知应当在受要约人发出承诺通知之前到达受要约人。""有下列情形之一的,要约不得撤销:(一)要约人确定了承诺期限或者以其他形式明示要约不可撤销;(二)受要约人有理由认为要约是不可撤销的,并已经为履行合同作了准备工作。

电子磋商方式下发盘(要约)的失效,同传统交易磋商方式下相同,一般有几种情况:①拒绝发盘的通知到达发盘人;②发盘人依法撤回或撤销发盘;③发盘有效期届满,受盘人未做出接受;④受盘人对发盘的内容做出实质性变更。

3. 电子磋商方式下发盘(要约)的有效期

联合国《公约》第20条第1款规定:"发价人在电报或信件内规定的接受期间(即发价有效期),从电报交发时刻或信上载明的发信日期起算,如信上未载明发信日期,则从信封上所载日期起算。发价人以电话、电传或其他快速通信方法规定的接受期间,从发价送达被发价人时起算。"《关于电子通信的意见》针对第20条进一步指出:发价人以即时电子通信方式作出的发价中所规定的接受期限,从该发价进入被发价人之服务器时起算。发价人以电子邮件方式作出的发价中所规定的接受期限,从该电子邮件发出时起算。我国《合同法》第二十四条也规定:"要约以信件或者电报作出的,承诺期限自信件载明的日期或者电报交发之日开始计算。信件未载明日期的,自投寄该信件的邮戳日期开始计算。要约以电话、传真等快速通信方式作出的,承诺期限自要约到达受要约人时开始计算。"上述"快速通信方式"包括网络电子通信。

4. 电子磋商方式下接受(承诺)的生效、撤回、失效和撤销

联合国《公约》第18条第2款规定:"接受于表示同意的通知送达发价人时生效,如

果表示同意的通知在发价人所规定的时间内,如未规定时间,则在一段合理的时间内。对口头发价必须立即接受,但情况有别者不在此限。"第18条第3款规定:"如果根据该项发价或依照当事人之间确立的习惯做法和惯例,被发价人可以做出某种行为,例如与发运货物或支付价款有关的行为,来表示同意,而无须向发价人发出通知,则接受于该项行为做出时生效,但该项行为必须在上一款所规定的期间内做出。"我国《合同法》第二十六条规定:"承诺通知到达要约人时生效。承诺不需要通知的,根据交易习惯或者要约的要求作出承诺的行为时生效。采用数据电文形式订立合同的,承诺到达的时间适用本法第十六条第二款的规定(即'采用数据电文形式订立合同,收件人指定特定系统接收数据电文的,该数据电文进入该特定系统的时间,视为到达时间;未指定特定系统的,该数据电文进入收件人的任何系统的首次时间,视为到达时间'——编者注)。"

《公约》第22条规定:"接受得予撤回,如果撤回通知于接受应生效之前或同时送达发价人。"我国《合同法》第二十七条也有类似规定:"承诺可以撤回。撤回承诺的通知应当在承诺通知到达要约人之前或者与承诺通知同时到达要约人。"但在电子磋商方式下,同发盘的撤回情况一样,除非系统服务器出现故障或互联网线路过分拥挤,导致接受的通知传输出现耽搁,而使接受的撤回通知先于接受或与接受同时送达发盘人,正常情况下,接受一旦发出则难以用更快的方式撤回。所以,受盘人做出发送接受的决定,也应十分谨慎。

同传统交易磋商方式下一样,电子磋商方式下,接受的失效一般有以下几种情况:①受盘人超过发盘规定有效期做出的接受(发盘人及时通知受盘人该接受有效的除外);②受盘人对发盘内容做出实质性变更;③受盘人对发盘内容做出非实质性变更,但发盘人对这些变更表示了及时的反对;④收盘人在有效期内发出接受,因其他原因导致接受逾期送达发盘人,发盘人及时通知受盘人其接受已经失效。

由于接受在有效期内送达发盘人,双方合同关系即已成立,因此,接受不能撤销。

二、电子合同签订

联合国《公约》和我国《合同法》都规定,交易一方的发价(要约)被另一方接受(承诺),双方之间的合同关系即告成立。是否签订合同,并不是确定双方之间合同关系的必要条件。但是,在国际贸易实务中,为便于双方有依据地履行合同义务、妥善处理合同执行中可能出现的纠纷或异议、索赔事项,或者根据有关国家规定或双方事先约定,作为合同生效的条件,多数情况下,交易双方在通过磋商就交易条件达成一致后,往往还要签订书面、口头或其他形式的合同。电子合同就是随着国际电子商务的发展而出现的新的合同形式。

(一)电子合同的内容

除表现形式和签订方式不同外,电子合同与其他形式的合同在基本内容上并无差别,均包括:

1. 合同的首部

一般包括合同的名称、合同编号、缔约日期、缔约地点、缔约双方名称和地址、电话、传真、E-mail 等。

2. 合同的主体

合同的主体即合同的交易条件,主要包括商品品名、品质规格、数量或重量、包装、价格、交货条件、运输、保险和支付条款(以上通常被概括为"主要交易条件"),以及检验、索赔、不可抗力和仲裁条款(这四个条款通常被称为"一般交易条款")。

3. 合同的尾部

通常包括:合同的份数、缔约双方签字及该合同适用法律、惯例等。如有附件,如产品技术标准和说明书等,一般也应在合同的尾部列明,作为合同不可分割的一部分。

我国《合同法》第十二条规定:合同的内容由当事人约定,一般包括以下条款;

(1) 当事人的名称或者姓名和住所;

(2) 标的;

(3) 数量;

(4) 质量;

(5) 价款或者报酬;

(6) 履行期限、地点和方式;

(7) 违约责任;

(8) 解决争议的方法。

表 7-1 为常用国际贸易电子合同样本。

表 7-1　国际贸易电子合同(空白)样本

销售合同
SALES CONTRACT

卖方 Seller		编号 NO.	
		日期 Date	
		地点 Signed in	
买方 Buyer			

买卖双方同意以下条款达成交易:
This contract is made by and agreed between the BUYER and SELLER, in accordance with the terms and conditions stipulated below.

1.品名及规格 Commodity & Specification	2.数量 Quantity	3.单价及价格条款 Unit Price & Trade Terms	4.金额 Amount

（续表）

		Total		
允许 With		溢短装，由卖方决定 More or less of shipment allowed at the sellers' option		

5. 总值 Total Value	
6. 包装 Packing	
7. 唛头 Shipping Marks	
8. 装运期及运输方式 Time of Shipment & Means of Transportation	
9. 装运港及目的地 Port of Loading & Destination	
10. 保险 Insurance	
11. 付款方式 Terms of Payment	
12. 检验 Inspection	
13. 异议与索赔 Discrepancy and Claims	
14. 不可抗力 Force Majeure	
15. 仲裁 Arbitration	
16. 特别条款 Special Provisions	
17. 适用法律 Governing Laws	
18. 备注 Remarks	

            The Buyer   The Seller
           （signature） （signature）

(二) 电子合同的法律效力

作为不同于传统合同的新的合同形式,电子合同只有具备与传统合同相同的法律效力,才能被得到有效的执行,也才能推动更加高效便利的国际电子商务交易模式,更迅速地得到应用普及。对此,国际和国内有关电子商务的立法,已经对电子合同的法律效力问题做出明确规定。

联合国《电子商务示范法》第5条"数据电文的法律承认"中规定:"不得仅仅以某项信息采用数据电文形式为理由而否定其法律效力、有效性或可执行性。"由此指出电子合同在法律效力上应与传统合同一致。同时,针对某些法律要求信息必须采取书面形式的规定,《电子商务示范法》第6条第1款规定"如法律要求信息须采用书面形式,则假若一项数据电文所含信息可以调取以备日后查用,即满足了该项要求",即满足了书面形式的法律要求。在第9条"数据电文的可接受和证据力"第1款中规定:"在任何法律诉讼中,证据规则的适用在任何方面均不得以下述任何理由否定一项数据电文作为证据的可接受性:(a)仅仅以它是一项数据电文为由;或(b)如果它是举证人按合理预期所能得到的最佳证据,以它并不是原样为由。"

更进一步,《电子商务示范法》在第11条规定:"就合同的订立而言,除非当事各方另有协议,一项要约以及对要约的承诺均可通过数据电文的手段表示。如使用了一项数据电文来订立合同,则不得仅仅以使用了数据电文为理由而否定该合同的有效性或可执行性。"第12条同时规定:"就一项数据电文的发件人和收件人之间而言,不得仅仅以意旨的声明或其他陈述采用数据电文形式为理由而否定其法律效力、有效性或可执行性。"

联合国《电子通信公约》第8条"对电子通信的法律承认"中也明确规定:"对于一项通信或一项合同,不得仅以其为电子通信形式为由而否定其效力或可执行性。"第9条第2款也规定:"凡法律要求一项通信或一项合同应当采用书面形式的,或规定了不采用书面形式的后果的,如果一项电子通信所含信息可以调取以备日后查用,即满足了该项要求。"

《关于电子通信的意见》中又进一步指出:"合同的订立或证明可以采用电子通信方式,《公约》所指的'书面形式'应理解为包括各种能够有形地表现所载内容的电子通信。"

我国《合同法》第十一条规定:"书面形式是指合同书、信件和数据电文(包括电报、电传、传真、电子数据交换和电子邮件)等可以有形地表现所载内容的形式。"可见,我国是把电子合同视为书面合同形式的一种,与其他书面合同具有同等的法律效力。我国的《电子签名法》第四条也规定:"能够有形地表现所载内容,并可以随时调取查用的数据电文,视为符合法律、法规要求的书面形式。"

由此可见,无论合同采用了什么样的电子载体,只要其符合合同成立的要件,即与传统合同形式具有等同的法律效力。

(三) 电子合同的签字——电子签名

传统书面合同,一般需要经过当事人签字(盖章)才能生效。合同之所以要签字(盖章),一方面是表明合同各方的身份,另一方面是表明签字方受合同约束的意愿。而在电子合同形式下,传统的签字(盖章)显然不适用,但还必须履行这一程序,于是就出现了用电子签名技术来实现的做法。

电子签名(E-signature),又被称为"数字签名(Digital Signature)",是指数据电文中以电子形式所含、所附用于识别签名人身份并表明签名人认可其中内容的数据。通俗点讲,电子签名就是一种电子代码,是通过数字密码技术对电子数据文本进行的电子形式的签名,而不是书面签名的数字图像化,它在功能上类似于手写签名(盖章),也可以说是一种电子"印章"。

从更一般的意义上讲,电子签名是现代身份认证技术的泛指。美国《统一电子交易法》规定:"电子签名泛指与电子记录相连的或在逻辑上相连的电子声音、符号或程序,而该电子声音、符号或程序是某人为签署记录的目的而签订或采用的"。欧盟《电子签名指令》规定:"电子签名"是指"电子形式的附于或逻辑上与其他电子数据关联的数据,起到身份鉴定和验证的作用"。

联合国《电子签名示范法》第2条(a)款规定:"电子签名系指在数据电文中,以电子形式所含、所附或在逻辑上与数据电文有联系的数据,它可用于鉴别与数据电文相关的签名人和表明签名人认可数据电文所含信息。"

《电子签名法》第2条也规定:"本法所称电子签名,是指数据电文中以电子形式所含、所附用于识别签名人身份并表明签名人认可其中内容的数据。本法所称数据电文,是指以电子、光学、磁或者类似手段生成、发送、接收或者储存的信息。"第十四条进一步规定:"可靠的电子签名与手写签名或者盖章具有同等的法律效力。"

由上可以看出,凡是能在电子通信中,起到证明当事人的身份、证明当事人对文件内容的认可的电子技术手段,都可以被称为电子签名,它同手写签名、印章的"电子版"、电子密钥、秘密代号、密码或指纹、声音、视网膜结构等安全认证技术,具有同等的法律效力。电子签名是电子合同生效的证明,是国际电子商务交易安全的重要保障手段。

第三节 国际电子商务合同履行

一、合同履行前的准备

签订进出口贸易合同后,根据进出口商品的性质不同,在合同规定义务正式履行前,还必须办理相关备案、审批或许可手续。对于加工贸易商品,须进行加工贸易合同备案审批;属于许可证管理的商品,须申领进出口许可证;属于配额管理的商品,则要通过配额招标程序或合法配额转让手续取得配额;对于技术进出口、软件服务服务外包合同,也需办理合同备案手续。

为提高政府审批和备案效率,降低进出口企业相关事务办理成本,推动国际电子商务发展,世界各国(地区)政府贸易管理部门,都在通过电子政务系统来受理有关备案、审批、许可证颁发和配额招标分配等事务。我国自然也不例外,自20世纪90年代末期开始,我国外经贸管理部门就陆续开发出"加工贸易服务促进""许可证联网申领"和"配额电子招标"等电子政务系统。进出口企业经过注册审核获得 CA 证书和电子密钥后,如果所经营进出口商品及所签合同,需要备案、审批、申领许可证或取得进出口配额,就可以登录有关系统办理。

目前,我国进出口贸易企业办理有关备案、审批、许可证或配额申领事务,可以直接登录国家商务部所属国际电子商务服务平台——"中国国际电子商务网"(http://www.ec.com.cn)的"业务申报"系统来办理,该系统用于专门受理进出口企业的备案、审批、许可证申领和商品进出口配额的电子招标事务(见图 7-8)。

图 7-8 中国国际电子商务网"业务申报"系统页面

随着"中国国际贸易单一窗口"于 2016 年 12 月 31 日正式上线运行和更多政府行政事务被纳入"单一窗口","加工贸易"的备案、"许可证件"的申领,进出口企业也可以经注册后通过"单一窗口"来办理(见图 7-9)。

图 7-9 "中国国际贸易单一窗口"标准版应用列表

二、合同履行的基本程序

(一) 合同履行的基本环节

无论是电子合同还是传统合同,其合同主要条款都是基本一致的,所不同的是,因为合同标的、付款方式或所采用的贸易术语不同,而在具体条款的内容上有所差别。因此,国际贸易合同的履行,无论电子方式还是传统人工方式,所需办理的主要业务手续或环节也是基本相同的,其差异主要表现在运输、保险、单证、支付等环节,因所采用的付款方式或贸易术语不同,而在不同的合同下分别由不同的当事人办理。

图 7-10 所示的为采用 L/C 付款方式、CIF 贸易术语成交的贸易合同,在正常情况下买卖双方履行合同必须完成的主要业务手续或环节。

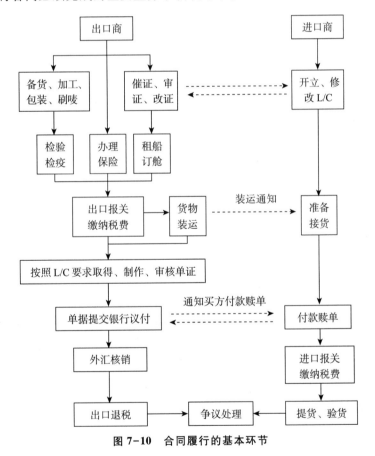

图 7-10 合同履行的基本环节

(二) 网上合同履行

国际电子商务与传统商务模式最大的区别,是从交易磋商到合同履行结束的所有业务手续均可以在计算机网络上实现。虽然由于各国国际贸易"单一窗口"的建设进程缓慢,以及国际电子商务交易平台的服务功能尚不完善,使得进出口企业难以通过一个平台、一次性录入数据,就可依次办理完合同规定的所有业务环节,但迄今与合同履行有关的部门、机构和企业所各自开发建立的网络应用系统,已基本可以为进出口企业实现合同履行的网络化、电子化提供越来越便利的服务。下面举例说明目前可以在网上实现的合同履行中的主要环节。

1. 网上申领原产地证书

原产地证书(Certificate of Origin)是各国根据有关原产地规则签发的证明商品原产地,即货物的生产或制造的的一种具有法律效力的证明文件,是货物进入国际市场的"护照",用以证明货物的经济国籍。原产地证书的主要作用有:贸易关系人交接货物、结算货款、索赔理赔的重要依据;进口国海关确定进口税率、通关验收、进行贸易统计的重要凭证;进口国实施进口数量控制,采取反倾销、反补贴等限制措施的依据;证明货物内在品质或价值增值比例的依据;出口国享受配额待遇、进口国对不同出口国实行不同贸易政策的凭证。

在我国,根据适用产品、国别或地区不同,目前签发的原产地证书主要有:优惠原产地证书(适用于与我国签订贸易协定或自由贸易区协定成员方的出口货物),普惠制原产地证书(适用于向给予我国普惠制关税优惠的国家或地区的出口货物),转口贸易证书(适用于经我国转口的非我国原产的货物)、加工装配证书(适用于在我国加工,但按照我国原产地规则未发生实质性改变的出口货物),以及一般原产地证明(适用于除上述产品以外的其他出口货物)。

在中国国际贸易"单一窗口"开通之前,原产地证书的申领主要通过检验检疫机构和中国国际贸易促进委员会(以下简称"贸促会")两个机构办理。通过贸促会可以申领一般原产地证书、优惠原产地证书、加工装配证书和转口贸易证书(见图7-11)。一般原产地证书、优惠原产地证书,以及除加工装配证书和转口贸易证书以外的其他种类的原产地证书,均可以通过检验检疫机构申领(见图7-12)。

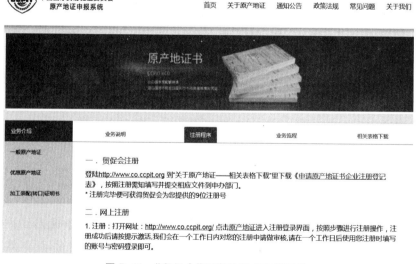

图7-11 "贸促会"原产地证书申报系统

第七章　国际电子商务交易程序

图 7-12 "中国检验检疫电子业务网"主页

为提高贸易便利化、降低企业贸易成本,开通之后的中国国际贸易"单一窗口",将原来由检验检疫机构和贸促会分别办理的原产地证书申领业务,整合到一个窗口申领,大大提高了办理效率。出口企业经审核在"单一窗口"注册后,可以更加方便地申领原产地证书(见图 7-13)。

图 7-13 "单一窗口"原产地证书申领页面

2. 网上办理货物运输

货物运输是进出口合同履行必不可少的环节。随着国际电子商务的发展,国际货物运输中传统的人工办理租船、订舱方式,也逐渐被网上租船、订舱取代,大大提高了办理效率。同时,电子商务在国际货物运输中的应用,也使得除租船、订舱环节外的其他业务,如运费和船期查询、货物仓储、提箱配载、报关报检、查验申报、进港、装船、提单确认签发等逐步在网上实现,并通过互联网与其他合同履行环节实现互联,逐步实现数据信息共享。

当前,无论专门从事国际货物运输的第三方物流企业(包括货代、船代公司),还是专业从事国际物流信息服务的中介型电子商务网站(如锦程物流网 http://www.jctrans.com,国际物流平台门户网 http://www.zhongsou.net,中国运费网 http://www.cgfreight.cn),均纷纷建立起自己的物流电子商务系统,开通在互联网上为国内外用户提供船舶、船期、运费、港口作业、货物等信息查询服务,以及租船、订舱、报关、报检和单证报表等网上业务办理服务。表 7-2 列出了国内外主要国际物流运输公司的电子商务服务系统地址。

表 7-2　国内外物流运输电子商务服务系统举例

企业名称	电子商务服务系统网址
中远海运	http://elines.coscoshipping.com
中国外运	http://e-sinotrans.sinotrans.com
中国东方海外物流	http://www.oocl.com/schi/ourservices/eservices
中国中海集运	http://www.cscl.com.cn
丹麦马士基航运	http://www.maerskline.com
美国总统轮船(APL)	http://www.apl.com
瑞士地中海航运	http://www.mscgva.ch
法国达飞航运	http://www.cma-cgm.com
中国台湾长荣航运	http://www.evergreen-line.com
德国哈帕劳埃德航运	http://www.hapag-lloyd.com
韩国韩进航运	http://www.hanjin.com
日本邮船集运(NYK)	http://www2.nykline.com
日本川崎海运	http://kltl.kline.com

以海运集装箱运输为例,发货人如果选择中远海运租船订舱,可以在中远海运网站注册并登录,查询船期、费率,进行询价、订舱、委托报关、报检等事宜,并可以随时查询跟踪货物运输状态(见图 7-14)。

政府及与国际物流有关的口岸、海事等管理部门为了更好地监管国际货物运输,也逐渐开发出各类专门网络管理系统,或在其网站中设置与国际货物运输监管有关的子系统,并与国际物流运输企业和中介型物流电子商务网站实现互联互通。中国国际贸易"单一窗口",就设置了"运输工具"和"舱单申报"系统(见图 7-15),进出口货物在报关前,运输企业事先在"单一窗口"注册企业及运输工具信息,并在与"承租人"签订运输合同后,及时在"单一窗口"登录承运货物"舱单"信息,既实现了海关对申报货物和运输工具的适时监管,又方便了发货人后续办理报关事宜。类似地,美国、加拿大、日本、韩国、新加坡及欧盟各国也都已建立类似的"单一窗口"系统。

图 7-14 "中远海运"物流平台主页

图 7-15 "单一窗口"运输工具及舱单申报页面

各国的口岸业务及管理部门,为提高进出口货物进港、出港和装卸效率,一般也都开发出自己的管理信息系统,除网上办理港口装卸业务外,还将服务延伸到运输、仓储、报关和报检等环节。如青岛港开发的"物流电商平台"(见图7-16)。通过该平台,可以实现码头、代理、报关、运输、仓储、外汇及退税等"一站式"服务,为贸易企业尤其是中小型贸易企业提供了更加高效、便捷的全面服务。

图 7-16　青岛港"物流电商平台"主页

3. 网上办理货物运输保险

同网上办理货物运输一样,网上货物运输保险也是网络信息技术在保险领域的应用,是货物运输保险适应国际电子商务发展的必然要求,是不同于传统国际货物保险业务的新型保险经营模式。目前,经营国际货物运输保险业务的国内外保险公司,多数都开发建立起专门的网上保险业务系统,同时,专业从事国际货物运输保险服务的"第三方保险平台"也不断涌现,如中国货运保险网(http://www.marins.com.cn)、保运通(http://www.baoyuntong.com)、锦城物流网投保平台(http://bx.jctrans.com)、立刻保(http://www.like18.com)、货运保险先生(http://www.hy-sir.cn)等,为国际货物运输保险提供网上保险服务。下面以"中国货运保险网"为例,介绍网上保险的基本程序。

中国货运保险网由北京永诚保险经纪有限公司建设与运营的专业货物运输保险电子商务网站,是中国首家通过中国银保监会备案的货运保险第三方电子商务平台(见图 7-17)。中国货运保险网的合作伙伴包括中国人保财险、平安财险、太平洋财险、利宝保险(Liberty Mutual)、美亚保险(AIG)、劳合社保险(LLOYD's)、慕尼黑保险(Munich RE)等国内外知名保险机构。通过该平台,用户可以办理在上述保险机构的货物运输保险业务。目前,通过该平台,不仅可以办理"国内货运险""出口货运险""进口货运险"和"境外履行保险"的在线投保,而且可以办理"船舶保险""物流责任保险""提单责任保险""产品责任保险"及"出口信用保险"的"预约投保"业务,并办理上述保险的"在线理赔"。

图 7-17 "中国货运保险网"首页

4. 网上报关、报检

根据我国《海关法》规定,所有进出口货物必须经过报关、查验、通关放行后,才能装运出境或提货入境。而列入《进出口商品检验法》法定检验目录及买卖合同规定必须检验的进出口商品,也必须办理报检并取得检验合格证书,海关才能通关放行。

为提高报关和通关效率,1988年国家海关总署开始组织开发电子通关管理系统(H883系统)。为适应国际电子商务发展对海关通关便利化的要求,海关总署在H883系统的基础上,又开发出了基于互联网的新一代通关管理系统H2000,该系统2004年完成了在全国海关的推广应用。1996年12月起,按照国务院要求,海关总署会同国务院17个部门(包括国家发展改革委、工业与信息化部、公安部、财政部、生态保护部、交通运输部、铁路局、商务部、中国人民银行、税务总局、市场监管总局、民航总局、国家外汇管理局、农业农村部、自然资源部等),共同开发涵盖通关、检验、外汇、税务、港口、运输、支付等功能的口岸电子执法系统——中国电子口岸,2001年开始在全国海关推广试行,并于2004年1月1日起,在全国推行网上"无纸化"报关与通关,基本实现单证申领、商品检验、物流运输、港口装卸、报关通关、外汇收付、出口退税的全部"无纸化"(见图7-18)。

图 7-18 中国电子口岸"业务指南"页面

以中国电子口岸为基础,2016 年 12 月开通运行的中国国际贸易"单一窗口",进一步将口岸执法和监管功能,向进出口贸易合同履行中的其他环节延伸,并将原来由多个部门、多个独立系统分开办理的业务,陆续整合到一个窗口办理。原来分别由检验检疫机构和海关分别办理的"报关"和"报检"业务,已被整合到"单一窗口"平台中来,实现了真正的"关检合一"。报关企业在办理报关的同时,报关信息被检验检疫机构共享,实时完成"报检"手续(见图 7-19、图 7-20)。进出口企业在缩短申报时间的同时,节约了申报成本。

图 7-19 "单一窗口"货物报关、报检页面

图 7-20 "单一窗口"报关、报检流程

为满足迅猛发展的以"快递"交货、网银支付为特征的"B2C"跨境电商模式下的进出口货物快速通关和检验检疫需要,中国国际贸易"单一窗口"平台,也开发了专门适用于"跨境电商"的进出口报关和公共服务子系统(见图7-21)。专业从事跨境电商业务的企业或个人,可以从"跨境电商"申报入口,办理进出口货物的申报、查询和交易、物流、清单、税单管理。

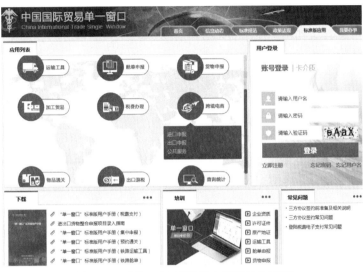

图7-21 "单一窗口"跨境电商子系统页面

由于加工贸易监管和通关的特殊性,我国在国际贸易"单一窗口"平台,也专门设置了"加工贸易"子系统。从事加工贸易进出口业务的企业,登记注册后,可以通过该子系统办理加工贸易手册、账册、保税物流、报税担保和委托授权等事项(见图7-22)。

图7-22 "单一窗口"加工贸易子系统页面

5. 网上货款收付

随着国际电子商务的迅猛发展,通过电子银行进行网上货款结算也逐渐取代传统国际货款结算方式。目前,无论信用证的开立、通知和修改,货款结算所涉及电子数据及单证的提交、传递,还是外汇收付与国际间的转账、查询,均可以在网上实现。不仅各国传统的银行相继建立开通自己的网上银行,为进出口企业国际结算提供更加便捷的金融服务,而且基于Internet专门为企业和个人提供在线支付服务的第三方电子支付平台也纷纷建立,开展网上货款结算和其他金融服务,如美国的PayPal(http://www.Paypal.com),欧洲的Moneybooker(http://www.Moneybooker.com),英国的World Pay(http://www.world-pay.com)及中国的支付宝(alipay)(http://www.alipay.com)。下面以中国银行"贸易金融服务"为例简介网上开立信用证及办理货款结算的基本流程。

登录中国银行网站(http://www.boc.cn/),首先完成登记注册。点击"公司金融"栏目下的"公司金融服务"-"国际贸易结算"页面,即可看到中国银行所提供的所有国际贸易结算服务项目(见图7-23)。点击页面右上角的"网银登录"按钮,登录系统后即可办理信用证的开立、通知、保兑和审单议付业务;光票或跟单托收业务;或者汇款业务。

图7-23 中国银行"国际贸易结算"页面

6. 网上办理税费及出口退税

在合同履行中的部分环节,如办理许可证、产地证、报关和报检等,按照规定当事方要缴纳费用,需要缴纳关税、增值税和消费税的进出口产品,当事方则要缴纳税收。同时,对符合出口退税条件的出口产品,出口方则许办理出口退税。上述需事项,均整合在贸易"单一窗口"办理,有关当事方登录"单一窗口"平台,在网上与海关、开户银行签订"三方协议"后,即可申办税费支付和出口退税事宜(见图7-24)。

第七章 国际电子商务交易程序

图 7-24 "单一窗口"税费及出口退税办理页面

图 7-25 中国货运保险网的快速理赔系统页面

对于贸易当事方之间出现的异议、索赔等,如果当事人之间协商或调解解决不了,则会进入仲裁或法律诉讼争端解决方式。网上仲裁和互联网法院的出现,为当事方之间解决争端增添了一种成本低、效率高的新的争端解决途径。目前,我国的深圳、广州、上海等城市的仲裁委员会,均已开通专业的网上仲裁服务平台,可以实现仲裁全过程的网络化(见图 7-26、图 7-27)。

图 7-26 深圳国际仲裁院"云上仲裁"平台主页面

图 7-27 深圳国际仲裁院"云上仲裁"平台可以在线实现的仲裁程序

2015年起,我国各地法院的电子商务法庭陆续上线试运行,专门处理涉网纠纷案件。2017年8月我国首家互联网法院——杭州互联网法院成立后,北京和广州互联网法院相继于2018年9月挂牌成立。互联网法院的成立,使得案件从起诉、立案、调解、举证、质证、开庭、送达、庭审、判决和执行等全部在网上完成,实现了案件诉讼的全程网路化、电子化,显著提高案件诉讼效率、大幅降低当事人诉讼成本。图7-28为杭州互联网法院诉讼平台首页页面。

第七章 国际电子商务交易程序

图 7-28 杭州互联网法院诉讼平台主页

因此,合同规定贸易争端可以在中国法院起诉的案件,原告方可以选择在上述互联网法院或各地法院的互联网法庭来解决贸易争端。

本章小结

国际电子商务交易方式下,一笔交易从磋商(谈判)、签约到合同履行,绝大部分环节都可以通过网上电子信息传递来实现。

电子交易磋商,也被称为网上交易磋商,所涉及的环节与传统交易磋商方式相同,也包括询盘、发盘(要约)、还盘和接受(承诺)四个环节,其中发盘和接受是必不可少的环节。但在发盘、接受的生效、撤回和撤销的法律规定上,与传统交易磋商方式有明显区别。目前,电子交易磋商的主要方式有:电子邮件、网络即时通信工具、交易网站"在线洽谈"和网络传真。

电子合同是以电子(数字)签名方式签订的合同。电子合同在内容上与传统书面合同没有区别,但其在签名、生效、变更、解除和保存等相关法律规定上,与传统书面合同有显著不同。与传统书面合同相比,电子合同的履行效率更高、成本更低。

国际电子商务环境下的合同履行,除货物运输环节外均可以在网上完成。为适应国际电子商务发展的需要,电子合同履行中所涉及的检验、报关、税收、外汇、运输、保险和货款收付等环节,均已相继开发、建立专门的网站和应用系统,并通过互联互通和数据共享,逐步向"贸易单一窗口"迈进。目前,网上合同履行中的租船订舱、货物保险和货款结算等环节,中国进出口企业可以选择通过第三方网络服务平台或专业网站办理,而企业备案、配额、许可证、产地证、报关、税收和外汇等既可以通过"中国国际电子商务网""中国贸促会""中国检验检疫电子业务网"和"中国电子口岸执法系统"来分别完成,也可以通过中国国际贸易"单一窗口"来实现。

随着我国和世界其他国家国际贸易"单一窗口"的建立和功能的不断完善,国际电子商务合同履行的所有环节,将可以全部通过"单一窗口"来完成。

关键术语

电子(网上)交易磋商,网络传真,电子合同,电子(数字)签名,国际贸易"单一窗口",网上办理货物运输,网上保险,网上货款结算,网上出口退税,网上争端解决

复习思考题

1. 何谓电子交易磋商?电子交易磋商包括哪些环节?目前电子交易磋商的主要方式有哪些?

2. 电子交易磋商中,法律对发盘(要约)和接受(承诺)的生效、撤回和撤销是如何规定的?

3. 什么是电子合同?有哪些类型?电子合同与传统书面合同有哪些相同点和不同点?

4. 描述不同贸易术语和付款方式组合下(如 CIF+L/C,CFR+D/P,FOB+T/T),所成交国际电子商务合同的履行程序(可以画图来描述)。

5. 目前,我国已经开通运营的第三方国际运输、保险和支付网络服务平台主要有哪些?各自有哪些服务功能?

6. 选择登录已开通运营的1—2家专业国际运输、保险和货款支付网站,查看其网上租船、订舱及投保和货款结算手续。

7. 登录中国国际贸易"单一窗口"网站,浏览其现有的业务功能模块,查看通过该系统办理各项业务的基本流程。

参考书目

阿里巴巴(中国)网络技术有限公司. 从0开始:跨境电商实训教程[M]. 北京:电子工业出版社,2016年10月。

"关务通电子口岸系列"编委会. 电子口岸实务操作与技巧——通关篇[M]. 3版. 北京:中国海关出版社,2016年7月。

冯晓宁. 国际电子商务实务精讲[M]. 2版. 北京:中国海关出版社,2016年3月。

国家口岸管理办公室. 国际贸易单一窗口(上册)[M]. 北京:中国海关出版社,2016年4月。

国家口岸管理办公室.国际贸易单一窗口(下册)[M].北京:中国海关出版社,2016年12月。

国务院法制办公室.中华人民共和国商务贸易法典[M].4版.北京:中国法制出版社,2017年11月。

胡涵景,张荫芬.国际贸易电子商务标准化实用指南[M].北京:中国标准出版社,2014年6月。

柯丽敏,洪方仁.跨境电商理论与实务[M].北京:中国海关出版社,2016年7月。

尚明.电子商务国际公约与我国电子商务立法[M].北京:法律出版社,2009年5月。

谈璐,刘红.跨境电子商务实操教程[M].北京:人民邮电出版社,2018年9月。

杨立钒.跨境电子商务教程[M].北京:电子工业出版社,2017年8月。

张荫芬,胡涵景.国家贸易单一窗口实施指南[M].北京:电子工业出版社,2015年11月。

周升起.国际电子商务[M].2版.北京:北京大学出版社,2016年1月。

第八章　国际电子商务下的物流服务

学习目标

掌握：国际物流的含义、特点及发展趋势，国际电子商务与物流的关系，国际电子商务的主要物流运营模式，国际物流管理信息系统的概念及框架，自动识别技术、电子数据交换、智能运输及物联网技术的含义及特点，供应链与供应链管理的含义

理解：国际电子商务对物流具体作业环节的影响，国际物流管理信息系统的基本组成与功能结构，电子商务对供应链管理的影响

了解：国际物流管理信息系统的发展历程，自动识别技术、电子数据交换、智能运输及物联网技术的简单应用，供应链管理的发展趋势

导学案例

京东自建物流配送系统

京东商城是中国最大的综合网络零售商，是中国电子商务领域最受消费者欢迎和最具影响力的电子商务网站之一，在线销售家电、数码通信、电脑、家居百货、服装服饰、母婴用品、图书、食品、在线旅游等12大类数万个品牌百万种优质商品。京东商城并没有像其他B2C企业那样完全将物流外包出去，而是创办了自己的物流体系。目前京东有两套物流配送体系：一套是自建的，另一套是和第三方合作。

（一）京东商城自营物流配送模式

自2007年8月开始，京东商城先后得到今日资本、DST和老虎基金等共计三轮融资，金额高达15亿美元，每一轮融资都给京东商城带来了蓬勃的发展动力。2009年年初，京东商城就斥巨资成立自己的物流公司，开始分别在北京、上海、广州、成都、武汉设立了自己的一级物流中心，随后在沈阳、济南、西安、南京、杭州、福州、佛山、深圳八个城市建立了二级物流中心，这些城市的客户是京东商城的主要客户。以华东物流中心——上海为例，每日能正常处理2.5万个订单，日订单极限处理能力达到5万单。目前，京东商城正在筹建一个新的项目——"亚洲一号"，即在上海嘉定购置260亩土地用于打造亚洲最大的现代化B2C物流中心。"亚洲一号"将至少支持百万

级的 SKU（Stock Keeping Unit,库存量单位）,目标是适应未来5年到10年的发展。正是有了如此大规模的自营物流体系的支持,京东商城才敢在2010年4月正式推出"211限时送达"服务,即每天上午11点前下订单,下午送达;晚上11点前下订单,次日上午送达。

（二）京东商城的外包物流配送体系

京东商城在自营配送到达不了和订单量相对较少的区域内,选择与专业的快递公司合作,这样使得京东商城不仅减少了物流成本的支出,还让京东商城回归自己的核心业务,专注于自身的业务发展。

资料来源:卢红霞,吴雨晨.京东自营物流模式分析[J].物流工程与管理,2015(1):154-155+160。

案例思考题:京东为什么要自建物流配送系统？

第一节　国际电子商务与国际物流

一、国际物流概述

（一）国际物流及其发展

1. 国际物流的概念

国际物流的概念有狭义和广义之分,狭义的国际物流是指国际贸易物流,即国际贸易货物通过海（水）、陆、空或管道等运输方式,实现的从出口国（或地区）向进口国（地区）的流动。广义的国际物流除国际贸易物流外,还包括非贸易物流,即国际展览与展品物流、国际邮政物流、国际工程承包设备物流及国际援助物质物流等。

国际物流的实质是根据国际分工的原则,依照国际惯例,利用国际化的物流网络、物流设施和物流技术,实现货物在国际上的流动与交换,以促进区域经济的发展与世界资源的优化配置。国际物流的目标是为国际贸易和跨国经营服务,即选择最佳的方式与路径,以最低的费用和最小的风险,保质、保量、适时地将货物从某国（或地区）的供方运到另一国（或地区）的需方。

2. 国际物流的内涵

（1）国际物流是国内物流的延伸,是跨国界的、范围扩大了的物流活动,所以国际物流又称"国际大流通"或"大物流"。

（2）国际物流伴随着国际分工和国际贸易的发展而不断扩大。随着国际分工的日益深化和细化,国际贸易的范围和规模也在不断扩大。任何国家都不可能包揽一切领域的经济活动,国际合作与交流日益频繁,这就推动了国家间商品流动的日益频繁,必然推动国际物流范围和规模的不断扩大。因此,国际物流实质上是国际分工和国际贸易的结果。

（3）国际物流为国际贸易和跨国经营服务。随着经济全球化的日益深入,除国际贸易外,世界各国之间的投资、技术、劳务、工程承包和展览展销等跨国经营活动也日趋活跃,这必然伴随着各种物资、设备的跨国运输和流动。因此,国际物流技术和效率的提高,也在很大程度上推动着跨国经营的发展。

3. 现代国际物流的发展

国际物流和国际贸易如"孪生兄弟"般相伴而生,国家间有贸易,必然有货物从出口国向进口国的流动。只不过早期的国际贸易和物流运输是结合在一起的,或者出口方自己将货物运到进口国销售,或者进口方自己将从国外购买的货物运回本国。后来,随着贸易规模的扩大,物流运输开始从贸易中独立出来,成为专门为国际贸易服务的第三方业务,专业性物流运输公司纷纷成立,承担将贸易货物从出口国运送到到进口国的责任,但这仍然是传统的国际物流模式。除承担把货物从出口国安全运输到进口国之外,还提供仓储、分拆、配送等服务的现代国际物流,是在第二次世界大战之后逐步发展起来的,迄今大致经过了三个阶段。

(1)起步阶段。20世纪50年代至70年代末,为现代国际物流发展的起步阶段。这一阶段,物流基础设施和物流技术得到了快速的发展,除海运能力得到进一步增强外,空运在国际物流运输中的地位也迅速上升,国际物流公司纷纷建立配送中心,计算机管理开始被引入物流运输的各个环节,物流的机械化、自动化水平不断提高。同时,伴随着国际市场需求的变化,国际物流着力于解决"小批量、高频度、多品种"问题,出现了不少新技术和新方法,使现代物流不仅覆盖了大批量货物、集装杂货,而且也覆盖了多品种的货物。各国政府和国际组织开始重视建立国际物流标准化体系。这一阶段物流系统的改善和物流效率的提高,大大促进了国际贸易的发展。

(2)发展阶段。20世纪80年代初至90年代末,为现代国际物流发展的第二阶段。一方面,随着国际分工广度和深度的日益拓展,国际经济交往日益频繁,经济全球化趋势日趋明显。除国际贸易物流的规模继续扩大外,随着国际直接投资、国际工程承包业务的不断扩张,由国际投资和国际工程承包发展带动的非贸易物流也快速增长。另一方面,生产国际化和经济全球化带来的国际市场竞争加剧,也对国际物流效率的提升提出更高的要求,EDI系统开始被应用于国际物流信息管理,并向物流供应链的上下游延伸。同时,在集装箱标准化的基础上,国际多式联运得到快速发展。条形码技术、全球卫星定位系统、电子报关系统等在国际物流中的推广应用,使国际物流向成本更低、服务更好、批量更大、更精细化的方向发展。

(3)成熟阶段。进入21世纪,互联网和物联网技术在国际物流领域的普及应用,使国际物流发展迈入成熟阶段。一方面,全球价值链分工的深化,进一步凸显了国际物流在降低国际贸易成本、提高贸易效率上的显著作用;另一方面,数字化网络信息技术也为国际物流充分发挥在产品国际供应链中的作用,提供了技术条件。基于互联网和物联网的国际物流信息系统基本形成,国际物流成本不断降低,同时,国际物流领域的竞争也不断加剧。物流设施国际化、物流技术国际化、物流标准国际化、物流服务国际化、物流包装国际化、流通加工国际化和物流经营综合化等,成为这一阶段国际物流的主要特征。

（二）国际物流的特点

1. 复杂性

各国物流环境存在差异,尤其是物流软环境存在差异;各国适用法律的不同、物流标准的差异、历史文化及人文风俗的千差万别使国际物流的发展受到了极大限制,也使国际物流研究的范围更加广泛。国际物流系统涉及多个国家,系统的地理范围大。这一特点又称为国际物流系统的地理特征。国际物流跨越不同地区和国家,跨越海洋和大陆,运输距离长,运输方式多样,这就需要合理选择运输路线和运输方式,尽量缩短运输距离,缩短货物在途时间,加速货物的周转并降低物流成本。

2. 差异性

国际物流的一个非常重要的特点是物流环境的差异,这里的物流环境主要指物流的软环境。不同的国家有不同的与物流相适应的法律,这使国际物流的复杂性增强;不同国家有不同的经济和科技发展水平,这使国际物流处于不同的科技条件的支撑下,甚至会因为有些地区根本无法应用某些技术,导致国际物流全系统运作水平下降;不同国家的不同标准使国际物流系统难以建立一个统一的标准;不同国家的国情特征,必然使国际物流受到很大的局限。

3. 标准化

国际物流一般有统一的标准要求。要使国际物流畅通起来,统一标准是非常重要的,可以说,如果没有统一的标准,国际物流水平是无法提高的。美国和欧洲各国基本实现了物流工具、设施的统一标准,如托盘采用 1 000 毫米×1 200 毫米,这样一来,大大降低了物流费用,降低了转运的难度。在物流信息传递的技术方面,欧洲各国不仅实现了企业内部的标准化,而且实现了企业之间及欧洲统一市场的标准化,这就使欧洲各国之间比其与亚洲、非洲等国家的交流更简单、更有效。

4. 信息系统国际化

国际物流信息系统是国际物流,尤其是国际联运非常重要的支持手段。国际物流信息系统建立的难度,一是管理困难,二是投资巨大,再加上世界各地区物流信息水平高低不一,由此出现的信息水平不均衡将进一步增加信息系统建立的难度。当前建立国际物流信息系统的一个较好的办法是和各国海关的公共信息系统联机,以及时掌握有关各个港口、机场和联运线路、站场的实际状况,为供应或销售物流决策提供支持。国际物流最早发展 EDI 领域,以 EDI 为基础的国际物流将会对物流的国际化产生重大影响。

5. 风险性

物流本身的功能要素众多,物流系统与外界的沟通也很复杂,而国际物流又在这复杂系统上增加了不同国家的要素,这不仅导致地域和空间的扩大,而且还使所涉及的内外因素更多,所需时间更长。这些因素带来的直接后果是难度和复杂性的增加,即风险增大。国际物流的风险性主要包括政治风险、经济风险和自然风险。政治风险主要指由于所经过国家的政局动荡,如罢工、战争等原因造成货物可能受到损害或灭失;经济风险又可分为汇率风险和利率风险,主要指由于从事国际物流必然要发生的资金流动而产生

的汇率风险和利率风险;自然风险则指物流过程中可能因自然因素(如海风、暴雨等)而引起的风险。

6. 运输方式多样性

与国内物流相比,国际物流以远洋运输为主,并由多种运输方式组合而成。国际物流涉及多个国家,地理范围更大,运输距离更长,因此需要合理选择运输路线和运输方式。运输方式选择和组合的多样性是国际物流的一个显著特征。海运是国际物流运输中最普遍的方式,特别是远洋运输更是国际物流的重要手段。提高远洋运输效率,降低远洋运输成本,有助于在国际物流竞争中占据优势地位。

(三) 国际物流的发展趋势

1. 系统更加集成化

国际物流的集成化,是将货物运输、储存、装卸、搬运、包装、流通加工、配送等整个物流系统打造成一个高效、通畅、可控制的一体化信息管理系统,以此来减少流通环节、节约流通费用,达到实现科学的物流管理、提高流通效率和效益的目的,以适应在经济全球化背景下"物流无国界"的发展趋势。

2. 管理更加网络化

在系统工程思想的指导下,以现代信息技术为基础,强化资源整合和优化物流过程是当今国际物流发展的最本质特征。信息化与标准化这两大关键技术对当前国际物流的整合与优化产生了革命性的影响。同时,又由于标准化的推行,使信息化的进一步普及获得了广泛的支撑,使国际物流可以实现跨国界、跨区域的信息共享,物流信息的传递更加方便、快捷、准确,加强了整个物流系统的信息连接。现代国际物流就是这样在信息网络化和标准化的共同支撑下,形成了一个纵横交错、四通八达的物流网络,使国际物流覆盖面不断扩大,规模经济效益更加明显。

3. 标准更加统一化

国际物流的标准化是以国际物流为一个大系统,制定系统内部设施、机械装备、专用工具等各个分系统的技术标准;制定各系统内分领域的包装、装卸、运输、配送等方面的工作标准;以系统为出发点,研究各分系统与分领域中技术标准与工作标准的配合性;按配合性要求,统一整个国际物流系统的标准;最后研究国际物流系统与其他相关系统的配合问题,谋求国际物流大系统标准的统一。物流标准的统一,对于提高国际物流运输中不同运输方式之间的转换、交接和装卸效率,对于提高物流系统的管理效率,具有十分重大的作用。

4. 配送更加精细化

随着国际分工的深化,各国不同产业、部门、企业之间的交换关系和依赖程度也越来越错综复杂,物流是联系这些复杂关系的纽带,它使产品全球价值链的各部分有机地连接起来。在市场需求瞬息万变和竞争环境日益激烈的背景下,国际物流必须具有更快的响应速度和更强的协同配合能力。更快的响应速度,要求国际物流企业必须及时了解客户的需求信息,全面跟踪和监控需求的过程,及时、准确、优质地将产品和服务递交到客户手中。更强的协同配合能力,要求国际物流企业必须与供应商和客户实现实时的沟通及协同,使供应商对自己的供应能力有预见性,能够提供更好的产品、价格和服务;使客户对自己的需求有清晰的计划性,以满足自己消费的需要。

5. 园区更加便利化

为适应经济全球化不断深入的要求,许多国家都致力于港口、机场、铁路、高速公路、立体仓库的建设,国际物流园区也因此应运而生。这些园区一般选择靠近大型港口和机场兴建,依托重要的对外开放口岸,形成国际物流中心,并根据国际贸易发展的需要,拓展物流服务范围和领域。为实现国内物流与国际物流的无缝衔接,提高物流效率,各国对国际物流园区普遍采取简化手续、提高通关便利化等优惠措施。

6. 运输更加现代化

国际物流的支点是运输,要适应当今国际竞争快节奏的特点,运输方式、运输管理都要现代化,要求通过实现高度的机械化、自动化、标准化手段来提高运输速度和效率。由于国际物流要跨越不同的国家,因此,除传统的海洋运输随着超大型船舶的建造、港口吞吐能力的提升,其运输现代化水平得到大幅提升外,各国越来越重视适合国际多式联运的海、陆、空一体的"立体化"国际运输体系的建设,无论货源和目的地处于沿海还是内陆,通过这一融合了信息技术与现代运输手段的"立体化"运输体系,均可以实现快速便捷的"一条龙"服务。

7. 绿色物流的发展

绿色物流是指在物流过程中抑制物流对环境造成危害的同时,实现对物流环境的净化,使物流资源得到最充分的利用。它包括物流作业环节和物流管理过程的绿色化。从物流作业环节来看,包括绿色运输、绿色包装、绿色流通加工等。从物流管理过程来看,主要是从环境保护和节约资源的目标出发,改进物流体系,既要考虑正向物流环节的绿色化,又要考虑供应链上逆向物流体系的绿色化。绿色物流的最终目标是可持续性发展,实现该目标的准则是经济利益、社会利益和环境利益的统一。

二、国际电子商务与国际物流

(一) 国际电子商务与国际物流的关系

国际电子商务与物流之间存在相互促进、共同发展的互动关系。对于国际电子商务而言,国际物流是其重要组成部分,没有国际物流提供服务,国际电子商务的优势也难以充分发挥。对于国际物流而言,国际电子商务的发展不仅为国际物流提供了更多的"可流之物",而且为国际物流管理的网络化、电子化提供了技术支撑。

1. 国际物流是国际电子商务不可或缺的部分

在国际电子商务环境下,信息流、资金流和物流这三个部分都与传统的商务活动有所不同。信息流与资金流都可以通过计算机网络通信来实现。物流是指物质实体的流动过程,具体指运输、储存、加工、配货、送货、物流信息管理等各种活动。对少数商品和服务来说可以直接通过网络传输的方式进行配送,如各种电子出版物、信息咨询服务等;

而对于所有有形货物来说,仍需要通过国际物流来实现货物从出口地生产者那里运送到目的地消费者手中。

国际电子商务与传统的国际商务相比,最大的特点是向消费者提供迅捷的商务服务,但是,不论交易形式如何变化,货物总是要从卖者那里交给买者,最终到达消费者手中。在这整个交易过程中,物流是不可或缺的,它是国际电子商务活动得以最终实现的必要条件。

2. 国际电子商务的发展加快国际物流现代化的进程

国际电子商务能够减少国际物流的周转环节和时间,通过为国际物流活动创造一个虚拟的运动空间,使国际物流的各种功能可以通过虚拟模式表现出来,人们从虚拟模式的不同组合中选择最佳物流方案,以精简周转环节,降低物流成本,提高物流效率。另外,通过国际电子商务在网络上传递信息的功能,可以使相关的物流信息,在分散经营的物流企业间交流、传递,从而实现物流资源配置的合理化。为适应国际电子商务对物流更加快捷便利的要求,国际物流企业也在积极用现代计算机网络技术,来改造、提升和完善自己的物流服务功能。更为重要的是,跨境个人电子商务的产生与发展,为快递物流企业的国际化提供了重要的发展契机。

作为一种现代化的网上销售系统,国际电子商务并不是简单的"网上订货+按单送货",其对物流功能提出了不少新的要求,传统物流只有向与国际电子商务要求相适应的现代物流方向转变,才能真正适应国际电子商务发展的需要。

(二)国际电子商务对国际物流各环节的影响

1. 国际电子商务对国际采购的影响

传统的采购极其复杂,采购员要完成寻找合适的供应商、检验产品、下订单、接收发货通知单和发票等一系列复杂烦琐的工作。而在国际电子商务环境下,企业通过在专用网络上使用 EDI 或者通过互联网进行采购,使采购过程变得简单、顺畅,大大缩短了订货周期、减少了文件和单证处理程序以及传递时间。

2. 国际电子商务对包装的影响

由于国际电子商务的兴起和发展,使人们可以通过互联网就可以搜寻到有关商品的全部信息,这些信息几乎涵盖了商品的内容,如形状、色彩、声音和文字说明等,远胜于传统的商业包装对商品的促销作用,从而可能导致商业包装促销作用的淡化。

3. 国际电子商务对运输的影响

国际电子商务环境下,传统运输的原理并没有改变,但运输组织形式却发生了较大的变化。一方面,传统意义上的运输被分成了运输和配送两个阶段;另一方面,国际电子商务技术的广泛应用与普及,使得运输企业之间通过联盟,越来越多地采用国际多式联运的经营方式,使得国际物流企业的盈利模式发生了变化。

4. 国际电子商务对库存的影响

在国际电子商务环境下,通过库存合理化方案的制订与实施,可以实现所谓的"零库存"或"柔性库存"。"零库存"是指企业没有库存,把库存转移给国际物流企业。"柔性库存"是指完全无库存,通过互联互通的物流管理信息系统,根据生产需要准时把供应商的原材料、零部件供给到生产场地。之所以能做到"零库存"或"柔性库存",是由于国际电子商务增加了物流系统各环节对市场变化反应的灵敏度,从而减少了库存、节约了成本。

5. 国际电子商务对配送的影响

国际电子商务与传统商务相比,其特点和价值很大程度体现在快捷上,如果国际电子商务的其他环节(如网上信息传递、网上结算、网上交易)都能在互联网上瞬间完成,货物的配送时限却达不到用户的要求,那么国际电子商务的价值就无法得到体现。因此,物流配送是否及时,覆盖范围是否广泛,质量是否有保障,已成为消费者选择国际电子商务企业的重要依据。只有国际电子商务与物流配送之间实现完全的匹配,才是真正意义上的国际电子商务。

6. 国际电子商务对物流信息的影响

传统的物流信息管理主要以企业自身的物流管理为中心,与外界信息的交换少。随着国际电子商务活动的广泛开展,企业与企业之间的联系越来越密切,信息在相同或不同国别的企业间的快速流动、交换和共享成为信息管理的新特征。另外,在国际电子商务条件下,现代物流技术的应用使得传统物流管理信息系统发生了革命性的变化,如在物流的运输环节,企业采用在线货运信息系统、地理信息系统、卫星跟踪系统等技术,使运输更加合理、路线更短、载货更多,而且运输由不可见变为可见。

三、国际电子商务环境下的物流运营模式

(一) 自营物流模式

1. 自营物流模式的含义

自营物流模式是指生产或服务企业自己经营的物流,"所流之物"主要是本企业所生产或所采购的物品。一般而言,采取自营物流模式的企业大都是规模较大的集团公司。特别是连锁企业的配送,其基本上都是通过组建自己的配送系统来完成企业的配送业务,包括对内部各连锁店的配送和对企业外部客户的配送。海尔集团的自建物流配送系统就是一个典型的自营物流模式的应用。

2. 自营物流的实现方式

(1) 物流功能自备。这种实现方式在传统经营方式中非常普遍,企业自备仓库、自备运输工具、设立专门的物流管理部门等,拥有一个完备的物流自我服务体系。这其中又包含两种情况:一是企业内部各职能部门彼此独立地完成各自的物流使命。二是企业内部设有物流运作的综合管理部门,通过资源和功能的整合,专设企业物流部或物流公司来统一管理企业的物流运作。

(2) 物流功能外包。这种实现方式主要包括两种情况:一是将有关的物流服务委托给物流企业去做,即从市场上购买有关的物流服务,如由专门的运输公司负责原料和产品的运输;二是物流服务的基础设施为企业所有,但委托有关的物流企业来运作,如请仓

库管理公司来管理仓库,或请物流企业来运作管理现有的企业运输车队等。

3.自营物流模式的利弊

(1)自营物流的优势有以下几点:

第一,掌握控制权。企业自营物流,可以根据生产和销售安排对物流活动的各个环节进行有效的调节,能够迅速地取得供应商、销售商及最终客户的第一手信息,以便随时调整自己的经营策略。通过自营物流,企业可以全过程地有效控制物流系统的运作。

第二,避免商业秘密的泄露。一般来说,企业为了维持正常的运营,对某些特殊运营环节必须采取保密措施,如原材料的构成、生产工艺等。当企业将物流业务外包,特别是引入第三方物流来经营其生产环节中的内部物流时,其基本的运营情况就不可避免地要向第三方公开。企业物流外包,企业经营中的商业秘密就可能会通过第三方物流泄露给竞争对手。

第三,降低交易成本。企业靠自己完成物流业务,就不必对相关的运输、仓储、配送和售后服务的费用问题与物流企业进行谈判,避免了交易结果的不确定性,从而降低了交易风险,减少了交易费用。

第四,盘活企业原有资产。目前在中国生产企业中拥有铁路专用线的企业占了3%,拥有机械化装卸设备的企业占了33%,拥有自己的仓库的企业占了70%,而拥有运输车队的企业更是达到了73%。企业选择自营物流模式,在改造企业经营管理结构和机制的基础上使原有物流资源得到充分的利用,盘活企业原有的资产。

第五,提高企业品牌价值。企业自营物流,就能够更好地控制市场营销活动,一方面,企业可以为客户提供优质的服务,客户能更好地熟悉企业、了解产品,感受到企业的亲和力,切身体会到企业的人文关怀,企业在客户心目中的形象得到提高;另一方面,企业可以最快地掌握客户信息和市场发展动向,从而根据客户需求、市场信息制定和调整战略,提高企业的市场竞争力。

(2)自营物流的劣势有以下几点:

第一,占用企业资源。企业为了建立物流系统,必然要投资建立仓储设施、运输设备并组建专门的管理部门,进行相关人力资本的投资等。这必然将减少企业用于研发、生产和营销的资源,会在一定程度上削弱企业的市场竞争能力。

第二,运营和管理效率不高。对于绝大部分和生产和贸易企业而言,物流并不是企业所擅长的活动。在这种情况下,企业自营物流就等于迫使自己从事不擅长的业务活动,企业的管理人员往往需要投入过多的时间、精力和资源去从事该项工作,结果可能是辅助性的工作没有做好,又没有发挥关键业务的作用。

第三,物流规模有限。对规模较小的企业来说,企业产品数量有限,采用自营物流,不足以形成规模效应,一方面导致物流成本过高,产品成本升高,降低了市场竞争力;另一方面,由于规模的限制,物流配送的专业化程度较低,企业的需求无法得到满足。

第四,无法进行准确的效益评估。许多自营物流的企业内部各职能部门独立地完成各自的物流活动,没有将物流费用从整个企业分离出来进行独立核算,因此企业无法准确地计算出产品的物流成本,所以无法进行准确的效益评估。

(二) 第三方物流

1. 第三方物流的含义

第三方物流(Third Party Logistics,3PL)是指由物流服务的供方、需方之外的第三方去完成物流服务的物流运作方式,第三方是相对"第一方"发货人和"第二方"收货人而言的,它是物流交易双方的部分或全部物流功能的外部服务提供者。第三方物流是物流专业化、社会化的一种表现形式

第三方物流的概念源于管理学中的外包(Out-sourcing)思想。外包指企业动态地配置自身和其他企业的功能和服务,利用外部的资源为企业内部的生产经营服务。将外包引入物流管理领域,就产生了第三方物流。生产经营企业关注核心竞争力,集中精力搞好核心业务,把原来属于自己处理的物流活动,以合同方式委托给专业物流服务企业,同时通过信息系统与物流服务企业保持密切联系,实现对物流全程的管理和控制。

第三方物流业的服务方式一般是与企业签订一定期限的物流服务合同,在合同期内为企业提供运输、仓储、配送及某些增值服务等一整套的物流服务。由于第三方物流企业拥有专业化的物流软、硬件资源及具备专业物流知识的人才,使得它们可以高效地运转整个物流系统。第三方物流的成本往往低于企业自己运作物流的成本。

2. 第三方物流的基本特征

(1) 信息化。国际电子商务时代,物流信息化表现为物流信息搜集的数据库化、代码化,物流信息处理的电子化(无纸化),物流信息的商品化,物流信息存储的数字化,物流信息传递的标准化、实时化,物流系统管理的网络化等。

(2) 网络化。第三方物流的网络化有两层含义:一是组织的网络化,即第三方物流公司内部管理的网络化;二是物流配送系统的网络化,即第三方物流公司与生产商、供应商、采购商及仓储、场站、港口、机场、车站等通过互联网实现互联互通。中国台湾地区计算机行业在20世纪90年代创造出了"全球运筹式产销模式",这种模式的基本点是按照客户订单组织生产,生产采取分散形式,即将全世界的计算机资源都利用起来,采取外包的形式将一台计算机的所有零部件、元器件和芯片外包给世界各地的制造商去生产,然后通过全球的物流网络将这些零部件、元器和芯片发往同一个物流配送中心进行组装,由该物流配送中心将组装的计算机迅速发给客户。没有高效的物流网络化管理支持,这一过程是难以实现的。

(3) 自动化。自动化的外在表现是无人化,核心是机电一体化,效果是省力化。国际物流运输的自动化可以大大提高劳动生产率、减少物流作业的差错,从而提高物流作业能力。自动存取系统、自动分拣系统、货物自动跟踪系统和条码技术等,已使物流自动化水平大大提升。

(4) 智能化。智能化是物流信息化、自动化的一种高层次应用。物流作业过程中大量的运筹和决策,如库存水平的确定、自动导向车的运行轨迹和作业控制、物流配送中心经营管理的决策支持等问题都需要借助于大量的知识才能解决。随着智能机器人、人工

智能专家系统等在物流领域的推广应用,物流的智能化将成为国际电子商务环境下国际物流发展的新趋势。

(5) 柔性化。柔性化本来是为实现"以客户为中心"的理念而在生产领域提出的,但要真正做到柔性化,即真正地能根据消费者需求的变化来灵活调节生产工艺,没有配套的柔性化物流系统是不可能实现的。因此,第三方物流企业必须通过开发建立完善的物流信息管理系统,根据消费需求"品种多、批量少、批次多和周期短"的特点,更加灵活地进行物流作业的组织和实施。

3. 第三方物流的优劣

(1) 第三方物流的优势有以下几点:

第一,使生产企业集中资源于核心业务。由于任何企业的资源都是有限的,企业应把自己的主要资源集中于自己擅长的核心业务,而把物流等辅助功能留给物流公司。如美国通用汽车的萨顿工厂通过与赖德专业物流公司的合作,取得了良好的效益。萨顿集中于汽车制造,而赖德管理萨顿的物流事务。赖德接洽供应商,将零部件运到位于田纳西州的萨顿工厂,同时将成品汽车运到经销商那里。萨顿使用 EDI 进行订购,并将信息发送给赖德。赖德从分布在美国、加拿大和墨西哥的 300 个不同的供应商那里进行所有必要的小批量采购,并使用特殊的决策支持系统软件来有效地规划路线,使运输成本最小化。

第二,灵活运用新技术,实现以信息换库存,降低成本。当科学技术日益进步时,专业的第三方物流供应商能不断地更新信息技术和设备。不同的生产商、采购商可能有不同的、不断变化的配送和信息技术需求,第三方物流公司能以一种快速、更具成本优势的方式满足这些需求。同样,第三方物流企业利用自己掌握的充分信息,还有满足不同企业的潜在客户需求的能力,从而使生产经营企业能够接洽到更多采购商。

第三,减少固定资产投资,加速资本周转。企业自建物流需要投入大量的资金购买物流设备,建设仓库和信息网络等专业物流设施。这些资源对于缺乏资金的企业特别是中小企业来说是个沉重的负担。而如果使用第三方物流,不仅可减少对相关设施的投资,还解放了仓库和车队方面的资金占用,加速了资金周转。

第四,提供灵活多样的客户服务,为客户创造更多的价值。原材料供应商通过第三方物流的仓储服务,可以满足客户需求,而不必因为建造新设施或长期租赁而调拨资金以致在经营灵活性上受到限制。最终产品供应商利用第三方物流还可以向最终客户提供超过自己供应能力的更多样的服务品种,为客户带来更多的附加价值,使客户满意度提高。

第五,提升企业形象。第三方物流提供者与客户不是竞争对手,而是战略伙伴;第三方物流提供者是物流专家,他们利用完备的设施和训练有素的员工对整个供应链实现完全的控制,减少物流的复杂性;他们通过遍布全球的运输网络和服务提供者(分承包方)大大缩短交货期,帮助企业改进服务,树立生产企业良好的品牌形象。

(2) 第三方物流的劣势有以下几点:

第一,商业秘密有被泄露的风险。商业秘密是企业赖以生存的生命线。当企业引入第三方物流来经营其生产环节中的内部物流时,企业要与物流供应商建立信息共享机制,其基本的运营情况都不可避免地向第三方物流商公开,这对企业来说肯定会存在一定的风险。

第二,增大外包依赖风险。长期依赖某一个第三方物流服务商对企业的资本投资、效率提高具有潜在的好处,但同时又会使第三方物流服务商滋生自满情绪而让企业难以控制。

第三,内部员工抵制。由于物流外包业务的不断扩展,必将导致制造企业对现有资源和资金进行重组,原有的职能型结构将转变成流程型网络结构,垂直业务结构将转变成水平业务结构,这个过程其实就是利益的再分配过程。如果处理不当,可能会导致企业内部员工的抵制,从而影响正常的生产经营活动。

第四,降低用户满意度。企业过于依赖第三方物流服务商,又无法控制或影响他们,使企业不能取得所需的用户需求信息,从而影响企业的产品改进。从长期来看,对物流活动的失控可能导致核心业务与物流活动之间的联系受阻从而降低用户满意度。

第五,物流外包决策失误带来了风险。尽管物流外包有很多优点,但并不是所有的制造企业和业务都适合进行外包,制造企业在进行外包时要考虑以下三个因素:物流外包是否符合企业的发展战略;物流外包能否提高企业的核心竞争力;物流外包能否提高物流经济效益。当上述三个问题的回答均为肯定的时候,物流外包是可取的,并能为企业带来预期的效果;否则,企业应考虑其他物流模式。

(三) 第四方物流

1. 第四方物流的含义

第四方物流(Fourth Party Logistics,4PL)是一个供应链的集成商,它能帮助企业实现降低成本和有效整合资源的目标,并且依靠优秀的第三方物流供应商、技术供应商、管理咨询及其他增值服务商,为客户提供独特的和广泛的供应链解决方案。

第四方物流的概念,于1998年由美国埃森哲咨询公司率先提出,是指专门为第一方、第二方和第三方提供物流规划、咨询、物流信息系统、供应链管理等活动的服务商。第四方物流公司并不实际承担具体的物流运作活动。

第四方物流的基本功能包括:供应链管理功能,即管理从货主、托运人到用户、客户的供应全过程;运输一体化功能,即负责管理运输公司、物流公司之间在业务操作上的衔接与协调问题;供应链再造功能,即根据货主/托运人在供应链战略上的要求,及时改变或调整战略战术,使其经常处于高效率的运作过程中。第四方物流的关键是以"行业最佳的物流方案"为客户提供服务与技术。

2. 第四方物流的特点

与第三方物流注重实际操作相比,第四方物流更多地关注整个供应链的物流活动,这种差别主要体现在以下几个方面:

(1) 提供一整套完善的供应链解决方案。第四方物流有能力提供一整套完善的供应链解决方案,是集成管理咨询和第三方物流服务的集成商。第四方物流和第三方物流不同,不是简单地为企业客户的物流活动提供管理服务,而是通过对企业客户所处供应链的整个系统或行业物流的整个系统进行详细分析,提出具有中观指导意义的解决方案。第四方物流服务供应商本身并不能单独地完成这个方案,而是要通过物流公司、技术公司等多类公司的协助才能使方案得以实施。第四方物流服务供应商需要先对现有资源和物流运作流程进行整合及再造,从而达到解决方案所预期的目标。第四方物流服务供应商整个管理过程大概涉及四个层次,即再造、变革、实施和执行。

(2) 通过对整个供应链产生影响增加价值。第四方物流是通过对供应链产生影响的能力来增加价值,在向客户提供持续更新和优化的技术方案的同时,满足客户的特殊需求。第四方物流服务供应商可以通过物流运作的流程再造,使整个物流系统的流程更合理、效率更高,从而将产生的利益在供应链的各个环节之间进行平衡,使每个环节的企业客户都可以受益。如果第四方物流服务供应商只是提出一个解决方案,但是没有能力来控制这些物流运作环节,那么第四方物流服务供应商所能创造价值的潜力也无法被挖掘出来。因此,第四方物流服务供应商对整个供应链所具有的影响能力直接决定了其经营的好坏,也就是说第四方物流除了具有强有力的人才、资金和技术,还应该具有与一系列服务供应商建立合作关系的能力。

(3) 通过集约化、综合化提高效益。第四方物流服务供应商通过专业化和规模化运营使物流更快、更省,降低客户物流成本,提高产品的竞争力;通过提供各综合性供应链解决方案,有效地适应产品供需方各方的多样化和复杂性需求,集中所有的资源为客户完善地解决问题。这一特征已经成为第四方物流具有强大生命力的重要保证。

3. 与第三方物流的区别

第四方物流与第三方物流相比,其服务的内容更多,覆盖的地区更广,对从事货运物流服务的公司要求更高,要求它们必须开拓新的服务领域,提供更多的增值服务。第四方物流最大的优越性,是它能保证产品得以"更快、更好、更廉"地送到需求者手中。在全球价值链分工趋势下,货主/托运人越来越追求供应链的全球一体化以适应跨国经营的需要,跨国公司由于要集中精力于其核心业务因而必须更多地依赖于物流外包。基于此理,它们不只是在操作层面上进行外包,而且在战略层面上也需要借助外界的力量,从而能持续得到"更快、更好、更廉"的物流服务。

第三方物流独自提供服务,或者通过与自己有密切关系的转包商来为客户提供服务,它不大可能提供技术、仓储和运输服务的最佳整合。因此,第四方物流成了第三方物流的"协助提供者",也是货主的"物流方案集成商"。

第四方物流是一个供应链集成商,调集和管理组织自己及具有互补性服务提供的资源、能力和技术,以提供一个综合的供应链解决方案。

第四方物流不仅控制和管理特定的物流服务,而且对整个物流过程提出方案,并通过电子商务将这个程序集成起来。因此第四方物流商的种类很多。

第四方物流的关键在于为顾客提供最佳的增值服务,即迅速、高效、低成本和个性化服务等。而发展第四方物流需平衡第三方物流的能力、技术及贸易流程管理等,但亦能扩大本身运营的自主性。

第四方物流的功能还包括,供应链再建、功能转化、业务流程再造、开展多功能多流程的供应链管理。

第四方物流为客户带来的效益包括利润增长和降低运营成本,即通过整条供应链外判功能得到提高运作效率、降低采购成本,使流程一体化从而达到目的。

总之,第四方物流公司以其知识、智力、信息和经验为资本,为物流客户提供一整套的物流系统咨询服务。第四方物流公司要从事物流咨询服务,必须具备良好的物流行业背景和相关经验,但它并不需要从事具体的物流活动,更不用建设物流基础设施,只是提供基于整个供应链的整合方案。

(四)物流联盟

1. 物流联盟的含义

物流联盟(Logistics Alliance)是以物流为合作基础的企业战略联盟。它是指两个或多个企业之间,为了实现自己的物流战略目标,通过各种协议、契约而结成的优势互补、风险共担、利益共享的松散型网络组织。它是介于独立的企业与市场交易关系之间的一种组织形态,是企业间由于自身某些方面发展的需要而形成的相对稳定的、长期的契约关系。在现代物流领域中,是否组建物流联盟,作为企业物流战略的决策之一,其重要性是不言而喻的。

2. 物流联盟的组建方式

企业间物流联盟主要有以下几种组建方式:

(1)纵向一体化物流联盟。该方式是指上游企业和下游企业发挥各自的核心能力,发展良好的合作关系,从原材料采购到产品销售的全过程实施一体化合作,形成物流战略联盟。

(2)横向一体化物流联盟。该方式是由处于平行位置的几个物流企业结成联盟。目前,国内真正能提供物流全方位服务的大型物流企业尚不存在,因此,横向一体化物流联盟能够弥补现有物流市场条块分割的现状。

(3)混合物流联盟。该方式是以一家物流企业为核心,联合一家或几家处于平行位置的物流企业和处于上下游位置的中小物流企业加盟组成。这些物流企业通过签订联盟契约,共同采购,共同配送,构筑物流市场,形成相互信任、共担风险、共享收益的集约化物流伙伴关系。

3. 物流联盟的运营管理

(1)采用先进信息技术,实现信息共享。现代信息技术使分散在不同经济部门、不同企业之间的物流信息实现交流和共享,促进了物流资源整合与技术创新,从而达到对各物流要素和功能进行有效协调、管理和一体化运作的目的。物流联盟中企业之间可以相互交流和共享企业内部经营过程中的信息和知识,而物流联盟伙伴间地理位置上的分散性,使得联盟伙伴间的信息共享比较困难。这就要求物流战略联盟企业之间必须建立互联互通的信息网络,实现信息资源共享。

(2)加强物流联盟伙伴信任关系的建设。物流联盟企业在合作过程中,必须保持伙伴之间的资源共享及人员"面对面"的沟通,加强对某一问题的看法和意见的交流,增进感情,在伙伴间建立畅通的沟通渠道,让伙伴间彼此了解相关的合作经历、背景、目标、战略,从而明确双方在物流联盟中的战略应该是一致或者是相互依赖的,从而有利于实现物流联盟的战略。联盟企业可以通过企业的身份认证、信誉评价和咨询、质量认证、安全认证等,提高自身的社会信誉度,同时,在合作过程中正确运用合作策略,以建立和保持良好的信誉记录。此外,促进伙伴之间企业文化的融合,创造和谐的文化氛围,对推动物流联盟关系的发展具有至关重要的意义。

(3)建立联盟间学习机制。从长期来看,企业的可持续竞争来自企业比竞争对手更强的学习能力。这里的学习不仅包括知识的传输,还包括知识的创造。物流联盟的缔结就是联盟内部成员企业间相互学习过程的开始。联盟各方必须重视在联盟中健全组织学习机制,培养与积蓄既懂技术又精通经营的人才,促进联盟的发展。

(4)强化项目管理。物流联盟应采取项目管理思想,成立物流服务运作及流程监控专门的项目小组,依据现代化物流企业制定标准操作流程,督促物流战略联盟企业按照标准操作流程进行操作。定期与物流战略联盟召开月度评审会议,对运作中出现的问题,如货物安全、客户投诉、回单等,进行学习、修正,由物流联盟提交整改报告,作为项目小组跟踪和稽核的依据。

(5)加强服务绩效考评。服务绩效考评是在建立周期报告制度和现场服务稽核监控的基础上,项目小组与物流战略联盟共同确定标杆企业,搜集必要的信息,对服务绩效进行定量评价,将物流联盟企业的产品、服务和管理措施等方面的实际状况与这些标杆企业相比较,分析这些优秀企业绩效达到优秀水平的原因,找出自身的不足并逐渐完善,促使物流联盟企业采取措施迎头赶上。

四、国际电子商务下的海外仓管理

(一)海外仓管理的概念

海外仓泛指企业在海外设置的仓库。在国际电子商务交易开始前,卖家将商品通过大宗货物运输的方式,提前运送到目标市场并将产品存储在预先租用或自建的仓库中,当该商品产生订单时,卖家能够迅速通知海外仓对商品进行拣选、包装、配送。同其他运输方式相比,海外仓最大的特点就是节省产品运输时间。

(二)海外仓的建设方式

1. 租用海外仓

租用海外仓是指国际电子商务中的卖家与海外仓服务商签订租用协议,卖方只需负责将产品运送到海外仓,并支付一定的存储费及其他相关费用。海外仓服务商向卖家提供专业的仓储和物流服务。这种方式不仅能够让卖方专注产品的研发销售,还能为客户带来更好的服务,提高客户满意度。盛仕仓储(Spirit Warehouse Service Corporation)是位于美国的一家海外仓服务商,它能够实现海外代收、出口报关、国际运输、美国进口清关、电子商务仓储、订单管理、全美异地配送、电子商务供应链咨询服务,可满足不同客户的需求。

2. 自建海外仓

自建海外仓是指国际电子商务中的卖方在国外自行出资完成仓库建设、设备采购安装及相关信息系统的建立。自行建设海外仓需要雄厚的经济实力、丰富的海外仓运营实践。自建海外仓加强了对产品海外仓储末端运输的控制,能增强客户的信任度,扩大企业在海外市场的影响力。2015年国家商务部发布《"互联网+流通"行动计划》,明确提出将要推动建设100个跨境电子商务"海外仓",各个省市也相继发布各自海外仓建设布局,加快本地跨境电商的发展。以河南省为例,省内企业在海外建仓的数量已将近60家,主要涉及美国、俄罗斯、澳大利亚及非洲、南美洲一些国家。随着"一带一路"建设的不断深入、郑州航空港的建设及郑欧班列的不断发展,未来将有更多的河南企业建设海外仓。我国国内各大跨境电商企业也纷纷发力,积极布局海外仓(见表8-1)。

表8-1 部分跨境电商企业建设海外仓的情况

电商企业	海外仓建设情况
天猫国际	在美国,天猫国际有2个海外仓
京东	在美国、日本、韩国、澳大利亚、加拿大等地均建有海外仓
唯品会	已在全球11个国家和地区建立了12个海外仓
考拉易购	在美国、中国香港地区建成国际大型仓储中心,将开通日本、韩国、澳大利亚及欧洲的国际物流仓储中心
蜜芽	在德国、荷兰、澳大利亚建了3个海外仓
丰趣海淘	建成7个大型海外仓,分别在美国、澳大利亚、日本等地
洋码头	建成10余个海外仓,主要在美国洛杉矶、日本东京、澳大利亚悉尼、德国法兰克福等地

3. 合建海外仓

合建海外仓的方式有多种,可以是本国几家企业合资在产品销售目标国建设,也可以是本国企业与目标销售国企业合作建设海外仓。这种方式的优势在于企业建设海外仓的成本得到均摊,风险得到分散,同时也能够学习合作方的优点。"大龙网"在俄罗斯销售婚纱时,与俄速递(CXRU)在俄罗斯联合建设"海外仓"。将原来的货运时间缩短了将近一半,改善了订单出国后物流记录残缺的状况,实现对订单的全程追踪,方便客户进行查询。俄方的参与大大提升了"大龙网"为俄罗斯消费者提供"本土化"售后服务的能力。

(三) 海外仓操作流程

(1)卖家将商品运至海外仓储中心,或者委托承运商将货发至承运商海外的仓库。这段国际货运可采取海运、空运或者陆运方式到达仓库。

(2) 卖家在线远程管理海外仓储。卖家使用物流商的物流信息系统,远程监控海外仓储货物的完好及安全。

(3) 海外仓管理者根据卖家指令进行货物储运操作。海外仓管理人员控制自动化或智能化设备,严格按照卖家指令对货物进行存储、分拣、包装、配送等操作。

(4) 海外仓货物信息实时更新。发货完成后,海外仓信息系统会及时更新货物仓储信息,显示库存状况,让卖家实时掌握。

(四) 海外仓管理的优势、劣势分析

1. 海外仓的优势

(1) 缩短订单周期且准时率高。使用海外仓的跨境电商经营企业,能快速响应客户需求,迅速实现商品的发货。将产品预先运送到目的地,有效地避免物流高峰。调查统计显示,2017年中国发往美国的跨境电商零售商品中,使用邮政EMS配送一般需要10—20天,使用E邮宝配送一般需要为7—20天。而通过海外仓则可以大大缩短订单响应时间和订单货物送达买家的时间。菜鸟无忧网络在西班牙建设海外仓,可以做到西班牙全境72小时送达买家,大大缩短了订单周期。eBay物流服务美国站的数据表明,使用海外仓的商家订单平均转运时间较短,准时运达率明显提高。

(2) 降低出口商品的单位物流成本。海外仓的费用主要有:头程费用(商品从中国运到美国海外仓产生的费用)、仓储及处理费用(商品从入库到出库期间在仓库中产生的费用)、本地配送费用(商品从海外仓到客户手中产生的配送费用)。海外仓的使用改变了跨境电商小批次、多频率的运输,以大宗商品货运的方式降低了商检和清关的频率,减少了中间环节,可以大幅降低出口商品的单位物流成本。

(3) 完善企业的售后服务以提高客户满意度。退货、换货一直都是电子商务中让买卖双方苦恼的事情,由于空间与时间的限制,退换货对跨境电商更加不容易,完成一次退换货需要消耗大量的时间和精力,有时处理不当会造成大量资源的浪费。因此遇到这类情况,大多数是卖方委曲求全,为买方支付补偿费用,或者征求买方意见进行产品的补发,而要退货的产品一般由卖方请求买方自行处理。海外仓的使用使卖家在买家所在地储备有数量充足的同类产品,因此能够快速满足客户的退换货要求。显然,建有海外仓的跨境电商企业更能吸引海外客户。

2. 海外仓的劣势

(1) 海外仓建设和运营的成本较大。建设海外仓需要投入大量资本,主要包括土地租金、建筑材料购买、仓库设计施工、软硬件设施设备采购、安装调试及各种各样的人工成本。特别在一些发达国家这些费用远远超过国内。业内人士测算,建设和运营相同规模的仓库,成本在日本比南京多了近百倍。在美国建设3 000平方米左右的海外仓,需要投资上百万美元,其中人工成本就占30%—40%。因此,对于从事国际电子商务的中小型企业而言,租用或合伙建设海外仓,要优于自建海外仓。

(2) 对海外仓管理信息系统要求高。海外仓通过交易平台获取订单,及时处理订单并将订单状况及时反馈给出口企业;出口企业通过库存管理系统查看商品海外仓的库存

情况,并制定产品补货策略;在与海外仓进行资金往来、账目核算等事务时,财务管理系统能够迅速提供双方需要的信息。以上这些业务的顺利进行要求海外仓和出口企业之间建立安全高效的管理信息系统。出口企业与海外仓服务商的兼容程度,以及数据信息传输速度等决定其运营的流畅程度和效率。对于通信和互联网信息基础设施欠发达国家或地区,实现信息的有效对接就更加困难。

(3) 商品退换将增加额外成本。使用海外仓的卖家会预先将足够多的产品运送至海外仓,以降低商品的单位物流成本。在商品从出口地到海外仓的运输途中,难免会产生货损,若在入仓和发货时检验不仔细,会造成不良品流入市场,导致退货或换货情况的发生。退回的产品维修后进行二次销售的可能性微乎其微,只能委托海外仓代为存储或销毁,这些都会给出口企业增加额外的成本。

(4) 海外仓并不适宜所有出口商品。当企业将大量商品置于海外仓时,就会占用企业大量资金。因此,只有选择海外市场需求量大的产品,如家庭日用品、个人生活用品和户外用品等使用海外仓销售时,才不会影响出口企业的资金周转率。否则,就会提高出口企业的资金成本、降低资金的使用效率。因此,出口企业在开展跨境电商销售时,可选择小批量产品进行试水,销售符合预期时再考虑使用或建设海外仓。此外,跨境电商企业还应对海外仓所在地区的宗教、文化和风俗习惯、流行趋势等进行充分调研,再决定是否建设或使用海外仓。

第二节 国际物流管理信息系统

一、国际物流管理信息系统概述

(一) 国际物流管理信息系统的概念

国际物流管理信息系统是以国际物流系统为对象,对物流活动中产生的各种与物流相关的数据和信息,通过计算机和网络通信技术的传递,经过计算机对原始数据的处理,最终所提供的有助于国际物流管理和国际物流决策的信息系统。

国际物流管理信息系统涉及仓储作业管理、运输及配载管理、财务管理、人力资源管理等内容,通过使用计算机技术、通信技术、网络技术等手段,建立物流信息化管理,以提高物流信息的处理和传递速度,使物流活动的效率和快速反应能力得到提高。

(二) 国际物流管理信息系统的发展历程

从物流实践的角度看,国际物流管理信息系统的发展经历了四个阶段。

(1) 第一阶段(20世纪50年代前):物流信息的采集和传输主要依靠信函、电话、手工记录,国际物流管理信息系统处于简单阶段。

(2) 第二阶段(20世纪50年代初到60年代中期):由于物流理念及计算机技术的局限,物流信息化仍处在较低的水平。但管理信息系统已在国际物流中有了初步的应用,给企业的生产经营活动带来了一定的便利之处。

（3）第三阶段（20世纪60年代中期到80年代中期）：企业开始注意物流管理的系统化和整体化，物料需求计划（Material Requirements Planning，MRP）、制造资源计划（Manufacturing Resource Planning，MRPII）的概念被提出，企业的信息管理流程逐步向规范化、标准化迈进。信息管理在物流企业管理中已逐步体现出其核心地位的作用。

（4）第四阶段（20世纪80年代后期至今）：全面质量管理（Total Quality Management，TQM）、准时制（Just In Time，JIT）、企业资源计划、供应链管理、电子商务等概念的提出，大大丰富了物流信息管理的内容。而计算机技术、网络技术、通信技术、数据仓库技术等技术的发展使国际物流信息管理进入高级阶段。

（三）国际物流管理信息系统的功能结构

（1）信息处理功能。信息处理功能主要包括数据的搜集，信息的存储和传输等功能，为其他环节提供准确信息。

（2）事务处理功能。系统能够从事部分日常性事务管理工作，如账务处理、统计报表处理等。

（3）预测功能。系统不仅能实测物流状况，而且能利用历史数据，运用适当的数学方法和科学的预测模型来预测未来物流的发展趋势。

（4）计划功能。系统针对不同的管理层提出不同的要求，能为各部门提供不同的信息并对其工作进行合理的计划与安排，如库存补充计划、运输计划、配送计划等，从而保证管理的效果。

（5）控制功能。系统能对物流系统的各个环节的运行情况进行监测、检查，比较物流过程的实际执行情况与其计划的差异，从而及时地发现问题。然后再根据偏差分析其原因，采用适当的方法加以纠正，保证系统预期目标的实现。

（6）辅助决策和决策优化功能。系统不但能为管理者提供相关的决策信息，达到辅助决策的目的，而且还能为管理者提供优化决策功能。辅助决策功能有利于决策的制定，优化决策功能有利于决策的完善。

（四）国际物流管理信息系统的框架

物流管理信息系统通常包括：物品管理子系统、仓储管理子系统、配送管理子系统、运输与调度管理子系统、客户服务子系统、财务管理子系统、质量管理子系统、人力资源管理子系统等。

1. 物品管理子系统

物品管理子系统是物流管理信息系统的重要组成部分，从物品的采购计划、审批，物品的国内外采购合同、合同执行情况的跟踪反馈，到物品到货入库、发货、结算与统计，全部都要通过这个物品管理子系统进行调度管理。物品管理子系统一般由下列四个部分组成：采购计划管理、采购合同管理、物品出入库管理、物品进销存查询。

2. 仓储管理子系统

一般的仓储管理子系统从功能结构上可分为四大功能。

(1) 日常管理。日常管理包括物品凭单录入管理、冲账管理、日常查询管理。

(2) 账单管理。对仓库的使用资金账单进行管理。

(3) 统计报表。管理人员可统计各种物品的出入库及使用情况,并且进一步了解仓库库存、仓库总账、损耗误差、物品活动及材料进货,以及统计各种原材料的计划采购数量、实际库存数量和总的库存数量等,并可完成相应的图形绘制和报表打印。

(4) 数据查询。数据查询是对物品的消耗、库存数量和物品修理费支出的查询。仓储管理的主要数据类如表8-2所示。

表8-2 仓储管理的主要数据类

数据类	数据项
货物档案	货物名称、数量、存放仓位、货物类别、属性、保质期
仓库档案	仓库名称、仓库地址、面积、租赁日期
拣货单	拣货单号、所属订单、送达目的地、货物名称、货物数量

3. 配送管理子系统

配送管理子系统是根据商品的配送类型做分类后,再按照商品重量与体积等各因素拟订派车计划、体积装载计划及配送行程计划的作业系统。

配送管理子系统通常又包括:备货管理、配送加工管理、分拣管理、配装管理、配送运输管理及送达服务等功能。配送管理的主要数据类如表8-3所示。

表8-3 配送管理的主要数据类

数据类	数据项
选货单	选货单号、所属订单、货物名称、数量、存放地点
分店信息	分店名称、分店地址
货箱清单	货箱编号、所属分店、分店地址、货物数量
拣货标签	所属拣货单号、送达目的地、所属分店、货物数量
货箱标签	箱货编号、所属分店、分店地址、货物数量

4. 运输与调度管理子系统

运输与调度管理子系统的主要对象是运输工具、运输路线、驾驶装载人员、运单与客户等,一般包括运输任务产生、运输过程管理、服务结算、运输跟踪和运输信息查询等功能模块。

(1) 运输任务产生。根据起运地和到达地生成运输任务,对每一个承运公司生成运输任务交接单,同时打印装箱单、运单和运输标记,系统支持条形码输出。

(2) 运输过程管理。对于未完成的运输任务进行状态更新,生成各种统计报表,同时记录每一运单运费。

(3) 服务结算。对每一个承运公司进行运费结算,生成结算报表。承运公司通过互联网查询本公司的运输费用结算信息。

(4)运输跟踪。通过 GPS 等技术跟踪运输任务,全程实时管理运输任务,提高物流运输服务水平。

(5)运输信息查询。对所有的运输任务进行查询,包括该运输任务的货物细目、到达状态、签收情况、运费等情况。运输与调度管理的数据类如表 8-4 所示。

表 8-4　运输与调度管理的数据类

数据类	数据项
订车单	订车车型、运输路线要求、要求到达时间、交货地点
运输资源	车牌、车辆类型、闲忙状态、总载重、总容积、当前所在地点
车辆信息	车牌、当前执行车单、当前所在地
交通状况	地区、城市、街区、通行状态、拥塞程度
客户托运单	客户名称、目的地
配载方案	货物名称、箱货坐标

5.客户服务子系统

(1)网上下单。客户可以通过网络下单,将自己的物品需求品种、数量和时间发送给物流公司,同时物流公司也可以通过网络向供应商发出订货请求。

(2)货物跟踪。客户可以通过物流公司的网络实时跟踪自己的货物状态。

(3)合同更改。客户可以通过网络及时更改合同的内容,物流公司根据客户更改后的合同及时调整采购和运输计划,承运公司通过互联网对承运的运输任务进行状态更新。

(4)网上支付。物流公司可以通过网络与客户和供应商进行网上支付,客户也可以在网上查询其费用。

二、智能运输系统

(一)智能运输系统的含义和意义

1.智能运输系统的含义

智能运输系统(Intelligent Transportation Systems,ITS)是将先进的信息技术、数据传输技术、电子传感技术、控制技术及计算机技术等有效地集成,运用于整个交通运输管理的信息系统。ITS 通过将道路管理者、用户、交通工具、道路、环境有机地结合起来并纳于系统之中,形成"人—车—路—环境"四位一体的系统,从而大大提高道路交通运输网络系统的安全性、运输效率和行车的舒适性。

2.智能运输系统的意义

运输系统的智能化的意义在于,车辆在道路上可以安全自由地行驶,在陌生的地方不致迷失方向。道路的交通流可以调整至最佳状态,从而缩短行车时间、减少阻塞、提高其通行能力。交通管理控制中心可对道路和车辆的状态进行实时监控,及时处理事故,保障道路畅通。系统为用户提供的服务质量和服务水平得到提高,能源得以节省,环保得以改善。

(二) 智能运输系统结构

智能运输系统的建设基于全球定位系统(GPS)、地理信息系统(GIS)、遥感技术、有线和无线通信及网络技术等,以及道路建设和规划、法规等。典型的智能运输系统的主要功能结构包括:信息管理子系统、交通管理子系统、公共运输子系统、车辆控制子系统、电子收费子系统和紧急救援子系统等。

1. 信息管理子系统

信息管理子系统,是自动终端情报服务系统(Automatic Terminal Information System,ATIS)的简称,它建立在完善的信息网络基础之上。交通参与者通过安装在在道路、车辆、换乘站、停车场及气象中心的传感器和传输设备,向交通信息中心提供各地的实时交通和气候信息;信息管理子系统得到这些信息并通过处理后,实时向交通参与者提供道路交通信息、公共交通信息、换乘信息、交通气象信息、停车场信息及与出行相关的其他信息;出行者根据这些信息确定自己的出行方式、选择路线。更进一步,当车上装备了自动定位和导航系统时,该系统可以帮助驾驶员自动选择行驶路线。

2. 交通管理子系统

交通管理子系统(Automatic Traffic Management System,ATMS)有一部分与ATIS共用信息采集、处理和传输系统,但是ATMS主要是给交通管理者使用的,用于检测、控制和管理公路交通,在道路、车辆和驾驶员之间提供通信联系。它将对道路系统中的交通状况、交通事故、气象状况和交通环境进行实时监测,依靠先进的车辆检测技术和计算机信息处理技术,获得有关交通状况的信息,并根据收集到的信息对交通进行控制,如信号灯、发布引导信息、道路管制、事故处理与救援等。

3. 公共运输子系统

公共运输子系统(Advanced Public Transportation Systems,APTS)的主要目的是采用各种智能技术促进公共运输业的发展,使公交系统实现安全便捷、经济、运量大的目标。如通过个人计算机、闭路电视等向公众就出行方式和时间、路线及车次选择等提供咨询,在公交车站通过显示器向候车者提供车辆的实时运行信息。在公交车辆管理中心,可以根据车辆的实时状态合理安排发车、收车,提高工作效率和服务质量。

4. 车辆控制子系统

车辆控制子系统(Advanced Vehicle Control System,AVCS)指辅助驾驶员驾驶汽车或替代驾驶员自动驾驶汽车的系统。该系统通过安装在汽车前部和旁侧的雷达或红外探测仪,可以准确地判断车与障碍物之间的距离,遇到紧急情况,车载电脑能及时发出警报或自动刹车避让,并根据路况自己调节行车速度,人称"智能汽车"。美国已有3 000多家公司从事高智能汽车的研制,已推出自动恒速控制器、红外智能导驶仪等高科技产品。

5. 电子收费子系统

电子收费子系统(Electronic Toll Collection,ETC)是世界上最先进的路桥收费方式。

通过安装在车辆挡风玻璃上的车载器与在收费站 ETC 车道上的微波天线之间的微波专用短程通信,利用计算机联网技术与银行进行后台结算处理,从而达到车辆通过路桥收费站不需要停车就能交纳路桥费的目的,且所交纳的费用经过后台处理后,清分给相关的收益业主。根据测算统计,在现有的车道上安装电子收费系统,可以使车道的通行能力提高 3—5 倍。

6. 紧急救援子系统

紧急救援子系统(Emergency Management System,EMS)是一个特殊的系统,它的基础是 ATIS、ATMS 和有关的救援机构和设施,通过 ATIS 和 ATMS 将交通监控中心与职业的救援机构联成有机的整体,为道路使用者提供车辆故障现场紧急处置、拖车、现场救护、排除事故车辆等服务。

三、物联网技术

(一) 物联网技术简介

1. 物联网的定义

物联网是在互联网的基础上,利用 RFID、通信技术、传感技术和定位技术等,按约定的协议,把人与人、人与物和物与物之间与互联网连接起来,进行信息交换和通信,以实现智能化识别、定位、跟踪、监控和管理的一种网络。

对物联网概念的理解可从技术层面和应用层面两方面进行分析。从技术的角度来看,物联网是指通过感知物体信息,并将信息经过网络传输到达指定处理中心,实现人与物、物与物之间的信息交互与处理网络,其核心和基础仍然是互联网,是在互联网基础上的延伸和扩展的网络。从应用的角度来看,物联网把世界上所有的物体都连接到一个网络中,其用户端延伸和扩展到了任何物品与物品之间、人与任何物品之间,实现了人类社会和现实物理系统的整合,使整个社会更加智能化,提升人类的生产和生活效率。

2. 物联网的特点

(1) 实时性。由于射频设备和传感设备的信息采集可以实时进行,因而,物联网能够获得实时的真实信息,保证了决策处理的实时性和有效性。

(2) 大范围。由于信息采集设备相对廉价,物联网系统能够实现对大范围内的信息进行采集、分析和处理。

(3) 自动化。物联网的设计愿景是用自动化设备代替人工,因此,物联网系统一经部署,一般不再需要人工干预。

(4) 全天候。由于物联网系统部署之后自动化运转,因此,物联网基本可以不受环境条件和气象变化的限制,实现全天候的运转和工作。

3. 物联网的关键技术

在物联网应用中有三项关键技术:

(1) 传感器技术。这也是计算机应用中的关键技术。到目前为止绝大部分计算机处理的都是数字信号,自从有计算机以来就需要传感器把模拟信号转换成数字信号,计算机才能处理。

(2) RFID 标签。它本质上也是一种传感器技术,RFID 技术是融合了无线射频技术和嵌入式技术的综合技术,RFID 在自动识别、物品物流管理方面有着广阔的应用前景。

(3) 嵌入式系统技术。它是综合了计算机软硬件、传感器技术、集成电路技术、电子应用技术的复杂技术。经过几十年的演变,以嵌入式系统为特征的智能终端产品随处可见,小到我们使用的 MP3,大到航天航空的卫星系统。嵌入式系统正在改变着人们的生活,推动着工业生产及国防工业的发展。

(二)物联网系统的组成

物联网系统由全球电子产品编码体系(Electronic Product Coding, EPC)、RFID 系统及 EPC 信息网络系统三大部分组成(见表 8-5)。

表 8-5 物联网系统的组成

系统构成	主要内容	注释
EPC 编码体系	EPC 代码	用来标识目标的特定代码
RFID 系统	EPC 标签	贴在物品上或内嵌在物品中
	读写器	识读 EPC 标签
EPC 信息网络系统	EPC 中间件	EPC 系统的软件支持系统
	对象名称解析服务器(ONS)	
	实体标记语言(PML)	
	EPC 信息服务(EPCIS)	

1. EPC 编码体系

EPC 编码体系是新一代的与 EAN 码和 UPC 码兼容的新的编码标准,是 EPC 系统的核心和关键。EPC 代码就是利用 EPC 编码标准对实体物品及实体物品相关信息的代码化。为了识别物品,每个物品被分配唯一的 EPC 代码,通过代码能读取物品在相应数据库中的动态数据。

2. RFID 系统

RFID 系统一般由电子标签和读写器组成。其工作原理是标签进入磁场后,接收读写器发出的射频信号,凭借感应电流所获得的能量发送出存储在芯片中的产品信息,或者主动发送某一频率的信号,读写器读取信息并解码后,送至中央信息系统进行有关数据处理。

3. EPC 信息网络系统

EPC 信息网络系统主要由 EPC 中间件、对象名称解析服务(Object Naming Service, ONS)、实体标记语言(Physical Markup Language, PML)和 EPC 信息服务(EPCIS)组成。

EPC 系统的工作流程如图 8-1 所示。读写器扫描到 EPC 标签后,从标签上读取产品电子代码 EPC,然后将读取的产品电子代码送到 EPC 中间件进行处理,根据 EPC 数据信息在 ONS 服务器上查找 EPC 代码所含信息在 EPCIS 服务器上对应的 IP 地址,在 EPCIS 服务器查询到保存产品信息的 PML 文件。

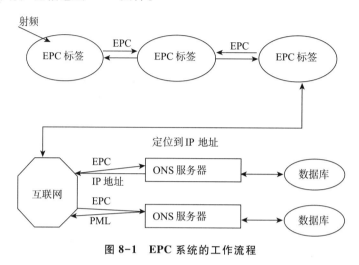

图 8-1　EPC 系统的工作流程

第三节　国际电子商务环境下的供应链管理

一、供应链与供应链管理

(一)供应链

1. 供应链的定义

2001 年,中国发布实施的国家标准《物流术语》(GB/T 18354－2001)对供应链(Supply Chain)的定义是:"生产及流通过程中,涉及将产品更新换代或服务提供给最终客户的上游或下游企业,所形成的网络结构。"

供应链是 20 世纪 80 年代后期全球制造和全球经济一体化浪潮下,为克服传统企业管理模式的弊端而形成的一个新概念,它是社会分工细化的产物,是重要的流通组织形式和市场营销方式。它以市场组织化程度高、规模经营的优势,有机地连接生产和消费,对生产和流通有着直接的导向作用。

2. 供应链的基本结构

从图 8-2 中可以看出,供应链由所有加盟的节点企业组成,其中一般有一个核心企业(产品制造企业或大型零售企业),节点企业在需求信息的驱动下,通过供应链的职能分工与合作(生产、分销、零售等),以资金流、信息流、物流、服务流实现整个供应链的不断增值。

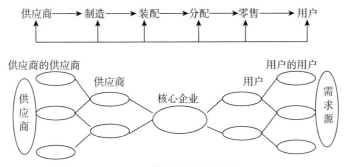

图 8-2 供应链的基本结构

（二）供应链管理

1. 供应链管理的涵义

（1）供应链管理的定义。我国 2007 年 5 月发布实施的国家标准《物流术语》（GB/T18354-2006）对供应链管理（Supply Chain Management，SCM）的定义如下：对供应链涉及的全部活动进行计划、组织、协调与控制。供应链管理是伴随着供应链概念的出现而在管理领域形成的新的管理思想和方法，涉及企业及企业管理的方方面面，是一种跨行业的管理。它对供应链中的信息流、物流和资金流进行设计、规划和控制，将供应链上各节点的企业连接成一个利益共同体；企业间加强合作，有效地分配资源，最大限度地提高效率。

（2）供应链管理的范围和功能。供应链管理的范围包括从最初的原材料直到最终产品达到客户手中的全过程，管理对象是在此过程中所有与物资流动及信息流动有关的活动和相互之间的关系。供应链管理的功能是，使客户所需的产品能够在适当的时间，按照适当的数量和适当的质量送到适当的地点，并且使总成本最小化。

（3）一体化供应链管理。一体化供应链管理（Integrated of Supply Chain Management，ISCM），是指供应商、生产商、分销商和客户的联盟及他们共同努力达到一个更具有竞争力的先进组织的过程。早期的供应链管理通常将视点集中在一个企业内部的供应链管理上，而现在则主要集中在跨企业的计划与执行活动，即供应链的垂直一体化上。由于供应链系统所包含的范围很广，所以其合理运营的关键在于供应链系统的垂直一体化，即供应商、生产/制造商、分销商和客户为同一个目标而共同努力，从而提高效率（如图 8-3 所示）。

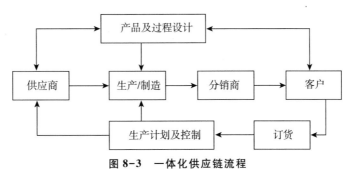

图 8-3 一体化供应链流程

2. 供应链管理的目标

供应链管理的目标是通过调和总成本最低化、客户服务最优化、总库存成本最小化、总周期时间最短化及物流质量最优化等目标之间的冲突，实现供应链绩效的最大化。

（1）总成本最低化。采购成本、运输成本、库存成本、制造成本及供应链物流的其他成本费用都是相互联系的。因此，为了实现有效的供应链管理，必须将供应链各成员企业作为一个有机整体来考虑，并使实体供应物流、制造装配物流与实体分销物流之间达到高度均衡。因此，总成本最低化并不是指运输成本或库存成本，或者其他任何供应链物流运作与管理活动的成本最小，而是整个供应链运作与管理的所有成本的总和最小化。

（2）客户服务最优化。在激烈的市场竞争时代，当许多企业都能在价格、特性和质量等方面提供相似产品时，差异化的客户服务能为企业带来独特的竞争优势。在每一个行业，从计算机到汽车，消费者都有广泛而多样化的选择余地。企业提供的客户服务水平，直接影响到它的市场份额、物流总成本，并将最终影响其整体利润。供应链管理的目标之一，就是通过上下游企业协调一致的运作，保证达到令客户满意的服务水平，吸引并保留客户，最终实现企业价值的最大化。

（3）总库存成本最小化。传统的管理思想认为，库存是维系生产与销售的必要措施，因而企业与其上下游企业之间在不同的市场环境下只是实现了库存的转移，整个社会库存总量并未减少。按照准时生产管理思想，任何库存都是浪费。因此，供应链管理的目标，就是要使整个供应链的库存控制在最低的限度。"零库存"反映的就是这一目标的理想状态。所以，总库存最小化目标的达成，有赖于实现对整个供应链的库存水平与库存变化的最优控制，而不只是单个成员企业库存水平达到最低。

（4）总周期时间最短化。在当今的国际市场竞争中，时间已成为竞争成功最重要的因素之一。当今的市场竞争不再是单个企业之间的竞争，而是供应链与供应链之间的竞争。从很大程度上说，供应链之间的竞争实质上是时间的竞争，即必须实现快速有效地响应客户需求，最大限度地缩短从客户发出订单到客户满意收货的整个供应链的总时间周期。

（5）物流质量最优化。供应链企业间服务质量的好坏直接关系到供应链的存亡。如果在所有业务过程完成以后，发现提供给最终客户的产品或服务存在质量缺陷，就意味着所有成本的付出将不会得到任何价值补偿，供应链物流的所有业务活动都会变为非增值活动，从而导致整个供应链的价值无法实现。因此，提高客户对物流服务项目的满意程度，满足客户个性化服务形式需求，定期检查已实施的物流服务的效果，保持服务质量的水平，也是供应链管理的重要目标。而这一目标的实现，必须从原材料、零部件供应的零缺陷开始，直至供应链管理全过程、全方位质量的最优化。

二、国际电子商务对供应链管理的影响

(一)国际电子商务缩短了供应链各节点的距离

在传统的供应链渠道中,产品从生产企业流到消费者手里要经过多个环节,流程很长,由此造成了成本上升、利润下降等问题。采用国际电子商务方式后,供应链的每个环节都发生了变化,其中发生最大变化的是分销商这一环节。

分销商是传统国际贸易中必不可少的角色,但在新的贸易流程里,已经不需要这一角色。通过网络交易平台,生产企业可以绕过传统的分销商与零售商甚至直接与消费者联系。传统的分销商也可以通过建立商业网站,利用自己与生产企业和消费者直接互联的优势,继续充当分销商的角色,但转型后的分销商在互联网上只是一个虚拟的信息与组织中介,不需要设置多层实体分销网络,也不需要存货,因此仍然降低了流通成本,缩短了流通时间,使物流路径缩短。

(二)国际电子商务改变了供应链运营模式

传统供应链中各节点的企业处于独立分离状态,这使企业之间的需求预测、库存状态、生产计划等重要信息无法迅速、准确地传递,导致供需脱节。供应链大都采用"推动式"运营模式,即以制造商为核心,产品生产出来以后,从分销商、零售商开始逐级推向最终消费者。结果导致分销商、零售商处于被动接受地位,只能以增大库存的方法应付市场需求的变化,使得整个供应链上的库存量增大,货物运转周期拉长,对需求变动的反应能力变弱,最终会影响供应链的整体运作效率。

在国际电子商务环境下,供应链实现了一体化,各节点的企业通过互联网协调彼此的合作关系。分销商、零售商能及时且准确地掌握客户信息及产品的销售信息,通过供应链的信息系统迅速传递给上游的制造企业,制造商就可以及时为下一轮的生产进行调整,同时调整自身的采购计划,从而使原材料供应商也获得市场需求变化的信息并及时改变他们的供应计划。市场信息通过网络的快速传递使供应链上各节点的企业能够对市场需求的变化做出同步反应,使产品的流动方向由"推动式"转变成"拉动式",实现供应链中的"零库存"或"柔性库存"。

(三)国际电子商务改变了供应链的企业管理模式

传统的供应链管理一般建立在专用网络上。一些生产企业除了建立具有竞争优势的核心企业,还需通过投资自建、投资控股或兼并的方式将上游原材料的供应,下游产品的销售等业务纳入自己的管理范围内,这需要投入大量的资金,只有一些大型企业才有能力进行自己的供应链建设,并且这种供应链缺乏柔性。

国际电子商务的应用促进了供应链的发展,也弥补了传统供应链的不足。企业只需注重自己的核心业务,充分发挥核心竞争优势,将非核心业务交由其他企业完成,最大限度地取得竞争优势。原有供应链上的企业由对立发展走向共生发展,企业与企业之间通

过互联网结成供应链上的企业联盟。不仅如此,国际电子商务还使供应链可以共享全球化网络,使中小型企业以较低的成本加入到全球化供应链中。

(四)国际电子商务推动第三方和第四方物流成为供应链中的主要物流模式

国际电子商务方式下,交易信息查询、交易磋商、签约及付款等环节,均可以通过互联网迅速完成。想要提高国际贸易的综合效率,就要求所交易的货物也应在最短的时间内,从供应链起点的出口国生产商手中送交到供应链终点的进口国购买者手中。因此,选择高效率的国际物流运营模式至关重要。由于第三方物流、第四方物流所具有的显著效率优势,以专业物流企业运营的第三方物流、第四方物流模式,将成为国际电子商务环境下主要的国际物流模式。

三、国际电子商务环境下供应链管理的发展趋势

随着互联网技术的进一步发展和普及应用,国际电子商务已从过去单一的 B2B、B2C 模式逐步走向 B2B、B2C、B2B2C 和 C2C 混合的发展模式,同时,供应链管理也出现了一些新的发展趋势。

(一)ISCM

电子商务环境下的 ISCM 将成为供应链管理发展的一个主要方向,它通过将大量分散的企业连接成一个动态的、集成的、虚拟的、全球性的供应链网络,使渠道安排从一个松散的独立企业的群体,变为一种致力于提高效率和增强竞争力的合作力量,从而增强渠道的整体竞争力,消除传统供应链管理松散无效率的弊端。在 ISCM 中,国际物流企业起着"纽带"和"黏合剂"的作用。由于我国 ISCM 的应用尚处于起步阶段,对于国内大多数中小企业而言,供应链管理仅仅局限于基本的产、供、销管理,未能形成有效的供应链管理体系。所幸的是我国实施 ISCM 的各项支撑技术及配送、零售、仓储、运输等物流环节均有了良好的发展,以国际物流企业为纽带的 ISCM 已具备实施的基础。重要的是,应积极利用数据共享程序及电子商务网络技术对现有的供应链进行改造和集成,以便在未来的经济全球化竞争中保持和扩大核心竞争优势,开创更广阔的市场空间。

(二)移动供应链管理

移动供应链管理(Mobile Supply Chain Management,MSCM)已经成为目前最为新颖、最为快捷的供应链管理模式。MSCM 基于供应链管理平台,利用移动通信技术、各种移动通信设备、移动计算机技术和移动互联网技术,对围绕提供某种共同产品或服务的相关企业的特定关键资源进行随时随地的管理,从而帮助实现整个渠道商业流程优化的一种新的供应链管理方式。移动供应链的出现,极大地降低了供应链上信息的使用限制,提高了信息传递和处理的效率,增加了信息共享的机会,减少了信息录入的错误率,并以

此提升了供应链上企业和客户之间、企业与企业之间的协调能力,让供应链流程更加精确、更加流畅。

(三)绿色供应链管理

绿色供应链管理(Green Supply Chain Management,GSCM)是在整个供应链管理过程中综合考虑环境影响和资源效率的一种现代管理模式,它以绿色制造理论和绿色供应链管理技术为基础,其目的是使得产品在从物料获得、加工、包装、运输、使用到报废处理的整个过程中,对环境影响最小、资源利用效率最高,使供应链管理的经济效益和社会效益协调优化。GSCM 把环境整合到整个供应链中,并结合制造技术、控制技术和网络技术等新的应用技术,综合利用资源和保护环境,实现经济效益和环境效益的最优化,最终实现经济的可持续发展。

本章小结

本章从国际物流的概念入手,阐述国际物流的复杂性、差异性、标准化、信息系统国际化、风险性和运输方式多样性特点,并指出系统更加集成化、管理更加网络化、标准更加统一化、配送更加精细化、园区更加便利化和运输更加现代化是国际物流发展的趋势。国际物流成为国际电子商务不可或缺的部分,国际电子商务的发展推进物流的现代化进程。国际电子商务对物流采购、包装、运输、库存、配送和物流信息各环节都产生了一定的影响。自营物流模式、第三方物流、第四方物流和物流联盟是国际电子商务环境下的主要物流运营模式。

随着跨境电商 B2C 零售业务的迅速发展,海外仓成为越来越多跨境电商经营企业的选择。海外仓有租赁、自建和合建等三种主要方式。对跨境电商企业而言,使用或建设海外仓具有缩短订单周期、降低单位商品物流成本和提高客户满意度等优势,但也存在建设运营成本大、对管理信息系统要求高、退换货增加额外成本和只适宜部分商品等劣势。

国际物流管理信息系统具有信息处理功能、事务处理功能、预测功能、计划功能、控制功能、辅助决策功能和决策优化功能。物流管理信息系统包括物品管理子系统、仓储管理子系统、配送管理子系统、运输与调度子系统、客户服务子系统、财务管理子系统、质量管理子系统、人力资源管理子系统等。智能运输技术及物联网技术是国际物流管理信息系统应用的主要技术。

国际电子商务对供应链管理产生了一定的影响,它拉近了企业与客户的联系,缩短了供应链各节点间的距离;它改变了供应链中货物的流动方向,改变了供应链中企业的管理模式,第三方物流、第四方物流将成为国际电子商务环境下的主要物流模式。国际电子商务交易方式下,供应链管理日益向一体化、移动化和绿色化方向发展。

关键术语

国际物流,自营物流,第三方物流,第四方物流,物流联盟,海外仓,国际物流管理信

息系统,智能运输系统,物联网技术,供应链,供应链管理,一体化供应链,移动供应链,绿色供应链

复习思考题

1. 什么是国际物流？它具有哪些特点？
2. 试分析国际物流的发展趋势。
3. 如何理解国际电子商务与国际物流之间的关系？
4. 简要阐述国际电子商务对物流具体环节的影响。
5. 国际电子商务环境下的物流运营模式有哪些？
6. 海外仓的建设有哪几种方式？试分析海外仓的优劣势。
7. 什么是国际物流信息系统？它具有哪些功能？
8. 智能运输系统包含哪些子系统？
9. 物联网的特点是什么？包含哪几项关键技术？
10. 什么是供应链和供应链管理？
11. 国际电子商务对供应链管理有哪些影响？
12. 试分析国际电子商务环境下实施供应链管理的优势和挑战。

参考书目

韩玲冰,胡一波. 跨境电商物流[M]. 北京:人民邮电出版社,2018年12月。

李海刚. 电子商务物流与供应链管理[M]. 北京:北京大学出版社,2014年7月。

屈冠银. 电子商务物流管理[M]. 4版. 北京:机械工业出版社,2018年9月。

毛禹忠. 国际物流配送和网络系统[M]. 杭州:浙江大学出版社,2013年6月。

邵贵平. 电子商务物流管理[M]. 3版. 北京:人民邮电出版社,2018年8月。

速卖通大学. 跨境电商物流[M]. 北京:电子工业出版社,2015年12月。

孙克武. 电子商务物流与供应链管理[M]. 北京:中国铁道出版社,2017年9月。

孙韬. 跨境电商与国际物流——机遇、模式及运作[M]. 北京:电子工业出版社,2017年4月。

许应楠,凌守兴. 电子商务与现代物流[M]. 北京:人民邮电出版社,2015年1月。

张艳. 电子商务与物流管理[M]. 北京:中国纺织出版社,2018年2月。

周升起. 国际电子商务[M]. 2版. 北京:北京大学出版社,2016年1月。

左锋. 跨境电商物流业务操作[M]. 北京:中国人民大学出版社,2018年10月。

第九章 国际电子商务环境下的金融服务

学习目标

掌握：金融电子化的含义和特点，第三方跨境支付机构的运营特点，网上国际结算系统，网上保险的特点及优势

理解：我国金融电子化系统及其构成，电子支付的概念、特征及方式，网上银行的经营风险

了解：第三方跨境支付行业的发展现状，网上银行的运行机制与业务模式，SWIFT 的特点、服务与风险防范，网上保险的业务运作模式

导学案例

跨境支付蓝海变红海：四类机构进场角逐开打价格战

随着越来越多的机构进入，跨境支付市场硝烟已起。跨境支付市场的竞争态势，已通过提现费率的"价格战"显现出来，跨境支付市场提现费率近来从1%降到0.5%。价格战背后实质上反映了跨境支付行业的激烈竞争，同时也倒逼第三方支付企业提供更多差异化服务。

四类机构进场角逐

近年来，进入跨境支付行业的机构越来越多。目前，除了传统银行和卡组织，跨境支付市场已有外资支付机构、支付宝和微信支付等国内支付巨头、连连支付等中小支付机构、以 PingPong 为代表的跨境收款公司等四类主要机构进场角逐。

以 Payoneer、World First、PayPal 等为代表的国际支付公司，由于在中国并没有相关牌照，为了确保合规性，其大多与国内的支付公司或银行合作进行结汇和人民币支付业务。除了外资机构，在国内第三方支付企业从事跨境支付业务主要有三种类型：

（1）作为国内支付巨头，支付宝、微信支付很早就开始布局海外市场，不过策略更倾向于服务自有体系。

（2）以连连支付为代表的本土服务公司，注册主体在国内，并且有全资质的支付牌照。目前，宝付、联动优势、汇付天下等也逐渐开始做跨境收款业务，行业竞争越来越激烈。

(3) 以跨境收款公司 PingPong 为代表的一类公司在国内并没有支付牌照，但是却成立在中国本土，也在国外设立分子公司拿了一些国外的牌照。

在发展状况上，作为最早一批布局跨境支付业务的企业之一，截至 2018 年 6 月底，连连支付已经服务于中国超过 30 万跨境电商卖家，跨境支付交易量超过 200 亿元人民币，成为国内跨境支付交易规模最大的支付公司。而后进入的企业，近两年业务规模也快速增长。港交所上市公司汇付天下公布的数据显示，2017 年跨境支付交易规模只有 49 亿元，但较前一年增长 16 倍。而 2018 年前 4 个月，跨境支付已超过上年全年规模。

"价格战"背后的危机

事实上，目前跨境支付市场的竞争态势，已通过提现费率的价格战充分地显现出来。很多第三方支付企业都将收款费率从过去普遍 2% 下调到 1%。而随着越来越多的第三方支付企业进入，目前，跨境支付市场提现费率从 1% 降到 0.5%。连连支付自 2017 年开始，跨境支付费率便已经做到 0.7% 封顶，帮助跨境电商卖家节省 30% 的提现成本。

在大多数第三方支付企业眼中，费率越低，往往意味着企业更具有竞争力。分析人士指出，早期入围的机构，已经涉及了较广范围的出口电商业务，后来入局的机构很难在产品模式上有新的突破，只能打价格战。近年来，随着境内支付市场格局的固化，支付机构纷纷发力跨境支付业务，市场竞争加剧，在业务模式高度同质化的背景下，价格战难以避免。

跨境支付可分为跨境人民币支付和跨境外汇支付，从业务类型上看，主要包括跨境转账汇款、境外旅游消费支付、跨境网络消费支付等。在业务模式上，由于第三方支付机构不具备结售汇资格，主要通过银行进行代客收付汇和代客结售汇业务，并通过更优质的体验、多元的增值服务等形成差异化优势。

严监管下的突围

除了越来越激烈的竞争，不断收集的监管也使得开展跨境支付业务的企业变得更加谨慎。

2018 年 7 月末，外管局公布 27 起违规案例，5 起涉及第三方支付公司违反外汇管理规定，包括支付宝、财付通等在内的第三方支付机构首次出现在通报的违规案例中。此外，8 月初，联动优势公司因未能采取有效措施和技术手段对境内网络特约商户的交易情况进行检查，客观上为非法交易提供了网络支付服务等，被央行营管部和北京外汇管理部警告，合计罚没 2 639.88 万元。

从宏观层面看，我国经济各领域开放度逐步加大，国内外经常账户往来日益增多，国内企业和个人加速"走出去"，客观上为跨境支付业务提供了广阔的市场空间。严监管和密集的处罚手段，意在打击违规行为、维护健康的市场秩序，不会对跨境支付市场的趋势带来负面影响。

资料来源：编者根据 http://finance.sina.com.cn/ 中文网站发布信息整理。

案例思考题：结合本案例并搜集有关资料，对国内第三方支付机构跨境支付业务运营现状进行研究，撰写 2 000—3 000 字的调研报告。

第一节　国际电子支付

一、电子支付概述

（一）电子支付的概念及特征

电子支付（Electronic Payment）是以金融计算机网络为基础，以商用电子化机具和各类交易卡为媒介，以计算机技术和通信技术为手段，以电子数据形式存储在银行的计算机系统中，并通过计算机网络系统以电子信息形式实现的货币流通和支付。电子支付具有如下特征：

（1）电子支付是采用先进的信息技术通过数字流转来完成信息传输的，其各种支付方式都是采用数字化的方式进行资金结算。而传统的支付方式则是通过现金的流转、票据的转让及银行的汇兑等物理实体的流转来完成资金结算的。

（2）电子支付的工作环境是基于一个开放的互联网系统平台。而传统支付方式则是在一个较为封闭的系统中运作。

（3）电子支付使用的是先进的网络通信手段，如互联网、外部网，并且对软、硬件设施要求很高。一般应具备联网计算机、相关的操作及安全应用软件及其他一些配套设施。而传统支付方式使用的是邮政或人工通信手段，对软、硬件的设施要求相对较低。

（4）电子支付具有方便、快捷、高效、经济的优势。

（二）电子支付的发展阶段

在过去的几十年中，计算机和网络通信技术的发展对传统支付方式产生了重大影响。在零售支付服务市场上，开发出了以各种支付卡为代表的电子支付工具和相应的电子支付处理系统，如 ATM 系统、POS 系统、电话银行业务、EDI 及电子货币系统。在大额支付服务市场上，许多国家都建立和运行着银行间的电子资金转账系统（Electronic Funds Transfer，EFT）。这些新型支付技术的发展为电子支付和网上金融交易创造了坚实的技术条件。电子支付是电子商务发展的核心工程，而金融服务的电子化必将大大促进电子商务的发展。目前，电子商务环境下使用的在线电子支付方式主要有电子现金、银行卡、电子钱包、电子支票、智能卡等。

电子货币支付方式依据银行采用计算机技术的不同可分为五种，分别代表着电子货币支付发展的五个阶段。

第一阶段：银行利用计算机处理银行之间的货币汇划业务，办理汇划结算；

第二阶段：银行计算机与其他机构计算机之间的资金汇划，如代发工资、代缴水电费等；

第三阶段：利用网络终端向客户提供各项银行服务，如客户在 ATM 进行取、存款操作等；

第四阶段：利用银行 POS 向客户提供自动扣款服务，这是现阶段电子货币支付的主要方式；

第五阶段：电子货币可以随时随地通过互联网进行直接的转账结算，以电子资金流的畅通来支持电子商务，是电子支付的最新发展阶段，又称为网上支付或在线支付（Online Payment）。

（三）电子支付系统的基本构成

网上电子支付系统的基本构成如图 9-1 所示。

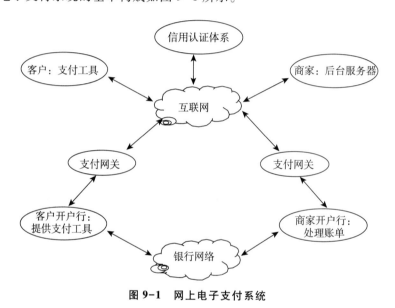

图 9-1　网上电子支付系统

客户是指与某商家有交易关系并存在未清偿的债权债务关系的一方（即债务方），客户用自己已拥有的支付工具（如信用卡、电子钱包等）来发起支付，是支付体系运作的原因和起点。

商家则是拥有债权的商品交易的另一方，可以根据客户发起的支付指令向金融体系请求货币给付，商家一般要有优良的服务器来处理这一过程，包括认证及不同支付工具的处理。

客户开户行是指客户在其中拥有了账户的银行，客户所拥有的支付工具就是由开户行提供的，客户开户行在提供支付工具的同时也提供了一种银行信用，即保证支付工具的兑付。在信用卡支付体系中，客户开户行又被称为发卡行。

商家开户行是商家在其中拥有账户的银行，其账户是整个支付过程中资金流向的地方。商家将客户的支付指令提交给其开户行后，就由开户行发出支付授权请求并进行银行间的清算。商家开户行是依据商家提供的合法账单（客户的支付指令）来工作的，因此又称为收单行。

支付网关是公用网和金融专用网之间的接口,支付信息必须通过支付网关才能进入银行支付系统,进而完成支付的授权和获取。支付网关的建设关系到支付结算的安全及银行自身的安全,关系到网上支付结算的安全及金融系统的风险,商家必须十分重视和谨慎。因为(国际)电子商务交易中同时传输了两种信息:交易信息与支付信息,必须保证这两种信息在传输过程中不能被无关的第三者阅读,包括商家不能看到其中的支付信息(如信用卡号、授权密码等),银行不能看到其中的交易信息(如商品种类、商品总价等),这就要求支付网关一方面必须由商家以外的银行或其委托的信用卡组织来建设,另一方面网关不能分析交易信息,对支付信息也只是起到保护传输的作用。

金融专用网则是银行内部及银行间进行通信的网络,具有较高的安全性,包括中国国家现代化支付系统(China National Advanced Payment System, CNAPS)、中国人民银行电子联行系统、商业银行电子汇兑系统、银行卡授权系统等。我国银行的金融专用网发展迅速,为逐步开展电子商务提供了必要的条件。

认证机构则为参与的各方(包括客户、商家与支付网关)发放数字证书,以确认各方身份的真实性、合法性,保证网上支付的安全性,认证机构必须确认参与者的资信状况(如通过在银行的账户状况,与银行交往的历史信用记录等来判断),因此也离不开银行的参与。

除以上参与各方外,网上支付系统的构成还包括支付中使用的电子支付工具及遵循的网上支付协议。

二、电子支付工具

(一) 信用卡

信用卡(Credit Card)1915年起源于美国,目前在世界各国已成为一种普遍使用的支付工具和信贷工具。它使人们的结算方式、消费模式和消费观念发生了根本性的改变。信用卡是市场经济与计算机通信技术相结合的产物,是一种特殊的金融商品和金融工具,是电子支付中最常用的工具。

1. 信用卡的概念

信用卡是银行或专门的发行公司发给消费者使用的一种信用凭证,是一种把支付与信贷两项银行基本功能融为一体的业务。银行或发卡机构规定一定的信用额度,发给资信情况较好的企业和有稳定收入的消费者,持卡人就可以凭卡到指定的银行机构存取现金,到指定的特约商户那里消费,受理信用卡的商户将持卡消费者签出的记账单送交银行或发卡机构,由银行或发卡机构向持卡人收账。信用卡这种结算方式对卖方(特约商户)具有加速商品推销及流通的优点;对买方(持卡人)而言具有先消费后付款,避免携带大量现金的优点;而对发卡机构则可收取手续费、发放贷款取得利息、扩大资金的周转。可以说具有惠及三方的优越性。

2. 信用卡的功能及特点

通过金融专用网的终端,持卡人可以获得身份验证、消费结算、估资信贷、转账结算、通存通兑、自动取款、代发工资、代理收费等服务。因此,信用卡支付系统的另一个优点就是能够在线实时操作,进行持卡人身份的真实性及信用额度的验证和处理。

信用卡的最大特点是同时具备信贷与支付两种功能。持卡人可以不用现金,凭信用卡购买商品和享受服务。由于其支付款项是发卡银行垫付的,银行便与持卡人发生了贷款关系。而信用卡又不同于一般的消费信贷。一般的消费信贷,只涉及银行与客户二者之间的关系,信用卡除银行与客户之外,还与受理信用卡的商户发生关系。

3. 信用卡的支付类型

目前,基于信用卡的支付有四种类型,即无安全措施的信用卡支付、简单加密信用卡支付、通过第三方代理人的支付及安全电子交易(Secure Electronic Transaction,SET)信用卡方式。

(1) 无安全措施的信用卡支付。买方通过网上从卖方订货,而信用卡信息通过电话、传真等非网上传送,或者直接在互联网上进行传送,但无任何安全措施,卖方与银行之间使用各自现有的银行商家专用网络授权来检查信用卡的真伪。

(2) 简单加密信用卡支付。简单加密信用卡支付的原理是,使用简单加密信用卡付费时,当信用卡信息被输入买方浏览器窗口或其他电子商务设备时,信用卡信息就被简单加密,作为加密信息通过网络从买方向卖方安全地传递。加密协议有安全超文本传输协议(Secure Hyper Text Transmission Protocol,SHTTP)、安全套接层(Security Socket Layer,SSL)等。

(3) 通过第三方代理人的支付。改善信用卡事务处理安全性的一个途径就是在买方和卖方之间启用第三方代理,目的是使卖方看不到买方的信用卡信息,避免信用卡信息在网上多次公开传输而导致被窃取。

(4) SET信用卡支付。当用户通过网络在该公司购物时,用户用信用卡号同公司交换信息。用户使用安全的SET协议进行网络支付,具体方式是用户在网上将信用卡号和密码,加密发送到银行进行支付。在网页传送过程中,为了保证安全可靠,使用SSL传输协议。

(二) 电子现金

1. 电子现金的概念

电子现金(Electronic Cash,E-cash)又称电子货币(Electronic Money,E-money)或数字货币(Digital Money),它把现金数值转换成一系列的加密序列数,通过这些序列数来表示现实中各种金额的币值,是纸币现金的电子化,是一种以数据形式流通的货币。E-cash可以被视为现实货币的电子或数字模拟,它以数字信息形式存在,通过互联网流通。第一个E-cash方案由美国的大卫·查姆(David Lee Chaum)在1982年提出,他利用盲签名技术来实现,可以完全保护用户的隐私权。

E-cash最简单的使用方式包括三个主体:商家、用户和银行,以及四个安全协议:初始化协议、提款协议、支付协议、存款协议。E-cash的使用要经过提取、支付和存款三个环节,其基本流通程序是:用户与银行执行提取协议,从银行提取E-cash;用户与商家执行支付协议,支付 E-cash;商家与银行执行存款协议,将交易所得的 E-cash 存入银行。

2. E-cash 的特点

(1) 银行和商家之间应有协议和授权关系;

(2) 用户、商家和 E-cash 银行都需要使用 E-cash 软件;

(3) E-cash 银行负责用户和商家之间资金的转移;

(4) E-cash 只能使用一次,重复花费能被容易地检查出来;

(5) 用户能将 E-cash 像普通现金一样,在用户之间任意转让,且不能被跟踪;

(6) E-cash 不仅能作为整体使用,还能被分为更小的部分多次使用,只要各部分的面额之和与原 E-cash 面额相等,就可以进行任意金额的支付;

(7) E-cash 对使用者来说都是匿名的,使用 E-cash 消费可以保护使用者的信息。

3. E-cash 的优缺点

(1) E-cash 的优点:①使用更方便。无论对消费者还是商家,E-cash 都要比传统的现金、支票、信用卡结算方式更为方便,最终能降低消费者的购物费用。②交易成本更低廉。在互联网上进行 E-cash 转账的成本要比处理信用卡的成本低。传统的货币交换系统要求银行、分行、银行职员、自动取款机及相应的电子交易系统来管理转账业务并保存现金,其处理成本非常高。而 E-cash 的转账只需利用现有的技术设施、互联网和计算机系统就能完成,所以处理 E-cash 在硬件方面需要追加投入的固定成本趋近于零。③无须特殊认证。与使用信用卡必须进行特殊认证不同,使用 E-cash 不需要进行特殊认证,可用于各种类型的交易。

(2) E-cash 的缺点:①使用量较小。目前,世界上只有少数几家银行提供 E-cash 业务,也只有少数商家接受 E-cash。②成本较高。E-cash 对硬件和软件的技术要求都较高,需要一个大型的数据库存储用户完成的交易和 E-cash 序列号以防止重复消费。③存在货币兑换问题。由于电子货币仍以传统的货币体系为基础,如美国银行只能以美元的形式发行 E-cash,英国银行只能以英镑的形式发行 E-cash,这就使得跨国交易的交易双方存在货币兑换的要求。④存在税收监管困难问题。由于 E-cash 像真实的现金一样,流通不会留下任何记录,因此税务部门很难追查。⑤风险较大。E-cash 与普通钱币一样会丢失,如果存放 E-cash 的硬盘发生不可逆性损坏,则 E-cash 就永远丢失,无法恢复。另外,电子现金使用的无须认证和完全匿名性,也会为许多不法交易(如毒品、军火买卖、贪污贿赂和敲诈等)提供了方便。

尽管存在种种问题,E-cash 的使用仍呈现增长势头。随着较为安全可行的 E-cash 解决方案的出台,E-cash 会成为未来电子商务中方便、安全的重要电子支付方式。

(三) 电子支票

1. 电子支票的概念

电子支票(Electronic Check,E-check)是一种借鉴纸张支票转移支付的优点,利用数字传递将钱款从一个账户转移到另一个账户的电子付款形式。它是客户向收款人签发的,无条件的数字化支付指令。它可以通过互联网或无线接入设备来完成传统支票的所有功能。

E-check 的支付是在与商户及银行相连的网络上以密码方式传递的,多数使用公用关键字加密签名或个人识别号码(Personal Identification Number,PIN)来代替手写签名。

相比前两种电子支付手段,E-check 的出现相对较晚。E-check 使得买方不必使用写在纸上的支票,而是用写在屏幕上的支票进行支付活动。E-check 几乎和纸质支票有着同样的功能。一个账户的开户人可以在网络上生成一张 E-check,其中包含支付人姓名、存款金融机构名称、支付人账户名、被支付人姓名、支票金额。像纸质支票需要本人签名一样,E-check 需要经过数字签名。被支付人还可以通过数字签名进行背书、转让。金融机构使用数字凭证确认支付者和被支付者身份、支付银行及账户,就可以使用经过签名和认证的 E-check 进行账户存储。

2. E-check 的特点

(1) E-check 与传统支票工作方式相同,易于理解和接受。

(2) 加密的 E-check 使它们比基于非对称加密技术的 E-cash 更易于处理和流通,收款人和收款人银行、付款人银行能够用公钥证书证明支票的真实性,数字签名也可以被自动验证。

(3) E-check 适于各种金融结算,尤其适合大额结算,可以很容易地与 EDI 应用结合,推动 EDI 基础上的电子订货和支付。

(4) 第三方金融服务者不仅可以从交易双方收取固定交易费用或按一定比例抽取费用,还可以以银行身份提供存款账目,且 E-check 存款账户很可能是无利率的,因此给第三方金融机构带来了收益。

(5) E-check 要求把公共网络同金融支付和银行清算网络连接起来,这就充分发挥了现有的金融结算基础设施和公共网络的作用。

E-check 支付系统十分适合 B2B 模式中的货款支付。由于 E-check 的即时认证能加快交易的速度,并在一定程度上保障交易的安全性,因此减少了处理纸质支票时的时间成本与财务成本,对支票丢失或被盗的挂失处理也方便有效得多。并且由于"票据交换所"的加入,在很大程度上提高了整个支票系统的运行效率,轧差处理①(Netting Settlement)使得无论数额大小的交易额都能得到低成本的处理。所有这些优点都促进了 B2B 商务模式运作的高效与低成本,因此具有很强的生命力。但 E-check 支付系统对保密性有较高的要求,这是在设计这个系统时应充分考虑的因素。

(四) 智能卡

1. 智能卡的概念及类型

智能卡(Intelligence Card,IC)最早在法国问世。1974 年,法国人罗兰·莫雷诺(Ro-

---

① 轧差处理是指利用抵消、合同更新等法律制度,最终取得一方对另一方的一个数额的净债权或净债务,如市场交易者之间,可能互有内容相同、方向相反的多笔交易,在结算或结束交易时,可以将各方债权在相等数额内抵消,仅支付余额。轧差处理是控制双边信用风险合约(如远期合约、掉期)的最常见方法之一,包括支付轧差(Payment Netting)、出清轧差(Closeout Netting)、跨产品轧差(Cross-product Netting)三种处理形式。

land Moreno)采取在一张信用卡大小的塑料卡片上安装嵌入式存储器芯片的方法,率先开发成功 IC 存储卡。经过二十多年的发展,真正意义上的 IC,即在塑料卡上安装嵌入式微型控制器芯片的 IC,由摩托罗拉和 Bull HN 公司共同于 1997 年研制成功。

IC 按存储介质分为两种:智慧卡(Smart Card)和存储卡(Memory Card)。

(1) 智慧卡又名 CPU 卡,是由一个或多个集成电路芯片组成,并封装成便于人们携带的卡片,在集成电路中具有微电脑 CPU 和存储器,智能卡具有暂时或永久的数据存储能力,其内容可供外部读取或供内部处理和判断之用,同时还具有逻辑处理功能,用于识别、响应外部提供的信息和芯片本身判定路线及指令执行的逻辑功能。按使用方法分为接触式 CPU 卡和非接触式 CPU 卡两种。

(2) 存储卡也是由一个或多个集成电路芯片组成,并封装成便于人们携带的卡片,具有记忆存储功能,但不带 CPU。存储卡按使用方法也分为接触式存储卡和非接触式存储卡两种。由于接触式存储卡成本低廉,社会使用量极大。

2. IC 的特点

(1) 可靠性高。IC 是用硅片来存储信息的,先进的硅片制作工艺完全可以保证卡的抗磁性及防静电、防机械损坏、防化学腐蚀及防射线能力,而且由于硅片的体积很小,里面有环氧层的保护,外面有印刷电路板及基片的保护,因此,具有很强的抗破坏性和耐用性。IC 信息可保存 100 年以上,读写次数在 10 万次以上,至少可用 10 年。

(2) 安全性好。IC 系统具有很强的加密性,主要体现在芯片的结构和读取方式上。IC 存储区的访问受逻辑电路控制,只有各种密码核对正确后,才能进行读写操作。而且密码核对有次数限制,超过规定的次数,卡将被锁死。CPU 卡的加密性更高,除了密码控制,还具备信息处理功能,进一步提高了系统的加密性。IC 的加密性,还体现在系统设计上,IC 属于可以随身携带的数字电路,而数字电路的各种硬件加密手段都可用来提高系统的加密性。另外,在软件设计上,可采用各种加密算法,大大增强了系统的安全性。

(3) 存储容量大。传统磁卡的存储容量最大只有几百个字节,磁条一般只有几十个字节,而且只能作为一种被动的存储中介。而 IC 的信息存储容量可以做到几千个字节,现已有 200 万字节位的 IC 问世。而且 IC 上存储区可以分割,可以有不同的访问级别,这就为信息处理及一卡多用提供了方便和灵活性。

(4) 用途广、种类多。从全球范围看,现在 IC 的应用范围已不再局限于早期的通信领域,还广泛地应用于金融财务、社会保险、交通旅游、医疗卫生、政府行政、商品零售、休闲娱乐、学校管理及其他领域。

3. IC 的功能

由于 IC 具有可靠性高、安全性好、存储容量大等特点,其功能已从最初的通信、金融结算等,延伸到费用缴纳、身份识别及信息存储、查阅等越来越多的领域。随着 IC 卡技术的不断进步,其功能还有不断扩展的趋势。

(1) 电子支付。IC 除用于交易结算外,还被广泛用于缴纳各种社会费用,如电话费、煤气费、水电费等。

(2) 电子识别。能够控制对大楼房间或系统的访问,如计算机或收银机。

(3) 数字存储。适时存储和查询多种数据信息,如存储和查询病历、跟踪目标信息或处理验证信息等。

4. IC 的结构

IC 的结构主要包括以下三个部分:

(1) 建立 IC 程序编制器。程序编制器在 IC 开发过程中使用,它从 IC 布局的层次描述了卡的初始化和个人化创建所有需要的数据。

(2) 处理 IC 操作系统的代理。包括 IC 操作系统和 IC 应用程序接口的附属部分。该代理具有极高的可移植性,它可以集成到芯片卡阅读器设备或个人计算机及客户机或服务器系统上。

(3) 作为 IC 应用程序接口的代理。该代理是应用程序到 IC 的接口。它有助于对不同 IC 代理进行管理,并且还向应用程序提供 IC 类型的独立接口。

由于 IC 内安装了嵌入式微型控制器芯片,因而可储存并处理数据。卡上的价值受用户的个人识别码(Personal Identification Number,PIN)保护,因此只有用户能访问它。多功能的 IC 内嵌入高性能的 CPU,并配备有独自的基本操作系统软件,能够如同个人电脑那样自由地增加和改变功能。多数 IC 还设有"自爆"装置,如果犯罪分子想打开 IC 非法获取信息、卡内软件上的内容将立即自动消失。

(五) 电子钱包

1. 电子钱包的概念

电子钱包(Electronic Wallet,E-wallet)是指装入电子现金、电子零钱、电子信用卡等电子货币,集多种功能于一体的电子货币支付方式。它是电子商务活动中客户购物常用的一种支付工具,是在小额购物或购买小商品时常用的新式钱包,它是安装在用户端计算机上并符合 SET 标准的一种软件。E-wallet 中存放的信息包括信用卡信息、电子现金、身份证书、地址及其他相关信息。目前世界上有 Visa Cash 和 Mondex 两大 E-wallet 服务系统,其他 E-wallet 服务系统还有 Master Cash、EurlPay 的 Clip 和比利时的 Proton 等。

2. E-wallet 的特点

(1) 用户需要使用 E-wallet 软件。用户可以直接使用与自己银行账号相连接的电子商务系统服务器上的 E-wallet 软件,也可以通过各种保密方式利用互联网上免费提供的 E-wallet 软件。整个过程需在 E-wallet 服务系统中进行。

(2) 用户通常要在有关银行开立账户。在使用 E-wallet 时,要把 E-wallet 应用软件安装到电子商务服务器上,利用 E-wallet 服务系统把自己的各种电子货币或电子金融卡上的数据输入网上银行账户。在发生收付款时,如果客户需用电子信用卡付款,如用 Visa 卡和 Mondex 卡等收款时,客户只要单击一下相应项目(或相应图标)即可完成。这种电子支付方式称为单击式支付方式。

(3) 在 E-wallet 内只能装电子货币。也就是说,在 E-wallet 内只能装入电子现金、电子零钱、电子信用卡、数字货币等电子化货币。这些电子支付工具都可以支持单击式支付方式。

在电子商务服务系统中设有电子货币和电子钱包的功能管理模块,叫作电子钱包管理器(Wallet Administration),客户可以用它来改变保密口令或保密方式,用它来查看自己银行账号上收付往来的电子货币账目、清单和数据。电子商务服务系统中还有电子交易记录器,客户通过查询记录器,可以了解自己都买了什么物品,购买了多少,也可以把查询结果打印出来。

3. E-wallet 的功能

（1）个人资料管理。消费者成功申请钱包后,系统将在 E-wallet 服务器上为其开立一个属于个人的 E-wallet 档案,消费者可在此档案中增加、修改、删除个人资料。

（2）网上付款。E-wallet 消费者在网上选择商品后,登录到 E-wallet,选择入网银行卡,向支付网关发出付款指令来进行支付。

（3）交易记录查询。消费者可通过 E-wallet,对所有历史交易和支付记录进行查询。

（4）银行卡余额查询。消费者可通过 E-wallet 查询个人银行卡余额。

（5）商户站点链接。E-wallet 内设众多商户站点链接,用户可通过链接直接登录商户站点进行访问和购物。

4. E-wallet 的使用步骤

（1）将 E-wallet 装入系统,单击 E-wallet 的相应项或 E-wallet 图标,E-wallet 立即打开;然后输入自己的保密口令,在确认是自己的 E-wallet 后,从中取出一张电子信用卡来付款。

（2）电子商务服务器对此信用卡号码采用某种保密算法并加密后传送到相应的银行,同时商店也收到经过加密的购货账单。

（3）商家将自己的客户编码加入电子购货账单后,再转送到电子商务服务器上去,商店不可能也不应该知道客户电子信用卡上的号码,商店无权也无法处理信用卡中的钱款。因此,只能把信用卡送到电子商务服务器上去处理。

（4）经过电子商务服务器确认这是一位合法客户后,将其同时送到信用卡公司和商业银行。在信用卡公司和商业银行之间要进行应收款项与账务往来的电子数据交换和结算处理。信用卡公司将处理请求再送到商业银行请求确认并授权,商业银行确认并授权后送回信用卡公司。

（5）经商业银行证明这张信用卡有效并授权后,商店就可交货。

在上述 E-wallet 购物的全过程中,虽然中间经过了信用卡公司和商业银行等多次进行身份确认、银行授权、各种财务数据交换和账务往来等,好像很复杂,其实这都是在极短的时间内通过很简单的操作完成的。实际上,从客户输入订货单到拿到商店出具的电子收据全过程仅 5—20 秒的时间,并且安全可靠。在购物过程中,客户可以用任何一种浏览器如(IE、Netscape)进行浏览和查看。有了电子商务服务器的安全保密措施,既可以保证客户的信用卡上的信息对其他人不可见,又可以保证客户去购物的商店是真实的而不是假冒的,从而保证客户安全可靠地买到称心的商品。

三、第三方跨境支付

后金融危机时期,我国对外贸易发展的内外部环境复杂严峻,受全球经济持续低迷、国际市场消费需求减弱、人力资本上升、贸易摩擦增多等不利因素的影响,进出口增幅曾下滑至负值。我国传统的大额进出口贸易受到一定的冲击,贸易规模增长乏力,进出口业务发展趋缓。针对形势的不利变化,我国政府及时出台稳定外贸增长的政策措施,缓解进出口企业困境,增强企业信心,促进外贸增速回升,转方式、调结构步伐加快,发展质量进一步提高。在我国对外贸易稳中有进的过程中,跨境电商发展势头尤其迅猛,其历年的增幅远超同期进出口贸易总值的增幅。在跨境电商、留学教育、出境旅游等产业的推动下,我国跨境支付需求日益增长。第三方跨境电子支付已经成为我国支付体系的重要组成部分,并在跨境电商和个人生活消费领域发挥了重要作用。

(一)第三方跨境支付概述

1. 第三方跨境支付的产生背景

随着经济全球化进程的加快和国际贸易合作程度的逐步深入,受消费者对海外商品的旺盛需求和中国制造在海外市场畅销的促进作用,服务于跨境电商的第三方跨境支付行业呈现蓬勃发展态势。与国内电子商务相比而言,跨境电子商务对交易双方的风险把控能力有较高的要求。跨境电子商务中,商品和货款是在不同国家(或地区)间传递,使得物流和资金流在时间和空间上不同步;语言和文化的不同及法律法规的差异等,造成了交易双方的信息不对称,从而导致商家和消费者之间的信任度相对较低。因此,安全便捷的支付方式成为交易双方关注的核心问题。跨境电子商务的迅猛发展加快了跨境支付产业的建设,目前国内第三方支付市场竞争激烈,各类支付工具优势各异,在跨境电子商务交易过程中选择一种适合的第三方支付工具对交易主体而言至关重要。

跨境电子商务交易具有交易频次高、成交金额小、交易成本低等贸易碎片化的特点,改变了传统的网络购物方式和电商模式。传统的外贸支付和结算方式,如信用证(L/C)、电汇(T/T)和托收(D/P或D/A)等,存在手续繁杂、周期长、手费高等问题,而跨境电子商务交易的每笔成交金额相对较低,无法承受传统外贸结算方式的较高的手续费用。为了满足国际电子商务发展过程中对跨境支付低费率和短周期的需求,我国有关政府职能部门和支付机构创新第三方支付场景,正是在这种大背景下,各种第三方跨境支付方式应运而生,并快速发展壮大起来。

在银行直接支付的环节中增加第三方机构(中介),通过第三方支付平台付款时,买方选购商品后,不直接将货款支付给卖方而是付款给第三方机构;第三方机构确认付款成功后,通知卖家发货;买方收到商品后,通知付款,此时第三方机构将货款划转给卖家。第三方支付机构在买卖双方之间建立了一个安全便捷的支付渠道,可以对买卖双方进行监督和约束,满足了买卖双方对货款支付和结算的安全性、可靠性、便捷性的需求。

我国第三方支付行业经过十几年的发展已进入成熟期,中国金融认证中心(CFCA)发布的《2018中国电子银行调查报告》显示,由于支付宝等移动支付方式的发展普及,第三方支付用户比例继续保持10%以上的高速增长,达到78%的历史最高比例。现阶段,我国第三方支付机构开始在场景拓展上发力:一方面,随着国民收入的不断增加,国内消费者对跨境电商、出境旅游、留学教育等跨境业务的需求不断增加;另一方面,政府相关部门针对第三方支付机构开展跨境支付业务放宽了试点业务拓展到全国,为第三方支付机构开展跨境支付业务创造了便利条件,跨境支付业务已成为第三方支付机构新的盈利增长点。

2. 第三方跨境支付的发展现状

第三方支付是指独立于商户和银行并且具备一定实力和信誉保障的独立机构,为商户和消费者提供交易支付平台的网络支付模式。目前市场上一般将其划分为第三方互联网支付和第三方移动支付。第三方互联网支付是用户通过台式电脑、便携式电脑等设备,依托互联网发起支付指令,实现货币资金转移的行为。互联网支付与第三方支付形成的交集即第三方互联网支付。第三方移动支付是指基于无线通信技术,用户通过移动终端上非银行系产品实现的非语言方式的货币资金的转移及支付行为,如图9-2所示。

图9-2 第三方支付流程

根据艾瑞咨询《2017年中国第三方支付市场监测报告》数据显示:第三方支付交易规模增长迅速,结构上向移动端迁移。2016年,我国第三方支付交易规模达到近80万亿元,同比增长率接近300%,其中移动支付占第三方支付总额交易规模的74.7%。第三方支付交易规模的快速增长,一方面得益于用户支付习惯的养成、手机网民的增长和移动支付的便捷性,另一方面得益于第三方支付提供了更好的用户体验。

国内第三方跨境支付业务发展迅速。中国支付清算协会统计数据显示,2017年,国内支付机构跨境互联网支付交易笔数为12.56亿笔,金额为3 189.46亿元,同比分别增长114.7%和70.97%;交易对象所在区域以亚洲、北美、欧洲为主。据外管局数据显示,截至2017年年末,全国跨境支付机构累计办理跨境外汇收支438亿美元。

传统的跨境支付方式有网点换汇、国际卡支付、旅行支票、银行转账等方式。随着国内第三方支付的蓬勃发展,第三方支付机构开始布局跨境支付业务。移动电商时代,新兴的第三方跨境支付业务是原有支付方式的线上化、移动化模式。此外,第三方支付利用低手续费、快速到账的特点使跨境支付服务更优,并凭借国内庞大的用户基数实现海外业务扩张。从目前运营模式来看,第三方支付在换汇、收付汇渠道上尚依赖于银行,相比其他业务,第三方支付机构的自主性较低。如图 9-3 所示。

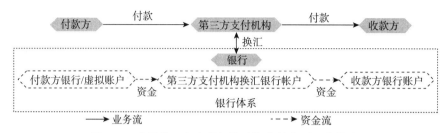

图 9-3 我国第三方支付机构跨境支付典型运营模式

我国监管部门发放了两张与跨境支付相关的牌照,一是国家外汇管理局颁发的外汇支付牌照,获牌的第三方支付公司可以在境内为电子商务平台提供收付汇和结售汇业务;另一张是中国人民银行颁发的人民币跨境支付牌照。人民币跨境支付业务的权限在各地央行分支机构,取得互联网支付业务许可的公司均可从事。2013 年 9 月,国家外汇管理局公布包括支付宝、财付通、汇付天下等在内的首批 17 家第三方支付机构获得了跨境外汇支付业务试点资格;截至 2015 年年底,获得该资格的支付机构数量达到 27 家;直至 2017 年春季,外管局才又批准 3 家参与跨境试点,现共有 30 家支付机构获得跨境外汇支付业务试点许可。此外,还有 5 家支付机构获得了央行发放的跨境人民币支付牌照。目前,国内第三方跨境支付业务服务领域主要涉及货物贸易、留学教育、航空机票、酒店住宿、旅游服务等方面。

2015 年 1 月 29 日,国家外汇管理局发布《关于支付机构跨境外汇支付业务试点指导意见》,第四条规定了支付机构申请牌照的条件,"支付机构办理'贸易外汇收支企业名录'登记后可试点开办跨境外汇支付业务"。支付机构申请"贸易外汇收支企业名录"登记,应符合下述条件:

(1) 具有中国人民银行颁发的《支付业务许可证》,许可业务范围应包括互联网支付;

(2) 近 2 年内无重大违反人民币及外汇管理规定行为;

(3) 有完备的组织机构设置、业务流程规定及风险管理制度;

(4) 具备采集并保留交易信息数据的技术条件,并能保障交易的真实性、安全性。

(二) 第三方跨境外汇支付方式

跨境支付(Cross-border Payment)指两个或两个以上国家或者地区之间因国际贸易、国际投资及其他方面所发生的国际债券债务,借助一定的结算工具和支付系统实现资金跨国和跨地区转移的行为。跨境电子商务支付是来自不同边境的交易双方以互联网为载体的一种支付手段,互联网和电子商务的蓬勃发展为支付方式的创新和发展提供了广阔的平台。如中国消费者在网上购买境外商家产品或境外消费者购买中国商家产品时,由于币种的不一样,就需要通过一定的结算工具和支付系统实现两个国家或地区之间的资金转换,最终完成交易。在跨境电商进出口、海淘、留学教育、出境旅游等产业的推动下,跨境支付市场迎来了极好的发展机遇。

就目前而言,从事跨境支付业务的第三方支付机构主要采用两种业务模式:

(1)与国际信用卡组织合作:第三方跨境支付机构与国际信用卡组织合作,货币转换、资金清算由卡组织完成;

(2)与境内外银行合作:第三方跨境支付机构与境内、境外各个银行签约合作,由银行协助买家购买外汇,并完成支付。

支付机构跨境外汇支付业务是指支付机构通过银行为电子商务(货物贸易或服务贸易)交易双方提供跨境互联网支付所涉的外汇资金集中收付及相关结售汇服务。从目前第三方支付机构业务发展情况来看,我国跨境电子商务支付结算机构的类型是多种多样的,这些机构主要是为跨境电子商务提供"购付汇"与"收结汇"业务。

1.跨境支付购付汇方式

(1)第三方购付汇支付。这种支付方式是指第三方支付机构为境内持卡人的境外网上消费提供外汇结算或人民币支付的服务。其中,一类是以支付宝公司的境外收单业务为典型的代理购汇支付,另一类是以好易联为代表的线下统一购汇支付。两种购汇支付方式主要区别为:在代理购汇类型中,第三方支付企业只是代理购汇的中间人,实际购汇主体仍是客户;统一购汇支付则以支付公司名义,在电子平台后方通过外汇指定银行统一购汇,购汇主体为第三方支付企业。如图9-4所示。

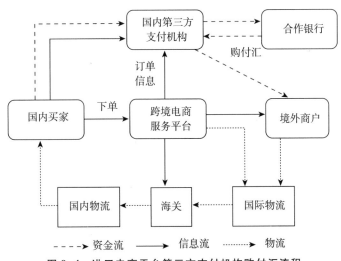

图9-4 进口电商平台第三方支付机构购付汇流程

(2)境外电商接受人民币支付。跨境电子商务支付作为跨境人民币贸易结算体系的新突破口,推进了人民币的国际化,境外一些跨境电子商务公司为了拓展我国巨大的跨境网上支付市场,接受人民币为境外网上支付币种。

(3)通过国内银行购汇汇出。即境内客户通过银行网银支付模式直接购汇汇出。

2.跨境收款结汇方式

(1)第三方收结汇。第三方支付企业为境内企业收到跨境外币提供人民币结算支付服务,即第三方支付工具收到买方支付的外币货款后,由第三方支付企业集中统一到银行办理结汇,再付款给国内卖家。第三方支付机构收结汇业务流程如图9-5所示。

(2) 通过国内银行汇款,以结汇或个人名义拆分结汇流入。此种流入方式可分为两类:一类是有实力的公司采取在境内外设立分公司,通过两地公司间资金转移,实现资金汇入境内银行,集中结汇后,分别支付给境内生产商或供应商;另一类是规模较小的个体老板通过在境外亲戚或朋友收汇后汇入境内,再以个人名义线下结汇。

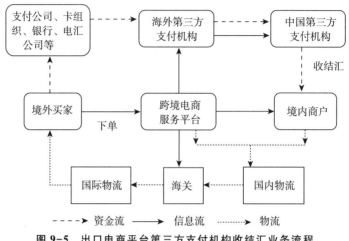

图9-5 出口电商平台第三方支付机构收结汇业务流程

(三) 第三方支付服务的特点

1. 安全可靠

第三方支付平台使用数字证书、数字签名等安全技术,通过与银行的连接服务,实现互联网与银行系统之间数据的加密传输,保证账户的安全。付款方的账户信息只需告诉第三方支付服务商,收款人无法获取敏感的财务信息。同时,第三方支付平台提供资金和货物的风险防范机制,确保交易双方的利益和安全。

根据第三方支付的运作模式可以看出,第三方支付平台在充当支付中介的同时,也担当着资金转移信用担保的角色。薄弱的信用体系、网上交易的虚拟性,都给国际电子商务发展带来难题。第三方支付平台采用的买家确认后付款的模式,能够有效解决这些难题。因此,在目前国际金融服务及网络安全不完善的环境下,第三方支付工具能够最大限度地保证网上交易的安全,促进国际电子商务的健康发展。

2. 节约成本

第三方支付服务商与多家银行合作,提供统一的应用接口。这样,无须分别安装各银行的专用接口,商家就能够利用不同银行的支付通道,在支付手段上为客户提供更多选择。同时,第三方支付平台也帮助银行节省网关开发费用,创造更大的利润空间。

因此,第三方支付既可以节省买卖双方的交易成本,也能节约资源,降低社会交易成本。这有利于提高网上交易效率、扩大交易规模、增加效益,推动国际电子商务发展,从而创造更多的社会价值。

3. 整合资源

第三方支付平台,将交易信息和物流信息进行整合,为国际电子商务的资金流、信息流、物流的同步实现提供一致的解决方案。通过第三方支付平台,商家网站能够解决实时交易查询和交易系统分析,提供及时的退款和止付服务。同时,便于客户查询交易动态信息、物流状态及对交易进行相应处理等。第三方支付平台关于交易信息的详细纪录,可以防止交易双方对交易行为的抵赖,也为售后可能出现的纠纷提供了相应的证据,维护双方权益。

4. 操作简便

较之 SSL、SET 等支付协议,利用第三方支付平台进行支付操作更加简单且易于接受。SSL 是现在应用比较广泛的安全协议,但 SSL 需要利用公开密钥和对称密钥技术进行加密与解密,商家和客户之间要进行双向认证。SET 协议是目前发展的基于信用卡支付系统的比较成熟的技术,但在 SET 中,各方的身份都需要通过 CA 进行认证,程序复杂,手续繁多,速度慢且实现成本高。有了第三方支付平台,商家和客户之间的交涉由第三方来完成,使网上交易变得更加简单、便捷。

(四)主要第三方跨境支付平台

1. PayPal

PayPal 是美国 eBay 公司的全资子公司,总部在美国加利福尼亚州。PayPal 与许多电子商务网站合作,成为跨境电商平台的线上支付方式之一。PayPal 是账户模式,需要交易双方都注册 PayPal 账号,买家必须在 PayPal 账户上绑定信用卡账号,用信用卡充值到 PayPal 账户中,才可以进行付款。PayPal 交易不经过银行网关,如果买家拒付,在线操作即可,对其信用没有任何影响。

PayPal 作为全球最大的在线支付公司,提供超越支付的全方位服务,是全球逾 2 亿用户信赖的支付工具,其业务支持超过 200 个国家(或地区),已实现在欧元、英镑、加元、美元、日元、澳元等 25 种外币间的结算业务。

PayPal 提供两种账户类型的注册:个人账户和企业账户。个人账户适合以网购为主的个人使用,享有符合条件的交易买家保护和退货运费赔付保障。PayPal 的买家保障可为每个符合条件的客户购物订单提供保护。如果收到的商品与卖家的商品不符,或商品未送达,PayPal 将予以赔偿。企业账户注册需要拥有营业执照,实现一个账户全球收款。PayPal 为卖家账户提供 25 种货币的跨境收款,提供 PayPal 卖家保障。

付款人通过 PayPal 欲支付一笔金额给商家或者收款人时,可以分为以下几个步骤:

(1)只要有一个电子邮件地址,付款人就可以开设 PayPal 账户,通过验证成为其用户,并提供信用卡或者相关银行资料,增加账户金额,将一定数额的款项从其开户时登记的账户(例如信用卡)转移至 PayPal 账户下。

(2)当付款人启动向第三人付款程序时,必须先进入 PayPal 账户,指定汇出金额,并提供收款人的电子邮件账号给 PayPal。

(3)PayPal 向商家或者收款人发出电子邮件,通知其有等待领取或转账的款项。

(4) 如商家或者收款人也是 PayPal 用户,其决定接受后,付款人所指定的款项即移转至收款人。

(5) 若商家或者收款人没有 PayPal 账户,收款人应依据 PayPal 电子邮件内容的指示链进入网页注册取得一个 PayPal 账户,收款人可以选择将取得的款项转换成支票寄到指定的处所、转入其个人的信用卡账户或者转入另一个银行账户。

PayPal 支付方式适合跨境电子商务零售行业,尤其是几十美元到几百美元的小额交易更划算。

2. 阿里巴巴 Secure Payment

Secure Payment 是阿里巴巴国际站针对国际贸易提供交易资金安全保障的服务,它联合第三方支付平台 Alipay 提供在线上交易资金支付的安全保障,同时保护交易双方从事在线交易,并解决交易中的资金纠纷问题。为了交易双方更加清晰地了解及跟踪线上交易中资金安全保障的流程、支付方式及纠纷退款问题处理方法等,将 Escrow 服务名称更改为 Secure Payment。

目前,Alibaba.com 的 Secure Payment Service 支持 MasterCard、Visa 和 Maestro 三者的信用卡支付,并与 Western Union、Bank Transfer、WebMoney 和 Qiwi Wallet 国际第三方支付机构合作,开展跨境支付业务。

Secure Payment 相当于国际支付宝服务,为在线交易提供资金安全保障、在交易双方的快递订单/在线批发中,提供资金安全的担保服务。其业务流程如下:

(1) 买家通过阿里巴巴国际站下单;

(2) 卖家通过阿里巴巴 Secure Payment 账户付款;

(3) 买家付款后,平台会通知卖家发货,卖家在看到买家的付款信息后通过 UPS、FedEx、DHL、EMS、顺丰速运、邮政航空包裹等六种运输方式发货;

(4) 买家在阿里巴巴国际站确认收货;

(5) 买家收到货物或者买家收货超时,平台会放款给卖家。

为降低国际支付宝用户在交易过程中产生的交易风险,目前支持单笔订单金额在 10 000 美元(产品总价加上运费的总额)以下的交易。

3. 国际信用卡支付

目前,国际上主要有六大信用卡组织,维萨卡国际组织(VISA)和万事达卡国际组织(MasterCard International)两大组织及美国运通国际股份有限公司(American Express)、中国银联股份有限公司(China Union Pay Co., Ltd.)、大来信用证有限公司(Diners Club)、日本国际信用卡公司(JCB)四家专业信用卡公司。国际电子商务运营企业或支付机构可通过与 Visa、MasterCard 等国际信用卡组织合作,或者直接与境外银行合作,提供国际信用卡跨境支付结算业务。国际信用卡收款通常是指国际信用卡在线支付,国际信用卡收款是支付网关对支付网关模式(类似于网银支付)。《维萨公司年度报告 2019》发布数据显示:在 2019 财政年度,Visa 的支付金额和现金金额总计达到 11.6 万亿美元,其中支付金额达 8.8 万亿美元;全球有 34 亿多张 Visa 卡通过网络支付系统完成了 1 383 亿笔交易。可见,信用卡消费是国际流行的一种消费方式,在欧美国家,购物时用信用卡在线支付,早已成为主流。随着我国信用体系的不断完善和信用卡的普及,消费者在跨境电商平台购物时,采用信用卡在线支付也成为一种消费习惯。

(1)信用卡支付流程。对于商家而言,信用卡支付的风险来自"先用钱,后还款"。信用卡支付的主要流程可以简单地表述为:首先,持卡人(买家)消费时会发出支付指令给发卡银行,然后银行先行垫付给卖家银行,最后银行通知持卡人免息期满的还款日期和金额。

第三方支付机构国际信用卡收单业务流程为:持卡人消费→商户向收单机构申请获取款项→收单机构向银行卡清算机构申请款项→银行卡清算机构向发卡银行申请款项→发卡银行通过银行卡清算机构向收单机构支付款项→收单机构向商户付款→发卡银行提示持卡人还款→持卡人向发卡银行支付款项。

(2)可能存在的风险。卖家收到跨境电商平台"买家已付款"的提示后,会执行订单,完成发货的义务。此时,虽然卖家已经完成交易,但只有当买家履行付款义务后,卖家的货款才有100%的保证。买家履行付款义务有两种情况:

第一种情况是,买家在还款日到期之前还款,交易顺利完成,卖家成功收取货款;

第二种情况是,买家先部分还款,还款金额应当大于银行规定的最小还款额,其余作为向银行贷款,并确认同意支付利息,分期偿还本息。最终买家得到融资便利,银行获得利息收入,第三方支付机构放款给卖家。

其他主要的第三方跨境支付平台还有:①美国的 Payoneer 支付平台。Payoneer Inc. 成立于2005年,总部位于纽约,是一家受风险投资支持的公司,盈利能力强,位列 Inc. 杂志金融服务公司5 000强前100名。Payoneer Inc. 为全球200多个国家(地区)的逾400万用户提供全天候的跨境支付服务,合作的电商平台超过3 500家,其中中国电商卖家超过10万家;Payoneer Inc. 累计下发到中国的资金总量超过50亿美元。Payoneer Inc. 是 MasterCard 授权的具有发卡资格的机构,得到 Amazon、Wish 等平台的官方推荐。②巴西的 Boleto 支付平台。Boleto,全称是 Boleto Bancário,是受巴西中央银行监管的巴西官方的网上第三方支付平台,每年约进行20亿笔交易,其中30%的交易来自在线交易。一方面,巴西国内多数消费者倾向于使用现金交易;另一方面,申请可用于跨境交易的信用卡很困难,而 Boleto 通常是公司及政府部门唯一支持的支付方式,基于上述原因,可以说 Boleto 是跨境电商打通巴西第三方支付市场的首选。国内如速卖通、兰亭集势都已经支持 Boleto 支付。③英国的 WorldFirst 支付平台。WorldFirst 是一家注册于英国的顶级国际汇款公司,在英国、美国、澳大利亚、新加坡等国及中国香港地区设有注册公司,提供24小时中文电话服务。2016年,WorldFirst 的转账总额达85亿英镑,跨越137个国家;同年,WorldFirst 推出了新服务,帮助全球卖家在日本市场销售;从2018年10月15日起,国内 WorldFirst 的网站、交易平台、电子邮件及其他渠道(如微信)都将使用"万里汇 WorldFirst"这一名称。

自2008年起,WorldFirst 开始与中国企业合作,仅在2017年,WorldFirst 已协助客户转账超过45亿美元的资金到中国。据估计,WorldFirst 目前每处理500美元的资金,其中

就有1美元汇入中国。2018年,WorldFirst在中国推出了全新的跨境B2B支付平台World Account,并在投资建设上海和深圳办事处。World Account为中国企业收取来自B2B买家的离岸款项,付款给供应商,以快捷、简易的方式将资金带回中国。通过其易于使用的平台,客户可享用犹如国际银行提供的服务,却免除传统国际商业银行业务下的成本、琐事和各种不明朗因素。

第二节　网上银行与国际结算

网上银行在电子商务的整体框架中是必不可少的重要组成部分,是电子商务发展的必要条件。无论是对于传统的交易,还是新兴的电子商务,资金的支付都是完成交易的重要环节。所不同的是,电子商务强调支付过程和支付手段的电子化。电子商务交易过程可分为两个基本环节:交易环节和支付结算环节,而支付结算环节是由支付网关、收单银行、发卡银行与金融专用网络等组成的。也就是说,银行作为电子化支付和结算的最终执行者,起着连接买卖双方的纽带作用。网上银行所提供的国际电子支付服务是电子商务的关键因素,直接关系到国际电子商务的发展前景。从这个意义上讲,随着国际电子商务的发展,网上银行的发展亦是必然趋势。

一、网上银行业务

（一）网上银行的概念

网上银行(On-line Bank)又称电子银行、网络银行,是指银行利用互联网技术,通过互联网向客户提供开户、查询、对账、转账、信贷、网上证券、投资理财等金融服务项目,使用户可以足不出户就能够安全便捷地管理活期和定期存款、支票、信用卡及个人投资等。

网上银行是从互联网时代开始出现的银行服务新渠道,由商业银行等金融机构通过互联网等向其客户提供各种金融服务。可以说,网上银行是在互联网上的虚拟银行柜台,是银行为其用户提供银行服务的新手段,它以现有的银行业务为基础。

网上银行也被称为"3A"银行,因为它不受时间、空间的限制,能够在任何时间(Anytime)、任何地点(Anywhere)、以任何方式(Anyhow)为客户提供金融服务。根据服务面向的客户不同,网上银行一般分为个人网上银行和企业网上银行。

（二）网上银行的优势

与传统银行业务相比,网上银行业务有许多优势:

(1) 大大降低了银行经营成本,有效提高了银行盈利能力。开办网上银行业务,主要利用公共网络资源,不需设置物理的分支机构或营业网点,减少了人员费用,提高了银行后台系统的效率。

(2) 无时空限制,有利于扩大客户群体。网上银行业务打破了传统银行业务的地域、时间限制,具有"3A"特点,即能在任何时候、任何地方、以任何方式为客户提供金融服务,这既有利于吸引和保留优质客户,又能主动扩大客户群,开辟新的利润来源。

(3) 有利于服务创新,向客户提供多种类、个性化服务。通过银行营业网点销售保险、证券和基金等金融产品,往往受到很大限制,主要是由于一般的营业网点难以为客户提供详细的、低成本的信息咨询服务。利用网上银行支付系统,容易满足客户咨询、购买和交易多种金融产品的需求,客户除办理银行业务外,还可以很方便地进行网上买卖股票债券等,网上银行能够为客户提供更加合适的个性化金融服务。

(三) 网上银行服务及业务功能

1. 网上银行服务

(1) 网上形式的传统银行业务:包括银行及相关金融信息的发布,客户的咨询投诉,账户的查询勾兑、申请和挂失及在线缴费和转账功能。

(2) 电子商务相关业务:既包括商户对客户模式下的购物、订票、证券买卖等零售业务,也包括商户对商户模式下的网上采购等批发业务的网上结算。

(3) 新的金融创新业务:如投资理财、保险、担保抵押、集团客户通过网上银行查询子公司的账户余额和交易信息等。

(4) 信息发布:包括国际市场外汇行情、兑换利率、储蓄利率、汇率、国际金融信息、证券行情、银行信息等。

2. 网上银行的业务功能

网上银行的业务功能主要包括基本银行业务、网上投资、网上购物、个人理财、企业银行及其他金融服务。

(1) 基本银行业务:包括在线查询账户余额、交易记录、下载数据、转账和网上支付等。

(2) 网上投资:一般包括股票、期权、期货和共同基金投资等多种金融产品投资。

(3) 网上购物:网上银行设立的网上购物协助服务,为客户在相同的服务品种上提供了优质的金融服务或相关的信息服务,加强了商业银行在传统竞争领域的竞争优势。

(4) 个人理财:商业银行将传统银行业务中的理财功能转移到网上进行,通过网络为客户提供理财的各种解决方案,提供咨询建议,或者提供金融服务技术的援助,从而扩大服务范围,降低相关服务成本。

(5) 企业银行:企业银行服务一般包括提供账户余额查询、交易记录查询、总账户与分账户管理、转账、在线支付各种费用、透支保护、储蓄账户与支票账户资金自动划拨、商业信用卡等服务,部分网上银行还为企业提供网上贷款业务。

(6) 其他金融服务:除了银行服务,大商业银行的网上银行均通过自身或与其他金融服务网站联合的方式,为客户提供多种金融服务产品,如保险、抵押和按揭等,以扩大盈利空间。

(四) 网上银行业务的运行特点

(1) 业务智能化、虚拟化。传统"砖瓦型"银行,其分行是物理网络,主要借助于物质资本,通过众多银行员工的辛苦劳动为客户提供服务。而网上银行没有建筑物、没有地址,只有网址,其分行是终端机和互联网带来的虚拟化的电子空间,主要借助智能资本,客户无须银行工作人员帮助,可以自己在短时间内完成账户查询、资金转账、现金存取等银行业务,即可自助式地获得网络银行高质、快速、准确、方便的服务。

(2) 服务多样化、个性化。传统银行一般是单方面开发业务品种,向客户推销产品和服务,客户只能在规定的业务范围内选择自己需要的银行服务,而互联网为银行服务提供了交互式的沟通渠道,客户可以在访问网络银行站点时提出具体的服务要求,网上银行与客户之间采用一对一的金融解决方案,使金融机构在与客户的互动中,实行有特色、有针对性的多样化、个性化服务,通过主动服务赢得客户。

(3) 金融业务创新的平台。传统银行的业务创新主要围绕资产业务,针对商业银行的资产负债业务,进行资产证券化,对金融产品进行改造与组合,满足客户和银行新的需求。而网上银行侧重于利用其成本低廉的优势和互联网丰富的信息资源,就企业资信评估、公司个人理财顾问、专家投资分析等业务进行创新和完善,提高信息的附加价值,强化银行信息中介职能。

(五) 网上银行的运行机制与业务模式

1. 网上银行的运行机制

网上银行的运行机制,目前主要有两种形式:

一种形式是完全依赖于互联网发展起来的全新电子银行——"虚拟银行",如1995年在美国出现的世界第一家网上银行"美国安全第一网络银行"。这类银行几乎所有的银行业务交易都依靠互联网进行。随着电子商务的发展还会有更多的没有店面的虚拟银行诞生。

另一种形式是在现有的传统银行的基础上,利用互联网开展传统的银行业务交易服务。即传统银行利用互联网作为新的服务手段为客户提供在线服务,实际上是传统银行服务在互联网上的延伸,这是目前国内外网上银行存在的主要形式,也是绝大多数商业银行采取的网上银行发展模式。图9-6为中国工商银行"网上银行"首页。

图9-6 中国工商银行"网上银行"首页

2. 网上银行的业务模式

从目前网上银行业务发展方面看,有三种模式:

第一种模式,把网上银行所针对的客户群设定为零售客户,即把网上银行作为银行零售业务柜台的延伸,达到24小时不间断服务的效果,并省银行的成本。

第二种模式,网上银行以批发业务为主,即在网上银行处理银行间的交易(如拆借)和银行间的资金往来(结算和清算)。

第三种模式,是前两种模式的结合,即网上银行包括零售和批发两个方面的业务。

上述三种业务模式的区别主要在于网上银行服务的客户对象群体不同,选择哪种业务模式关键要看银行对其推出的网上银行业务的市场定位和服务内容。对于服务对象相对单一的中小型银行来说,其开展网上银行的业务一般会选择第一或第二种模式,而对于服务对象众多的大型银行而言,绝大多数都是选择第三种业务模式。未来的网上银行经营也都会向第三种模式发展。

(六) 网上银行风险及其防范

随着国际电子商务的快速发展,网上银行及其业务也在迅速扩大,与此同时,由于技术、操作及法律等方面的不完善,网上银行经营也面临众多的风险。根据产生的原因不同,网上银行面临的风险主要包括:整体策略风险、技术风险、业务风险、法律风险等。

1. 整体策略风险

整体策略风险,是网上银行系统非技术层面的全局风险因素,主要体现在商业银行对网络业务的预期风险估计不足,没有系统的、可实施的应对方案或方案不完整,整体策略不完整或存在重大缺陷,将导致风险点失控,当某项风险成为损失时,可能以放射状和网络方式触发网上银行系统的全局风险,甚至可能威胁到商业银行的整体利益,引发信用危机。

防范整体策略风险的关键,在于强化风险管理意识,在对网上银行经营中可能出现的风险进行充分评估和识别的基础上,制订系统的、可操作的应对策略方案。同时,建立网上银行经营风险预警指标体系和实施机制,防止局部风险演变成全局性、系统性风险。

2. 技术风险

技术风险,是指网上银行技术系统或关联系统不完整或存在重大缺陷带来的潜在损失。网上银行技术风险的直接诱因来自如下几个方面:IT技术的常规风险,加密技术风险,身份认证和验证风险,网络安全防护技术风险,群机系统安全和互联网接入风险。这些诱因给恶意或随机探测行为提供了可利用或可重复利用的潜在机会,也会造成系统自身运行过程中故障多发、效率低下,影响网上银行的稳定运行,诱发业务或法律风险。

防范技术风险,应建立高素质的专业人才队伍,高标准建设网上银行系统基础设施,采用最新信息加密技术和防火墙技术,发挥第三方认证机构的作用,提高私人密钥和数字证书承载介质的安全质量,改善群机安全自动扫描监测、全部进程实时监控和外部入侵动态扫描等技术措施,选择信誉高的互联网接入服务商。

3. 业务风险

业务风险,是指商业银行在网上银行产品的业务处理流程设计上,存在产品或制度缺陷,导致非法指令控制的资金转移成为可能。业务风险源自如下几个方面:客户端业务操作问题、客户端有效凭证问题、客户端私人密钥风险、交易指令传递风险、银行端会计凭证风险和借记支付业务风险。

商业银行有义务在客户端软件流程设计、应用软件使用、网上银行与财务软件对接等方面,协助客户做好操作风险防范,并不断提高客户端软件质量。网上银行系统的客户端程序要提供可供客户选择的多授权人和操作员操作才能使交易指令生效的授权操作机制。网上银行要加大对网上银行业务的稽核检查,利用会计和交易资料相互印证的手段,及时发现并纠正违规行为。银行应优化网上银行业务的处理流程,尽量减少同一电子支付指令转化为纸基凭证进行人工后续处理的环节,降低人工介入网上支付指令的处理,要严格履行付款人授权制度、真实交易验证机制。

4. 法律风险

法律风险,是指网上银行业务运营过程中或交易纠纷形成后,没有确定的、适用的法律条款和规定来定性结果或切分责任。网上银行的法律风险源于互联网开放式的特殊性。国际上,尽管网上银行已经采取了一系列技术性保护措施,但还是面临虚假信息、网上信息泄露、网上欺诈、"黑客"入侵和病毒攻击等尚未完善和明确立法惩处的问题。

网上银行业务只是从技术上改变了法律关系的产生和存在形式,但当事人法律关系的实质没有改变,许多问题可以在现有法律框架下得到解决。网上银行应该注重交易数据的保管,这其中包括电子数据和纸基凭证,认真研究其作为证据的合理性和得到第三方技术支持的可能性,争取得到合理认定,为可能的纠纷或诉讼过程做好必要的准备。

二、网上银行国际结算

(一) 网上银行国际结算的发展

国际结算(International Settlement)是指通过银行进行的国际因各种贸易或非贸易往来,而产生的以货币表示的债权债务的清偿行为。国际结算的基本原则是按时合理付汇、安全及时收汇。国际银行结算产生的原因主要包括有形贸易、无形贸易、金融交易、国际无偿转移。

按结算支付手段分类,国际结算可分为:现金/货币结算、票据结算。按结算方式分类,国际结算可分为:汇款(Remittance)、托收(Collection)、信用证(Letter of Credit)和保理(Factoring)等。

随着计算机网络技术在银行结算中的普及应用,国际结算向电子化、网络化发展的趋势进一步加强,网上银行结算在国际结算中运用得越来越广泛。在电汇汇款业务中,汇出行通过网上银行发出电信汇款指示给汇入行,委托汇入行解付汇款给收款人。在托收业务中,委托行也越来越多地通过网上银行,向国外代收行传递电子单证,要求代收行向付款人收款。在信用证业务中,电子化的 SWIFT 信用已逐步取代传统的纸质信用证,受益人与议付行之间、议付行与付款行之间的单证传递和货款结算,也逐步通过网上银行在线完成。为此,联合国、国际商会等国际组织和机构,也先后制定了电子单证报文标准、电子提单、信用证电子交单规则等一系列国际标准和国际惯例(详见第三章)。

(二) 网上银行国际结算系统实例

1. SWIFT 系统简介

SWIFT 是"环球银行间金融电信协会"(Society for Worldwide Inter-bank Financial Tele-communication)的简称,是一个银行间非营利性国际组织,成立于 1973 年 5 月,总部在比利时首都布鲁塞尔。它的环球计算机数据通信网在荷兰、美国和中国香港地区设有运行中心,并为各参加国开设集线中心,为国际金融业务提供快捷、准确、优良的服务。SWIFT 在我国北京设有办事处,在北京和上海设有访问点 SAP(SWIFT Access Point)。

SWIFT 运营着世界级的金融电信网络,银行和其他金融机构通过该网络与同业交换电文来完成金融交易。除此之外,SWIFT 还向金融机构销售软件和服务,其中大部分的用户都在使用 SWIFT 网络。SWIFT 网站有英文、法文、西班牙文、中文、日文和韩文等多种语言网站(见图 9-7)。SWIFT 自投入运行以来,以其高效、可靠、低廉和完善的服务,在促进世界贸易发展,加速全球范围内货币流通和国际金融结算,促进国际金融业务现代化和规范化方面发挥了积极的作用。

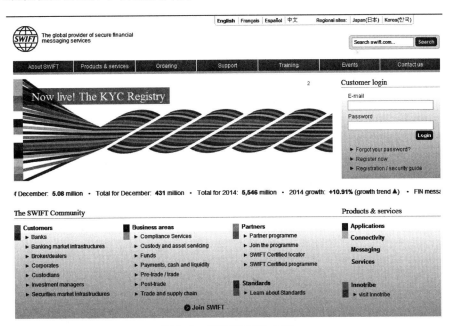

图 9-7 SWIFT 网站主页

在成立之初,SWIFT 网络仅仅是为国库与其相关银行之间的操作而设计的,时至今日,很多其他金融机构也被允许加入并访问服务,尽管某些情况下访问是有限制的。当前,SWIFT 用户可被分为以下几类:银行(Banks),贸易机构(Trading Institutions),短期信

贷经纪人(Money Brokers),债券经纪人(Security Broker Dealers),投资管理机构(Investment Management Institutions),许可交易所(Recognized Exchanges),清算系统与中央储备局(Clearing Systems and Central Depositories),信托服务公司(Trust and Fiduciary Service Companies)等。

SWIFT网络是世界上大多数银行进行电子支付和开展外汇业务必不可少的网络,世界各银行把SWIFT协会指定的银行标识码作为唯一形成共识的银行往来清算账号,进行国际结算业务的银行建立SWIFT系统的完善程度和系统级别,已成为衡量一家银行电子化自动清算水平的标准。

SWIFT统一编制了标准电信格式和业务处理流程,会员银行严格按照标准格式发送和处理资金往来业务。SWIFT标准电信格式共分为10类、120多种。

第1类:客户汇款与支票(Customer Payments & Checks)

第2类:金融机构间头寸调拨(Financial Institution Transfers)

第3类:资金市场交易(Treasury Markets-FX,MM,Derivatives)

第4类:托收与光票(Collections & Cash Letters)

第5类:证券(Securities)

第6类:贵金属(Treasury Market-Precious Metals)

第7类:跟单信用证和保函(Documentary Credits and Guarantees)

第8类:旅行支票(Traveler's Checks)

第9类:现金管理与账务(Cash Management & Customer Status)

第0类:SWIFT系统电报

除上述10类报文外,SWIFT电文还有一个特殊类,即第N类——公共报文组(Common Group Messages)。

2. SWIFT的特点

(1) SWIFT需要会员资格。当前其会员银行超过5 000家,我国大多数银行都是其会员。

(2) SWIFT的速度快、费用较低。传输同样多的内容,SWIFT的费用只有电传(Telex)的18%左右,只有电报(Cable)的2.5%左右。

(3) SWIFT的安全性较高。SWIFT的密押比电传的密押可靠性强、保密性高,且具有较高的自动化水平。

(4) SWIFT的格式具有标准化要求。对于SWIFT电文,SWIFT组织有着统一的要求和格式。

3. SWIFT提供的服务

(1) 接入服务。SWIFT的接入服务通过SWIFT Alliance的系列产品完成,包括:①SWIFT Alliance Access and Entry,是传送FIN信息的接口软件;②SWIFT Alliance Gateway,为接入SWIFT Net的窗口软件;③SWIFT Alliance Webstation,为接入SWIFT Net的桌面接入软件;④File Transfer Interface,是文件传输接口软件,通过SWIFT Net Fileact使用户方便地访问其后台办公系统。同时,SWIFT Net Link软件内嵌在SWIFT Alliance

Gateway 和 SWIFT Alliance Webstation 中,提供传输、标准化、安全和管理服务。连接后,它确保用户可以用同一窗口多次访问 SWIFT Net,获得不同服务。

（2）金融信息传送服务。SWIFT 把传统的 FIN 服务与新开发的、交互性的服务进行了整合,开发出 SWIFT Net 信息传送服务以满足现代金融机构不断发展的需要。它包括以下四种服务:①各种金融信息的实时发布与传送;②SWIFT Net Interact,提供交互(实时)和存储转发两种信息传送方式,适用于要求实时应答的金融业务;③SWIFT Fileact,提供交互和存储转发两种文件自动传输方式,适合大批量数据的传输;④SWIFT Net Browse 以浏览为基础,使用标准的互联网浏览器(IE、Netscape)和 SWIFT Alliance Webstation 访问 Browse 服务,其安全由 SSL 和 SIPN 保证。

（3）交易处理服务。交易处理服务也是通过 SWIFT Net 向各银行、外汇交易所、货币市场和金融衍生工具认证机构提供交易处理服务,具体包括:①交易处理匹配服务(Accord Matching);②实时报告的双边净额清算服务(According Netting);③支持 B2B 国际电子商务的端对端电子支付(E-PaymentsPlus)。

（4）分析工具与分析服务。SWIFT 也向金融机构提供一些辅助性的服务,即分析工具与分析服务。SWIFT 包括以下分析工具:①BIC Online 和 BIC Directory Update Broadcast,向金融机构提供最新的、世界范围内的金融机构的代码(BIC);②Traffic Watch,可以监视 SWIFT 当前传送信息的数量;③Transaction Watch,可以监视信息从发出到接收所经历的过程,获得各种参数,为提高证券系统和支付系统的效率提供分析数据;④STP Review,金融机构为提高自身竞争力,直达处理(Straight Through Processing,STP)能力变得愈加重要,SWIFT 可以向用户提供独立、客观的 STP 评估。

4. SWIFT 的安全风险防范

SWIFT 安全威胁来自两个方面:一是支付风险,二是系统风险。

（1）在支付风险方面,SWIFT 利用其所提供的服务,为金融机构有效控制支付风险提供协助。例如,SWIFT 为支持大额支付与证券相关交易中的清算、结算、净额结算,提供了 FIN Copy 服务。在交易指令传达给接收方之前,指令要备份并通过第三方(如中央银行)的认证。

（2）SWIFT 的系统安全威胁主要来自以下几个方面:假冒、报文被截取(读取或复制)、修改、重播、报文丢失、报文发送方或接收方否认等。针对这些安全威胁,SWIFT 系统提供了安全策略,用以维护系统安全。SWIFT 安全层次分为:①安全登录和选择服务;②防止第三方冒充;③防止第三方截取报文;④使第三方无法修改、替换报文内容,或者使接收方可以发现报文在传输的过程中被修改;⑤防止报文的重播和丢失;⑥在系统内进行交换的报文被复制存储,与报文交换有关的各种活动及其发生的时间均被记录;⑦相关安全责任的分离,即一人不能负责多项安全事务。

5. SWIFT 的银行识别代码

每家申请加入 SWIFT 的银行都必须事先按照 SWIFT 的统一原则,制定出本行的 SWIFT 地址代码,经 SWIFT 批准后正式生效。银行识别代码(Bank Identifier Code,BIC)由计算机可以自动判读的 8 位或是 11 位英文字母或阿拉伯数字组成,用于在 SWIFT 电文中明确区分金融交易中不同的金融机构。凡 SWIFT 成员银行都有自己特定的 SWIFT 代码,即 SWIFT Code。在电汇时,汇出行按照收款行的 SWIFT Code 发送付款电文,就可将款项汇至收款行。SWIFT 代码相当于各个银行的身份证号。

11 位数字或字母的 BIC 可以拆分为银行代码(Bank Code)、国家代码(Country Code)、地区代码(Location Code)和分行代码(Branch Code)四部分。以中国银行北京分行为例,其银行识别代码为 BKCHCNBJ300,其含义为:BKCH(银行代码)、CN(国家代码)、BJ(地区代码)、300(分行代码)。

(1) 银行代码:由四位英文字母组成,每家银行只有一个银行代码,并由其自定,通常是该行的行名字头缩写,适用于其所有的分支机构。

(2) 国家代码:由两位英文字母组成,用以区分用户所在的国家和地理区域。

(3) 地区代码:由 0、1 以外的两位数字或两位字母组成,用以区分位于所在国家的地理位置,如时区、省、州、城市等。

(4) 分行代码:由三位字母或数字组成,用来区分一个国家里某一分行、组织或部门。如果银行的 BIC 只有八位而无分行代码时,其初始值定为"XXX"。

同时,SWIFT 还为没有加入 SWIFT 组织的银行,按照此规则编制一种在电文中代替输入其银行全称的代码。所有此类代码均在最后三位加上"BIC"三个字母,用来区别于正式 SWIFT 会员银行的 SWIFT 地址代码。

6. SWIFT 的信用证标准电信格式

为方便世界各国银行间的电子信用证开立、通知、修改和传递,SWIFT 制定了第 7 类"跟单信用证和保函"的统一标准的电信格式。这里以适用于跟单信用证开立的 SWIFT-MT700/MT701 为例,简要介绍其代码和栏目名称(见表 9-1)。

表 9-1　SWIFT 跟单信用证 MT700/MT701 解读

M/O	Tag 代码	Field Name	栏位名称
M	27	Sequence of Total	页次
M	40A	Form of Documentary Credit	跟单信用证类别
M	20	Documentary Credit Number	信用证号码
O	23	Reference to Pre-Advice	预通知的编号
O	31C	Date of Issue	开证日期
M	40E	Applicable Rules	适用的规则
M	31D	Date and Place of Expiry	到期日及地点
O	51a	Applicant Bank	申请人的银行
M	50	Applicant	申请人
M	59	Beneficiary	受益人
M	32B	Currency Code, Amount	币别代号、金额

（续表）

M/O	Tag 代码	Field Name	栏位名称
O	39A	Percentage Credit Amount Tolerance	信用证金额加减百分率
O	39B	Maximum Credit Amount	最高信用证金额
O	39C	Additional Amounts Covered	可附加金额
M	41a	Available with …by…	向……银行押汇,押汇方式……
O	42C	Drafts at …	汇票期限
O	42a	Drawee	付款人
O	42M	Mixed Payment Details	混合付款指示
O	42P	Deferred Payment Details	延迟付款指示
O	43P	Partial Shipments	分批装运
O	43T	Transhipment	转运
O	44A	in Charge/Dispatch from…/Place of Receipt	货物监管地/发货地/收货地点
O	44E	Port of Loading/Airport of Departure	装货港或装货机场
O	44F	Port of Discharge/Airport of Destination	目的港或到达机场
O	44B	Place of Final Destination/ For Transportation to…/Place of Delivery	最后目的地/货物运至地/交货地
O	44C	Latest Date of Shipment	最后装运日
O	44D	Shipment Period	装运期间
O	45A	Description of Goods and /or Services	货物描述及/或交易条件
O	46A	Documents Required	应提交的单据
O	47A	Additional Conditions	附加条件
O	71B	Charges	费用
O	48	Period for Presentation	提示期间
M	49	Confirmation Instructions	保兑指示
O	53a	Reimbursing Bank	清算银行
O	78	Instructions to the Paying/Accepting/ Negotiating Bank	对付款/承兑/议付银行之指示
O	57a	"Advise Through" Bank	收讯银行以外的通知银行
O	72	Sender to Receiver Information	银行间的通知

注：（1）M/O 为 Mandatory 与 Optional 的缩写,前者指必要项目,后者为任意项目。

（2）页次是指本证的发报次数,用分数来表示,分母、分子各一位数字,分母表示发报的总次数,分子则表示这是其中的第几次,如"1/2",其中"2"指本证总共发报 2 次,"1"指本次为第 1 次发报。

第三节 国际电子商务环境下的保险服务

一、网上保险概述

(一) 网上保险的含义

网上保险又称保险电子商务,是指保险公司或保险中介机构以信息技术为基础,以互联网络为渠道来开展保险业务的经济行为,即利用计算机和网络技术所形成的对组织内部的管理、对客户关系的管理及经营业务的部分或完全电子化的综合人机系统来进行的商务活动。

网上保险的含义应从广义和狭义两个层次来理解。从广义上讲,网上保险包括保险公司内部基于内联网技术的经营管理活动,对公司员工和代理人的培训,以及保险公司之间及保险公司与公司股东、保险监管、税务、工商管理等机构之间的信息交流活动。从狭义上讲,网上保险是指保险公司或新型的网上保险中介机构通过互联网为客户提供有关保险产品和服务的信息,并实现网上投保、承保和网上理赔等保险业务,直接完成保险产品的销售和服务,并由银行将保费划入保险公司。

(二) 网上保险的特点及优势

1. 网上保险的特点

(1) 虚拟性。开展网上保险不需要具体的建筑物和地址,只需要申请一个网址,建立一个服务器,并与相关交易机构做连接,就可以通过互联网开展保险业务。

(2) 直接性。网络使得客户与保险机构的相互作用更为直接,它解除了传统业务模式下双方活动的时间、空间制约,与传统保险营销"一对多"的方式不同,网上保险营销可以随时根据消费者的个性化需要提供"一对一"的个性化设计。客户也可以主动选择和实现自己的投保意愿,无须消极接受保险中介人的硬性推销,并可以在多家保险公司及多种产品中实现多样化的比较和选择。

(3) 电子化。客户与保险公司之间通过网络进行交易,尽可能多地采用电子单据、电子传递、电子货币交割,实现无纸化交易,避免了传统保险活动中书写任务繁重且不宜保存、传递速度慢等弊端,实现了快速、准确双向式的数据信息交流。

(4) 时效性。网络使得保险公司随时可以准确、迅速、简洁地为客户提供所需的资料,客户也可以方便、快捷地访问保险公司的客户服务系统,获得诸如公司背景、保险产品及费率的详细情况,实现实时互动。而且,当保险公司有新产品推出时,保险人可以用公告牌、电子邮件等方式向全球发布电子广告,向客户发送有关保险动态、防灾防损咨询等信息,投保人也无须等待销售代表回复电话,可自行查询信息,了解新的保险产品的情况,有效地解决了借助报纸、印刷型宣传小册子时效性差的问题。

2. 网上保险的优势

作为一种全新的经营理念和商业模式,网上保险无论在时间和空间、理念和手段上较之传统保险都具有明显的优势:

(1) 降低经营成本。由于减少了中间环节,网络保险能够大幅降低中间费用支出和管理费用。网络保险一般采用电子保单,也节约了一部分单证及相关成本,同时相对于传统保险渠道而言,网络保险平台的日常维护和跟踪成本也较低。成本降低可以更好地让利于保险客户,从而进一步提高保险公司的竞争力。

(2) 建立开发客户的新渠道。通过网络方式,保险公司得以将自己的产品和服务直接推送到特定的目标客户群体面前,而更深度的数据挖掘也有助于提高保险营销的针对性。

(3) 提升保险营销效率。网络保险销售的便捷性、与客户消费行为的契合性、服务的无局限性等特点,为保险公司获取客户、服务客户,提供了便利的条件,提高了保险营销效率。

二、网上保险的基本运行模式

网上保险不管有多少种类型,都离不开一种基本的运行模式。网上保险以电子商务的基本运行环境为基本框架,以保险公司的实质经营内容为核心,利用电子商务的特性来优化保险公司的经营管理。图9-8为网上保险的基本运行模式示意图。

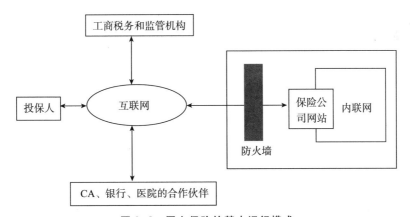

图9-8 网上保险的基本运行模式

保险公司的网上保险系统同投保人和其他部门都是通过互联网进行数据通信的。由图9-8可以看出,参与网上保险的主要当事人有四类:投保人、保险公司、银行及监管机构。图中的CA为从事网上保险的投保人、合作伙伴颁发数字证书和提供认证服务,银行为其客户(投保人)提供网上保险的支付服务。

三、网上保险的业务运作模式

(一) 传统保险公司提供网上保险服务

这种业务模式实际上是将传统保险公司的业务,转移到自建网上保险平台上办理,是传统保险公司保险经营手段的变化。为适应网络时代提高保险竞争力的需要,越来越多的传统保险公司,都已经或正在建立自己的网站开展网上保险业务。图9-9为中国人保财产险网站主页。

图 9-9 中国人保财产险网站主页

在保险公司的网站上,用户不仅可以选择自己需要的险种,在选定险种的电子投保书上填写保险金额、保费交付方式、被保险人、被保险人健康状况、受益人、联系地址等项目,还可以实现网上签订保险合同、网上支付保险费、网上索赔理赔。同时,被保险人还可以查阅保险法规、保险费率变化、进行网上咨询等。

(二) 第三方网上保险服务平台

同专业化网上交易平台和网上支付平台一样,依托传统保险公司,专门为投保人提供各种保险信息和保险服务的新型保险中介机构——第三方网上保险平台,也不断出现并发挥越来越重要的作用。这一网上保险业务模式的出现,为广大投保人从数量众多的保险公司、保险责任和保费互有差异的保险品种中,选择最满意者提供了便利条件。

在国际贸易货物运输保险领域,近年来我国就先后建立了多个第三方网上保险平台,具有代表性的有:中国货运保险网、保运通、锦城物流网投保平台、立刻保、货运保险先生等。图9-10是国际货运第三方网上保险平台"保运通"的主页。

图 9-10 "保运通"网站主页

(•)) 本章小结

本章就国际电子商务下的金融服务,从国际电子支付、网上银行与国际结算、网上保险等几个方面做了系统介绍。

电子支付是通过计算机网络系统以电子信息形式实现的货币流通和支付。电子支付工具主要包括信用卡、电子现金、电子支票、智能卡和电子钱包等。随着国际电子商务尤其是跨境电商零售业务的迅猛发展,依托专业化第三方网络支付平台进行的跨境第三方支付业务得到快速推广应用,并凭借其安全可靠、节约成本、操作简便和资源整合等优势,成为跨境电子支付领域中成长最快的支付方式。跨境第三方支付主要采用与国际信用卡组织合作和与国内外银行合作两种业务运营模式。第三方支付平台有独立运营和非独立运营两种运作模式,其中,非独立运作模式的第三方支付平台,如美国的 PayPal 和中国的支付宝等,发展势头好于独立运营的第三方支付平台。

作为电子商务发展的必要条件,网上银行所提供的电子支付服务是国际电子商务中最关键的因素。一方面,网上银行以现有的银行业务为基础,利用互联网和内联网技术为客户提供综合、统一、安全、实时的金融服务,从而降低银行经营成本,有效提高银行的盈利能力。另一方面,网上银行无时空限制、有利于扩大客户群体,同时有利于服务创新,具有向客户提供多种类个性化服务等优势。网上银行有两种运行机制,一是完全依赖于互联网发展起来的全新电子银行——"虚拟银行";二是传统银行利用互联网作为新的服务手段为客户提供在线服务。根据产生的原因不同,网上银行面临的风险主要包括整体策略风险、技术风险、业务风险、法律风险等。网上国际结算是指通过网上银行进行的因各种国际贸易或非贸易往来,而产生的以货币表示的债权债务的清偿行为,SWIFT 是当前全球最大的网络国际结算系统。

作为一种全新的经营理念和商业模式,网上保险无论在时间和空间、理念和手段上较之传统保险都具有明显的优势,如成本低、直接、时效高和有助于提升保险服务效率等。网上保险有两种运作模式,即传统保险公司提供网上保险服务和第三方网上保险服务平台。

关键术语

电子支付,信用卡,电子现金,电子支票,智能卡,电子钱包,跨境第三方支付,网上银行,网上国际结算,SWIFT,网上保险

复习思考题

1. 何为电子支付？其发展经历了哪几个阶段？
2. 目前常用的电子支付工具有哪些？各有何特点？
3. 结合我国跨境电子商务的发展,分析第三方支付的发展现状及跨境第三方支付的特点。
4. 简述通过第三方支付平台进行跨境外汇支付的基本流程。
5. 登录 PayPal 与 Alipay 网站,查看其功能设置,比较分析各自的特点。
6. 何为网上银行？与传统实体银行相比,网上银行有哪些优势与特点？
7. 网上银行存在哪些风险？如何防范？
8. 何为网上保险？与传统保险相比,网上保险有哪些优势与特点？

参考书目

常广庶. 跨境电子商务理论与实务[M]. 北京:机械工业出版社,2017年4月。

陈彩霞. 电子支付与网络金融[M]. 北京:清华大学出版社,2016年6月。

邓志超. 跨境电商基础与实务[M]. 北京:人民邮电出版社,2017年5月。

柯新生,王晓佳. 网络支付与结算[M]. 3版. 北京:电子工业出版社,2016年3月。

马述忠. 跨境电商理论与实务[M]. 杭州:浙江大学出版社,2018年9月。

清华大学五道口金融学院互联网金融实验室. 互联网保险:国际创新实践[M]. 北京:经济科学出版社,2016年10月。

史浩. 互联网金融支付[M]. 北京:中国金融出版社,2016年9月。

张成虎. 互联网金融[M]. 上海:华东师范大学出版社,2018年1月。

周虹. 电子支付与结算[M]. 2版. 北京:人民邮电出版社,2016年11月。

周升起. 国际电子商务[M]. 2版. 北京:北京大学出版社,2016年1月。

第十章　国际电子商务客户服务

学习目标

掌握：国际电子商务客户服务工作的职能和主要特点，国际电子商务售后服务的具体内容，国际电子商务客户关系管理的特点

理解：国际电子商务常见的售后纠纷的解决方法，卖家在与客户进行售后交流时应注意的问题，做好老客户关系管理应注意的问题

了解：国际电子商务客服工作人员应该具备的技能，客户关系管理的作用，客户生命期的四个阶段

导学案例

美国亚马逊（Amazon）的客户服务实践

亚马逊是世界最大也是发展最成功的第三方国际电子商务平台之一，从1995年7月成立时专注于图书的网上销售，到现在销售的产品无所不包，短短20多年时间，就发展成为年营业额超过1 800亿美元、年净收入超过30亿美元的世界500强互联网跨国公司。亚马逊的成功，离不开互联网普及和数字信息技术的支持，离不开成功的商业运营模式，也离不开其"以客户为中心"的服务理念。

在实现从图书销售向更广泛的产品销售转型之后，为让消费者有更满意的网上购物体验，亚马逊对公司业务做出了重新定位，决心发展成为消费者利益至上、"以客户为中心"的互联网企业。亚马逊CEO贝索斯曾说过：每天醒来所感到的不是竞争，而是客户。该理念具体表现在以下两个方面。

一是One-click的购物方式。当消费者在亚马逊消费过一次后，One-click会迅速将客户的所有信息计入系统，只要下次客户购买，用鼠标点击一下想要购买的货物，系统就会自动帮助客户完成接下来所有的程序。简便、快捷的购物操作程序，让客户真正体会到互联网购物的便利。

二是拥有一套完整的电子化客户关系管理系统（E-Customer Relationship Management, E-CRM）。E-CRM相当于亚马逊的大脑，掌握着亚马逊所有的客户信息，帮助

亚马逊做出更好的决策。同时,该系统也为在亚马逊开设店铺的产品供应商提供更多的信息以了解市场的需求、调整企业的生产和销售战略。

E-CRM 的成功运行,在帮助亚马逊留住更多客户的同时,也提高了亚马逊的品牌认知度。另外,E-CRM 也为亚马逊的供应商分析市场和制定策略,提供了充分的依据。亚马逊客户关系管理系统如图 10-1 所示。

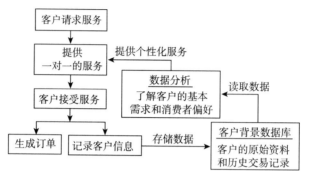

图 10-1 亚马逊 E-CRM 系统

资料来源:刘江伟,于立,郑旸.基于亚马逊成功发展案例分析[J].科技创新与生产力,2016(8):39—42。

案例思考题:亚马逊是如何践行"以客户为中心"的服务理念的?

第一节 客户服务的职能与特点

国际电子商务客户服务是指在国际电子商务平台后台的工作人员面向客户的沟通和服务工作,主要包括售前咨询和信息推送、售中沟通与服务、售后纠纷处理及后台数据分析等。

在国际电子商务行业中,"客户服务"不仅是"服务客户",其职责更多地会涉及并影响"销售""成本控制""团队管理"等各个方面。客户服务工作面对的是每一个消费者,客户服务工作的质量直接影响到消费者的消费体验,也直接影响到卖家店铺的业绩和评分。因此,长期提供积极、耐心、有效率、迅速解决问题的客户服务工作,是国际电子商务经营活动中的重要内容,也是决定国际电子商务店铺运营成败的重要因素。

一、客户服务的职能

从上架第一件商品开始,国际电子商务零售的客户服务工作就开始了。客户服务工作的主要内容就是与客户沟通,为客户提供相应的信息和服务,并且有效地为客户解决问题。按照国际电子商务交易流程,客户服务工作的职能可以分为售前、售中和售后三个阶段。

（一）售前客户服务

售前客户服务面对的是潜在的客户，客户服务在售前的工作主要是为客户提供全面、准确的商品信息，回答客户提出的各种咨询。这就要求客户服务人员（以下简称"客服"）不仅了解和熟悉电商平台的功能和特点，了解国际电子商务的一般操作流程，更重要的是要十分熟悉交易产品的性能、特点、重要参数、交货周期，并且熟知消费者心理，可以为客户提供恰到好处的信息，打消客户的疑虑，鼓励其下单购买。

一般而言，国际电子商务客户会通过网络搜索、广告、推荐等信息找到相应的商品，售前客户服务的重点在于及时提供客户所需要的具体信息，吸引客户购物。因为不同的电商平台其沟通方式不同，客户也需要了解各电商平台的沟通交流方式。如果是"速卖通"电商平台，客户利用即时沟通工具进行咨询，客服就应该第一时间进行回复。为此，客服应预备好一些回复模板，在遇到常见问题的时候可以自动弹出，或者把一些常见问题（FAQ）整理好后放在商品展示页面上，便于客户及时了解。如果卖家使用的是亚马逊、eBay等电商平台，需要进行电子邮件沟通，则客服应当在每天的特定时段及时查看电子邮件，以免遗漏。一般来说，客服的电脑终端应具备新邮件提醒功能，以便随时查看、处理并回复邮件。

（二）售中客户服务

售中客户服务面对的是真实的客户，服务的专业性和时效性是首要要求。在售前，客户的问题大多数集中在商品上，而售中，客户已经决定购买，因此主要的问题会集中在其他方面，如支付、运输时间、质量保证、使用方法等。如果客户已经下单，但还没有付款，客服应及时提醒并催促付款；如果客户已经下单付款，则客服应当及时跟踪订单执行进度，确保物流顺利。此外，有关仓储、通关、外汇等问题，也是客服需要及时了解的。

跨境电商零售中最常见的问题是运输方式、运输费用和交货时间。因此，售中客户服务不仅应当熟知产品使用中的各种细节、客户的常见疑问，更应该了解不同国家消费者的支付习惯、物流方式和物流时间，从而可以给客户提供满意的服务，以便于交易顺利完成。此外，当有些订单出现延迟发货、通关遇阻或者其他问题时，客服要及时向客户反馈此类信息，做好解释工作，求得客户的谅解。

（三）售后客户服务

售后客户服务主要解决三类问题：第一类是关于商品使用方面的疑问，第二类是客户投诉或者退换货等比较麻烦的问题，第三类是关于用户评价的分析和处理。关于商品使用方面的疑问，客户服务需要的是相应的专业知识、专业技能和快速的应变能力，必要时客服应与相应的技术支持人员密切配合，以迅速解决问题，使客户得到较好的用户体验。

第二类往往是面对客户不满意的情形，如货物与描述不符、发错货、货物品质有问题、交货延迟等。客户很可能会提出退换货等要求，客服应当耐心、积极地处理相应的问

题。同时,要做到明确事情的原委,心中有数地解决问题。对确属卖家或电商平台原因出现的问题,应积极按照电商平台的相应规则认真及时地解决。如果不是卖家或电商平台的原因,而是客户无理纠缠,客服也应耐心解释、积极应对、化解纠纷。

第三类是对用户评价的妥善处理。用户评价在几乎所有电商平台上,都是客户购物的重要依据,因此每一个用户评价都至关重要、举足轻重。用户评价处理工作分两种:鼓励好评和消灭差评。如果客户不积极评价,卖家的客服要积极引导和鼓励客户给予商品具体而明确的评价,甚至带图评价。在做此类鼓励工作时,客服要了解相应平台的规则,如亚马逊平台不允许以"好评即返现"或者"好评即给予奖励"等方式吸引好评,客服一定要体现出专业性,不能违反平台规则。

消灭差评主要指的是对差评的处理,处理差评的原则和处理投诉的原则是一致的,客服首先要明确知道消费者给予差评的具体原因,并且进行细致分析,从而有针对性地进行沟通,尽量消除误会,鼓励消费者修改差评。如果消费者执意不肯撤销或修改差评,客服也可以在差评后进行积极的沟通和解释。此外,每一个差评对于店铺来说都是一个改进的机会和一个努力的方向,客服应当从差评中吸取教训,使以后的产品销售做得更好。

二、客服应具备的技能

一个优秀的客服可以使电商交易效率大大提升,避免很多无效沟通和重复性工作,同时,还能够吸引客户、留住客户、增加订单、提高品牌的知名度。客服需要具备的基本技能包括专业技能、沟通技能和分析技能。

(一)专业技能

专业技能包括关于商品的专业技能和关于平台的专业技能。

1. 关于商品的专业技能

客服首先要了解自己网店所售卖的商品,包括商品的产地、主要质量指标、主要性能、主要包装及配送方式等。客户所关心的问题多种多样,因此客服需要熟知有关商品的详尽知识,了解自己的店铺,也了解相应商品进出口流程和关键环节。此外,为了增加关于商品的专业技能,客服也需要对同类竞争产品有全面的了解。例如,卖家售卖的是一款手机,则客服不仅需要了解自己品牌手机的所有技术指标和特点,还需要了解同等价位的其他品牌手机的相应特点,尤其是自己品牌手机的主要优势和劣势所在。只有这样,才能够在遇到有关商品的询问时做到"知己知彼"。

要提高客服关于商品的专业技能,不仅要对客服进行相应的培训,条件允许的情况下客服必须到生产工厂进行实地查看,熟悉产品生产、包装和质量检验过程,并且了解商品出口的全流程。此外,一个有效的提高客服专业技能的途径是浏览同类商品的网页,特别是浏览客户评价,从评价中了解消费者在购买此类商品时最关心的是哪些问题,对哪些指标最为敏感,竞争产品在哪些方面让客户满意,以及在哪些方面让客户最不满意,

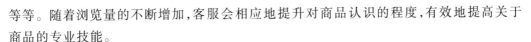

等等。随着浏览量的不断增加,客服会相应地提升对商品认识的程度,有效地提高关于商品的专业技能。

2. 关于平台的专业技能

客服不仅要了解产品,也需要了解电商平台,包括平台的一般交易流程、退换货规则、客户评价规则等。面对不同的电商平台页面,消费者有着不同的购买体验。因此,客服需要"设身处地"地了解消费者的消费感受,并进行适时的沟通与引导。例如,美国亚马逊的 Prime 会员一般的收货时间是 2 天,如果亚马逊店铺无法做到 2 天时间送达,就需要事先在商品详情页进行说明,同时在与客户进行沟通时提前给予解释。关于平台专业技能的了解,不仅可以使客服为消费者提供有效的帮助,帮助其完成订单,同时,也可以在消费者有疑虑的时候,做好解释工作。

(二) 沟通技能

客服的沟通技能包括语言技能和沟通技巧。

1. 语言技能

由于国际电子商务平台面向的是全球范围内的消费者,因此客服首先需要具备相应的语言技能,如面向日本消费者就要会用日语沟通,面向西班牙消费者可以用西班牙语沟通,很多国际电子商务店铺需要大量小语种人才。当然,由于英语在国际贸易中的广泛应用,熟练掌握英语是客服的必备语言技能。

2. 沟通技巧

语言只是沟通的工具。要达到有效的沟通,客服还应当了解不同民族、不同宗教和不同国家的文化和消费习惯,可以做到跨文化沟通。客服应当有较高的情商,在与消费者沟通时不是仅仅做到"有问必答""就事论事",而是能够从与客户的言语沟通中,迅速发现其提出这些问题背后的原因和顾虑,从而有效地解决相应的问题,打消客户的疑虑,建立良好的关系,促成交易的达成。

(三) 分析技能

客服除了具备专业技能和沟通技能,还应当拥有一定的分析技能,包括数据分析技能和情景分析技能。

1. 数据分析技能

出口企业在电商平台开设的店铺经营一段时间以后,就会积累一定的经营数据,这些后台的数据都是非常有价值的。以亚马逊为例,后台数据包括绩效指标、买家反馈(评价)和每一笔订单的数据报告等。客服应当定时对这些数据进行整理和分析,从中总结出店铺的销售特点、产品销售的季节性规律、用户特征及订单履行中存在的主要问题。此外,客服也可以在此基础上生成业绩分析报告,在报告中也可以看到每笔订单的盈利状况,这有助于出口企业对相应产品性能及销售价格进行调整,以满足市场需求。

2. 情景分析技能

情景分析技能主要指的是客服能够随机应变,在不同销售场景和情境下迅速反应,抓住问题的根本,并且提出有效的解决措施。在售后服务中,有时候会集中出现一些退换货、差评或者收到客户的抱怨。在这种情况下,客服需要具备相应的应变能力、决断能力和处理能力。

三、售后服务的主要内容

(一) 客户咨询信息处理

客户会通过各种方式进行产品相关信息的咨询,如一些电商平台会提供站内信、留言,有一些平台提供的是电子邮箱地址,还有一些平台会提供更加即时的交流方式,如即时通信软件。客服所要做的就是针对客户提出的各种问题进行回答,并且进行分类汇总。

客户提出的问题大致可以分为以下几种情况:

(1) 收件人信息更改。如收件人姓名或地址的更改。

(2) 产品型号或购买数量更改。如客户下单买的是 iPhone 7,考虑了一下后要更换成 iPhone 7Plus;下订单时购买 1 部(台、件),现在想要购买 2 部(台、件)。

(3) 货运方式更改。如客户本来选择的是邮政小包,可是突然想要早点收到,这时会要求更改成快递(这其中还涉及运费的补偿)。

原则上,对于客户的要求都要尽可能满足。但如果客户所购产品已经寄出,客服则要及时向客户解释说明。

客服对以上所有客户资讯信息,均要记录并及时通知给发货人员,并且还要统计出客户针对所购产品提出的共性问题,以作为今后产品营销方案优化的参考依据。

(二) 物流信息及时反馈

客户所购产品发货后,客服应通过客户预留的联系方式,迅速告诉客户货物已经寄出及采用的物流方式、物流跟踪方式等;提醒客户跟踪查询物流进程,定期反馈物流情况,以减轻客户对物流的担忧,尽最大努力消除可能产生的纠纷。

(三) 管理客户资料

客户资料管理主要涉及:对客户信息进行登记,并与之前的客户信息做比对;判断客户是否为重复购买客户;如果是重复购买客户,按不同购买频次或购买金额对重复购买客户进行分级。

(四) 客户维护与二次营销

客服对经过分级整理好的客户资料,要及时进行补充更新。对于经常购买的高级客户要定期进行跟踪回馈,做好二次营销。把 80% 的精力集中在 20% 的高级客户上,积累高级客户群,并激活休眠客户,是客户维护的重要内容。

四、客户服务的特点

(一) 国际电子商务与传统国际商务在客户服务上的相同点

在客户服务的对象(消费者)、客户服务的目标(提高客户满意度)、客户服务的主要内容及客户服务的时效性和完整性等方面,国际电子商务环境上与传统国际商务环境下的客户服务是完全相同的。这里说的时效性是指无论是传统外贸中的售后回访、纠纷受理和解决,还是国际电子商务中的发货、退货和差评处理,只有把握客户的节奏和时间并做出最快的反应,才能够拥有主动权。完整性则是指在售后交流和沟通时应充分重视客户提出的全部投诉、意见或建议。简单来讲,如果客户只是对商品的某部分瑕疵提出了异议,那么卖家就应该做好一切准备,提供包括商品质量、用户反馈、关联商品、退换货条款等售后服务的一切相关信息。

(二) 国际电子商务与传统国际商务在客户服务上的不同点

1. 无法预知对手

在传统的国际商务竞争中,卖家往往可以同自己的主要竞争对手做更多的交流,因此可以与竞争对手在产品性能、质量、价格等方面进行比较,能够看清对手的实力和自己售后服务的优劣。但是,在国际电子商务平台上,成千上万的卖家和店铺每天都在平台上进行各种操作,对其他竞争对手的售后服务状况,一般难以获得全面的认知和做出准确的判断。也许本企业在电子商务平台的客户服务技巧已经在无意中模仿了他人或被他人模仿,而企业却还不知晓。

2. 终端消费者众多

在迅速增长的 B2C 跨境电商交易模式下,选择在电子商务平台购买的客户群体规模不断壮大,这些购买者来自不同国家(地区),具有不同的宗教信仰、文化背景和消费习惯及偏好。他们的购买目的极其简单,基本是自己购买、自己使用,因此对商品的性能、质量和价格要求会格外苛刻,也更容易产生售后纠纷。因此,国际电子商务环境下,客服需要以更大的耐心和更丰富的技巧与消费者进行售后交流和沟通,并且在售后沟通中紧紧抓住客户的群体特征。

3. 人性化服务

随着国际电子商务市场竞争的日益激烈,电子商务平台上的店铺间竞争往往不再是产品价格、质量的竞争,而是销售服务体验之间的竞争。因此作为一单电子商务交易的最后一个环节,售后交流和沟通应更加体现服务人性化的特点,商家必须比传统国际商务更加关注购买者的心情、要求、顾虑和诉求。

4. 不可感知性

国际电子商务模式下的售后服务具体表现为某种形式的"客户体验",在内容上是"无形"的,具有不可感知性。但是,要实现客户服务的目的,又必须通过客服的交流和沟通让客户体验和感受到商家一切为客户着想。例如,可以通过售后服务咨询、商品使用须知发送、商品故障维修咨询等把商家的服务质量"有形"地传达给客户。

5. 跨时空性

国际电子商务交易中,绝大多数的客户与卖家分处于地球不同的地域和时区。但电子商务全天候平台的"跨时空"交易特点,使得分处不同国家、不同时区的买卖双方可以随时进行交易。这也是国际电子商务相比传统国际商务的最大优势。交易的"跨时空"性,必然要求客户服务的"跨时空"性,相关的售后服务必须及时提供给处于不同地域、不同时区的客户。

6. 灵活性

国际电子商务被西方学者比喻为"搭积木式"的功能设计。这个比喻恰当地体现了电子商务的灵活性——大规模的定制。为客户量身打造个性化商品与服务是一种以客户为中心的营销模式,也是国际电子商务成功必须采取的经营方式。依据客户的特殊要求,提供或者改变服务内容和方式,既是提高客户满意度的有效方式,也是国际电子商务客户服务优势的体现。

五、客户服务应注意的问题

卖家在与客户进行售后交流与沟通时,情况复杂多变且极易发生纠纷。为提高客户服务的质量和有效性,卖家在与客户交流和沟通时,应注意以下三个要点。

（一）尊重并理解客户情绪

客服应充分站在客户的角度考虑,出现问题想办法一起解决,而不是只考虑自己的利益。所谓"己所不欲,勿施于人",谁都不愿意无缘无故地承担损失。作为卖家,在一定的承受范围内应尽量让客户减少损失。短期来看,卖家可能承担了一部分成本和损失,但同时可以为自己赢得信誉,获取更多、更长远的机会和利益。

（二）与客户有效沟通

（1）及时回应。客户不满意时,卖家应当马上予以回应,与客户进行友好协商。例如,客户迟迟没有收到包裹,在卖家可承受的范围内可以给客户重新发送货物或及时给出其他替代方案；如果客户对商品质量或其他方面不满,卖家应当与客户进行协商,提前拟订好解决方案。

（2）沟通技巧。卖家在与客户进行沟通时,应当随时注意客户的心理变化。当客户不满意时,尽量引导客户向着保留订单的方向发展,同时可以适当让步,满足客户的一些其他要求；当出现退款时,尽量引导客户达成部分退款协议,尽可能避免全额退款。努力做到即使商品不能让客户满意,卖家的服务态度也要让客户无可挑剔。

（三）保留证据

卖家要时刻注意,每一笔订单在交易过程中的有效信息都应当保留下来,以便在出现纠纷时能够作为证据为卖家及时充分地举证，或者提供给电子商务平台帮助仲裁，从而帮助卖家将纠纷朝着有利于自己的方向解决。

卖家和客户的纠纷和摩擦并不可怕，只要卖家在交易中充分做好举证准备，在心态上一切以客户满意为目标，纠纷就一定会得到合理妥善的解决。

第二节 售后常见纠纷及其解决

在国际电子商务业务中，常见的售后纠纷，既可能因卖家引起，如客户对资费不满、客户未收到商品、客户收到商品与描述不符等；也可能是因客户引起，如客户使用不当导致商品损坏、客户要求未得到完全满足；还可能因客户就所购商品的质量、功能或物流服务给予的中差评引起。只有了解和区分纠纷产生的原因，才能"对症下药"，寻找到有效的解决方案，建立并维持与客户良好的关系。

一、客户对资费不满

（一）免运费与部分国家实际进口政策之间的差异

众所周知，大部分卖家为了吸引客户，往往会在产品描述页面标注"免运费"（Free Shipping）的字样，实际上多数情况下，卖家都能做到免运费。但是，客户有时会忽略国家的进口税收政策。例如，在美国，高于800美元价值的进口商品必须按照规定缴纳进口关税；在加拿大和澳大利亚，对高于20美元的进口商品海关要征收进口关税；英国、德国等欧洲国家进口商品的免税申报价值必须是20~25美元，一旦超出额度，相关国家的海关将会对进口商品收取一定比例的关税。而一旦有关税产生，客户必须支付货款和关税后才能从海关取走商品。

因此，常常会有客户因为不了解本国的关税政策，而认为卖家不讲诚信。还有一些比较极端的客户会因为需要支付额外的费用而直接拒绝签收，这些都是潜在的负面评价和纠纷。因此在向境外发送商业快递时，要注意填写申报价值，对于价值很高的邮件和包裹，要提前和客户沟通好。如果已经发生纠纷，需要耐心向客户解释相关的政策和原因。如果由于卖家自己的疏忽，没有在交易达成前向客户履行告知义务，应当主动向客户表达歉意，而后在照顾客户情绪的前提下，协商提出双方都能接受的解决方案。

一般来讲，针对此类情况的解决方案有以下三种：

（1）说服客户认可本国的关税政策，同意支付关税，并签收商品。这种解决方案一般只适用于卖家无任何过错，并且已经在发货前向客户告知了客户本国的相关关税政策的情况。

（2）在卖家全部承担，或者与客户共同承担关税后，客户签收商品。这种解决方案适用于卖家未履行告知义务，或未履行全部告知义务的情况。需要注意的是，当该商品的利润低于关税额度，但高于退货成本时，本方案有效。

(3)当协商失败,按方案二核算,卖家协商后承担的关税成本高于退货造成的成本时,可以让客户直接进入退货流程。注意,即便进入退货流程,卖家依然需要向客户诚心道歉,以求得客户谅解。因为这关系到客户对卖家的评价、客户对卖家的信任,以及卖家的口碑。

(二)跨境支付造成的额外费用

当前世界上主要的几家国际电子商务平台,如亚马逊、速卖通、eBay 等,在交易支付的过程中都是不收取任何费用的。但是由于客户支付手段的不同,不同银行的跨境支付政策的不同,有可能产生额外的费用。例如,速卖通平台针对买家的支付不收取费用,但有时客户信用卡账户上会显示"Ali-Express Charge"(速卖通费用)。

客户在不知情的前提下,可能会误认为卖家不守诚信,收取了额外的费用,从而导致交易纠纷,或者给卖家负面评价。出现这种情况时,卖家应当首先尊重客户的情绪,并且尽可能地稳定和平复这种情绪,而后建议客户联系其开户银行,问清是否需要支付手续费。如果客户通过 T/T 电汇转账,银行端一般需要收取一定的手续费。但要注意的是,当卖家在纠纷中确无过错,并且主观无法预料银行收取额外费用的具体情况时,卖家尽量不要采取认错的态度,如"对不起""不好意思""我向您道歉"等语言,以免为日后纠纷造成更多不必要的被动和麻烦。当客户激动的情绪平复下来后,应当向客户建议联系其相关银行,问清楚是否加收跨境支付手续费。

二、客户未收到商品

(一)物流状态显示商品在途,客户缺乏等待的耐心

通常情况下,物流公司的物流状态显示还在途中即表示商品还未送达,并不意味着更大的快递丢失风险。然而部分客户性格比较急躁,急于收到商品,在等待快递的过程中,容易失去耐心。这就需要卖家抱着极大的耐心与客户沟通,并且用积极的心态做好重复沟通的准备。因为这部分客户往往对于快递的到货日期存在焦虑感,会因此问题形成内心纠结,并反复向卖家询问甚至产生纠纷。

如果物流公司确实出于某些特殊原因,导致快件迟迟不能送达(但尚未确认丢件),并且已经超出了约定的快件送达时间。此时,绝大部分客户会担心自己的权益得不到保障而提起投诉。

卖家在此纠纷解决中需要做的是,及时跟客户沟通,应当允许客户延期支付货款,并且帮助客户与快递公司取得联系,迅速弄清快递去向。卖家须提供物流底单、物流信息截图、妥投证明等能够证明物流状态的证据。只要客户的商品还未丢失,就有机会帮助客户挽回损失,赢得客户信任。

卖家需要承担的风险:①卖家选择使用航空邮包时,当客户以未收到货物提交投诉时,卖家会因航空包裹的货运跟踪信息不全而承担全部风险;②若因为是否妥当投递问题产生的纠纷,卖家无法提供妥当投递证明,可能会导致相应的损失。

因此,建议卖家:①正确选择物流方式,以降低货运跟踪信息不全的风险;②货物是否妥当投递,应根据物流公司官网上显示的追踪信息,根据国家、城市、邮编、时间、签收人等情形进行综合判断;③因物流问题所导致的纠纷,卖家应该向物流公司进行索赔。

(二)海关扣留

海关扣留,即交易订单下的商品因违反进口国海关法规要求而被进口国海关扣留,导致客户收不到所购买货物。通常情况下,进口国海关扣留货物所涉及的原因包括以下几方面:

(1)该商品为限制进口的商品。
(2)因关税超过预期金额,客户拒绝支付关税,导致商品不能通关而被扣押。
(3)该商品为侵权假冒伪劣商品,被进口国海关直接没收。
(4)该商品的申报价值与实际价值不符,导致客户必须在进口国支付罚金。
(5)卖家无法出具进口国海关要求的相关文件、商品档案或其他要件。
(6)客户无法出具进口国海关要求的相关文件、商品档案或其他要件。

当商品被海关扣留时,常见的物流状态会显示为:①Handed over to customs(移交海关);②Clearance delay(清关延误)。

在此纠纷中,卖家可能承担以下风险:若是卖家原因导致货物被海关扣关,并且客户无法取回货物,则货物可能会被海关销毁或者没收,货款要全额退给客户,导致卖家货款两空。

各国的海关法规复杂而多样,为减少因"海关扣留"货物而带来的风险和损失,建议卖家在选择货品及发货之前应充分了解海关的相关政策,特别要对自己主要客源国的海关法规了如指掌。在客户下单前,卖家对客户负有进口国海关法规的告知义务,并且必须在确定客户完全清楚地理解了卖家的告知义务后,再与客户达成交易。卖家负有向进口国海关如实填报商品价值及其他相关数据或技术参数的义务。卖家应积极主动地向进口国海关提供关于该商品的有效文件,并积极协助客户向本国海关提供有关该进口商品的有效文件。卖家应该积极帮助客户准确计算该商品所需缴纳的进口关税。

当由于海关扣押商品发生纠纷,而卖家并非过错方时,卖家除了与进口国海关、物流公司、客户保持积极有效的沟通和交流,还应当积极准备有关证据,包括梳理和追溯商品发出后的物流踪迹;及时了解海关扣留的原因;尽可能地向国际电子商务平台提供相关信息和证据,做好应对国际电子商务平台纠纷裁决的一切准备,努力将损失降到最低。

(三)包裹原件退回

交易订单的商品因为客户收货地址有误或不完整而无法投送,或因为客户原因没有签收商品,导致包裹被直接退回给卖家。

卖家需要承担的风险包括:①若卖家限期内不能证明是客户原因导致的包裹退回,则要全额退款给客户。②若经核实,卖家填写错了客户收货地址,卖家要承担运费。③包裹未显示出境即被退回,卖家应重新发货、承担延迟发货赔偿,或者全额退款给客

户。如果是物流公司快递的原因,卖家应向物流公司要求赔偿。

如果因为卖家过失导致地址错误,使得商品被退回的,卖家应当在第一时间与客户进行沟通和交流,进行诚恳的道歉,询问正确的地址,承担二次发货造成的成本和费用,在最短的时间内再次发货。这种情况下,卖家可以考虑给予客户一定的折扣、返利或赠品,以弥补客户因延迟收到货物而带来的损失,挽回客户信任。

如果是客户的原因导致包裹不能妥投,只要卖家能向电子商务平台提供能证明客户过错的证据,如物流公司的查单、物流公司内部发出的邮件证明、与客户的聊天记录等,卖家就不承担相关责任。

(四)包裹被寄往或投送到非客户地址

该问题的发生是由于卖家或客户自己写错了收货地址,或物流公司误将包裹寄往了非客户地址,导致客户无法正常签收包裹。

如果客户有充分的耐心等待,或及时发现并未发生长时间的寄送延迟,卖家应首先与物流公司联系,更正客户的收货地址,争取在更改后,客户仍能在约定的时间内收到包裹。若无法更正或更改后客户仍未收到,须尽快联系物流公司申请退件,迅速取回包裹以减少损失。同时,卖家应积极与客户取得联系,向客户说明和解释当前状况,争取客户的谅解。如果超过规定时间包裹仍未送达,或确认包裹无法送达,则应与客户协商新的解决方案。

在这种情况下,卖家需要承担以下风险:若是卖家或物流公司原因导致客户未收到货物,或者卖家逾期无法提供有效证明且客户也未收到货物,应向客户全额退款,卖家承担货物损失。

(五)物流显示商品已妥投,但客户却表示未签收

物流公司显示货物已经妥当投递,但是客户却以未收到包裹为由提起投诉或退款申请。这是一种非常难处理的情况,因为这种情况下,卖家通常无法判断客户是真的没有收到包裹还是故意而为。出现这种情况时,卖家通常应当一方面与客户积极沟通,尽可能与客户达成一致意见,找到一个双方都能接受的解决方法;另一方面积极做好通过电子商务平台进行仲裁的准备,着手收集或整理该包裹已被妥投的相关证明材料,如物流公司的物流信息截图、妥投证明、物流公司开具的书面证明、物流公司直接参与投送该包裹工作人员的证言证词等。

(六)客户拒绝签收货物

客户拒绝签收货物包括有理由拒签和无理由拒签两种情况。有理由拒签,即当包裹递送到客户(包括客户代理人)手中时,客户发现包裹或商品存在肉眼可见的明显损坏或与订单不符的情况,如破损、短装,商品与描述差别太大等情况,导致客户当场拒绝签收。无理由拒签,即商品递送到客户(包括客户代理人)时,客户无正当理由而直接拒绝签收。

若客户是有理由拒签,且过错责任确实在卖家一方,则卖家应当积极承担过错,主动

承担相应的损失和赔偿责任。在沟通过程中尽力取得客户的谅解并重新发货,并给予客户一定的折扣和优惠。一般情况下,纠纷都能完美解决。如果客户无理由拒收,则卖家应当与客户积极沟通和交流,找准客户拒绝签收的真正原因,与客户协商双方都能接受的解决途径,务必做到注重客户的情绪,理解客户的现实处境。如果交流协商未果,卖家应积极应对电子商务平台可能介入的纠纷裁决,保留相应的证据,如聊天记录、发货物流底单等。

在这类情况下卖家需要承担以下风险:若客户或者物流公司提供了有效证据(如货物破损、卖家私自更改物流方式导致无法清关等)证明是卖家责任导致客户拒签,或者平台查询到卖家存在不诚信的交易行为,则应将订单金额全额退给客户。若客户不能为其拒收提供正当理由及有效证据,且电子商务平台无法判断责任归属,待货物退回后,客户需要承担发货和退回的运费(一般需要卖家提供物流公司出具的运费发票)。

(七)物流途中货物丢失

由于物流公司的责任导致货物丢失,卖家应当及时向客户解释货物丢失的不可预料性和偶然性,并在尊重客户情绪的情况下,积极取得客户的谅解并让客户意识到卖家处理这件事的决心和诚意。同时,卖家应迅速为客户重新发货,并及时通知客户新的运单信息。一般情况下,只要卖家与客户积极沟通,善意交流,并拥有足够的诚意,此类情况引发的纠纷很容易得到解决。

三、客户收到的商品与描述不符

(一)商品图片、描述与实物不符

为了使商品吸引客户的眼球,卖家在处理电子商务平台展示的商品图片时会或多或少添加一些商品本身没有的效果,这就给了客户一个美好的心理预期,让客户满怀期待地等待。然而,一旦收到实物后感觉与图片差距过大,客户就会非常失望,通常会在第一时间质询,为什么颜色或者形状与商品图片有差异。

客户收到的货物与卖家在电子商务平台展示的商品图片及描述不符,主要包括颜色、尺寸、包装、品牌、款式、型号等方面的差异。

(1)颜色不符是指所收到货物的颜色与商品描述(图片或文字描述)不符。

(2)尺寸不符是指所收到货物的尺寸与商品描述不符。

(3)包装不符是指所收到货物的内包装与描述不符(无包装、包装不符、包装破损或有污渍),卖家或物流公司使用的外包装除外。

(4)品牌不符是指所收到货物的品牌与电子商务平台展示和描述不符。

(5)款式或型号不符是指所收到货物的款式或型号与商品描述(图片或文字描述)不一致,款式或型号是指商品的性能、规格和大小。

提供与电子商务平台展示和文字描述相同的商品,是卖家的基本义务。卖家需要保证商品的描述信息(包括商品图片、声音与文字描述信息等)前后一致,如出现信息矛盾或误导倾向,则平台保留最终的纠纷裁决权。如果在客户下单前卖家已明确提示客户,产品可能存在颜色偏差,或产品尺寸可能存在误差并明确说明了误差大小,则在处理纠纷时,卖家可提供有关提示的记录作为证明。

卖家需要承担的风险:①如果卖家商品标题、图片、描述中明确写明商品型号,默认为该商品具有该型号的所有功能,客户一旦投诉商品缺少某些功能,卖家将承担全部责任。②根据买卖双方的证明,如果有货物与描述不符的情况,则属于卖家责任,客户对于处理方式有最终选择权利,客户可选择退款或者退货。③若商品有多种型号、多种颜色,但是客户下单时无法选择型号和颜色,在下单留言中表示了购买其中某一种型号或颜色,后期发错型号或颜色的,卖家将承担全部责任。

卖家应当警惕客户基于电子商务平台网页效果图对商品产生的美好期待,因为客户在收到商品的一定时间内,是可以对店铺商品做出评价的,并且在尚未确认收货之前客户还可以对自己不满意的商品提出退款要求。对于这类客户,卖家要主动地去解释,提供原有的图片,如果只因小部分的图片修饰处理造成的色差,合理的解释还是可以赢得客户信任的,而且在这个过程中要多表现卖家对客户的重视,承诺给予客户下次购买适当的优惠和折扣。真诚地道歉往往可以将大事化小、小事化了,争取客户的正面评价。

卖家在向电子商务平台上传商品图片时应当上传一些多角度的细节图片,或者上传没有经过修饰处理的商品真实图片,尽量使客户对商品有全面的视觉印象,避免不必要的投诉和负面评价。在商品确实存在"货物与描述不符"的情形,卖家应及时将货物召回并主动承担运费。

(二)商品本身的质量问题

客户所收到的货物出现质量、使用方面的问题,如果排除物流运输原因,则属于卖家责任,客户对于处理方式有最终选择权利,客户可选择要求卖家部分退款、全额退款或者退款退货。因此,卖家务必保证商品质量,一旦出现质量问题,要与客户及时联系沟通,尽快解决问题。首先,卖家在得到负面评价或遭到投诉后,应该在第一时间和客户取得联系,询问对商品不满意的具体原因。然后,卖家应提醒客户承担相应的举证责任,为其投诉和负面评价提供相关证据。同时,卖家应当查询相关记录(如出货记录),查找相同时间或临近时间内同批次商品的其他客户反馈的信息,分析和评估商品质量。如果确实存在客户反映的质量问题,应当积极主动解决,通过退款或换货的方式重新挽回客户的信任,消除负面评价和其他不良影响。

(三)货物数量短缺

货物数量短缺即客户所收到的货物数量少于订单上约定的数量。这可能是由于卖家工作疏忽短装造成,也可能是由于物流运输途中的意外丢失或人为偷窃造成。

卖家在接到买家货物数量短缺的投诉后,首先应核对发货记录,确认是否是自身原因造成,同时,通知客户提供货物数量短缺的相关证明。如果交货数量短缺确系卖家短装造成,卖方应主动承担责任,在向客户道歉的同时,及时向客户补发短缺部分的货物,为了求得客户的谅解和争取良好的评价,卖家最好附送赠品或承诺对今后客户的新订单给予折扣优惠。如果客户提出不需要补足短缺货物,而是退还短缺货物的价款,卖家则应及时向客户退款。

如果经过核查,已排除自身原因,卖家应尽快与物流公司联系,让物流公司明确货物数量短缺的原因和责任,然后协商解决办法。同时,卖家要向客户解释货物数量短缺的原因,征求客户对短缺数量货物的处理意见,是补足货物还是退还部分价款。

为避免因货物数量短缺而引起纠纷,卖家除在发货时要认真反复核对发货数量外,还要保留发货时的数量、重量证明(如发货现场拍照或视频记录),货物交付物流公司时双方签字的发货单。另外,在电子商务平台发布商品信息时,还要标注清楚成交数量单位,注意英文 piece 和 lot 的区别。

(四)货物出现破损

客户所收到的货物存在不同程度的包装破损(限商品自身包装,如手机包装盒,物流公司使用的外包装除外)或商品本身有损坏的情况。

若客户或者物流公司提供了有效证据证明是卖家责任导致的货物破损,则客户有权选择退换货并要求赔偿损失,或者在不影响商品使用功能的情况下,要求卖家赔偿部分金额的损失。这时,卖家除主动向客户赔礼道歉外,应积极按照客户的要求处理。

如果经过核查,货物出现破损的责任不在卖家而是由物流公司造成的,卖家也应首先征求并尊重客户的选择,进行及时的退换货或赔偿损失处理,获取客户的谅解和好评。之后,卖家再向物流公司要求损失赔偿。

现实中,还存在客户收到侵权假冒商品的情况。这是各国都严格禁止和严厉打击的违法行为。一旦客户收到侵权假冒商品并经过证实,卖家不仅将会受到严厉处罚,而且将会受到电子商务平台关闭网上店铺的处理。这时,卖家再诚恳的道歉恐怕也无济于事了。

为此,从事国际电子商务业务的商家,切勿在电子商务平台销售侵权假冒商品,若客户投诉其商品为假冒侵权且最后被证实,卖家将承担全部责任,即使客户在知情的情况下购买也将由卖家承担所有责任。

四、客户原因引起的纠纷

(一)客户使用不当导致的商品损坏

由于客户个人使用不当导致的商品损坏而引起纠纷,解决起来存在一定难度。一般来说,在卖家与客户的沟通和交流中,有两种方案:

(1)如果以消除负面影响或负面评价为目的,就应该向客户解释为什么会出现这样的质量问题,到底在操作过程中存在哪些不正确的地方,最后和客户协商,找出一种双方都能接受的解决方案并清除客户的负面评价和不良影响。

(2)如果客户拒绝沟通协商或买卖双方交流协商未果,则卖家可选择在客户负面评价的留言板处进行回复和解释,并附上商品的使用说明及注意事项。这种解释和回复并不是针对当前的客户,而是针对进入店铺浏览的其他客户。这实际上是一种"差评营销"手段,其目的是使其他客户能够清晰地看清负面评价产生的原因,让其他客户迅速明白该负面评价产生的主要责任并不在卖家。

这种方法是卖家在与客户沟通失败或协商未果时不得不采取的方法。为了避免上述情况的产生,卖家最好根据行业规则、从业经验总结出所销售商品使用中应注意的事项,在店铺主页突出显示,还可打印出来随商品发货时一起寄给客户。

(二) 客户的要求没有得到完全满足

有很多客户在下单前就会给卖家留言,表达自己对该商品的期望等,如"这是为我的婚礼准备的,请不要让我失望"。遇到类似这样的订单,卖家首先应该交待发货人员和快递人员,严格注意该订单的商品质量及外包装。此外,如果该订单的价值极低,而客户又对该订单抱有不符合实际的期望,如廉价的首饰,为了避免纠纷或不良影响,卖家应该考虑适当压缩或减少盈利去满足这个客户的心理预期。如果在发货之前准确把握客户的消费心理,满足了客户对商品的各种细节要求,上述情况引起的一些不必要的负面评价,是完全可以避免的。

(三) 恶意纠纷

国际电子商务中发生的纠纷有很多种,其中最令卖家难以处理的就是各种各样的恶意纠纷。由于客户是出于某种利益目的而刻意提起投诉,或故意制造纠纷,因此卖家在遇到此类纠纷尝试与客户进行沟通时,就会变得格外困难。因为如果卖家的妥协和让步不能达到客户的心理预期或无法满足客户的利益诉求,这种纠纷往往是无法解决的。

因此,卖家所能采取的应对方案主要有以下两种:

(1) 在可接受的范围内,进行适当的让步和妥协,尽可能与客户达成一致意见,做到大事化小,小事化了。

(2) 如果遇到极其明显和过分的恶意纠纷,并且协商未果时,卖家应当请求国际电子商务平台来出面解决。因为,当前世界各主要电子商务平台都有一套既能兼顾卖家利益,又能兼顾客户利益的相对公平的纠纷处理和解决规则,卖家应当给予其充分的信任。

五、客户的中评、差评

(一) 预防中评、差评

电子商务环境下网上购物最吸引人的就是便宜或折扣,但由于众多原因,如果客户认为买的东西没有满足自己的要求或未达到预想的效果,就很可能给卖家中评、差评。在绝大多数电子商务平台的交易规则下,中评、差评都会给卖家带来不好的影响。因此,卖家首先要预防中评、差评。

1. 严把商品质量关

"以质量求生存"不能仅停留在口号上,产品的质量关系到卖家能否长期生存和发展。产品质量太差,得不到消费者的支持,就很难在网上立足。这就要求卖家生产时一定要把好质量关。如果质量有问题,一开始就不能发货。同时,在发货时要严格检验,保证货物的包装等没有问题。

2. 关于色差问题

现实中,网上店铺的很多卖家都是用杂志、其他网站或厂家提供的模特图片,而不去拍实物图,往往造成图片"失真",并由此产生纠纷。由于网上购买时客户无法看到实物,因此商品图片成了客户判断商品外观的重要依据。图片应尽量与商品实物接近,对商品的文字、声音描述要全面客观。

3. 良好的售后服务

接单、发货并不是一个国际电子商务业务的结束,而是服务的真正开始。当客户下单后,卖家应尽快发货,发货后把快递单号和物流信息查询方式告知客户。如果其间客户有什么疑问,卖家应尽快答复,让客户感到自己是被重视的,卖家是很负责的。

4. 依据客户类型区别对待

在交易前,可查看一下客户的信誉度、客户对其他卖家的评价及其他卖家对客户的评价,再结合各类客户的不同特点区分对待。

(二) 中评、差评的处理

1. 由于质量问题产生的中评、差评

对于单纯由于质量问题产生的中评、差评是比较好解决的。首先,卖家在收到中评、差评之后及时和客户联系,询问其对商品不满意的具体原因。在此基础上,让客户提供相应的商品图。此外,卖家要到自己的出货记录中查找相同时间内其他客户对相同商品的反馈信息,查看对比未销售的库存中的商品质量。如果确实存在客户反映的问题,应及时积极解决。通过退款或换货的方式,让客户满意并且修改评价。

2. 由于物流原因导致的中评、差评

受各种因素影响,物流快递企业未能将货物及时送达客户手中,往往成为卖家给予中评、差评的重要理由。对于这类中评、差评,卖家应通过与物流快递企业的及时沟通,首先了解清楚造成货物未及时送达的具体原因,是天气原因、物流快递企业运力原因,还是快递员不足的原因?其次是针对不同原因造成的交货延迟,卖家应及时采取应对措施,以消除这类中评、差评带来的负面影响。对于由天气因素造成的交货延迟,卖家客服人员应立即向客户做出解释,取得客户的谅解并尽可能消除中评、差评。而对于因物流快递企业运力紧张和快递员不足造成的交货延迟,卖家客服人员除向客户做出解释外,还应重点考虑更换物流快递企业,以提升今后货物的按时送达率,减少因物流因素造成的中评、差评。

3. 恶意中评、差评

不少卖家都遇到过被客户或同行竞争对手恶意差评的情况,如果客户的中评、差评

包含不实评论或带有侮辱性语言,可通过向平台客服投诉删除恶意中评、差评。但是,如果客户的评论是对产品消费后的体验,是消费者对所购商品的客观感受,即使评论是负面的,平台也可能不会删除该评论,因为这种类型的评论是合理、合法的。作为卖家,反而应该从这类客观的中评、差评中吸取教训,不断改进产品设计和提高产品质量。

第三节　国际电子商务客户关系管理

一、客户关系管理的重要性

客户关系管理(Customer Relationship Management,CRM),就是通过对客户详细资料的深入分析,通过最大限度地满足不同客户的需求,来提高客户的满意程度,从而提高企业竞争力的一种手段。客户关系是指企业为达到其经营目标,主动与客户建立起的某种联系。这种联系可能是单纯的交易关系,也可能是为客户提供一种特殊的接触机会,还可能是为双方利益而形成的某种买卖合同或联盟关系。客户关系管理的核心是客户价值管理,通过"一对一"的营销原则,满足不同客户的个性化需求,提高客户忠诚度和保有率,实现客户对企业价值的持续贡献,从而全面提升企业盈利能力。客户关系管理的重要性主要体现在以下几点:

(1)客户是连接企业和市场的桥梁。企业的市场影响力和竞争力,是通过客户的购买行为、购买后的消费体验和消费后的评价口碑,而逐渐积累和建立起来的。因此,企业只有处理好与客户的关系,才能真正形成自己的核心竞争力。

(2)与传统商务模式下企业与客户之间的单项信息传播交流不同,在基于互联网的电子商务模式下,企业与客户之间是双向信息传播、多元互动交流。而且,在企业与客户的信息交流中,客户越来越处于主动地位,客户对不同企业商品的评价好坏、满意度高低和忠诚度大小,越来越关系到企业在市场竞争中的生存与发展。

(3)客户满意度影响客户忠诚度。客户对企业商品及服务的满意度,决定着该客户将来是否继续购买及购买多少该企业的商品或服务,也就决定着该客户能否继续留在该企业的客户群体中。

开展客户关系管理,对国际电子商务经营者而言,具有多方面的好处。

(1)提高销售额。利用 CRM 系统提供的多渠道的客户信息,能更加确切地了解客户的具体需求,从而增加销售的成功概率,进而提高企业的销售收入。

(2)增加利润率。由于对客户的更多了解,业务人员能更有效地抓住客户的兴趣点,设计"一对一"的营销方案,进行定向销售,从而避免陷入"低价竞争"陷阱,达到提高销售利润的目的。

(3)提高客户满意程度。CRM 系统提供给客户多种形式的沟通渠道,同时又确保各类沟通方式中数据的一致性与连贯性。利用这些数据,销售部门可以对客户要求做出迅速而正确的反应,让客户提升对购买商品满意度的同时,认可并愿意长期保持与企业的有效沟通关系。

（4）降低市场销售成本。对客户进行具体甄别和群组分类，并对其消费特性进行分析，可使市场推广和销售策略的制定与执行避免盲目性，从而节省时间和资金。

国际电子商务模式与传统国际商务模式相比，在客户关系管理上具有自身独有的特点。

（1）一对一。国际电子商务环境下的CRM以每一个客户作为一个独特的对象，所有对客户行为的追踪或分析，都是以单一客户为单位，发现其购买行为方式与消费偏好。同时，营销方案也是依每个客户的个性来设计。

（2）实时性。国际电子商务环境下的消费者可快速地接受大量信息，所以其购买行为和消费偏好也在不断地发生改变。通过CRM，企业能实时地观察和了解消费者行动的改变，可以根据客户消费行为的变化来及时调整产品设计、生产和营销策略。

（3）模块化。模块化是国际电子商务环境下解决复杂性问题的有效方案。遵守一定的标准且采用模块化结构，就会使电子商务软件开发者杜绝错误且开发出快速适应变化的应用程序。因为消费者购买行为和消费偏好的改变，只是影响整个商业规则或商业流程的某些部分。若按照"模块化"结构，开发、维护CRM软件，开展客户关系管理，可以大大提升电子商务的交易和管理效率。

二、国际电子商务对客户关系管理的挑战

经营环境和营销手段的巨大变化，使得国际电子商务模式下的客户关系管理，面临来自多方面的新的挑战。

（一）来自消费者需求的挑战

传统电子商务模式下，客户只能被动地获取企业及商品信息。企业通过大众媒体进行的广告促销，如果能够树立起独特的商品形象，就有可能成为市场上热门的销售商品。企业不必考虑每个客户的专门需要，只要能保持在电视和报纸上经常有曝光就可以树立品牌形象。

然而，在互联网时代催生的电子商务模式下，作为客户的消费者不再是被动的产品信息接受者，而逐渐成为新产品需求信息的发布者和市场发展趋势的引领者。如果从事国际电子商务业务的企业，不能适应这一变化，不主动搜集消费者的需求信息并开发满足消费者需求的新产品，就很难赢得市场甚至难以生存。反之，则将赢得新的市场机会，巩固和提升市场影响力。

以美国宝洁公司为例，这个在市场营销方面始终走在前列的跨国公司，也不得不积极主动地搜集消费者的需求信息，并根据这些信息来开发新产品。它收购了一个本来由志愿者组成的非营利性网站，这个网站主要是帮助年轻夫妇解答婴幼儿保健问题。网站采用会员制，通过会员注册之后，它自动识别你最关心的是哪个年龄段的幼儿哺育。注册会员可以向其他会员询问问题，也可以浏览它推荐的产品，比如哪种奶粉最适合缺铁

的儿童。从对会员询问和所推荐产品的信息中,宝洁公司可以得到奶粉市场的需求信息变化,从而有针对性地开发新产品并提供给网站会员,这样一来就巩固了公司在婴幼儿奶粉市场的地位和品牌影响力。

(二) 来自竞争对手的挑战

在互联网日益普及,"网购"产品和服务迅速从青少年向各个年龄层的消费者蔓延的趋势下,是否开展网络营销、涉足电子商务的早晚,不仅影响企业的市场地位、盈利能力,甚至决定着企业是否还有新的发展机会和生存空间。在竞争对手先行一步,越来越多地开展电子商务营销的情况下,企业如果还是坚持传统营销模式,等待它的结果只能是破产倒闭直至退出市场。

美国东北航空公司曾经是一家规模颇大的国际航空企业,拥有几十条国际和国内航线,但是在20世纪90年代不得不宣布倒闭。它的倒闭是因为当其他航空公司纷纷采用计算机信息系统让世界各地的旅游代理商可以实时查询、订票和更改航班的时候,东北航空公司却没有这么做。很快它就发现在价格和服务方面无法与其他航空公司竞争。其他公司可以及时向客户提供折扣,或在更改航班的时候通知客户,保持每次飞行的客满率,而它仍然通过昂贵的长途电话方式运作。等它决定投资开发计算机网络订票系统已为时已晚,最后不得不以破产倒闭告终。

即使已经开展网络营销并在今天运行得很好的企业,如果不能根据数字信息技术的发展和消费者需求变化,持续改进和提升营销策略、客户服务水平及不断改善客户关系,也会同样面临被新老竞争对手超越的危险。

(三) 来自科技进步的挑战

日新月异的科技进步经常让企业目不暇接,要跟踪评估和应用就更为困难。每一家软件提供商都强调自己的产品如何有效和重要,到底应该如何取舍,如何在信息系统中融合现存的企业优势?如何评价对信息系统的投资是否有预期的回报?这些常常让没有技术背景的企业及其管理者不知所措,而要让通晓数字信息技术的IT人员熟悉企业管理战略有时也不容易。企业投资常常在战略和手段的不协调上落入无回报的陷阱。如何通过良好的客户关系管理,让客户手中的信息、技术、创意和设计等资源为己所用,就显得越来越重要。

(四) 来自企业内部的挑战

无论是像亚马逊这样的新兴网络企业,还是像沃尔玛这样努力进行网络化改造的传统企业,网上客户的要求都不仅是信息交换,最后仍然要落实在产品和服务上,这就要求企业流程能够在制造、运输、售后服务等各方面与加速流通的客户信息相匹配。通过互联网等现代通信手段与企业进行交流的用户往往更没有耐性,他们要求电子邮件能够立刻回复,订单可以随时查询,购买信息的更新修改都要能够及时做到。企业内部从研发设计、生产组织、物流配送到售后服务等各流程各环节的管理能否满足,就显得非常关键。

国际电子商务交易模式下,从以产品为中心向以客户为中心的营销观念的转变,是现代企业管理的重大变化,这必将引起企业管理思想与技术手段的不断创新。客户关系管理作为一种全新的企业管理概念,正是这种转变中的企业管理模式的基础。意识到电子商务对 CRM 的冲击,并多层面地提升 CRM 的管理水平,才能提升企业在市场中的竞争能力、支持长期客户关系、不断挖掘新的市场机会,使企业最终实现销售收入、利润及股东价值的持续增长。

三、客户生命周期阶段划分及特点

客户生命周期是客户关系生命周期的简称,是指客户关系水平随时间变化的发展轨迹。从消费者成为企业的潜在客户开始,客户的生命周期就开始了。该生命周期可划分为四个阶段,由前到后依次为潜在客户阶段、新客户阶段、老客户阶段、新业务的新客户阶段。客户服务的目的就是要使这个生命周期不断地延续下去,让这个客户成为忠诚的客户。

客户生命周期是从动态角度研究客户关系的重要工具,它将客户关系的发展过程划分为几个典型阶段,并对每一个阶段的客户特征进行描述,其各阶段特点如下。

(一)潜在客户阶段的特点

当个人或组织在询问企业的产品或服务信息时,就表明其已经对该产品或服务有了兴趣,已经成为该企业产品或服务的潜在购买客户。在该阶段,客户会由于多种不同的需求,例如,主要功能、辅助功能及兼容功能等功能需求,质量、品牌、外在包装等形式需求,性能价格比等价格需求,以及心理需求、服务需求、文化需求等外延需求等,产生一定的购买意识。

当客户对某种产品或服务产生购买意识后,就会对有关这种产品或服务的信息感兴趣,会通过媒体广告、商品展示、他人推介、本人经历等多种途径去收集信息,为自己的购买决策提供依据。然后,客户将收集到的各种信息进行比较、分析和处理,包括对不同企业生产或提供的同类产品或服务进行对比、分析和评估。有时这种对比、分析和评估会反复进行。

在该阶段客户最需要的是建立对企业产品或服务的信心,潜在客户对产品或服务的信任程度或认可度,决定了其上升为新客户的可能性大小。外界评价、客户的层次及客户所属的行业等因素会对客户进入下一阶段产生影响。

(二)新客户阶段的特点

当客户经过需求意识、信息收集、评估选择后,对企业产品或服务已有所了解,或者在别人的推荐和介绍之下,会将某种产品和服务的期望同属于自己的价值观念密切地联系在一起,客户决定使用或者购买某一企业的某种产品或服务时,就由潜在客户上升到了新客户。

在这个阶段,客户还需要进一步培养和提升对该企业产品和服务的信心和信任感,同时也为其继续使用该企业产品进而购买和使用该企业其他更多新产品或服务奠定基础。对新客户的呵护和培养,是让新客户继续消费产品或服务的前提。

(三) 老客户阶段的特点

在该阶段,客户购买和使用该企业的产品或服务已持续了一段时间,对企业产生了较强的信任,从而成为该企业的老客户。这时候,客户的信任度、满意度和忠诚度是企业关心的焦点,企业要想办法将此老客户发展成为忠诚客户,争取更多的客户资金份额,同时要让其对企业新的产品或服务感兴趣,通过交叉销售扩展来自老客户的营利。客户服务质量、客户新需求和竞争者情况等因素会对客户进入下一阶段产生影响。

(四) 新业务的新客户阶段的特点

这里的新业务的新客户,是由原来的老客户对本企业新的产品或服务产生兴趣发展而来,对企业原有产品和服务而言是老客户,而对企业新产品和服务而言则属于新客户。即原有的老客户由于建立起对该企业产品或服务的信任感,进而扩展到愿意购买和使用该企业的新产品或服务。这时的购买和使用是建立在企业与客户之间已经建立的相互信任的基础上的,不同于一个纯粹新客户对企业新业务的接受。

影响新业务的新客户的因素主要包括企业原有业务的运行情况、新业务的发展情况、客户的满意程度及企业的发展状况。当客户进入该阶段时,客户生命周期就进入到循环阶段,客户潜力得到了挖掘,客户的生命周期得以延长,实际上为企业新业务留住了客户、赢得了市场,同时节约了开发新客户的成本。

四、客户关系管理策略

不管哪个国家的哪个行业,客户对卖家来说都是至关重要的,特别是一些老客户,他们会不断地给卖家带来新的客户,所以做好老客户的客户关系管理,防范老客户流失,让老客户带来或者成为新客户,显得十分重要和关键。在开展国际电子商务中,卖家要做好老客户关系管理,应重点关注下面几点。

(一) 实施全面质量营销

客户追求的是较高质量的产品和服务满意度,如果卖家不能给客户提供优质的商品和服务,那么客户就不会对卖家满意,建立和提高客户忠诚度就更无从谈起。因此,卖家应实施全面质量营销,在产品和服务质量方面让客户满意。

另外,卖家在竞争中为防止竞争对手挖走自己的客户,战胜对手,吸引更多的客户,就必须向客户提供比竞争对手具有更多"价值"的产品和服务。这样,才能提高客户满意度并加大买卖双方深入合作的可能性。为此,卖家可以从两个方面改进:一是通过提高产品和服务的使用价值,提升客服形象和服务质量,从而提高产品和服务消费的总价值;二是通过不断创新客户服务和促销手段,提升交易便利化水平,减少客户购买产品的时间和精力消耗,从而降低客户的货币和非货币成本,为客户创造更大的消费价值。

(二)提高市场反应速度

1. 善于倾听客户的意见和建议

在国际市场竞争激烈,几乎所有国家的所有商品和服务都呈现"买方市场"特征的情况下,买卖双方之间的平等交易关系,越来越向买方倾斜。因而只有赢得客户的信任、信赖和忠诚,企业才能真正赢得市场份额,才能生存和发展下去。所以,对待客户提出的各种意见及抱怨,卖家必须认真倾听,扮演好听众的角色,要让客户觉得自己和自己所提的意见受到了重视。仅听取还不够,卖家还应及时调查客户的反映是否属实,迅速将解决方法及结果反馈给客户并提请其监督。

在市场需求变化加快和更加充满不确定性时,客户意见越来越成为卖家产品和服务创新的源泉。通过倾听,卖家可以得到有效的信息,并可据此进行技术、产品和服务创新,为卖家开辟新的市场,赢得更多、更好的发展机会,从而也为客户创造更多的消费满足。当然,在来自客户的海量需求信息中,卖家也要采用大数据技术,正确识别、分析和研判客户要求,避免出现误判或错判。

2. 减少老客户的流失

在网购越来越流行,不断有新客户通过电子商务平台购物消费的趋势下,现实中,部分卖家认为流失的老客户会很快由新客户得到补充,会自觉或不自觉地放任老客户流失。其实,如果卖家对客户流失的潜在损失认真地进行分析就会意识到,流失一个客户将带来巨大的损失。因为基于信任关系,老客户的订单次数和订单量往往较高,相同时间内,流失一个老客户的订单数和订单量,是几个甚至几十个新客户的订单都难以弥补的。何况吸引和开发新客户,企业一般要花费更高的成本且存在很高的风险和不确定性。

所以分析客户流失的原因,对于店铺是非常必要的,"商品+服务",这两方面卖家都要做到尽善尽美,管理好老客户、避免老客户的流失就是一场巨大胜利。

3. 用平和心态来对待客户的投诉

当遇到客户投诉的时候,切记先不要计较结果得失如何,卖家首先应该让客户感觉到,卖家是抱着积极的态度来解决问题的,而不是来让问题变得更加严重的。所以,当客户提出一些要求或者建议的时候,只要合理且在卖家接受的范围内,卖家就应该接受。当然,对于客户提出的不合理、过分要求,卖家同样要据理力争、合理拒绝。

(三)与客户建立长期联系

卖家可通过建立客户关系档案,形成客户资源库,及时了解客户消费行为和需求动态变化,维护与客户的长期关系。

1. 向客户灌输长远合作的意义

客户与卖家合作的过程经常会发生很多短期行为,这就需要卖家对其客户灌输长期合作的好处,并对其短期行为进行成本分析,指出短期行为可能给客户带来资源和投资浪费。卖家还应向老客户充分阐述自己的发展愿景,使老客户认识到只有和卖家长期合作才能够获得长期收益。

2. 优化客户关系

感情是维系客户关系的重要方式,日常的拜访、节日的真诚问候、过生日时的一句真诚祝福和一束鲜花,都会使客户深为感动。交易的结束并不意味着客户关系的结束,卖家在售后仍须与客户保持经常联系,以确保他们的满意度持续下去。

本章小结

本章主要对国际电子商务客户服务的职能与特点、国际电子商务售后常见纠纷及解决方法及国际电子商务客户关系管理等内容进行了重点介绍。

国际电子商务客户服务工作指的是在国际电子商务平台后台的工作人员面向客户的沟通和服务工作,主要包括售前咨询和信息推送、售中沟通与服务、售后的纠纷处理及后台数据分析等。按照国际电子商务的售卖阶段,客户服务工作的职能可以分为售前、售中和售后三个阶段。客户服务人员需要具备的基本技能包括专业技能、沟通技能和分析技能。国际电子商务与传统外贸在售后交流与沟通上的不同点包括无法预知对手、终端消费者居多、人性化服务、不可感知性、跨时空性和灵活性。国际电子商务售后服务的具体工作包括客户咨询信息处理、物流信息及时反馈、管理买家资料、客户维护与二次营销。卖家在与客户进行售后交流与沟通时,应尊重并理解客户的情绪、进行有效沟通并保留证据。

在国际电子商务实际业务中,常见的售后纠纷有客户对资费不满、客户未收到商品、商品与描述不符、客户自身原因及客户给出中评、差评等。只有了解和区分纠纷产生的原因,才能"对症下药",寻找到有效的解决方案,建立并维持与客户良好的关系。

客户关系管理是指通过对客户详细资料的深入分析,来提高客户的满意程度,从而提高企业的竞争力的一种手段。国际电子商务客户关系管理的特点包括一对一、实时性和模块化结构。使用客户关系管理能够提高销售额、增加利润率、提高客户的满意程度和降低市场销售成本。客户生命期是客户关系生命周期的简称,可划分为四个阶段,由前到后依次为潜在客户阶段、新客户阶段、老客户阶段、新业务的新客户阶段,客户服务的目的就是使这个生命周期不断地延续下去,让这个客户成为忠诚的客户。在国际电子商务领域,卖家要做好老客户关系管理,应重点关注下面几点:一是实施全面质量营销,二是提高市场反应速度,三是与客户建立长期联系。

关键术语

客户服务,售前客户服务,售中客户服务,售后客户服务,客户关系管理,客户生命周期。

复习思考题

1. 国际电子商务客户服务的职能有哪些?
2. 国际电子商务客户服务人员应该具备哪些技能?
3. 你如何理解国际电子商务与传统外贸在售后交流与沟通上的相同点和不同点?
4. 国际电子商务售后服务的具体工作有哪些?
5. 如何应对因客户对资费不满而引起的售后纠纷?
6. 如何应对因客户未收到商品而引起的售后纠纷?
7. 卖家在与客户进行售后交流与沟通时应该注意哪些问题?
8. 概述客户关系管理的定义、特点及重要性。
9. 客户生命周期分为哪几个阶段?
10. 在国际电子商务领域,卖家应如何做好老客户关系管理?

参考书目

赵莉. 国际电子商务实战[M]. 北京:清华大学出版社,2015年4月。

刘敏. 跨境电子商务沟通与客服[M]. 北京:电子工业出版社,2017年8月。

速卖通大学. 跨境电商客服:阿里巴巴速卖通宝典[M]. 北京:电子工业出版社,2016年1月。

吴喜龄,袁持平. 跨境电子商务实务[M]. 北京:清华大学出版社,2018年7月。

刘春光,李念. 跨境电子商务实务[M]. 北京:电子工业出版社,2016年8月。

于立新. 跨境电子商务理论与实务[M]. 北京:首都经济贸易大学出版社,2017年3月。

阮晓文,朱玉赢. 跨境电子商务运营(速卖通 亚马逊 eBay)[M]. 北京:人民邮电出版社,2018年6月。

第十一章 国际电子商务管理

学习目标

掌握:贸易管理体制的新特点,国际贸易"单一窗口"的含义、发展阶段及建设,世界贸易网点联盟

理解:国际电子商务对传统国际贸易体制的挑战,世界贸易网点联盟的服务及成员客户的利益,国际贸易"单一窗口"的类型

了解:WTO《电子商务工作计划》及进展情况,国际贸易"单一窗口"的演变过程,中国国际贸易单一窗口标准版应用项目,中国地方贸易"单一窗口"的特色应用项目

导学案例

新加坡贸易单一窗口——TradeNet© 建设实践

20世纪80年代中期,新加坡政府决定简化贸易许可证审批规章制度所涉及的流程,进一步强化新加坡已经确立的贸易中心地位,并改善对外贸易条件。为确保支持贸易规章制度和流程的重建和改进技术的使用方面得到充分的保障,新加坡政府建立了由政府高官和商界领袖组成的专门委员会。1986年,新加坡政府完成了TradeNet的概要设计;1987—1988年,为TradeNet制订计划并进行开发;1989年1月1日,TradeNet正式上线运行服务于新加坡贸易界,逐步实现100%的贸易申报都通过TradeNet"单一窗口"系统以电子化方式递交。TradeNet是世界上第一个投入运行的国家范围的贸易"单一窗口"系统。每年处理1 000多万份贸易许可申请,其中90%都在10分钟内处理完毕,而每年签发的原产地证书超过10万份。

在TradeNet之前,没有一个协调所有手续的综合计算机系统,贸易许可审核手续是由手工完成的。新加坡政府认为引进TradeNet对新加坡贸易界并进而对整个经济都会带来诸多效益。TradeNet带来的费用节省、效益增加和资金周转时间缩短都将推动新加坡成为一个更具有竞争力的国际贸易中心。新加坡建立TradeNet的主要目标是:

- 降低贸易单证处理成本;

- 减少贸易单证流转时间的延误；
- 以流水线处理方式来提高政府各机构的处理效率；
- 通过提高作业效率和透明度来吸引境外直接投资。

为让贸易企业逐步接受并积极使用 TradeNet，新加坡政府采用了分阶段实施和推广的做法。第一阶段，对非监管和免税货物进出口许可申请的电子处理和审批；第二阶段，项目范围扩大到监管和征税货物；在随后的各个阶段中，又引进了银行自动扣款和原产地证书申请功能。对于决定使用 TradeNet 的企业，新加坡政府均给予必不可少的计算机基础培训和与 TradeNet 有关的业务处理流程的管理和再造、标准的采选和贸易单证专业知识等核心课程的培训。同时，也会按 TradeNet 用户的不同类型安排相应的专门培训。

使用 TradeNet"单一窗口"使在线提交和自动处理都更为透明，向贸易商征收的关税、费用和税款都更为准确和快速。支付系统直接与银行连接，以便于对贸易商和政府的银行账户进行直接扣款和存款。使用自动系统对关税、费用和税款进行验证与核定，因而在收取税款方面没有损失。

TradeNet 在总体上极大地改善和简化了贸易流程（见表 11-1），这对于新加坡经济至关重要。除了上述效益，所取得的成果还表现在以下几个方面：

（1）更快的响应速度，以满足对规章制度的动态执行和实施。TradeNet 可以快速地紧急实施法规和变更政策，包括强制执行对往来于某些国家特定种类货物的进口限制。这就避免了人工处理所需的冗繁处理过程。

（2）统计数据得以准确及时地收集。及时收集贸易统计数据，用以分析贸易模式和预测贸易的潜在趋势。

（3）在任何时间、任何地点都可访问 TradeNet，改善了客户服务。通过互联网使用 TradeNet，用户在任何地点都可以访问系统。TradeNet 所提供的 7 天 24 小时服务标准，使许可申请及业务处理都能夜以继日地进行。

（4）提高效率，增加交易量。交易量的增加是缩短单证申报流程周转时间的结果。使用 TradeNet 所提供的高效和易用的门户网站，用户可轻松地完成日常的商业交易。对于所有的货物和手续，只有一份许可申请是必需的，通过使用公共网络连接向各机构提交。

表 11-1　TradeNet 为贸易带来的效益

项目	以前的手工流程	使用 TradeNet
提交单证	由员工呈递；仅在办公时间内	从办公室设备提交；每天 24 小时都可以
每份单证往来监管机构的次数	至少需要 2 次	不需要
单证份数	多份（最多达 35 份）	单份（在用户办公地点打印）
审批处理时间	4 小时到 2 天	10 分钟之内

（续表）

项目	以前的手工流程	使用 TradeNet
应税货物处理	办理海关手续需要多份不同的单证	按指定线路向海关发送同一电子单证办理手续
监管货物处理	各个监管部门办理手续需要多份不同的单证	按指定线路向各个监管机构发送同一电子单证办理手续
收费	10～20 新加坡元	3.30 新加坡元
海关征税	使用支票	银行自动扣款

资料来源：根据新加坡政府海关网站（https://www.customs.gov.sg/about-us/national-single-window/tradenet）发布的 TradeNet 信息编辑整理。

案例思考题：

1. 新加坡为何建立 TradeNet"单一窗口"？
2. 新加坡的贸易"单一窗口"建设实践对我国有何借鉴意义？

第一节 国际电子商务环境下的贸易管理体制变革

一、国际电子商务对传统贸易管理体制的挑战

国际电子商务的迅速发展，在理论和实践上都对传统国际贸易管理体制提出了挑战。

（一）国际电子商务交易属性的界定

WTO 多边贸易管理体制，已经就货物和服务贸易达成了协议，即《关税与贸易总协定》（GATT）和《服务贸易总协定》（GATS）。其中 GATS 被分为四种模式：①过境交付；②境外消费；③商业存在；④自然人活动。国际电子商务以其自身的多种属性和一些前所未有的特点，要求人们在未来的贸易政策制定和贸易管理过程中应回答两个问题：①国际电子商务是否可以归属于现有的 WTO 多边贸易体制管理？如果可以，它应该由哪一个协议来约束？②对于一些难以界定的国际电子商务行为应如何处理？

（二）国际电子商务交易的安全问题

近年来，国内外有关"黑客"非法侵入计算机网络的事件层出不穷，给各国互联网经济造成了重大损失。在互联网上开展国际电子商务活动的一个首要问题就是要保证商务活动中的安全性和可靠性。任何国际电子商务系统必须在安全策略的指导下建立一个完整的综合保障体系，来规避信息传输风险、信用风险、管理风险和法律风险，以满足开展国际电子商务所需的机密性、认证性、完整性、可访问性、防御性、不可否认性和合法

性等安全性要求。只有满足这些条件,国际电子商务活动才能顺利开展,与此相关的贸易活动才得以顺利展开,并避免不必要的经济损失。

此外,国际电子商务也使一个国家的经济安全面临挑战。当经济贸易日益电子化后,互联网的连通使数据很容易被他人掌握,尤其是技术相对落后的发展中国家,其保护经济数据、机密信息和商业秘密将更加困难。

(三)国际电子商务交易的税收问题

国际电子商务有别于传统国际商务交易方式,其无国界、虚拟、隐蔽的特性,对现行税收制度形成了诸多挑战,主要有以下四个方面:

1. 常设机构的概念受到挑战

按国际规范,只有在某个国家设有常设机构,并取得归属于该常设机构的收入,才能被认定为从该国取得的收入,由该国行使地域税收管辖权进行征税。所谓"常设机构",是指一个企业进行全部或部分经营活动的固定营业场所,包括管理场所、分支机构、办事处、工厂、作业场所等。互联网的出现,使许多国内消费者或厂商可以通过网络购买外国商品和劳务,外国销售商并没有在本国出现,因而不能对外国销售商在本国的销售和经营征税。另外,本国销售商向外国销售产品和劳务,本国当然要对其销售行为征税,但是,涉及的出口商品和劳务的税收优惠、出口退税等问题,同样不好处理。而且,原本设在本国的分销机构现在完全有可能用一台智能型服务器来代替,服务器能否被认定为常设机构值得商榷。即使将服务器认定为常设机构,由于服务器中只有数字信息,不存在进货、出货及库存等概念,因而营业收入也难以界定。这样,如何确定贸易方的国籍并判断是国内贸易还是国际贸易就成为一个问题。

2. 服务收入来源地的确定问题

网上服务贸易是国际电子商务发展潜力非常大的领域。在确定服务收入来源时,国际上一般都是采取服务提供地标准。互联网服务贸易主要集中在完全通过网络提供服务上,如计算机游戏、数字图书、数字音像制品和信息查询等,另外,网上专家系统也可以提供诸如法律、医疗等方面的咨询服务,而且互联网还提供了远程办公的可能。如果服务的提供者和消费者分处不同的国家或地区,就会出现服务提供地与实际收入来源地不一致的情况。这样就会使一国对实际来源于本国的收入无法征税,造成新的国际税收纠纷。

3. 管理中心的标准需重新调整

在国际税收的传统概念中,管理中心的标准是判定法人居民身份的要素。召开董事会议或股东大会的场所是认定法人实际管理中心的重要标志。然而,网络技术使各国各地的董事、股东足不出户,通过网络视频就可以参加董事会或股东大会,从而使管理中心的标准在处理这一问题时显得力不从心。

4. 国际税收管辖权的冲突

国家税收管辖权问题是国际税收的核心问题之一。目前,世界各国有的实行地域税收管辖权,有的实行居民税收管辖权,也有的地域税收管辖权和居民税收管辖权都实行。

一般来说,发达国家的居民会发生大量的对外投资和跨国经营活动,能够从国外取得大量的投资收益和经营所得。因此,发达国家更侧重于去维护自己的居民税收管辖权,而发展中国家更侧重于维护自己的地域税收管辖权。但总的来说,大多数国家都是坚持地域税收管辖权优先的原则。网上贸易和服务的发展,使各国对所得来源地的判定产生了争议,这给行使地域税收管辖权带来了相当的困难。美国作为网上贸易和服务的发源地,基于其自身利益出发,已明确表态要求加强居民税收管辖权。

(四) 发展中国家的特殊待遇问题

根据WTO的基本原则,发展中国家在一般贸易中享有一定的例外和差别待遇,以鼓励发展中国家的积极参与。但是在这场信息技术革命引起的国际贸易方式的变革中,发展中国家处于一种较为尴尬的境地,它们非常寄希望于乘机取得后发优势,又无奈资金、技术等先天不足。因而除了新加坡、韩国、马来西亚等几个"新兴工业化国家"发布了自己的《电子商务基本法》,绝大部分发展中国家的电子商务战略还很不明确,更未大规模开展国际电子商务。而发达国家急于抢占国际电子商务的制高点,用它作为一种全新的国际贸易竞争手段,继续主导国际贸易发展方向。因此,可以预见,在发达国家的主导下,国际电子商务将用于进一步推动贸易自由化,然而网络技术落后的发展中国家却面临新的技术壁垒。

国际电子商务不能引起新的贸易障碍和贸易壁垒(尤其是那些针对较贫穷的国家的贸易障碍),这必须在制定全球电子商务政策时引起更深切、更广泛的关注,以确保国际电子商务这一新型国际贸易方式能够真正使世界各国受益。在未来的国际电子商务政策制定过程中,以下问题必须得到重视:①发展中国家缺乏开展国际电子商务的基本设施建设和技术能力,联合国、WTO和世界银行等国际组织,应建立和实施切实可行的技术援助项目。②发展中国家在涉及国际电子商务的关税减免等具体项目上应始终享有特殊待遇。③WTO应协助发展中国家利用国际电子商务可能给它们带来的好处,使发展中国家变被动为主动。

(五) 知识产权保护问题

国际电子商务的一个重要用途就是知识和信息资源共享,这使知识产权保护遇到了一系列的问题。在国际电子商务条件下,知识产权更容易遭到侵犯。1994年,GATT/WTO签订的《与贸易有关的知识产权协定》(TRIPs),对与国际电子商务有关的知识产权问题有所涉及,但并不完善。随着国际电子商务的发展,很多新问题随之出现:①域名和商标的关系问题;②网络产品版权问题;③网络侵权的界定与治理问题。

互联网上存在大量电子书籍、音像制品的任意下载行为,这样不仅侵犯了原著作者的版权,也侵犯了网上电子书店的利益;还有大量的无授权软件下载及一些网络使用者不负责任地把并不属于自己的正版软件随意上传以供他人共享的行为。网上的商标侵权也愈演愈烈,包括电子公告板(BBS)上的商标侵权、链接引起的商标之争及隐形商标侵权等。同时,域名抢注问题也很严重。

这就对 WTO 提出了新的挑战:①如何修订 TRIPs 协议,使之能够全面涵盖国际电子商务所涉及的知识产权保护问题? ②如何和世界知识产权组织(World Intellectual Property Organization, WIPO)合作,对国际电子商务所引发的新概念(如域名、数字产品)、新问题进行统一的界定,并采取一致的、国际通行的准则来保护网上知识产权,打击网上侵权行为?

(六) 贸易立法的国际协调问题

世界各国政府和国际组织在解决国际电子商务法律问题方面已做了大量开拓性工作,并取得了初步成效,但目前的立法现状离国际电子商务发展对法律环境的要求尚有一定差距。虽然不少国家的法规针对(国际)电子商务或"改"或"立",但仍存在很多立法上的空白点。尽管联合国《电子商务示范法》和《电子签名示范法》等国际示范性法律相继出台,为电子商务立法的国际合作树立了良好的开端,但这些法规均不构成直接有效的国际法。而主权国家之间的立法合作也仅在个别领域展开,远远跟不上国际电子商务的发展步伐。由于电子商务应用的国际性强,由此引起的法律障碍很大程度上要通过国际合作和协调来解决,因此如何对现有法规进行调整以适应国际电子商务这种新的贸易方式,将成为国际组织未来的工作重心之一。

二、国际电子商务环境下贸易管理的新特点

国际电子商务推动国际贸易向"无纸化"和"网络化"方向发展,促使各国政府必须逐步改变传统的国际贸易监管方式。在进出口通关、出口退税、外汇核销、申领发放进出口许可证、进出口商品检验检疫、出口商品配额招标和进出口海关统计等方面,逐步实现电子化、网络化管理,提高监管效率,推进贸易便利化。

国际电子商务提供的交互式网络运行机制,为国际贸易提供了一种信息较为完备的市场环境,促进了各国贸易管理和监管方式的改变,主要表现在以下两个方面:

(一) 国际贸易管理手段的"电子化、网络化"

互联网的发展在推动国际贸易方式从传统的"有纸化"向"无纸化"方向发展的同时,也在全方位影响政府的贸易管理行为,要求政府贸易管理部门改进管理手段、提高管理效率。政府通过建立专门的网站,更加透明、快捷地发布贸易政策,处理企业登记、审批业务,由传统政务走向"电子政务",使国际贸易管理逐步实现"电子化、网络化"。

(1) 通过政府网站发布国际贸易政策、法规,开展进出口统计和信息发布;
(2) 进出口商品配额实行网上招投标管理,贸易企业间的配额转让也在网上实现;
(3) 进出口许可证实现网上申领与签发;
(4) 海关报关和通关的网络化;
(5) 进出口商品检验检疫的电子化;
(6) 税费缴纳、出口退税办理的网络化。

（二）国际贸易单证、报文的"标准化、统一化"

在传统"有纸"贸易方式下，关于国际贸易中所使用的大量单证和报文，无论在格式还是在内容上，不同国家或地区的贸易企业之间都存在明显差别，但由于是人工处理和寄送，不会影响贸易的正常进行。而在"数字"传输的国际电子商务方式下，要求各种单证和报文的格式必须统一，才能在网络上实现快速传输、自动处理和共享。因此，国际电子商务的顺利开展，要求各国政府部门、企业和机构之间，应实现代码、单证、报文等的"标准化、统一化"。为此，各国政府主管部门和国际组织都在做出积极的努力，并取得了显著进展。如联合国有关机构在20世纪90年代就开始制定发布《行政、商业和运输业电子数据交换规则》（UN/EDIFACT）等一系列规则和标准。

我国商务部委托中国国际电子商务中心根据开展国际电子商务的需要，先后制定了国际贸易方式代码、国际贸易单证代码、国际贸易交货条款代码等七项代码国家标准，商业发票、装箱单、装运声明等六项外贸单证标准，进出口许可证格式、原产地证明格式、联合国标准发票报文等七项国际贸易报文格式。

第二节　国际电子商务管理的全球合作

一、WTO与电子商务

（一）电子商务被纳入WTO议事日程

电子商务的飞速发展引起了全球经济增长方式的巨大变革，同时电子商务在国际贸易领域的应用和普及，也使得国际贸易的各个方面出现了新的变化，对现有国际贸易体制提出了新的挑战。正是由于认识到电子商务在全球贸易发展中日益提高的重要性，1995年1月1成立的WTO，开始把电子商务的发展和应用对国际贸易的影响，作为重要议题列入其议事日程。

在1998年5月召开的瑞士日内瓦第二次部长级会议上，WTO各成员方的贸易部长们一致同意研究全球电子商务问题，并通过一项《全球电子商务宣言》。该宣言称：认识到全球电子商务日益发展，并不断创造新的贸易机会，WTO总理事会应建立一个"综合工作计划"，来审查全球电子商务有关的所有贸易方面的议题，包括由各成员方提出的有关这方面的议题。工作计划要包括WTO有关机构，考虑到经济、财政等因素和发展中国家的发展需要。总理事会应对工作计划的进展情况和应采取的行动建议，在WTO第三次部长会议上提交报告。在对工作计划的结果和WTO协议下成员方的权利、义务没有任何歧视的条件下，各成员方应继续实施目前对电子交易不征收关税的做法。

按照《全球电子商务宣言》的要求，WTO总理事会于1998年9月25日发布了《电子商务工作计划》。

（二）WTO 与《电子商务工作计划》

WTO 总理事会发布的《电子商务工作计划》，共有八个部分。

第一部分(1.1条)，说明了建立工作计划的依据，即 WTO 第二次部长级会议通过的"全球电子商务宣言"。

第二部分(1.2条)，规定了总理事会在工作计划实施中的作用和日程安排：总理事会在该计划的实施中将发挥中心作用，根据日程安排对工作计划实施经常性的检查回顾；总理事会将考虑具有交叉性质的所有与贸易有关的问题；工作计划中凡是涉及电子交易征税的问题应由总理事会审查；总理事会将在1999年3月31日，对工作计划的实施情况进行中期审查；工作计划中涉及的所有机构应在1999年7月31日，向总理事会提交研究报告或信息。

第三部分(1.3条)，对"电子商务"进行了定义。该计划将"电子商务"定义为："通过电子方式实现的货物和服务的生产、分配、营销、销售和交付活动。"同时，该计划也将与电子商务基础设施发展有关的问题包括在内。

第四部分(1.4条)，要求工作计划中所涉及的 WTO 有关机构，应将其他政府间国际组织，在推动电子商务发展中的工作成果考虑在内，考虑从有关非政府间国际组织（NGOs）那里获得信息的可能方法和途径。

第五部分至第八部分规定了四个 WTO 机构的具体审查工作范围。

第五部分(2.1条)，是对 WTO"服务贸易理事会"的工作规定：服务贸易理事会应就《服务贸易总协定》法律框架内的电子商务的待遇问题进行审查及报告。具体包括：提供服务的范围（包括提供方式，第1条）；最惠国待遇问题（第2条）；透明度原则（第3条）；发展中成员方的不断参与（第4条）；国内规定、标准与承认（第6条与第7条）；竞争问题（第8条和第9条）；保护隐私、公共道德和防止欺诈（第14条）；服务电子方式提供的市场准入承诺（包括基础和增值电信服务承诺、分销服务承诺，第16条）；国民待遇（第17条）；接入和使用公共电信传输网及其服务（GATS 关于电信的附件）；关税问题；电子商务分类问题。

第六部分(3.1条)，是对 WTO"货物贸易理事会"的工作规定：该理事会将就与《GATT1994》中条款、与《WTO 协议》附件1A项下的多边贸易协定和本工作计划有关的电子商务问题进行审查和报告。具体包括：与电子商务有关的产品市场准入；由于应用"关于实施 GATT1994 第七条协议"（即"海关估价协议"）而引起的各种海关估价问题；由于应用"进口许可证程序协议"而引起的各种问题；《GATT1994》第2条定义的关税和其他税费问题；与电子商务有关的标准；原产地规则问题；电子商务下的货物分类问题；简化贸易手续。

第七部分(4.1条)，是对 WTO"与贸易有关的知识产权理事会"（TRIPs）的工作规定：该理事会负责对电子商务引起的知识产权问题进行审查和报告。具体包括：版权及相关权利的保护与加强；商标的保护与加强；新技术与技术的使用权问题。

第八部分(5.1条)，是对 WTO"贸易与发展委员会"的工作规定。WTO 贸易与发展委员会负责在考虑经济、财政等因素和发展中国家发展需要的前提下,审查和报告电子商务发展的意义。具体包括:电子商务对发展中国家,尤其是这些国家中小企业的贸易和经济前景的影响,使它们获得最大可能利益的途径;电子商务对发展中国家的挑战,增强发展中国家参与电子商务的途径,尤其对以电子方式交付产品的出口商而言,改善基础设施、技术转让和自然人流动的作用;多边贸易体制下,在发展中国家一体化中信息技术的应用;电子商务对货物传统交付方式的可能影响,对发展中国家的意义;电子商务对发展中国家的财政意义。

从以上可以看出,WTO《电子商务工作计划》具有与 WTO 协议相似的结构:以货物、服务、与贸易有关的知识产权的市场准入为基石,同时兼顾发展问题。WTO 总领事会负责审查所有相关条款与交叉问题,协调一切可能的司法冲突。

(三) WTO《电子商务工作计划》的进展情况

截至 1999 年 9 月底,WTO《电子商务工作计划》中涉及的各相关机构都向总领事会提交了各自负责领域的工作报告。原计划在 1999 年 11 月底至 12 月初在美国西雅图举行的 WTO 第三次部长级会议上,由总理事会提交《电子商务工作计划》的最后工作报告,其中包括行动建议。但这一计划因为各成员方的巨大分歧而搁浅。

2001 年 11 月 11 日至 14 日在卡塔尔首都多哈举行的 WTO 第四次部长级会议上,总理事会向大会提交了《电子商务工作计划》的工作报告,报告得到了大会的认可,一致同意继续推行该计划。电子商务作为一项议题单独写入《WTO 第四次部长会议宣言》,该宣言称:迄今为止的工作表明,电子商务使各成员方各发展阶段的贸易面临新的挑战,也带来新的机遇。我们认识到孕育和维持一个有利于电子商务发展环境的重要性,指示总理事会为《电子商务工作计划》的运行考虑最适合的制度安排,并且就进一步进展向第五次部长级会议报告。各成员方将保持目前的做法,即在第五次部长级会议前不对电子交易征收关税。

WTO《电子商务工作计划》实施过程中,在 WTO 贸易和发展委员会的倡议下,1999 年 10 月和 2002 年 4 月分别举行了 WTO 全球电子商务论坛。

第一次论坛,各成员方就电子商务的特点、对国际贸易的影响、电子商务在发展中国家贸易中的潜力、政府对基础设施建设及规范等问题进行了广泛的讨论。这次论坛成果对于《电子商务工作计划》的实施,起到了巨大的推动作用。

第二次论坛的议题是"电子商务对财政收入的意义",论坛把贸易和发展委员会对于电子商务的考虑作为 WTO 工作计划的一个重要组成部分。本次论坛就电子商务的发展趋势、电子商务对税收的影响、电子商务的财政意义、政府和私有部门的电子商务经验等几个专题进行了深入讨论,使 WTO 对于电子商务的研究,从概念、理论走向应用和实践。

以上说明,WTO 对电子商务和其对全球贸易发展的重要性,有了更深刻的认识,正由过去一般意义上的审查研究,走向具体的制度安排,为将来进行全球电子商务谈判和签署专门的《全球电子商务协议》做准备。综合 WTO 各有关机构关于电子商务的工作报告,以及 2001 年 6 月 WTO 总理事会关于电子商务问题的专门讨论,WTO 对于全球电子商务发展的基本观点可概括如下:

(1) WTO 成员方政府认同三种形式的互联网交易:①完全在互联网实现的从选择、购买到交付的服务性交易;②在线(On-line)选择和购买,而以传统方式交付的货物或服务产品的分销;③涉及电信传输功能的交易,包括互联网服务提供交易。

(2) WTO 成员方政府普遍认为:互联网上实现的绝大部分交易,是 GATS 管辖范围内的服务性交易。

(3) WTO 成员方政府普遍坚持:GATS 没有对交货的技术方式进行区分。

(4) WTO 成员方政府一般认为:GATS 的所有条款均适用于电子方式的服务贸易。

(5) 互联网上完成交易的部分产品,在是属于服务还是货物的问题上,WTO 成员方存在分歧。分歧主要集中在书籍和软件等产品上。一些 WTO 成员政府坚持认为,通过传统方式交付的印刷书籍,属于货物,而数字化形式的书籍应该归于 GATS 项下的服务。另一些成员政府则坚持认为,数字化形式的产品仍属于关税和其他 GATT 条款规定下的货物范畴。但还有一部分成员认为,这类产品既不是服务,也不是货物,应被列为"第三类产品",并且对此类产品需制定特殊条款。

GATS 的电信服务附件应如何与互联网准入服务的应用相联系?许多互联网服务提供商(ISP)及其服务可能得益于附件的规定,但一些成员政府担心,这些 ISP 在多大程度上应受到附件条款的约束。

2005 年 12 月 18 日在香港结束的第六次 WTO 部长级会议发表的《部长宣言》中,进一步强调了 WTO 对于电子商务的特别关注。但鉴于 WTO《电子商务工作计划》框架下的问题核查工作尚未结束,WTO 成员方一致同意继续推进已经开展的电子商务核查工作,继续讨论电子商务中与发展有关的议题,以及电子方式交付的软件贸易待遇问题。WTO 同意维持目前电子商务工作计划的制度安排,并且强调至下次部长级会议之前,各成员国维持现有的对电子商务交易免征关税的做法。

在 2009 年 11 月 30 至 12 月 2 日日内瓦召开的第七次 WTO 部长级会议上,WTO 决定更广泛地关注《电子商务工作计划》的进展,指示总理事会定期回顾工作计划执行的进展情况,并向 2011 年召开的部长级会议提交进展报告和行动建议。部长级会议认为,基于 WTO 非歧视、可预见性和透明度等原则,工作计划应重视与发展有关的问题、软件电子化交货的贸易待遇等问题的讨论。本次部长级会议强调至下次部长级会议之前,各成员方继续维持现有的对电子商务交易免征关税的做法。

在 2011 年 12 月日内瓦召开的第八次 WTO 部长级会议上,通过了以下四点决议:

第一,根据现有授权、指导原则和成员方提案,继续在电子商务工作计划下探讨有关问题,如与发展有关的问题、贸易待遇问题等。决议要求坚持 WTO 的基本原则,为满足电子商务发展的需要,加强网络互联和对所有信息的获取、促进远程通信技术和公共互联网建设。决议还要求工作计划研究货物贸易和服务贸易中中小企业对电子商务的运用。

第二,指示总理事会加强工作项目下与发展有关的讨论,特别是通过贸易与发展委员会研究、跟踪与发展有关的议题,如技术援助、能力建设、促进中小企业利用电子商务等。

第三,指示总理事会继续定期审查工作项目的工作。

第四,延续以往决议,各成员方对电子交易暂不征收关税。

在 WTO 第九次部长级会议于印尼巴厘岛召开之前的 2013 年 4 月和 6 月,WTO 召集了两次与电子商务有关的研讨会。在 4 月 8—9 日召开的题为"电子商务、发展与中小企业"研讨会上,与会政府、非政府组织及私人企业代表,就电子商务与发展之间的关系,发展中国家中小企业(Small and Medium-sized Enterprises, SMEs)如何利用电子商务在国内外销售其产品等,展开充分的讨论。会议还重点关注了发展中国家面临的机遇与挑战,帮助或阻碍 SMEs 通过电子商务发现新商机的电信基础设施、规制和投资水平。会议讨论认为:应提高发展中国家 SMEs 利用电子商务的便利化水平,如组织、法规和国家(地区)能力建设;提高对电子商务的认识;增强信息获取能力。发展中国家 SMEs 应利用电子商务和信息通信技术,来改善其生产和商业绩效。国际社会尤其是发达国家,应向发展中国家 SMEs 分享电子商务的成功经验、公共支持政策的成功案例,提供技术援助,改善投资和技能培训。

2013 年 6 月 17—18 日召开的研讨会,以展示全球电子贸易(E-Trade)的商业、技术和法规进展为主题。会议参加者包括:以电子方式参与全球贸易面临挑战的私营企业家,分享数字时代法规调整经验的公共部门官员和展示其电子商务重要研究成果的国际组织专家。会议讨论了有关电信基础设施建设的成功案例、移动电子商务的进展、贸易协议的电子商务条款、在线销售、软件与云服务市场和新媒体全球化趋势。案例研究主要聚焦于中小企业、发展中国家参与在线服务贸易、为保护电子商务利益政府所采取的监管措施实例。

在 2013 年 12 月 3—5 日在印度尼西亚巴厘岛召开的 WTO 第九次部长级会议上,达成了 WTO 成立 18 年以来的首份《巴厘一揽子协议》,其中包括《贸易便利化协议》(Trade Facilitation Agreement, TFA)①。虽然由于印度、古巴、玻利维亚、阿根廷和南非等国的阻挠,原定于 2014 年 7 月 1 日生效的《贸易便利化协议》被推迟,但经过进一步谈判,2014 年 11 月 27 日,WTO《贸易便利化协议》议定书得以通过,意味着 WTO 史上第一项全球贸易改革协定在历经 19 年的等待后终有所成。《贸易便利化协议》通过使用国际标准建立"单一窗口",简化了通关和行政监管手续,推动了全球电子商务发展,从而被纳入国际多边贸易规则体系。

2015 年 12 月 15—19 日,WTO 第十次部长级会议在肯尼亚首都内罗毕举行。经过

---

① 贸易便利化,是指通过简化程序、增强透明、统一标准、完善规范、减少限制等一系列的措施,降低国际贸易活动中的交易成本,从而促进货物、服务的自由流动。简而言之,贸易便利化就是对国际贸易制度和手续的简化与协调。贸易便利化的目标是设计具有逻辑一致性、透明性和可预见性的国际经济交往环境,包括建立国际公认的海关程序、协调一致的贸易和运输法规等,以求加快货物和信息跨越边界的流动。

几天几夜的艰苦谈判,会议通过了《内罗毕部长宣言》及九项部长决定。各成员方同意继续按照已有议程和原则开展工作,指示总理事会根据 WTO 有关机构所提交的报告,在 2016 年 7 月、12 月和 2017 年 7 月对电子商务工作计划的进展做出阶段性评估,同意到 2017 年下一次部长级会议召开之前,继续维持当前不对电子交易征收进口关税的做法。

2017 年 12 月 10—13 日在阿根廷布宜诺斯艾利斯召开的 WTO 第十一次部长级会议,在电子商务议题方面,中方先后提出三份提案并积极协调各方形成多边共识,最终达成《电子商务工作计划部长决定》,各成员方将努力恢复工作,指示总理事会根据 WTO 有关机构所提交的报告,在 2018 年 7 月、12 月和 2019 年 7 月对电子商务工作计划的进展做出阶段性评估,同意到 2019 年下一次部长级会议召开之前,继续维持当前不对电子交易征收进口关税的做法。由我国电商企业阿里巴巴提出的世界电子贸易平台(eWTP)与 WTO、世界经济论坛共同宣布了一项"赋能电子商务"合作机制。

综上可以看出,WTO《电子商务工作计划》的实施,已经从政策建议层面,逐步走向成功案例研究推广、基础设施改善、法规建设和具体实施的实践层面,这对于 WTO 成员尤其是发展中国家成员,将有利于它们更有效地参与全球电子商务并从中获益,更具现实意义。

二、联合国国际贸易"单一窗口"

第二次世界大战以后,国际贸易自由化和经济全球化的趋势进一步蔓延,关税和非关税措施的不断削减,在逐步降低贸易成本的同时,推动国际贸易规模持续扩大,对促进世界经济发展起到了巨大的促进作用。然而,烦琐的贸易环节、监管流程,需重复提交的单证数据信息,以及落后的监管手段,仍构成贸易效率提高的主要障碍,阻碍着各国贸易便利化水平的提升。为此,国际组织在 20 世纪 90 年代就开始研究,如何利用现代计算机网络技术来推进贸易便利化,进一步降低贸易成本、提高贸易效率。在各国政府具体实践探索的基础上,联合国下属的"贸易便利化与电子业务中心"(UN/CEFACT)在 2005 年公布了第 33 号建议书——《建立国际贸易单一窗口》(*Establishing a Single Window for International Trade*),倡议联合国各成员国,充分利用计算机网络技术,尽快建立国际贸易管理的"单一窗口"。该中心于 2010 年又发布第 35 号建议书——《建立国际贸易单一窗口的法律框架》(*Establishing a Legal Framework for International Trade Single Window*),建议联合国各成员国制定相关法律,为国际贸易"单一窗口"的建立和运行提供保护。

2012 年,联合国亚太经社理事会、联合国欧洲经济理事会和联合国亚太地区贸易无纸化专家网,在总结世界各国贸易"单一窗口"开发建设经验的基础上,共同撰写并发布《单一窗口计划与实施指南》,提出了国际贸易"单一窗口"建设和发展的五个阶段。

自建立国际贸易"单一窗口"发布至今,全球已有六十多个经济体引进这一措施,建立起各自的国际贸易管理"单一窗口",在大大提升贸易便利化水平的同时,为本经济体贸易企业带来了可观的效益,成为世界贸易改革的新浪潮。不仅发达国家,如澳大利亚、新西兰、日本、韩国等,亚洲的东盟十国,甚至南美洲的哥伦比亚、危地马拉、秘鲁,非洲的毛里求斯、加纳等都建立了本国的国际贸易"单一窗口"。

(一)国际贸易"单一窗口"的含义

根据第33号建议书,国际贸易"单一窗口",是指"一个允许贸易和运输中的各参与方通过一个单入口点提交标准化的信息和单证,满足所有与进口、出口和转口相关的管理机构要求""如果信息是电子化的,则单独的数据元只应提交一次"。或者说,国际贸易"单一窗口"是国际贸易和运输相关各方在单一登记点递交满足全部进口、出口和转口相关监管规定的标准资料和单证的一项措施。

国际贸易"单一窗口"的正式名称是"国际贸易数据系统"(International Trade Data System,ITDS),可以视作为贸易商和政府提供的服务。这种服务能够通过对国际贸易信息的集约化和自动化处理,促进贸易商和政府机构之间、政府机构与政府机构之间国际贸易相关信息的交换,达到国际贸易数据共享和大大提高国际贸易效率和效益的目的。

国际贸易"单一窗口"通常要具备四个要素:一是一次申报,也就是说贸易经营企业只需要一次性向贸易管理部门提交相应的信息和单证;二是通过一个设施申报,该设施拥有统一的平台,对企业提交的信息数据进行一次性处理;三是使用标准化的数据元,贸易经营企业提交的信息应为标准化的数据;四是能够满足政府部门和企业的需要。

(二)国际贸易"单一窗口"的类型

"单一窗口"的概念,从提出到现在,经历了几十年的演变过程。20世纪50年代,欧美国家提出了"贸易程序简化"措施,以减少贸易程序、降低贸易成本。1970年随着计算机的推广应用,联合国贸易与发展会议(United Nations Conference on Trade and Development,UNCTAD)又提出建立不同形式的"自动化海关和相关系统"(Automated System for Customer Data),以加快报关和通关速度。20世纪80年代基于计算机网络的EDI技术的出现,推动各国(地区)纷纷研发建立将政府(当局)监管部门与进出口、运输、保险和银行互联的电子化"贸易网",如新加坡的"TradeNet"、中国台湾地区的"关贸网络"(Trade-VAN)、中国香港地区的"数码贸易运输网络系统"(DTTN)、中国内地的"中国电子口岸"等。进入90年代后期,互联网技术在国际贸易领域的迅速普及应用,使得现代国际贸易"单一窗口"概念逐步确立。

2011年召开的联合国全球贸易便利化地区委员会会议,对"单一窗口"的概念演进做了分析,并提议将不同类型的单一窗口系统划分为三种:有限"单一窗口"(Limited Single Window),相当于海关单一窗口、港口单一窗口或者港口物流服务系统,地方政府单一窗口等;国家"单一窗口"(National Single Window),即一个国家内部与贸易有关的政府部门、进出口企业与运输、保险和银行之间,通过单一系统实现信息共享;区域性/全球性"单一窗口"(Regional/Global Single Window)由区域内(如欧盟、东盟)各国,直至全球所有国"单一窗口",互联互通而形成。这是国际贸易管理"单一窗口"的最终目标,只有各国之间与贸易有关的所有数据信息实现通过单一窗口交换和处理,才能从根本上解决贸易便利化问题。

1. 有限"单一窗口"

海关、港口"单一窗口"和港口社区服务系统都是有限的"单一窗口"的不同形式。它们在贸易团体和海关/港口之间提供单一接口,通常不完全涉及所有其他政府机构的许可和授权。

澳大利亚"海关和边境保护服务集成货物系统"(The Australian Customs and Border Protection Service Integrated Cargo System)和芬兰的 PortNet 系统是海关"单一窗口"的范例。港口社区服务系统有英国的"菲力克斯托港口社区服务系统"(Felixstowe Port Community System)和新加坡的"空运社群网"(Cargo Community Network)。地方政府"单一窗口"系统则是另一种类型的有限"单一窗口"系统,它允许本地贸易团体和管理机构在贸易团体"单一窗口"系统中与省级或市级贸易管理系统组合在一起,如中国上海的Easipass 平台。

2. 国家"单一窗口"

国家"单一窗口"是全国性的设施,供所有参与方(管理机构和贸易团体)使用,允许在单一接口一次性地递交标准化的信息,满足所有与进口、出口和转口相关的管理机构要求。扩展的国家"单一窗口"形式包括企业对企业的电子商务交易。世界银行 2012 年的跨境贸易报告显示,49 个经济体提供"单一窗口"服务,其中有 20 个已经部署了"单一窗口"系统,能够与所有政府机构建立连接。新加坡的 TradeXchange 系统是典型的国家"单一窗口"。

3. 区域性/全球性"单一窗口"

东南亚国家联盟(Association of Southeast Asian Nations,ASEAN)是最早构思区域"单一窗口"项目的组织之一。在非洲,Trans-Kalahari"单一窗口"已经与博茨瓦纳、纳米比亚和南非建立了连接。欧盟也有两个主要的区域性"单一窗口"方案:欧盟税务和海关联盟总局(Directorate-General Taxation and Customs Union)的"单一窗口"方案的目标是建立社区级单一窗口;欧盟机动性和运输总局(Directorate-General for Mobility and Transport)的海事"单一窗口"的目标是在欧盟内部的海上运输运营者之间提供电子交换。

国际贸易"单一窗口"发展的下一阶段是,在能够促进跨境贸易的全球网络中实现国家国际贸易"单一窗口"的连接,以及在国际供应链实现信息共享。

(三)国际贸易"单一窗口"发展阶段

在联合国 2012 年发布的《单一窗口计划与实施指南》中,按照"单一窗口"所发挥的功能,从少到多、从简单到复杂,将一个国家国际贸易"单一窗口"的建设和发展划分为五个阶段。

1. 部门"单一窗口"

部门"单一窗口",是指对国际贸易的开展负有监管职能的政府口岸相关部门,如商务、海关、商检、外汇、税务等,独立建立的基于互联网的电子化申报系统(见图 11-1)。

贸易商通过分别登录这些系统,可以实现由传统的人工"纸质化"申报,向"电子化"申报的转变,从而提高申办效率。政府监管部门,通过网上的电子化审批和办理许可,提高了监管服务效率。2000年之前,中国电子口岸(China E-port)的无纸化报关系统,中国出入境检验检疫局建立的无纸化报检系统、"产地证"申领系统和商务部门建立的许可证申领系统等就是处于这一阶段。

图11-1 部门"单一窗口"

2. 口岸执法"单一窗口"

口岸执法"单一窗口",是指所有参与进出口贸易管理的政府部门进行电子数据交换的"单一窗口",即将原来独立运行的部门"单一窗口",在数据传输和单证格式的标准化方面,通过一个共同平台实现互联互通,贸易企业登录该"单一窗口"进行"一次申报",就可以建立与几个或所有进出口管理部门的联系,进出口管理部门通过调取和审核存储在共同数据中心的贸易数据,即可实现对进出口货物的监管,以及政府部门之间的数据与证件交换(见图11-2)。与部门"单一窗口"相比,口岸执法"单一窗口"的建立,使得贸易企业不再需要在不同的监管部门之间来回奔波,贸易商的交易成本和管理部门的监管成本都会大大降低。2015年,中国电子口岸的建设与发展即达到了口岸执法"单一窗口"的阶段。

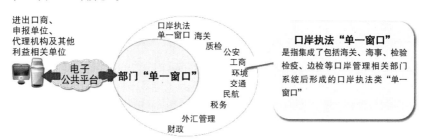

图11-2 口岸执法"单一窗口"

3. 口岸服务"单一窗口"

口岸服务"单一窗口",是指在口岸执法"单一窗口"的基础上,集成了港口码头、物流商务和船代货代等信息系统,为贸易商提供综合性服务的"单一窗口"。也就是将为货物进出口服务的海运、空运和陆运港口装卸、船代货代、物流运输和报关代理等贸易中介服务系统,接入单一的共同数据平台,实现贸易企业、贸易中介服务企业和政府监管部门之间数据信息的互换和共享(见图11-3)。通过提高数据交换效率、简化单证交换流程和减少数据录入差错等,口岸服务"单一窗口"进一步提升了贸易便利化水平。口岸服务"单一窗口"是口岸执法"单一窗口"的升级在"窗口"功能上的进一步扩展。

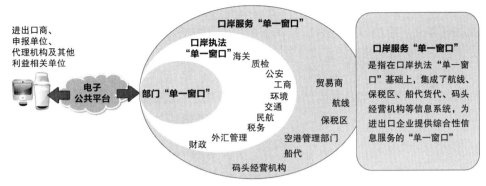

图 11-3 口岸服务"单一窗口"

4. 国家/地区"单一窗口"

国家/地区"单一窗口",也被称为国家/地区电子物流平台。它是在口岸服务"单一窗口"的基础上,进一步将金融保险、快递物流、后勤保障、特殊监管区(保税区、出口加工区、过境区、自贸区等)等服务系统,接入口岸服务系统而"扩容"形成的"单一窗口";或者由原来仅服务于国内特定地域的口岸服务"单一窗口""扩展"到全国/全地区而形成的"单一窗口"。它是口岸服务"单一窗口"的升级版,是一国/地区充分一体化的"单一窗口"(见图11-4)。我国2015年9月开始建设并于2016年12月31日上线运行的中国国际贸易"单一窗口",其基本目标就是国家单一窗口。

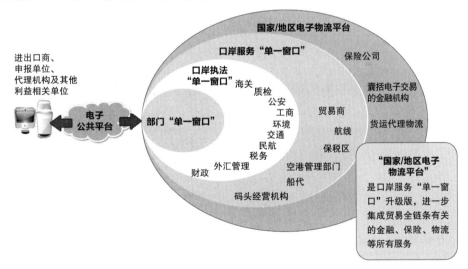

图 11-4 国家/地区"单一窗口"

5. 跨境"单一窗口"

跨境"单一窗口",也被称为跨国家/地区区域贸易平台,是指通过签订协议,某些国家/地区实现"单一窗口"的互联互通,或联合开发建立统一使用的"单一窗口",而形成的区域性贸易平台。各国家/地区之间实现跨境电子信息交换是促进地区一体化、安全、信任与合作的重要手段,也是从根本上提高各国贸易便利化的必要手段。

跨境"单一窗口",尤其是两个经济体之间或本地区几个经济体之间,实施跨境电子单证交换的跨境"单一窗口",可以实现在更有效的风险管理的同时便利货物通行,从而推动经济一体化。跨境"单一窗口"提高了信息的可访问度和真实性,减少了假冒行为,加快并简化了数据信息在商界和政府管理部门之间的流动,提高了各部门之间相关数据的协同与共享程度,给跨境贸易各参与方都带来了便利。跨境"单一窗口"的建立,能最大限度地利用各国家/地区的信息资源,提高政府的监管效率和效能,也将大幅降低贸易成本。

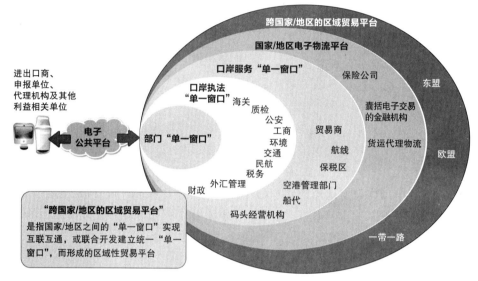

图 11-5 跨境"单一窗口"

虽然国家/地区之间要实现数据信息完全意义上的互联互通和共享,建立全球"单一窗口",面临政治、制度、技术和安全等方面的障碍,但国家/地区之间通过"单一窗口",实现部分数据和单证信息的互换与共享,已经在越来越多的国家/地区之间内部实现。如新西兰食品安全局与澳大利亚检验检疫局,已经实现了卫生和动植检验检疫许可证书的电子信息互换,通过电子数据的相互核查,大大方便了两国农产品和食品办理进出境手续,提升了两国政府的监管效率。韩国和我国香港特别行政区之间,通过跨境数据交换平台,已经实现了原产地证书电子单证的互换,有效降低了与原产地有关的风险,减少了单证欺诈。东盟十国自2004年以来一直在推进"东盟单一窗口"倡议,其目标不仅是发展各成员国的国家"单一窗口",还要实现东盟成员国之间及与东盟其他贸易伙伴的"单一窗口"互联互通。东盟十国之间已经实现了包括海关电子报关单、共同有效优惠税率表、东盟货物贸易协定表等电子单证的互换。

根据所签署的自贸区协议,我国也已陆续实现了与东盟各国、韩国、澳大利亚,以及香港地区、澳门地区、台湾地区之间的"原产地证书"电子单证信息的互换和联网核查。我国与部分"一带一路"沿线国家"单一窗口"之间的电子单证信息互换与联网核查,也在加速推进。

(四)国际贸易"单一窗口"管理的优势

国际贸易"单一窗口"的优势,在于整体提升政府的贸易管理效率和贸易商的国际竞争力。根据美国、日本、韩国和新加坡等国的实践经验,其优势可归纳为五个方面:提高效益、减轻负担、数据准确、效率提升、程序便利。

1. 提高效益

据 UN/CEFACT 提供的数据,国际贸易便利化措施每年可为世界贸易节省约 1 万亿美元的费用。新加坡国际贸易管理"单一窗口"(TradeXchange)连接了 35 个政府机构,给贸易商和政府机构带来了巨大收益。统计表明,通过 TradeXchange"单一窗口",新加坡企业每笔贸易可以节省费用 40%～60%;政府机构降低管理费用 50%。新加坡的企业通过 TradeXchange"单一窗口"办理单项手续的费用平均为 3 新加坡元,是此前 15 新加坡元费用的 1/5。仅单证费用一项,新加坡全国每年节省约 10 亿新加坡元。

2. 减轻负担

在许多国家,参与国际贸易的企业经常都要按照进口、出口、转口相关的监管规定编制大量资料和单证并提交给政府主管机关审核。这些资料和单证往往都必须经由不同的机构进行提交,每一个机构都有各自专门的(人工或自动)系统和书面格式。这些名目繁多的单证表格加上后续的审核成本,对政府和企业构成一系列负担,并成为国际贸易发展的障碍。实施"单一窗口"管理后,贸易商只需一次性提交单证或电子报文,就可以完成申报手续,大大减少了贸易商多次录入数据的时间和成本。同时,政府不同监管部门,可从"单一窗口"的数据中心,调用贸易商填报数据信息进行审核,不必每个部门都向企业索要重复性的数据信息,政府管理效率得到提高。

新加坡海关报关大厅原来有 134 名工作人员,在全面实行 TradeXchange"单一窗口"后,现在报关大厅仅需 1 名工作人员值班即可。

3. 数据准确

贸易商通过一票录入数据直接传送到国际贸易管理"单一窗口",系统自动进行审核,大大减少了数据重复输入而造成的遗漏或差错。

政府监管部门针对进口、出口和转口交易使用数据和报文的标准化、统一化,将大大提高信息传输和自动处理速度,不仅能缩短贸易流程、节约时间成本,而且将确保各项申报的数据通用性和准确性,并将使各国政府之间都互相交换和共享信息,从而进一步简化了国际贸易程序。

4. 效率提升

贸易相关企业和政府部门通过国际贸易管理"单一窗口"实现信息共享和电子数据交换,在大幅提高效益、减轻负担和数据准确的基础上,效率也得到了很大的提升。

根据东盟各国统计,按照传统进出口办理程序,进出口企业办理一笔进出口贸易手续需要 10～12 天。而新加坡企业通过 TradeXchange"单一窗口"在 10 分钟内就可以办理完全部手续;按照传统的程序,进出口企业办理一笔贸易许可手续需要 3—5 天,而通过 TradeXchange 在 1 分钟内就可以办理完。目前,新加坡贸易企业 97%的报关业务通过 TradeXchange 在 10 秒内即可完成;瑞典贸易企业通过瑞典国际贸易"单一窗口"办理报关手续的回应时间也只有 90 秒。很明显,实施贸易"单一窗口"后,政府部门的监管效率得到大幅的提高。

5. 程序便利

国际贸易"单一窗口"能使贸易程序便利化在各方面得到体现。为此,国际贸易管理"单一窗口"被美国政府列入政府机构改革、提高政府行政效率的重要措施,其 2009 年建成的"自动化商业环境"(Automated Commercial Environment, ACE)系统,实现了 27 个政府部门的 550 多个机构的贸易数据和监管信息共享。另外,美国与加拿大、墨西哥、英国等共同合作,已开始使用一套标准数据,用于多国机构办理进口、出口和转口手续,为更进一步的贸易便利化努力实现国际协调和国际标准化。

(五)国际贸易数据简化与标准化

在发布《建立国际贸易单一窗口》建议书之后,UN/CEFACT 还发布了第 34 号建议书——《国际贸易数据简化与标准化》(Data Simplification and Standardization for International Trade)。强调国际贸易"单一窗口"必须建立在国际贸易数据简化与标准化的基础上,即建立在国际贸易公约、标准、建议和指南的基础上。

为执行国际贸易法规,各个国家的政府都要求贸易相关企业,向政府监管部门提交大量的数据和单证,贸易企业还必须与供应商、客户、代理商、金融机构及第三方贸易中介等交换信息。数据元、数据传输标准和单证格式的不统一,必然会造成国际贸易所涉及当事人之间重复提交单证表格和数据信息,在影响交易效率的同时,带来交易成本的提升。因此,实现国际贸易数据的简化和标准化,无疑对国际贸易"单一窗口"建设起着关键的基础作用。

美国"远期自动商务环境工作组"项目办公室,把调查国际贸易的业务流程和信息需求,作为其首要目标之一。自 1996 年起该机构就开始对美国不同机构所要求的全部表格进行调查审核,汇编出一份贸易机构收集数据元的清单,这份清单涉及近 10 000 个数据项构成的 300 多张单证、表格。这些信息显示出贸易机构提交的大量冗余和重复数据,冗余度超过 90%。经过一个分析、协调的数据简化和标准化过程,美国政府最终制定出一个由不到 200 个数据元组成的美国国家标准数据集。

目前,我国已经引进了联合国 UN/CEFACT 各项建议书的主要标准,并等同或等效采用为国家标准。如 UN/CEFACT"口岸及相关地点代码"(建议书第 16 号),被转换成我国国家标准 GB/T 15514-2008;UN/CEFACT"付款条款缩写"(建议书第 17 号),被转换成我国国家标准 GB/T 18126-2010 等(见表 11-2)。但总体来说,我国外贸企业普遍对国际贸易标准化缺乏全面系统的了解,我国政府转化国际标准的工作还应进一步加快,大专院校中的涉外专业应积极开设国际贸易标准化的相关课程和培训。在我国国际贸易进程中,由于单证、标签等不符合国际标准造成的滞关、压仓、退货、货物损毁等,每年造成损失高达数十亿美元。因此,加快我国国际贸易标准化进程已刻不容缓。

表 11-2 被转换成我国国家标准的 UN/CEFACT 建议标准(部分)

国际贸易单证标准	UN/CEFACT 建议书	对应的我国国家标准
国家名称的代码表示	建议书第 3 号	GB/T 2659-2000
国际贸易术语解释通则缩写	建议书第 5 号	GB/T 15423-1994

（续表）

国际贸易单证标准	UN/CEFACT 建议书	对应的我国国家标准
日期、时间和时间期限的数字表示	建议书第 7 号	GB/T 7408—2005
表示货币的字母代码	建议书第 9 号	GB/T 12406—2008
船舶名称代码	建议书第 10 号	GB/T 18366—2001
简单运输标志	建议书第 15 号	GB/T 18131—2000
口岸及相关地点代码	建议书第 16 号	GB/T 15514—2008
付款条款缩写	建议书第 17 号	GB/T 18126—2010
运输方式代码	建议书第 19 号	GB/T 6512—1998
国际贸易计量单位代码	建议书第 20 号	GB/T 17295—2008
货物、包装以及包装类型代码	建议书第 21 号	GB/T 16472—1996
运费代码	建议书第 23 号	GB/T 17152—2008
运输工具类型代码	建议书第 28 号	GB/T 18804—2002

（六）建立我国国际贸易"单一窗口"

国际贸易"单一窗口"旨在使企业和政府之间的信息流更为畅通和简化，有助于提高贸易企业的国际竞争力、效益和效率。建立国际贸易"单一窗口"，应成为推动我国从贸易大国走向贸易强国的重大战略措施。

我国香港地区借鉴了新加坡、荷兰、美国、澳大利亚、英国和德国的经验，于 2006 年开通运行国际贸易"单一窗口"——"数码贸易运输网络系统"（Digital Trade and Transportation Network，DTTN）。DTTN 是一个安全开放的公共平台，提供贸易、物流和金融行业之间的互联互通，任何一家香港公司都可以方便快捷地与贸易、物流和金融伙伴进行互联，开展跨境电子商务业务，大大提升了贸易效率，降低了交易成本。

我国国务院《电子口岸发展"十二五"规划》（国办发〔2012〕41 号）提出：到 2015 年，符合国际"单一窗口"建设管理规则和通行标准、适应经济社会发展需要的中国特色"单一窗口"工程初步建成。我国要力争在 2018 年全面实现国际贸易"单一窗口"的应用，2020 年实现同东盟、欧盟、美国等主要贸易伙伴国家"单一窗口"的连接。

2014 年 9 月，上海口岸工作领导小组会议审议通过《上海国际贸易"单一窗口"建设工作方案（审议稿）》，计划用三年左右的时间，基本建成上海国际贸易"单一窗口"，包含货物进出口、运输工具、进出口许可、支付结算、企业资质、信息查询等六个方面。在"单一窗口"平台上，将实现贸易和运输企业通过上海电子口岸一点接入、一次性递交满足监管部门要求的格式化单证和电子信息，监管部门处理状态（结果）通过单一平台反馈给申报人，监管部门共享监管资源、实施联合监管。截至 2016 年年底，上海国际贸易"单一窗口"形成了"监管+服务"的 9 个功能板块（货物进出口、运输工具、贸易许可与资质、支付结算、自贸专区、人员申报、快件与物品、信息共享、政务公开），对接 22 个政府部门，覆盖口岸通关各环节。

在已经建成运营的"中国电子口岸"的基础上，我国国际贸易"单一窗口"建设已取得重大进展。由国家口岸管理办公室主办,中国电子口岸数据中心负责运行维护的中国国际贸易"单一窗口",于2015年9月开始建设,2015年12月31日上线试运行,2016年12月31日正式开通运行。截至2018年12月底,全国31个省、直辖市、自治区的地方"单一窗口"也全部开通上线运行。

然而,建立国际贸易"单一窗口"是一项涉及面广、技术复杂、系统性强的政府行政和监管体制改革项目。目前上线运行的无论是国家层面的"单一窗口",还是地方层面的"单一窗口",在功能上仍有待于不断完善。

三、世界贸易网点联盟

世界贸易网点联盟(World Trade Point Federation,WTPF)是在联合国贸易和发展会议(UNCTAD)指导下,通过应用电子商务技术致力于中小型企业全球贸易促进和贸易信息提供的非政府国际组织,旨在推进全球贸易的发展;通过其独特的人力资源网络,将当地专有技术和电子商务市场结合起来,为中小企业,尤其是发展中国家和最不发达国家的中小企业提供贸易资讯,帮助中小企业通过电子通信技术开展国际贸易。

贸易网点(Trade Point)是向(潜在)交易商提供过贸易相关资讯的信息源,包括商业数据、市场机会、潜在客户、潜在供应商、贸易条例及贸易规范等。贸易网点是一个通往全球网络的门户。全球贸易网点上连接了所有的贸易网点,并通过通信工具同其他全球网络连接在一起。贸易网点是一个贸易促进中心,聚集了外贸各个环节的参与者(如海关、对外贸易机构、银行、商会、货代、运输方以及保险公司),它们均能提供保质保量的服务,且价格公道合理。贸易网点系统使(潜在的)贸易商发布或获得战略性的信息。贸易商可以借此评估他们产品的市场,完成贸易流程,现场满足(客户)需求,较之以前各环节都更便宜、更快捷。

WTPF的核心价值观是:遵守商业道德,公正透明,资源共享,彼此尊重文化差异,致力于共同建设。WTPF一直恪守上述原则,为客户提供高品质服务,并获得了广泛好评。

(一)WTPF的发展

WTPF源于UNCTAD创立的"全球贸易网点网络"(Global Trade Point Network,GTPNET)项目。1992年,UNCTAD为帮助发展中国家增强竞争力,提高贸易效率,并充分利用全球化信息资源,创建了GTPNET项目。2000年,WTPF在日内瓦正式成立,成为各国贸易网点的管理者。

目前,WTPF共在85个国家和地区设立了121家贸易网点,这些网点分欧洲、中东、美洲、非洲、亚太地区共五大区域。其中,欧洲有贸易网点29家,中东19家,美洲37家,非洲20家,亚太地区16家。WTPF在中国设有联合国贸易网络北京中心和联合国贸易网络上海中心。

2004年8月,WTPF获得了联合国经济社会理事会(Economic and Social Council,ECOSOC)授予的咨询商地位,有权出席ECOSOC及其不同附属机构主办的会议,对这些会议的议程可以提出口头干涉和书面陈述。拥有咨询商地位的组织还可以出席联合国主办的国际会议、成员大会特别会议和其他政府间组织活动。

（二）WTPF 的组织机构

WTPF 是按瑞士法律建立起来的非营利性组织，注册地为瑞士的日内瓦，主要有联盟大会、指导委员会及指导局三个组成机构。联盟大会是 WTPF 的最高组织机构，每年召开一次，对联盟的总体行动计划、政策、规则及纲领进行表决。与此同时，大会也成了各网点经验共享的一个论坛，它们可以商讨合资计划，了解到信息技术的最新发展趋势，以及其他贸易相关的发展资讯。指导委员会及其下属的指导局是 WTPF 的执行机构，主要负责组织的运营和对秘书处日常行为的监管。指导委员会的成员是从五个区域（欧洲、中东、非洲、美洲、亚太地区）等比例选出来的。2012 年 11 月，在 2012—2015 年度 WTPF 执行委员会选举中，联合国贸易网络北京中心被选为 WTPF 执行委员会的 10 个成员之一。

（三）WTPF 网站

WTPF 新版网站（http://www.tradepoint.org）由联合国贸易网络北京中心和联合国贸易网络上海中心共同建设（见图 11-6），主要由电子贸易机会（ETO）、全球贸易商名录（GTDS）等系统组成。WTPF 分布在全球 80 多个成员方的 120 多个网点同步更新信息，已成为全球最具影响力的贸易促进和服务的电子商务平台。

图 11-6　WTPF 网站首页

（四）WTPF 提供的服务

成为 WTPF 的成员，能获得如下服务：

(1) 获得关于商业、市场及投资的特别资讯，这些资讯涵盖了 90 多个 WTPF 成员方；

(2) 通过 WTPF 网站的 GTDS 数据库可以总览全球网点客户；

(3) 可进入独家 ETO 系统，在此平台上免费收发商业合作信息；

(4) 独享全球贸易网络点所提供的专业技术服务，借鉴其他贸易网点的经验；

(5) 通过区域性网点论坛，能够寻求与其他网点合作，共同开发项目。

（五）WTPF 的主要活动

(1) 通过贸易网点，帮助中小企业在全球 90 多个成员方中找到可靠的商业合作伙伴，并鼓励它们在交易中更加数字化；

(2) 提供国际市场信息和全球投资资讯；

(3) 提供一个独特的 ETO 系统，使中小企业免费发布和获得贸易信息；

(4) 通过 GTDS 系统，公司的信息会长期挂在 WTPF 网页上；

(5) 为实现机构目标，与公共机构或私人机构建立合作伙伴关系；

(6) 在日内瓦总部接待官方政府和贸易代表团；

(7) 组织代表团外出访问，宣传贸易网点网络；

(8) 组织一年一度的年度大会及区域性会议；

(9) 代表贸易网点出席相关国际贸易论坛。

第三节　中国国际贸易"单一窗口"

一、从中国电子口岸到贸易"单一窗口"

（一）海关业务电子化

我国海关业务电子化始于 1988 年，当时的基本考虑是，为应对对外贸易规模迅速扩大所带来的人工处理、审核和查验纸质申报单证工作量的成倍增加，节省报关、通关时间的同时，提高海关工作效率。1988 年 3 月，国家海关总署开发建设了一套海关办公自动化系统，时称"H883"系统，并逐步在全国主要口岸的直属海关推广使用。"H883"系统的主要特点是计算机处理的电子化代替了原来海关的手工工作，大大提高了海关报关与通关效率。

(二) 中国电子口岸建设与进展

随着对外开放的不断深入和海关处理业务量的进一步扩大,海关发现仅用于提高海关内部工作效率的"H883"系统,已无法满足对外贸易规模进一步扩大和逐步降低企业进出口贸易成本的需要。而且,进入20世纪90年代后,利用假单证、假批文、假印章进行的"三假"走私及骗汇、骗税违法犯罪活动呈上升势头,对国家经济造成了严重损害。如何利用计算机和互联网信息技术手段,建立现代化海关制度,提高海关信息化管理水平,在不断提升贸易便利化水平的同时,有效遏制"三假"走私、骗汇、骗税违法犯罪活动,就成为海关必须长远考虑的重要问题。

1998年,海关总署和外汇管理局按照国务院关于"要加快银行、外汇管理局和海关之间的计算机联网,加强对报关单和外汇进出口核销工作的管理,从源头上防止骗汇、逃汇违法活动的发生的"通知精神,联合开发了"进口付汇报关单联网核查系统"。该系统通过海关与外汇部门的联网核查来鉴别进出口付汇报关单的真伪,改变了靠书面单证防伪的做法。1999年1月1日该系统在全国推广使用,并立刻取得了明显的效果。

鉴于以上核查系统所取得的显著成果,在已有系统的基础上,国务院决定开发建立涵盖对外贸易全流程的"口岸电子执法系统"——中国电子口岸(见图11-7)。2000年下半年,"口岸电子执法系统"数据库、网络平台、安全认证及出口收汇核查子系统的开发测试工作基本完结。

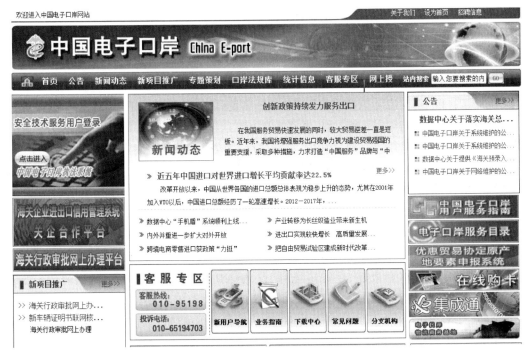

图11-7 中国电子口岸网站首页

中国电子口岸于2000年10月在北京、上海、天津和广州4个城市试运行,2001年6月1日在全国各口岸启动。发展至今,中国电子口岸实现了与海关总署及国务院其他17

个部委、16家商业银行及中国贸促会、香港工贸署、澳门经济局等6个机构网络的互联互通。在北京、上海、深圳等多个城市建立起了中心节点,并在全国47个省会城市、计划单列市和300多个地级市计划设立接入节点330余个,通过专线、宽带、拨号等多样化的接入方式,基本实现了全国范围的网络覆盖。自2002年10月起,中国电子口岸数据中心陆续在41个直属海关所在地设立数据分中心,承担中国电子口岸应用项目在本地区的推广,为地方电子口岸建设提供技术支持,并向本地用户提供客户服务。

截至2015年,中国电子口岸已有70多个项目在线运行,入网企业超过65万家,每日处理电子单证数量超过300万笔,中国电子口岸门户网站日点击率超过1 000万次。同时,地方电子口岸建设也取得了长足发展,有35个地方电子口岸平台在线运行,并呈现出良好的发展态势。"属地申报、口岸验放"通关模式适用企业数量由15万余家增至近32万家。2014年京津冀、长江经济带和珠三角地区先后启动实施"通关一体化"工程。中国电子口岸在为政府部门之间信息共享、提高效率、加强监管,以及为企业提供贸易便利、加快通关速度、减低贸易成本等方面发挥着日益重要的作用。

(三) 中国国际贸易"单一窗口"建设

2013年12月3—6日,在印度尼西亚巴厘岛召开的WTO第九届部长级会议上,经过艰苦的谈判,达成了"多哈回合"谈判以来的首份多边协议——《贸易便利化协议》。该协议要求各成员方应通过尽快建立贸易"单一窗口",来简化通关手续、降低通关费用,提升贸易便利化水平,以推进全球贸易的持续扩大。我国作为该协议的积极倡议方,一方面应积极遵守协议规定义务,另一方面(也是更重要的),应通过建立贸易"单一窗口",推进贸易监管服务体制改革,降低企业对外贸易成本,提升中国企业及产品的国际竞争力,加快企业贸易经营模式创新。

尽管,我国"口岸电子执法系统"——中国电子口岸,在建设目的、发展目标和管理模式上,与贸易"单一窗口"完全一致,属于"单一窗口"的定义范围,而且经过十多年的建设和运行取得显著成效。但是,中国电子口岸以"监管"为重心的建设与运行模式,与"单一窗口"以"服务"为重心的建设运行要求,还存在明显差距。此外,在世界各国均以"单一窗口"的标准和模式开发建设国际贸易综合服务平台的趋势下,以中国电子口岸为基础,开发建设新的中国国际贸易"单一窗口",也更加有利于开展"单一窗口"建设的国际合作。

按照国务院的统一要求和部署,由国家口岸办牵头,海关总署会同发展改革委、工业和信息化部、公安部、财政部、生态环境部、交通运输部、铁路局、商务部、人民银行、税务总局、市场监管总局、民航总局、国家外汇管理局、农业农村部、自然资源部等国务院17个部门,于2015年9月共同启动中国国际贸易"单一窗口"统一门户网站建设,与此同时,全国31个省、直辖市、自治区的地方贸易"单一窗口"建设也陆续启动。2015年12月31日,中国国际贸易"单一窗口"门户网站上线试运行,2016年12月31日正式开通运行。到2018年12月底,全国31个省市自治区的地方"单一窗口"也全部开通上线运行。

二、中国国际贸易"单一窗口"简介

中国国际贸易"单一窗口"统一门户网站目前开通"信息动态""标准规范""政策法规""标准版应用"和"我要办事"五大板块及相关辅助功能,及时发布有关"单一窗口"建设的最新动态、政策文件、重要通知、标准规范等,方便开展业务交流,加强联系指导,同时引导广大进出口企业进入各地方"单一窗口"办理业务。

（一）信息动态

中国国际贸易"单一窗口""信息动态"板块,包括"新闻动态"和"通知公告"两个栏目,以及"口岸工作部级联席会议成员"链接。"新闻动态"栏目主要发布国际、国内与贸易便利化和"单一窗口"建设有关的进展、研究报告、政策及会议精神等。"通知公告"栏目主要发布国务院及各部委有关"单一窗口"建设的通知。

（二）标准规范

中国国际贸易"单一窗口""标准规范"板块,包括"国际标准""国内标准""服务目录""数据协调与简化"和"参数查询"五个栏目。"国际标准"栏目主要发布联合国及其有关机构通过的有关"单一窗口"建设的标准、指南、法律框架和建议等。"国内标准"主要发布中国国际贸易"单一窗口"门户网站的管理办法、用户建设规范等。"服务目录"发布的是中国国际贸易"单一窗口"标准版服务目录的具体内容及修订。"数据协调与简化"栏目主要发布当前中国国际贸易"单一窗口"应用项目的"业务表单""公用数据项""数据元数量"及"数据简化率"情况。"参数查询"栏目则列出了企业办理进出口检验检疫、报关、纳税、原产地证明等手续时,所需要填写的各种参数及代码。

（三）政策法规

中国国际贸易"单一窗口""政策法规"板块,目前主要发布我国进出口贸易有关的法律、条例、规定及其调整变动情况的通知等,其中"口岸政策法规"直接与中国电子口岸"链接",主要发布我国口岸监管法规、政策及其调整情况。

（四）标准版应用

"标准版应用"板块,是中国国际贸易"单一窗口"的核心板块,该板块列出了"单一窗口"目前正式开通上线运行的全部应用项目、终端应用"注册"和"登录"入口、用户手册"下载"和用户通过该"单一窗口"办理业务的自主学习培训资料等。

目前,中国国际贸易"单一窗口"上线运行"全国统一"的标准版应用系统为12项：

1. 企业资质

"企业资质"系统,涵盖"对外贸易企业经营者备案""海关企业注册备案""行政相对人统一管理"功能,实现企业通过该系统的"一次接入、一次性提交"资质申请及变更手

续,监管部门接受并审批后,将审批结果通过"单一窗口"统一反馈,方便了企业查询。

2. 许可证件

"许可证件"申领系统,将原来分属于不同部委审批的"农药进出口登记""野生动植物进出口证书""有毒化学品管理""自动与非自动进出口许可证"等有关许可证件的申请、审批,全部纳入该系统一个窗口办理。

3. 原产地证

通过"原产地证"申领系统,企业可以一次性录入信息,办理原来分别由检验检疫机构和中国国际贸易促进委员会办理的各种原产地证书。

4. 运输工具

从事国际贸易货物运输的企业,可以通过"运输工具"申报系统,进行船舶、航空器、火车和汽车等运输工具信息的登记备案。

5. 舱单申报

在"舱单申报"系统,海运、空运或公路、铁路货物的发货人可以根据货物配货、运载情况,办理原始舱单、预配舱单、装载舱单、进口理货、出口理货及货物分拨分流等业务的申报。

6. 货物申报

在"货物申报"系统,货物所有人及其代理人,可以办理集中申报、报关代理委托、预约申报及税费减免等申报业务。

7. 加工贸易

从事加工贸易的企业,可以通过"加工贸易"系统办理加工贸易手册、账册、海关特殊监管、保税担保管理、保税货物流转、委托授权和出境加工等业务。

8. 税费办理

"税费办理"系统,用于进出口企业缴纳关税、增值税、消费税及报关、报验等费用。

9. 跨境电商

考虑到跨境电商尤其是B2C跨境电商快速发展的需要及监管的特殊性,"单一窗口"开发了专门用于跨境电商的申报系统,从事跨境电商进出口的企业及个人,可以通过该申报系统实现快速申报办理。

10. 物品通关

"物品通关"系统,主要应用于"展览品"和"快件"的进出口申报与管理。

11. 出口退税

"出口退税"系统,实现了货物出口信息与纳税信息的共享与联网核查,出口企业通过该系统一个窗口,即可办理完出口退税所需的所有手续。

12. 查询统计

"查询统计"系统,实现了进出口贸易全流程申报、通关状态查询,还提供企业手机APP一键订阅服务,实时为申报企业推送审批状态信息,方便企业实时跟踪办事进程,预先安排后续业务,有效缩短了货物申报、通关时间。

（五）我要办事

"我要办事"板块，采用中国"地图"的呈现方式，使中国国际贸易"单一窗口"与全国31个省、直辖市、自治区的地方贸易"单一窗口"实现互联，企业通过这一板块，可以点击进入需要办理申请或申报业务的任何一个地方"单一窗口"，极大地便利了"异地报关"的企业办理进出口货物申报业务。

考虑到不同省、直辖市、自治区的对外贸易特点及其之间发展水平的差异性，鼓励各省、直辖市、自治区开发应用更加适合地方需要的特色"单一窗口"应用系统，起到相互学习、相互借鉴，逐渐向全国推广的作用，中国国际贸易"单一窗口"，目前仅仅开通上线了覆盖全国的12个标准应用系统。为在全国统一"单一窗口"网站布局和颜色标识，国家口岸管理办公室发布了《国际贸易"单一窗口"统一门户建设规范》（SW 501-2018），对地方"单一窗口"网站的命名、标识、布局、界面设计等做出了统一要求。上述12个标准应用系统，以"中央标准应用"模块布局在网站首页"地方特色应用"模块的上部，企业通过地方贸易"单一窗口"均可以实现在这12个标准应用系统的注册登录和使用。而"地方特色应用"系统，则由各省、直辖市、自治区根据自己的需要来开发建设，并逐步开通上线运行。

如中国（上海）国际贸易"单一窗口"，在其"地方特色应用"模块，开发建设了"快件物品""人员旅客""支付结算""资质许可""金融服务""自贸专区"（专门服务于中国[上海]自贸试验区）和"进博专区"（专门服务于中国[上海]进口贸易博览会）等多个特色应用系统。

而海南国际贸易"单一窗口"，在"地方特色应用"模块，则开发建设了"邮轮管理""游艇管理""风险信息""资信调查""信保通"（专门用于企业申办"出口信用保险"）和中国银行/工商银行/建设银行服务等应用系统。

三、中国国际贸易单一窗口的未来

经过前几年的建设，覆盖全国的国际贸易"单一窗口"基本框架已经形成。从目前已经上线运行的"单一窗口"标准版应用系统来看，中国国际贸易"单一窗口"具备了"五个一"的特点，即①一点接入：企业通过"单一窗口"一个平台，可一次性录入或导入申报数据，申领涉及多个进出口贸易管理部门的多种许可证件。企业一次提交企业备案数据，可并行办理对外贸易经营者备案、海关企业注册登记和报检资质申请。②一次提交：企业数据一次录入并提交，可由政府多个部门多次共享使用，有效提高了企业申报效率和准确率。通过对口岸各部门申报数据及单证进行协调和简化，仅"单一窗口"标准版运输工具申报数据，就由1 113项减少到371项，简化率达到66.7%，并实现"一单四报"和电子联网核查验放。③一次查验：依托"单一窗口"平台在上海、重庆等地开展联合查验试点，聚合口岸管理相关部门各类查验状态信息，实行了各部门指令对碰、预约交换、一次开箱、联合查验。④一键跟踪："单一窗口"查询统计功能，实现了进出口贸易全流程通关状态查询,提供企业手机 APP 一键订阅服务,实时推送通关状态信息,便于企业实时跟踪、全程掌握,有序开展后续运营活动,有效缩短了货物通关时间。⑤一站办理:过去,申请人办理进出口或者转运手续,需分别前往海关、检验检疫、边检等查验单位,填写近 20 张申报单。现在,企业可以通过"单一窗口"一站式线上办理申报、查验、支付、放行业务,并延伸到许可资质、出口退税办理等贸易管理环节,既便利了企业、优化了环境,又提高了监管效率。

但是,目前的中国国际贸易"单一窗口",大部分功能还是从中国电子口岸"移植"而来,"监管"的职能仍然大于"服务"的职能。按照联合国对"单一窗口"发展阶段或递进层级的划分,仍处于从口岸执法"单一窗口"向口岸服务"单一窗口"的演进阶段(见图 11-8),离国家"单一窗口"的建成尚有较大差距,离跨境"单一窗口"的形成差距更大。

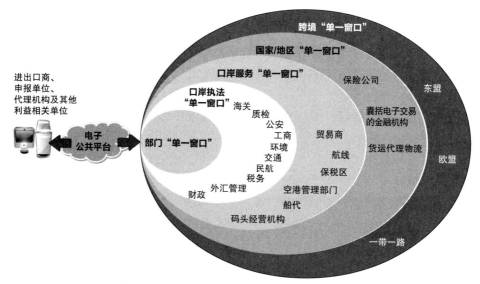

图 11-8 中国国际贸易"单一窗口"发展阶段

本章小结

本章主要对国际电子商务环境下的贸易管理体制变革、国际电子商务管理的全球合作及中国国际贸易"单一窗口"建设等内容进行了重点介绍。

国际电子商务的快速发展,从交易属性界定、交易安全、税收管理、发展中国家特殊待遇、知识产权保护、贸易立法的国际协调等方面,对传统国际贸易管理体制提出新的挑战,要求实现国际贸易管理手段的"电子化、网络化",国际贸易单证、报文的"标准化、统一化"。

为推进全球电子商务发展,国际组织纷纷采取行动,WTO 在 1998 年 9 月推出《电子商务工作计划》,并为该计划的落实和实施提出多项政策建议,在 WTO 于 2014 年 11 月通过的《贸易便利化协议》中,推动全球电子商务发展,被正式纳入国际多边贸易规则体系。联合国于 2005 年也正式推出"建立国际贸易单一窗口"建议,并相继发布"建立国际贸易单一窗口的法律框架"和"国际贸易数据简化与标准化"建议。这些建议已经转化为包括中国在内的世界50多个国家和政府的具体政策和行动,各国政府纷纷建立起自己的国际贸易"单一窗口",使贸易便利化水平不断提升。为促进SMEs尤其是发展中国家和最不发达国家SMEs参与全球电子商务的能力,联合国还在"全球贸易网点网络"项目的基础上,成立世界贸易网点联盟(WTPF),并在世界90多个国家和地区建立网络站点,通过提供电子贸易机会(ETO)和全球贸易商名录(GTDS),为SMEs开展国际电子商务提供更多的机会和信息。

经过了海关内部电子化、部门信息化管理系统和口岸电子执法系统(中国电子口岸)等阶段的建设,中国国际贸易"单一窗口"已跨越部门"单一窗口"和口岸执法"单一窗口"的初级阶段,具备了"一点接入、一次提交、一次查验、一键跟踪和一站办理"等特点,正向口岸服务"单一窗口"发展演进。但离国家"单一窗口"的建成尚有较大差距。

关键术语

国际贸易管理体制,WTO《电子商务工作计划》,贸易便利化,国际贸易"单一窗口",有限"单一窗口",国家"单一窗口",区域性/全球性"单一窗口",世界贸易网点联盟(WTPF),中国电子口岸,口岸执法"单一窗口",口岸服务"单一窗口",国家/地区"单一窗口",跨境"单一窗口"

复习思考题

1. 国际电子商务发展对传统国际贸易管理体制提出了哪些挑战?
2. 国际电子商务环境下国际贸易管理体制呈现哪些新的特点?
3. 如何理解WTO《电子商务工作计划》的作用和意义?
4. 登录WTO官方网站,查看并分析WTO对全球电子商务的基本观点及所采取的行动。
5. 试分析贸易便利化与国际电子商务的关系。
6. 何为国际贸易"单一窗口"?它对促进国际电子商务发展有何作用?
7. 登录WTPF网站,分析其对促进SMEs开展全球电子商务的作用。
8. 登录中国电子口岸门户网站,查看中国电子口岸的主要功能及应用项目。
9. 国际贸易"单一窗口"发展的五个阶段有哪些不同?
10. 登录中国国际贸易"单一窗口"网站,查看其标准应用系统的主要功能。
11. 登录中国国际贸易"单一窗口"的"我要办事"模块,查看并比较地方"单一窗口"的特色应用项目。

参考书目

冯晓宁.国际电子商务实务精讲[M].2版.北京:中国海关出版社,2016年3月。

胡涵景,钟小林.国际贸易程序简化与标准化指南[M].北京:中国标准出版社,2010年6月。

胡涵景,张荫芬,李小林.国际贸易便利化与单一窗口概论[M].北京:电子工业出版社,2015年5月。

国家口岸办公室.国际贸易单一窗口(上册)[M].北京:中国海关出版社,2016年4月。

国家口岸办公室.国际贸易单一窗口(下册)[M].北京:中国海关出版社,2016年12月。

兰宜生.国际电子商务教程[M].3版.北京:首都经济贸易大学出版社,2015年1月。

林青.电子口岸实务[M].2版.北京:中国海关出版社,2014年6月。

孟朱明.联合国国际贸易单一窗口教程[M].北京:中国商务出版社,2012年7月。

张荫芬,胡涵景.国际贸易单一窗口实施指南[M].北京:电子工业出版社,2015年11月。

周升起.国际电子商务[M].北京:中国商务出版社,2006年11月。

教辅申请说明

北京大学出版社本着"教材优先、学术为本"的出版宗旨,竭诚为广大高等院校师生服务。为更有针对性地提供服务,请您按照以下步骤通过**微信**提交教辅申请,我们会在1~2个工作日内将配套教辅资料发送到您的邮箱。

◎ 扫描下方二维码,或直接微信搜索公众号"北京大学经管书苑",进行关注;

◎ 点击菜单栏"在线申请"—"教辅申请",出现如右下界面:

◎ 将表格上的信息填写准确、完整后,点击提交;

◎ 信息核对无误后,教辅资源会及时发送给您;如果填写有问题,工作人员会同您联系。

温馨提示:如果您不使用微信,则可以通过以下联系方式(任选其一),将您的姓名、院校、邮箱及教材使用信息反馈给我们,工作人员会同您进一步联系。

联系方式:

北京大学出版社经济与管理图书事业部
通信地址:北京市海淀区成府路205号,100871
电子邮箱:em@pup.cn
电　　话:010-62767312 / 62757146
微　　信:北京大学经管书苑(pupembook)
网　　址:www.pup.cn